Jubeln nach Dienstschluß

Eckart Bethke

Jubeln nach Dienstschluß

Leben in Ost-Berlin

westermann

CIP-Kurztitelaufnahme der Deutschen Bibliothek

Bethke, Eckart
Jubeln nach Dienstschluß: Leben in Ost-Berlin
Eckart Bethke. - 1. Aufl. - Braunschweig: Westermann, 1986.
ISBN 3-07-508813-7

1. Auflage 1986
Schutzumschlag: Hansjürgen Bade, Braunschweig
Satz: Hagedornsatz, Berlin
Druck und Bindung: westermann druck GmbH, Braunschweig

ISBN 3-07-508813-7

Inhaltsverzeichnis

BGL	Betriebsgewerkschaftsleitung
EOS	Erweiterte Oberschule
FDGB	Freier Deutscher Gewerkschaftsbund
FDJ	Freie Deutsche Jugend
GST	Gesellschaft für Sport und Technik
LPG	Landwirtschaftliche Produktionsgenossenschaft
NVA	Nationale Volksarmee
SU	Sowjetunion
Trapo	Transportpolizei
Vopo	Volkspolizei

Ost-Berlin oder
Die Hauptstadt der DDR

Im Oktober mag ich Ost-Berlin am liebsten. Wenn Nebelschwaden über der Stadt liegen, der Fernsehturm allenfalls bis zur Hälfte zu sehen ist, die Blätter auf den Stufen zu Schinkels Altem Museum im Wind hinauf- und hinuntertanzen. Wenn die Spree an Museumsinsel und Berliner Dom sanft vorbeiplätschert, wenn alte Männer allein oder zu zweit ihre Angeln in den Fluß halten, wohl wissend, daß es der Mühe selten wert ist, aber die zeitweilige Stille - mitten im Zentrum einer Stadt - genießend.

Wer warten kann, und wir Westmenschen haben das ja meist verlernt, mag sich in solchen Augenblicken von der melancholischen Stimmung anstecken lassen. Aber diese Anwandlung verfliegt, wenn die Herbstsonne durch den Nebelvorhang tritt, wenn unversehens das goldene Kreuz auf der Domkuppel sich im kugelförmigen Aussichtscafé des Fernsehturms zu reflektieren beginnt und gleichsam Morsezeichen des Himmels reproduziert. Eine Spiegelung, die im Ost-Berliner Volksmund einst »Gottes Strafe für Ulbricht« hieß. Für Erich Honecker ist der kesse Spruch nicht abgewandelt worden. Über dessen Amtssitz, dem Staatsratsgebäude, wedelt schlaff die Staatsfahne, die Anwesenheit signalisiert. Das ansonsten bräunliche Glas am »Ballast der Republik« wird von den Sonnenstrahlen jetzt vergoldet, nur das Außenministerium, von den Ost-Berlinern »Keksdose« genannt, hat sich im Lichtspiel nicht verändert. Es steht da wie eine weißgefärbte Bienenwabe in seiner Plattenbauweise, gleichsam tot wirkend nach außen, aber hinter der Fassade wimmelnd und betriebsam.

Und spätestens dann, mit dem Blick auf das »MfAA«, sind sie weg - die Bilder durch die Softlinse, die harte Realität weichzeichneten. Ich weiß plötzlich wieder: Du bist nicht in irgendeiner Stadt, du bist kein Tourist, du bist nicht im Kino. Du bist im kleineren Teil Berlins, in der knappen Hälfte einer geteilten Stadt, in der Hauptstadt der Deutschen Demokratischen Republik. Und deren Insignien verkörpern sich im Dreieck der Macht: an der Spitze das Staatsratsgebäude, am Endpunkt seiner fast gleichen Schenkel die Volkskammer im Palast der Republik und das Außenministerium.

An diesem Dreieck kann niemand vorbei, weshalb es auch das magische Dreieck genannt wird. Die Touristen nicht, die in den Stadtrundfahrtbussen sitzen, gleich, ob sie aus West-Berlin anrollen und durch getönte Panoramascheiben schauen oder ob sie aus Leipzig kommen und weniger komfortabel reisen. Die Diplomaten nicht, die zum Stolz des DDR-Außenministeriums nunmehr 131 Staaten in Ost-Berlin vertreten, auch wenn einige Botschafter, wie etwa der kanadische, »aus Kostengründen« von Warschau aus ihre Beziehungen zur DDR pflegen. Bonns Ständiger Vertreter nicht, der, wie zuletzt Hans-Otto Bräutigam, die Ehrenkompanie des Wachregiments »Felix Dzierzynski« vor dem Amtssitz Erich Honeckers abschreitet und anschließend sein Beglaubigungsschreiben überreicht. Der LPG-Vorsitzende nicht, der sich auf die x-te Neuordnung der DDR-Landwirtschaft einzustellen hat, die von den Abgeordneten der Volkskammer in ungebrochener Einmütigkeit abgesegnet wird.

Und doch weiß jeder - vielleicht mit Ausnahme unbedarfter Touristen - daß er nur Teil eines Scharadenspiels ist. Denn weder das Außenministerium noch die Volkskammer sind in der Lage, eigene Entscheidungen zu treffen und damit wirkliche politische Macht zu verkörpern. Und der Mann, der den Vorsitz des Staatsrates innehat - das höchste Amt in der DDR - wäre machtlos, hätte er nicht in Personalunion zugleich das Amt des SED-Generalsekretärs inne. Was nur die alte Lebensweisheit bestätigt: Wahre Macht zeigt sich ungern.

In Ost-Berlin stellt sie sich grau und unauffällig dar, im Gebäude des Zentralkomitees der SED. Gewiß, auch dort weht an Sitzungstagen die Fahne auf dem Dach, springen ohne sonderliche Rücksicht auf den laufenden Straßenverkehr Polizisten mit gebieterischer Halte-Pose auf die Straße, um Limousinen mit zugezogenen Vorhängen und eingebauter Vorfahrt Platz zu schaffen, aber des Tuschs oder Trommelwirbels bedarf es nicht. Das Außenministerium mag moderner, der Palast architektonisch geradezu futuristisch, das Staatsratsgebäude würdiger wirken, beherrscht werden alle drei Symbole des Staates vom zurückgesetzt liegenden Koloß aus Granit, in dem einst Politbüro und ZK die Entscheidung trafen, die Teilstadt zur Hauptstadt zu machen. Nicht Dresden oder Leipzig, sondern Berlin, auch wenn es nur dessen eine Hälfte war und ist.

Seitdem ist Ost-Berlin von der Staats- und Parteiführung der DDR konsequent zur Hauptstadt ausgebaut worden. Für einen zentralistisch organisierten Staat wie die DDR lag es auf der Hand, alle Organisationen, Verbände und Institutionen von Rang hier anzusiedeln, sofern sie nicht schon in Ost-Berlin ihren Sitz hatten. Was heutzutage heißt: Wer in der DDR Karriere machen will, strebt in die Hauptstadt. Und das gilt nicht nur für den politisch ambitionierten Aufsteiger, das gilt für den

Schriftsteller, den Maler, den Architekten, den Studenten, den Ingenieur. In der Regel ist für diesen Aufstieg das SED-Parteibuch unerläßlich, aber es gibt auch Grauzonen, in denen die Bekanntschaft mit der Prominenz der jeweiligen Branche Türen öffnet. Grauzonen, in denen nicht der parteiamtliche Gesinnungsnachweis, sondern lediglich ein allgemeines Bekenntnis zum Sozialismus verlangt wird. Damit läßt's sich für viele ganz gut leben in Ost-Berlin, die zwar nie zur Crème de la crème im Staate zählen werden, sich selbst aber zumindest zur Crème rechnen.

Doch nicht nur die beruflichen Kontakte machen Ost-Berlin zu einer bevorzugten Adresse in der DDR. Es gibt auch andere nicht zu unterschätzende Annehmlichkeiten. Die Versorgung mit Waren aller Art, angefangen vom Frischobst übers Fleisch bis hin zu sogenannten höherwertigen Konsumgütern, liegt erheblich über dem DDR-Durchschnitt. Was Leipzig zu den Messezeiten im Frühjahr und Herbst nur zweimal pro Jahr anbieten kann, gibt's in Ost-Berlin ganzjährig. Als »Westgote« wird man diese Versorgungslage in der Hauptstadt der DDR zwar immer noch als mangelhaft einstufen, aber für den Durchschnittsbürger aus der DDR-Provinz ist sie durchaus attraktiv.

Dieses Versorgungsgefälle zwischen Ost-Berlin und anderen großen DDR-Städten ist kein Zufall. Es ist so gewollt, und der politische Wille der SED spiegelt sich schon in den Volkswirtschaftsplänen wider. Sie sind stärker auf die Bedürfnisse der Hauptstadt zugeschnitten als auf die Bedürfnisse im Umland. Der Wohnungsbau geht hier ebenfalls schneller voran als in der übrigen Republik. Baubrigaden aus der ganzen DDR sind ständig im Einsatz. Anrechtscheine für ein neues Auto werden schneller zugeteilt. Und wenn einmal eines der seltenen Importgeschäfte mit auswärtigen Autofirmen abgeschlossen wird, ob mit VW wie 1978 oder mit Mazda wie 1981, dann profitieren zu 90 Prozent die Ost-Berliner davon. Denn die Partei möchte auch im Straßenbild für mehr »internationales Flair« sorgen.

Nirgendwo anders in der DDR werden aus diesem Grund private Handwerker, private Gastwirte und private Einzelhandelsgeschäfte so gefördert wie in Ost-Berlin. Nirgendwo sonst in der DDR gibt es so viele Exquisit- und Delikat-Läden, die westliche Garderobe oder westliche Lebensmittel verkaufen, wie in Ost-Berlin. Zu westlichen Preisen, versteht sich, die nicht im Schaufenster erscheinen, um den Unmut des Durchschnittsverdieners nicht herauszufordern. Wichtig ist der Staats- und Parteiführung der DDR der äußere Eindruck, das angestrebte Ziel, zu einer Art Schaufenster des Ostens zu werden. Freilich mit oft zwiespältigen Resultaten. Ich erinnere mich an die erste

Begegnung mit einem sowjetischen Kollegen, der gerade von Moskau nach Ost-Berlin versetzt worden war. Wir waren in einer der Nobelherbergen, dem Palast-Hotel,verabredet; dessen Erdgeschoß ist von Boutiquen gesäumt, die sich durchaus mit denen am West-Berliner Kurfürstendamm messen können. Ostblock-Touristen drücken sich an den Schaufenstern die Nasen platt. Und der sowjetische Kollege, bei aller Bemühung um Gelassenheit, konnte sich auch nicht trennen von den italienischen Anzügen, den schicken Halbschuhen, den knautschweichen Ledermänteln. Den Leuten hier, sagte er, geht es ja viel besser als uns, warum liefern sie uns nicht bessere Ware? Und das muß sich inzwischen bis in den Kreml herumgesprochen haben, denn exakt das, die bessere Qualität von DDR-Produkten, wurde in den 1984 abgeschlossenen Wirtschaftsvertrag (bis ins Jahr 2000) von den Sowjets hineingeschrieben.

Doch Ost-Berlin will mehr sein als nur Schaufenster des Ostens. Es will mithalten mit dem anderen Teil der Stadt - mit West-Berlin. Dahinter steckt ein tiefes Trauma, ein Trauma, das zwar auch für die DDR insgesamt gilt, aber sich besonders prägnant an der Trennlinie der gesellschaftspolitischen Systeme zwischen Ost- und West-Berlin ausdrückt: Ein Unterlegenheitsgefühl, um nicht zu sagen, ein Minderwertigkeitskomplex. Dieses Trauma gibt es übrigens auch auf der westlichen Seite, im anderen Teil der Stadt, nur unter ganz anderen Vorzeichen: Der bessere Teil Berlins zu sein, sich selbst ständig auf die Schulter zu klopfen, mehr scheinen zu wollen als zu sein.

Hypochondrie ist es auf beiden Seiten. Und sie drückt sich in Absurditäten aus: Das Wahrzeichen (West-)Berlins war lange Jahre hindurch der Funkturm. Der höchste Turm (Gesamt-)Berlins. Als die Stadtväter in Ost-Berlin den mit 365 Metern weitaus höheren Fernsehturm bauten, nagte das deutlich am Prestigebewußtsein der West-Berliner. Mit der Folge, daß ein technisch notwendiger neuer Sendemast der Post prompt drei Meter höher gebaut wurde als der Fernsehturm in Ost-Berlin. Wo also steht der höchste Turm Berlins? Natürlich im Westen der Stadt.

Das aber heißt: Es herrscht ein permanenter Konkurrenzkampf und Konkurrenzdruck zwischen beiden Teilen der Stadt, auch wenn das heute jedermann in Ost und West abstreiten würde. Mit einem Unterschied freilich: Für West-Berlin, ohne jegliches Hinterland, ohne Ausdehnungsmöglichkeiten, ohne natürlichen Zugang, ist es eine existentielle Notwendigkeit, ein Akt der Selbstbehauptung, unter selbstgestecktem Konkurrenzdruck zu leben. Für Ost-Berlin, mit seinem Hinterland, mit seinen Ausdehnungsmöglichkeiten, mit seiner Hauptstadtfunktion und seinem natürlichen Zuzug, ist dieses Konkurrenzverhalten vom politisch-ideologischen Standpunkt diktiert.

Und das hat sich mit dem Bau der Mauer durch diese Stadt auch nicht geändert. Im Gegenteil: Erst nach dem 13. August 1961, nach der für jedermann sichtbaren und für viele Menschen in Ost und West erlebbaren Trennung beider Teile der Stadt, konnte die Staats- und Parteiführung der DDR daran gehen, das Unternehmen Hauptstadt in die Realität umzusetzen. Denn mit diesem Tage hörte Ost-Berlin auf, für viele DDR-Bürger nur Durchgangsstation in Richtung Westen zu sein. Erst nach diesem für die deutsche Geschichte so bitteren Datum wandelte sich der Anspruch der SED, Ost-Berlin zur Hauptstadt zu machen, von der Fiktion in die Wirklichkeit.

24 Jahre sind seitdem vergangen. Ist Ost-Berlin inzwischen eine Hauptstadt geworden? Eine Hauptstadt wie Paris, Budapest, London oder Rom? Zählt man alle dafür notwendigen Attribute auf - Regierungssitz, Wirtschaftszentrum, Administrationszentrale, Tagungsort internationaler Konferenzen, Residenz zahlreicher Botschaften, Konzentration der Kultur - dann muß diese Frage mit einem klaren Ja beantwortet werden.

Und doch gibt es einen entscheidenden politisch-qualitativen Unterschied zu anderen Hauptstädten dieser Welt: Die DDR verfügt nur über eingeschränkte Souveränitätsrechte in Ost-Berlin. Es ist Teil einer Vier-Mächte-Stadt, es ist auch 40 Jahre nach dem Zweiten Weltkrieg an Vereinbarungen der Sieger gebunden. Gewiß, diese Vereinbarungen sind mit der Zeit vielfach durchlöchert worden, mit Rückendeckung der einen Siegermacht, der Sowjetunion. Gewiß, es gibt seit 1971 ein Vier-Mächte-Abkommen, das Moskau einseitig als Abkommen über West-Berlin ausgelegt hat. Aber die Fragmente des politischen Sonderstatus, auch für Ost-Berlin, sind heute noch spürbar, auch wenn inzwischen in diesem Teil des entmilitarisierten Gesamt-Berlin militärische Uniformen das Straßenbild mitprägen, auch wenn Ost-Berliner Abgeordnete in der Volkskammer der DDR volles Stimmrecht haben, auch wenn die Besatzungs- und Schutzmacht Sowjetunion die Rechte der Amerikaner, Franzosen und Briten in Ost-Berlin absichtsvoll hat verkümmern lassen.

Aber das ändert nichts daran, daß die Westalliierten auch heute noch ebenso wie die Russen in West-Berlin Kontroll- und Patrouillenfahrten in Ost-Berlin unternehmen und sie daran nicht durch die Vollzugsorgane der Hauptstadt der DDR gehindert werden können und dürfen. Es ändert nichts daran, daß es einen Sonderübergang von West- nach Ost-Berlin gibt - den legendären Checkpoint Charly -, an dem nur die

Vertreter der für den Osten zuständigen Siegermacht die Vertreter der für den Westen zuständigen Siegermächte überprüfen, und sie tun das aus eigenem Recht.

Bei aller Sympathie und brüderlichen Verbundenheit haben es die Sowjets auch nicht zugelassen, daß die früheren Stadtgrenzen gen Osten ausgedehnt wurden. Die 1920 im Gesetz über die Bildung von Groß-Berlin festgeschriebenen 20 Verwaltungsbezirke (heute 12 im Westen und acht im Osten) sind in ihrer Struktur auch im Osten erhalten geblieben. Die von der Staats- und Stadtführung verkündete Einrichtung eines 9. Bezirks in Ost-Berlin ist eine Schimäre geblieben, weil sie innerhalb der alten Stadtgrenzen erfolgte. Außenstehende mögen das als grotesk empfinden, Statusfragen als überholt, als anachronistisch betrachten. Aber sie sind Teil der politischen Realität.

Dazu gehört beispielsweise auch, daß hinter den Kulissen in Ost-Berlin mitunter heftig über Protokollfragen gestritten wird. Als die Franzosen eine Impressionisten-Ausstellung in der Ost-Berliner Nationalgalerie zeigten, glänzte die gesamte politische DDR-Prominenz, ansonsten auf »Internationalität« äußerst bedacht, durch Abwesenheit. Grund dafür: Die Franzosen hatten auf die Einladungen zum Eröffnungsempfang wie auf die von ihnen vorab gedruckten Plakate nur Berlin geschrieben, nicht aber Hauptstadt der DDR. Und sie hatten sich nach Einsprüchen der DDR auch geweigert, diesen Zusatz noch nachträglich aufzunehmen. Welch ein Irrsinn auf beiden Seiten, mag mancher dagegen einwenden. Haben doch die Franzosen in Ost-Berlin eine Botschaft, seit einigen Jahren ein Kulturzentrum, reist der Außenminister aus Paris an, um mit dem Außenminister der DDR zu sprechen. Und scheuen sich doch die Amerikaner nicht, den verlangten Zusatz bei ihren Veranstaltungen aufzudrucken. Konsequent ist tatsächlich nichts oder nur sehr wenig in diesem Statusstreit, wenn er Ost-Berlin und nicht West-Berlin betrifft.

Als Bundeskanzler Helmut Schmidt im Dezember 1981 mit Erich Honecker am Werbellinsee zusammentraf, gab es ein ähnliches Hauen und Stechen hinter den Kulissen. Um alliierte Rechte und Ansprüche nicht zu verletzen, war seine Landung auf dem Zentralflughafen Berlin-Schönefeld ausgekungelt worden. Er ist einer der vier Flughäfen in Gesamt-Berlin (Tempelhof im amerikanischen Sektor, Tegel im französischen Sektor und Gatow im britischen Sektor von West-Berlin), der einst von den Russen verwaltet wurde. Er liegt allerdings knapp außerhalb der Ost-Berliner Stadtgrenzen. Daß dieser bescheidene Flugplatz mit Billigung der Sowjets von der DDR-Führung zum Zentralflughafen erhoben und von Schönefeld in Berlin-Schönefeld umgetauft wurde, erweckt den erwünschten Eindruck, er gehöre auch geographisch und damit politisch zum Ostteil der Stadt. Doch diesen Bären lassen sich nur Leute aufbinden, die mit den Verhältnissen nicht vertraut sind. Helmut Schmidt hingegen sah in der Landung in Schönefeld weder ein rechtliches noch ein politisches Problem. Umso heftiger tobte aber der Protokollstreit über die Fahrtroute vom Flughafen zum Jagdschloß Hubertusstock, ebenfalls außerhalb Berlins. Denn die kürzeste Verbindung hätte über ein Stück Autobahn geführt, das innerhalb Ost-Berlins liegt. Die Bonner Unterhändler schlugen deshalb allerlei Umwege vor. Doch die DDR lehnte ab, vor allem unter Hinweis auf die schwierige Sicherung der ins Gespräch gebrachten Ausweichstrecken. So fuhr denn der Kanzler für drei Minuten über ein asphaltiertes Statussymbol, aber offenbar so ins Gespräch vertieft, daß der Hauptstadt Ost-Berlin ein anerkennender Blick versagt geblieben sein muß.

Warum erzähle ich diese Episoden? Weil die Menschen, die ich in Ost-Berlin kennengelernt habe, ob sie es wissen, ob sie es spüren oder ob es ihnen gleichgültig ist, allesamt von ihrer Stadt und deren Problemen geprägt sind: vom Anspruch und vom Mangel an Souveränität, vom Schaufenster nach Osten und vom Blick nach Westen, von der Nähe zu West-Berlin und seiner Ferne, von den Anforderungen ihres gesellschaftspolitischen Systems, dem Preis der Anpassung und dem Preis der Ablehnung - von der Fahne über dem Staatsratsgebäude und dem Kreuz auf dem Berliner Dom. Dieser Spannungsbogen unterscheidet Ost-Berlin von Paris oder Rom, von London oder Budapest. Auch wenn sich diese Unterschiede gelegentlich zu verwischen scheinen: im Herbst, wenn die Sonne langsam die Nebelschwaden auflöst, die marmorweißen Schinkel-Figuren auf der Schloßbrücke Konturen gewinnen und niemand daran denkt, daß sie erst vor einigen Jahren aus West-Berlin gekommen sind und daß die Schloßbrücke heute Marx-Engels-Brücke heißt.

Der Maßanzug

Er war schon seit Tagen nervös. Gemerkt hatte er das, als seine Frau die Kippen im Aschbecher nachzählte. »Mach Dich nicht verrückt,« hatte sie gesagt, »wir haben doch nicht das erste Mal Besuch aus dem Westen.« Das stimmte natürlich - Tante Irmchen war in den letzten fünf Jahren zweimal dagewesen. Seit die Regierung den Umtausch auf 25 DM erhöht hatte, war sie weggeblieben. Sie hatten noch einmal miteinander telefoniert, zu Wolfgangs Geburtstag hatte sie eine Karte geschrieben. »Die kann sie sich an den Hut stecken,« meinte sein Sprößling, »wenn sie mich wirklich gern hat, würde sie auch kommen, aber die tut doch nur so.« Er wollte damals sogar das Poster mit diesem merkwürdig angezogenen Pop-Sänger von der Wand reißen. Aber dann war es doch drangeblieben - wohl wegen seiner Freunde aus der FDJ, die immer ganz scharf darauf waren. Daß Irmchen sich so rar gemacht hatte, war ihm am Ende ganz recht. Sie war ja auch gar nicht seine richtige Tante, sondern nur eine Art Großtante. Mein Gott, wie sie immer den Westkaffee ausgepackt hatte, so betont umständlich, als ob's Juwelen wären. Und dann ihr Standard-Satz: »Damit ihr mal was besonders Gutes habt.« Na, Schwamm drüber.

Diesmal ging es ja um etwas ganz anderes. Klaus hatte sich angekündigt - sein Bruder. Und seine Frau wollte er auch mitbringen. Das Foto, das er seinem Brief beigelegt hatte, verriet, daß sie jünger sein mußte als Gerda. Auch hübscher, oder sah sie nur besser aus, weil die Frauen im Westen sich mehr schminken konnten - irgendwie gepflegter wirkten?

Als er vor einer Woche diesen Brief erhalten hatte, wußte er erst gar nichts damit anzufangen. Post aus dem Ausland? Eine englische Briefmarke? Der Absender sagte es ihm dann: Tatsächlich, Klaus hatte geschrieben. Und wenn er sich an sein Wort hielt, dann würde er morgen vor der Tür stehen. Nach zwanzig Jahren würden sie sich wiedersehen. Er sei Repräsentant, hatte er mitgeteilt, für eine deutsche Pharmaziefirma in London. Sicher ein hoher Posten. Wahrscheinlich fuhr er einen Mercedes, hatte ein Haus oder eine große Wohnung.

Aber sie hatten es hier ja auch nicht schlecht. Vor zwei Jahren waren sie in die Neubauwohnung umgezogen. Von Friedrichshain nach Hohenschönhausen. Zuerst war Gerda nicht sehr begeistert gewesen.

Überall noch Baustellen, die Straße war noch nicht fertig; wenn's regnete, versank der Wartburg im Schlamm und gleich gegenüber hievten die Baubrigaden noch einen Wohnkomplex hoch, der die Vormittagssonne aus der Küche stahl. Ihm war es anfangs auch fremd vorgekommen, vor allem, weil es weder Kneipen noch Geschäfte gab. Dafür hatte Wolfgang es jetzt nah zur Schule. Es würde sich mit der Zeit schon alles einrenken, hatte er gedacht, und jetzt ging's ja auch.

Was wohl Klaus dazu sagen würde? Sie hatten damals eine tolle Zeit erlebt. Am Friedrichshain. Oder war es eine eher traurige? Mutter hatte alles zusammengehalten - mit ihrer Strenge, ihrer Autorität, ihrer Liebe. Vater war für ihn nicht mehr als ein Foto gewesen: ein Mann in Uniform. Das schwarze Band schräg über dem Bild verdeckte halb die Mütze. Gefallen im Kampf um Breslau, wie Mutter gesagt hatte. Vielleicht hatte der Tod ihres Mannes sie nach dem Krieg so aktiv werden lassen, die Verbitterung und Enttäuschung vom Leben, mit zwei kleinen Kindern dazusitzen, sie und sich selbst über die Runden bringen zu müssen im Gewirr der Nachkriegszeit. Vielleicht war es das, was sie auch so hart gemacht hatte, dieses »Alle bekommen nur zwei Scheiben Brot, und das muß auch für dich reichen!«

Anfangs hatte sie in einer Druckerei gearbeitet. Dann war sie dort irgendwie ins Büro gekommen, und wenig später - Anfang der fünfziger Jahre mußte es gewesen sein - trat sie in die SED ein. Ob das aus eigenem Antrieb geschah? Klaus hatte später stets behauptet, sie hätte nur Paul imponieren wollen. Dem Mann, der kurz darauf ihr Stiefvater geworden war. Dieser falsche Fuffziger. Politischer Redakteur beim »Morgen« war der damals. Richtig gelernt hatte er nichts, aber mit dem Parteiabzeichen wollte er Karriere machen. Kommandierte überall herum, auch zu Hause, schwadronierte vom Aufbau des Sozialismus, brachte ständig eine Reihe von ungehobelten Burschen mit, die Westzigaretten rauchten und ohne Wodka offenbar zu keiner politischen Diskussion fähig waren.

Das hörte erst auf, als Mutter Paul überflügelt hatte - im Verlag und in der Partei. Bis es eines Morgens an die Tür klopfte. Sie holten Mutter ab. Klaus hatte sich im Schlafanzug dazwischengeworfen, bekam eine fürchterliche Ohrfeige von einem der drei Männer und schlug der Länge nach in den Korridor. 14 Jahre alt war er damals. Und Paul? Ihr Stiefvater stand in der Schlafzimmertür, rauchte eine Zigarette und sagte kein Wort. Zuerst wußten sie ja nicht, warum Mutter verhaftet worden war. Und der Mann, den sie geheiratet hatte, zuckte nur mit den Schultern. Aber dann, im Heim, bekam er es aufgetischt. Es sei zu hoffen, so sagte der Heimleiter, daß er noch nicht konterrevolutionär erzogen worden sei, aber, falls erforderlich, werde man das schon geradebiegen. Klaus hatten sie in ein anderes Heim gesteckt, weil er älter sei, wie ihm erklärt wurde. Warum er denn nicht daheim bleiben könne, hatte er damals gefragt. Und die Antwort war: Weil sich deine Eltern scheiden lassen, und dein Stiefvater nun keine Zeit mehr für euch hat.

Vier Jahre später waren sie dann wieder zusammen. Er und Klaus und Mutter. »Ich bin rehabilitiert worden,« sagte sie, und es gab den ersten schlimmen Krach zwischen ihr und seinem Bruder. Klaus verfluchte die Partei, den Spitzbart, nannte Paul einen Verräter und redete sich solange in Rage, bis er wieder eine Ohrfeige bekam. Dabei war er schon zwei Köpfe größer als sie. Den Satz, den sie dann sagte, wiederholte Klaus im Lauf der kommenden Jahre bei jeder Gelegenheit: »Die Partei hat immer recht, sie hat auch das Recht, sich zu irren.«

Wie sich allmählich zeigte, meinte sie das ernst. Sie sprach nie über die vier Jahre im Gefängnis, wie es dort war, was sie erlebt hatte, sie strich diese Zeit, als hätte es sie nie gegeben. Und die äußeren Umstände begünstigten diesen Verdrängungsprozeß: Mutter arbeitete wieder im Verlag, niemand fragte oder wagte zu fragen, auch nicht die Nachbarn, denn sie hatten sogar die alte Wohnung wieder erhalten. Diese war abgewohnter, trotz der anderen Tapeten. Wie lange Paul dort noch gehaust hatte oder ob nach ihm andere Mieter eingezogen waren - das alles war kein Thema.

Klaus hatte zu diesem Zeitpunkt bereits eine Lehre als Mechaniker hinter sich. Aber Mutter sorgte dafür, daß er in Abendkursen sein Abitur nachholen konnte. Sie wußte, daß Klaus ehrgeizig war - ehrgeiziger jedenfalls als er, der jüngere Bruder. Diesen Ehrgeiz wollte Mutter in die richtigen Bahnen lenken. Studieren sollten ihre Söhne, wenn möglich alle beide. Der Sozialismus, so sagte sie immer wieder beschwörend, braucht die Arbeiter, die Bauern und die Intelligenz, die unsere neue Gesellschaft organisiert und lenkt. »Und ihr müßt einmal zu diesen Lenkern gehören.« Heute wußte er, daß diese Beschwörungsformeln weniger ihm gegolten hatten, sie waren an Klaus adressiert. Denn der pflegte mit der eigenen Meinung nicht hinterm Berge zu halten, provozierte mit diebischem Vergnügen den FDJ-Sekretär und hätte sich damals bestimmt selbst jeden Aufstieg versaubeutelt, wenn da nicht Mutters Beziehungen gewesen wären.

Irgendjemand in der Parteiführung hatte an ihr eine Bringschuld abzutragen. Anders war es überhaupt nicht erklärbar, daß Klaus sogar zum Studium zugelassen wurde. Zum Medizinstudium, was für Normalsterbliche eine besonders hohe Hürde war. Und während der

Semesterferien durfte er beim Berliner Rundfunk den Kabelträger mimen. Ob es diese neuen Einflüsse waren - die in der Studentenclique oder jene im Techniker-Kollektiv beim Rundfunk, sie veränderten Klaus. Eines Abends kam er in die Küche geschlichen und flüsterte: »Du, ich bin heute im Kino gewesen, in einem Western mit Gary Cooper! Am Zoo!« Und dann erzählte er fast eine Dreiviertelstunde lang. Wie er mit zwei oder drei Kommilitonen von der Humboldt-Universität in die S-Bahn Richtung Westen gestiegen war, wie sie an den Kontrolleuren der Trapo vorbeigeschlüpft waren, wie sie im Westen zum Kurs von eins zu fünf ihr Ostgeld gegen Westgeld gewechselt und dann, Rasiersitz dritte Reihe, knapp zwei Stunden im Kino verbracht hatten. Aber noch viel aufregender war für Klaus die Entdeckung gewesen, daß sie in West-Berlin rudelweise noch andere Leute von der Uni getroffen hatten, Leute, denen es nicht viel auszumachen schien, von der Hochschule zu fliegen. Denn dieses Risiko bestand ja für alle.

Es dauerte noch zwei Wochen, bis er selbst mitzog. Und es war, wenn er sich recht erinnerte, ein leichtes Unternehmen. Anfangs hatte er noch vor Aufregung geschwitzt, bis er merkte, daß die Trapos und Vopos weniger auf die Grenzgänger achteten als vielmehr auf die Schwarzhändler. Wer mit Koffern oder auffällig dicken Taschen unterwegs war - ob von Ost nach West oder von West nach Ost - wurde von den Kontrolltrupps zuerst angesteuert. Mancher Rucksack in den Gepäckablagen hatte bei diesen Stichproben dann keinen Besitzer mehr, nur Naivlinge versuchten, ihre geschmuggelte Ware zu verteidigen und wurden abgeführt. Sie selbst hatten viel zu wenig Geld, um aus dem Gefälle des Wechselkurses irgendeinen Nutzen ziehen zu können.

Bis Klaus auf die Idee kam, im Westen zu kellnern. Freilich sollte und durfte Mutter davon nichts merken. Mißtrauisch geworden war sie ohnehin schon, denn die Ausflüge und Skatabende, die Hausarbeiten bei anderen Studiengenossen nahmen auffällig zu. Vorübergehend mochte sie noch an Mädchen gedacht haben, zumal Klaus hin und wieder über Nacht wegblieb. Aber als die Fehlquote am Abendbrottisch in regelmäßige Abwesenheit umschlug, ohne daß Klaus eine Freundin präsentierte, als er wegen der Nachtschichten am Tresen immer müder aussah und immer großzügiger mit dem Geld umzugehen begann, sah sie ihre heimlichen Befürchtungen bestätigt.

Er und Klaus hatten gewußt, daß es eines Tages zum Krach kommen mußte. Sie waren darauf vorbereitet, daß die Funken stieben würden, daß Mutter die Westausflüge ihrer Söhne nicht nur als Verrat an einer politischen Sache, sondern auch an sich selbst betrachten würde. Aber sie saß nur da, schaute über ihre Köpfe hinweg und sagte ganz leise:

Jeder lebt sein eigenes Leben. Geht, wenn ihr wollt. Aber wenn ihr bleibt, muß das aufhören, was ihr jetzt wohl schon seit Monaten macht.

Mein Gott, wenn er heute zu seinem Sohn so etwas sagen würde, der verstünde das gleich als Aufforderung zum Abmarsch. Nein, so waren damals die Zeiten nicht, oder waren nur die Menschen anders? Mutter war aufgestanden, blaß und mager, wie sie war, hatte die Tür hinter sich geschlossen, ohne sie ins Schloß zu knallen. Und sie beide hatten nur eines gedacht: Das können wir ihr nicht antun.

Waren es dann drei oder vier Wochen gewesen, die er und Klaus nicht in den Westen gefahren waren? Sie hatten sich nicht die Köpfe heiß geredet, geradezu in sich gekehrt stürzten sie sich wieder in die Studienarbeit – er war ja inzwischen auch immatrikuliert. Die Kumpels seinerzeit, die weiter fröhlich in West-Berlin herumjuxten, stellten nicht viele Fragen, sie glaubten wohl, Mutter wäre krank oder irgendein familiäres Problem habe Vorrang. Zu Hause kehrte sogar eine gewisse Heiterkeit wieder ein. Und wenn er an Klaus dachte, dann schien für den das Kino wie das Kellnern Vergangenheit geworden zu sein.

Bis zum 12. November 1958. Dieses Datum würde er wohl nie vergessen. »Jetzt binden sie den Sack zu,« hatte Klaus geschrien, »Freie Stadt, daß ich nicht lache. Und wir sitzen hier und müssen auch noch zuschauen, wie dieser Chruschtschow West-Berlin kassiert.« Erst allmählich bekam er in die Reihe, wovon sein Bruder sprach. Vom Berlin-Ultimatum der Russen, der Aufforderung an die westlichen Alliierten, das Feld zu räumen, der Drohung, die Zufahrtswege nach West-Berlin abzuschneiden. Eine neue Blockade wie 1948? Seitdem hörten sie nur noch westliche Nachrichten im Radio, meistens den RIAS. Protestnoten gingen damals hin und her, amerikanische Kampfverbände sammelten sich in der Bundesrepublik, und im Osten wie im Westen wurden eilig Wahlen angesetzt – als eine Art Volksabstimmung.

Am Ende ging die Sache aus wie das Hornberger Schießen. Aber für ihn und für Klaus hatte die politische Krise ein Ergebnis. Sie nahmen beide ihre Westtouren wieder auf, so, als ob sie um die Wette kellnern wollten. Das Studium war nur noch Nebensache. Reserven anlegen, hieß das Motto, Sicherheiten schaffen. Diskussionen mit Mutter gab es nicht mehr. Einerseits waren sie beide kaum noch daheim, andererseits schwiegen sie sich an. Daß Klaus inzwischen tatsächlich eine Freundin im Westen hatte, mochte ein bißchen entschärfend gewirkt haben. In Mutters Augen schien sich sein westliches Engagement auf diese Weise weniger politisch als privat darzustellen – zumindest wollte sie es nun so sehen. Der Pendelverkehr zwischen beiden Teilen der Stadt wurde über beträchtliche Zeit hinweg zum Dauerzustand. Doch immer mehr Menschen, auch etliche Kommilitonen, kamen nicht mehr zurück, blieben eines Tages in West-Berlin. Der Aderlaß aus der übrigen Sowjetzone, wie man damals sagte, war allerdings weitaus größer. Wenn das so weitergeht, hatte Klaus gesagt, wird sich Ulbricht was einfallen lassen müssen. Und wir müssen das auch.

Sie hatten es dann wie andere Kumpels auch gemacht: Sich eine Rückversicherung besorgt. Oder, wie Klaus feixte, eine Dauerfahrkarte Richtung Westen. Es handelte sich um einen West-Berliner Personalausweis, einen behelfsmäßigen, wie er auch heute noch heißt. Hatte man einen festen Wohnort in den Westsektoren - Klaus ließ sich und ihn als Untermieter bei seiner Freundin eintragen - bekam man das wertvolle Dokument ohne Schwierigkeiten. Vermeiden mußte man nur eines: Von den Kontrolleuren erwischt zu werden, wenn man gerade die östlichen und die westlichen Personalpapiere bei sich hatte. Das verhieß für lange Zeit schwedische Gardinen. Um dieser Gefahr zu entgehen, deponierte Klaus beide West-Ausweise in Mutters Besenschrank. Bis zum 13. August 1961.

Sie hatten beide im Westen übernachtet, als sie die Hiobsbotschaft aus dem Radio traf. Sie schlossen keinen Ring um Berlin, wie Klaus das schon einmal vermutet hatte, nein, sie machten die Sektorengrenzen zwischen den West- und den Ostbezirken dicht. Jetzt bleiben wir einfach hier, hatte er gesagt. »Und was wird aus unseren Anzügen?« hatte Klaus geantwortet.

Er wußte, wenn er heute jemandem diese Geschichte erzählte, sie würden ihn nicht für ganz bei Troste halten. Aber damals? Sie hatten sich im Westen teuren Stoff besorgt - Kammgarn, dunkelblau. Sparen wollten sie allerdings am Macherlohn - beim Schneider im Osten. Der saß nah an der Sektorengrenze, freute sich, wie er sagte, über das gute Material und hatte ihnen schon die erste Anprobe verpaßt.

So dramatisch die Lage an der Sektorengrenze jetzt auch schien, für ihren Zweck war sie nicht aussichtslos. Mit Ost-Papieren kam man anstandslos nach Osten, mit West-Papieren kam man noch anstandslos nach Westen. Die östlichen hatten sie bei sich, die westlichen lagen im Besenschrank. Und das Haus ihres Hofschneiders, wie Klaus ihn nannte, lag nur wenige Meter von den Absperrungen entfernt. Die Fahrt in den Osten klappte wie vorgesehen, die Papiere waren da, Mutter nicht zu Hause. Sie schrieben ihr einen Abschiedsbrief - einen, wie er sich erinnerte, sehr kurzen und sachlichen. Und dann marschierten sie zum Schneider. Der war zwar sehr aufgeregt, fragte ständig, wie es denn nun weitergehen solle, aber Klaus war die Ruhe in Person, probierte den Maßanzug noch einmal an und befand kritisch, daß der seines Bruders im Nacken stauchte. So kann er sich nicht sehen lassen, hatte er gesagt, das ändern Sie mal schön, den Anzug holen wir morgen ab. Sie waren zurückgefahren zum Friedrichshain, Klaus hatte den Abschiedsbrief wieder eingesteckt, aber Mutter kam die ganze Nacht nicht. Als hohes Tier, hatte Klaus gesagt, muß sie wahrscheinlich die neue Parteilinie mit ausarbeiten: Wie erklär' ich's meinem Kinde...

Am Morgen, es war der 14. August, hatte Klaus den neuen Anzug an, den West-Berliner Ausweis in der Tasche. Du holst jetzt deinen Anzug ab, hatte er gesagt, ziehst ihn gleich an, und in einer Stunde treffen wir uns am S-Bahnhof Friedrichstraße. Dann geht's ab nach drüben.

Er wußte nicht, daß sie sich zum letzten Mal gesehen hatten. Statt des Schneiders waren zwei andere Männer da. Sie verlangten seinen Ausweis. Und fragten dann, warum er ein West-Berliner Dokument habe. Im Auftragsbuch des Schneiders stehe doch eine Adresse aus dem demokratischen Sektor. Vier Monate hatte er in Untersuchungshaft gesessen - bis ihn Mutter herausholte.

Von Klaus hatte er nichts mehr gehört. Ob er ihm geschrieben hatte? Oder an Mutter? Hatte sie ihm womöglich diese Briefe vorenthalten? Einfach ungelesen weggeworfen, weil sie seine Flucht nicht verstanden hatte oder nicht hatte verstehen wollen? Zu ihrer Beerdigung war er nicht gekommen. Aber morgen, morgen würde er ihn wiedersehen, und er war sich ganz sicher, was er anhaben würde: einen Maßanzug.

Das Schlafzimmer

Bevor sie den Mund aufmachten, hielt ich sie für westliche Touristen. Die Kurzhaar-Frisur der Frau im modischen Stufenschnitt, die Wildlederjacke des Mannes mit Strickbündchen an den Ärmeln stammte offensichtlich nicht aus DDR-Produktion, und auf dem T-Shirt des etwa zehnjährigen Mädchens war der Schriftzug Coca Cola aufgedruckt. Den Tisch, an dem sie saßen, hatte ich mir natürlich nicht ausgesucht. In der DDR wird man plaziert, auch wenn viele Tische im Restaurant noch frei sind. Im Restaurant »Prag« war das nicht anders. Es liegt in der Leipziger Straße, nur wenige Schritte von der Mauer entfernt, inmitten gesichtsloser Wohnblöcke, die von ausländischen Diplomaten und deren Personal sowie von Journalisten bevölkert sind.

Vermutlich zu deren Sicherheit kreisen Tag und Nacht Polizisten um dieses Getto. Die Kosten für diesen Personalaufwand schlagen sich in den Mieten nieder, die zehnmal so hoch sind wie für einen DDR-Bürger. Aber geboten wird dafür auch anderer Service, wie es in der Republik stets heißt. Es gibt mehr Geschäfte und mehr Dienstleistungen als anderswo: eine für DDR-Verhältnisse gut sortierte Kaufhalle, eine Schnellreinigung, einen Frisiersalon, der diesen Namen verdient, Cafés, Schallplattenladen, Glas- und Keramikware aus der ČSSR, ein großes Geschäft mit Kinderspielzeug, sogar einen Juwelier. Und neben dem »Prag« noch ein zweites Restaurant, das »Sofia«. Deshalb ist die Leipziger Straße auch für Touristen attraktiv. Und deshalb war es nicht abwegig, in meinen Tischnachbarn Touristen zu vermuten, was ihr Äußeres noch unterstrich.

Seit der Strafrechtsverschärfung in der DDR von 1979 sagen die meisten westlichen Korrespondenten sofort, wer sie sind und was sie machen. Der Gesprächspartner muß die freie Entscheidung haben, ob und wie er etwas erzählt, denn seit der Erfindung dieses Gummiparagraphen, der auch die Weitergabe von nichtgeheimen Informationen mit Strafe bedroht, soll keiner im nachhinein über den Beruf seines Gesprächspartners aus dem Westen erschrecken. Ich habe es auch in Einzelfällen erlebt, daß sich Tischgenossen nach der Vorstellung wie die Austern verschlossen. So wie sich die zuständigen Stellen in Ost-Berlin das gewünscht und vorgestellt haben mochten. Und es klingt ja auch wie die Polizistenformel aus amerikanischen Kriminalromanen:

»Jedes Wort, das Sie sagen, kann von nun an gegen Sie verwendet werden.«

Aber die meisten DDR-Bürger lassen sich dadurch nicht schrecken, sie reden, wie ihnen der Schnabel gewachsen ist. So auch in diesem Fall. Denn der norddeutsche Zungenschlag, den ich zunächst noch auszumachen glaubte, war im Norden der DDR zu Hause, bis vor kurzem jedenfalls, denn sie waren umgezogen nach Ost-Berlin.

Es ging ihnen gut, wie es schien. Der Sprung in die Hauptstadt war seiner Versetzung an ein Energiekombinat zu verdanken; sie war in der Verwaltung einer Möbelspedition tätig; nur das Töchterlein hatte ein paar Anpassungsprobleme in der neuen Schule. Aber, so erzählte die Kleine, am schönsten sei es, daß sie hier nun auch eine Geigenlehrerin habe, denn sie müsse jeden Tag üben, um später im Rundfunk oder sogar im Fernsehen auftreten zu können. In Rostock habe sie ja schon im Schulorchester mitgespielt – mit Solopassagen. Die Begeisterung, mit der sie von ihrem Hobby sprach, ließ mich zeitweise das Essen vergessen. Je mehr das Mädchen von ihrer Musik schwärmte, um so stiller wurden die Eltern. Bis die Mutter ihr übers Haar strich und sagte: »Wir werden es schon schaffen.« Kurz darauf gingen sie.

Es kann kein Zufall gewesen sein, daß ich ein paar Tage später das Ehepaar wieder traf. Meine Privatadresse stand im Ost-Berliner Telefonbuch und schräg gegenüber, nahe dem »Prag«, befindet sich eine Grünanlage mit einem Kinderspielplatz. Die Parkbänke sind dort meist verwaist – Rentner gibt es in dieser Ecke kaum, und junge Mütter aus dem Wohnblock der Ausländer, zu denen die DDR ja auch uns Bundesdeutsche rechnet, sind mit ihren Kindern häufig in West-Berlin unterwegs. Der Diplomatenpaß macht vieles einfach, was für andere unlösbar ist.

Die junge Frau sprach von Lübeck, der Geburtsstadt ihres Vaters. Sie selbst war nie dort gewesen, kannte Lübeck nur von Fotos, aus den Erzählungen des Vaters, aus einer westlichen Fernsehsendung. Aber sie schwärmte davon wie unsereins von Acapulco oder Rio – Städtenamen, die für Ferne und Exotik, für Sehnsüchte und Träume stehen. Zweimal war ihr Vater noch hinübergereist zu seiner Schwester, auf mancherlei verschlungenen Umwegen, über West-Berlin, so wie das damals eben noch ging – vor dem Mauerbau. Glänzende grüne Lackschuhe hatte er ihr mitgebracht, mit einer Schnalle über dem Spann. Sie sprach davon, als wäre es erst gestern gewesen, als wäre sie noch das kleine Mädchen von damals.

Zur Schwester hatte Vater hinziehen wollen, nur mit einem Koffer in der Hand – so wie Tausende anderer Menschen, die aus der DDR »weggemacht« hatten, wie die Sachsen zu sagen pflegen. Alle Unterlagen hatte er schon dabei, seinen Meisterbrief als Handwerker, die Eigentumsurkunde seines Tischlereibetriebes, den sie ihm in der DDR weggenommen hatten und in dem er dann als Angestellter weiterarbeiten mußte. Und seine Schwester in Lübeck hatte eigentlich alles schon klargemacht: Sie wußte, wo er als Meister anfangen konnte, wieviel er verdienen würde, wo sie wohnen sollten, was ihm auf die Rente angerechnet würde von der Zeit in der DDR und vor dem Kriege.

Sie versuchten, noch einiges unter der Hand zu verkaufen, um dann zu starten - in ein neues Leben im Westen. Wie riskant das war, hatte sie selbst zu dieser Zeit gar nicht begriffen. Sie begriff dann nur, daß sie nicht gingen. »Wir können hier doch nicht alles aufgeben,« hatte ihre Mutter plötzlich tränenüberströmt gesagt, »unsere Freunde, unsere Verwandten, unsere Wohnung, die Möbel - und das schöne Schlafzimmer.« Abends hatte sie im Bett gelegen und gehört, wie sich ihre Eltern stritten, wie Vater erst tobte, dann immer stiller wurde. Warum, hatte sie am nächsten Tag die Mutter gefragt, bleiben wir denn nun hier? Und die hatte geantwortet: Ich kann doch nicht meine Aussteuer wegwerfen, das schöne Schlafzimmer, das mir Opa und Oma geschenkt haben. »Das sollst du doch eines Tages bekommen!«

Das hatte sie eingesehen. Schon der schwere Eichenschrank mußte ja sehr teuer gewesen sein. Nicht einen Kratzer hat er abbekommen, sagte Mutter, wenn wieder mal vom Krieg die Rede gewesen war.

Drei Jahre später war Vater tot. Gestorben an einem Herzinfarkt. Sie hatte sehr an ihm gehangen. Aber sie litt noch mehr darunter, daß ihre Mutter in Trauer und Hilflosigkeit zu ersticken drohte. Die Witwenrente, die Vater ihr hinterließ, war zu klein, um sie über Wasser zu halten. Berufstätig war ihre Mutter nie gewesen. Sie hatte nichts gelernt, was den Lebensunterhalt hätte verbessern können. Sie wurde darüber krank. Wäre nicht Mutters Schwägerin in Lübeck gewesen, sie hätten gerade am Existenzminimum leben müssen. Doch die Päckchen, die sie schickte, riefen in der Regelmäßigkeit, in der sie kamen, Erinnerungen wach. Erinnerungen an die verpaßte Gelegenheit, nach Lübeck, nach Westen zu gehen.

Als mittlerweile Achtzehnjährige glaubte sie auch, den Zusammenhang klarer zu sehen - zwischen dem Widerstand der Mutter und der seelischen Verkümmerung des Vaters, die womöglich den Infarkt beschleunigt oder gar erst hervorgerufen hatte. Sie war alt und empfindsam genug, um ihre Gefühle nicht in ungerechte Schuldzuweisungen umschlagen zu lassen. Aber es gab Tage, an denen sie sich nicht zurückhalten konnte. Wenn ihre Mutter das Unglück dieser Welt beklagte und sich in die guten Zeiten mit Vater verlor. Dann schrie sie heraus, was ihr im Ohr haften geblieben war: »Und das alles, weil du dein schönes Schlafzimmer behalten wolltest!«

Das gab sich erst, als sie Georg kennenlernte. Sie heirateten sehr schnell. Die Kollegen im Betrieb hatten zwar gemeint, sie wären wie Feuer und Wasser – sie mit ihrem stets aufbrausenden Temperament, mit ihrem Bedürfnis, die erste Geige spielen zu wollen, er mit seiner ruhigen, sachlichen Art und der Neigung, lieber in der zweiten Reihe als vorne zu stehen. Sie wußte, daß sie manchmal vorlaut oder zumindest vorschnell mit dem Wort war – ob am Arbeitsplatz oder in privater Gesellschaft. Und sie war ihm dankbar dafür, wenn er sie bremste, abwiegelte oder dem Gespräch absichtsvoll eine andere Wendung gab. Anfangs hatte sie ihm zu Hause dafür die Leviten gelesen. Und hatte sie ein Glas Wein zuviel getrunken, warf sie ihm fehlenden Mumm vor. Nur, daß man auf seine Weise im Leben besser fuhr, das exerzierte er mustergültig vor.

In der Energietechnik war er ein gesuchter Fachmann, im Betrieb unentbehrlich, und wurde er aufgefordert oder gebeten, doch mehr für die Gesellschaft zu tun, war er stets so mit einem Betriebsproblem beschäftigt, daß den Fachmann niemand länger aufhalten wollte. Seine Militärzeit hatte er schon hinter sich, als sie sich kennenlernten. Und wurde er zu Reserveübungen für vier oder acht Wochen eingezogen, sagte er nur kurz: Was sein muß, muß sein. Bei den üblichen Aufmärschen zum 1. Mai hatte Georg immer Dienst. Er machte es nicht wie andere, die sich glatt um das Politspektakel drückten und am nächsten Tag mit mehr oder weniger faulen Ausreden aufwarteten. Nein, Georg plante so etwas im voraus, studierte zu Jahresbeginn sorgfältig den Kalender und trug sich schon zu einem Zeitpunkt, an dem niemand an die gesellschaftlichen Verpflichtungen dachte, für derartige Termine in die freiwillige Feiertagsarbeit ein. Als sie ihn dann doch einmal am Kragen hatten, vor der Abteilung einen politischen Vortrag zu halten, mit dem Schlenker, es ginge um Energiefragen, schrieb er sich alle gängigen Formulierungen aus dem »Neuen Deutschland« auf und trug so sattelfest, aber einschläfernd vor, daß dieser erste Vortrag zugleich auch sein letzter war.

Sie brachten es unter Georgs umsichtiger Führung zu einem Stück Wohlstand in der DDR. Zu einer Zwei-Zimmer-Wohnung in einem Neubauviertel, für die ihr Mann freiwillige Aufbaustunden geleistet hatte, zu einem Wartburg, der unverdrossen lief. Sogar eine Reise nach Ungarn hatten sie gemacht. Eine Gruppenreise über den Betrieb. Genau genommen lebten sie über dem Durchschnitt. Der kleine

Freundeskreis, den Georg mit den Jahren aufgebaut hatte, war mitunter neidisch, wie glatt sie die Probleme in den Griff bekamen, wie gut ihre Ehe funktionierte und wie alles nach Plan lief.

Ihr Mann erwies sich auch als ruhender Pol, wenn Mutter aufkreuzte. Sie hatte inzwischen eine Ein-Zimmer-Wohnung. Der Umzug war ohne Komplikationen verlaufen. Dank ihres Mannes, denn dabei kam, was kommen mußte: Ihr solltet es zwar erst später haben, hatte Mutter gesagt, aber ich kann es ja nicht mitnehmen. Es ist auch von ganz anderer Qualität als diese neumodischen Möbel. »Ich schenke euch mein Schlafzimmer.«

Erst hatte sie explodieren wollen, aber Georg, längst vertraut mit dieser Geschichte und ihren Gefühlen, sagte damals nur knapp: »Mutter, es paßt nicht zu uns. Unseres war teuer genug.« Was stimmte, denn für die leicht beschädigte Exportware, die die Westfirma nicht akzeptiert hätte, mußten sie noch 4000 Mark hinblättern. So wanderte Mutters Schlafzimmer auf den Müll. Und mit ihm seine Geschichte. Das dachte sie jedenfalls.

Das Kind, das sie zur Welt brachte, kam programmgemäß. Erst nachdem sie sich einigermaßen etabliert hatten, die beruflichen und privaten Fundamente gelegt waren, meinte Georg, es sei an der Zeit für Nachwuchs. Und so, wie die Tochter gedieh, hatten sie einen Glückstreffer gezogen.

Tanja war ein lebhaftes, intelligentes und obendrein auch noch hübsches Mädchen, und sie wurde von Anfang an verwöhnt: von ihren Eltern, von der Oma, von der Tante aus Lübeck, die sich trotz ihres Alters nun zum Verwandten-Besuch in der DDR aufraffte und mit Steiftieren, Pullis und Schokolade anzureisen pflegte.

Zur Einschulung Tanjas brachte sie einen Schulranzen mit – aus mehrfarbigem Grobleinen, mit verstellbaren Riemen, reflektierenden Katzenaugen, diversen Extrataschen und dem Markenaufdruck. Kein Wunder, daß sich Tanja in dieses Prachtstück verliebte. Nur Georg sagte nachdenklich: Jetzt kommen schwere Zeiten auf uns zu. Er sollte recht behalten. Schon beim ersten Elternabend in der Schule nahm ihn die Lehrerin beiseite. Das Kind sei ja ziemlich stolz auf den Ranzen aus dem Westen, es sei besser, wenn sie zumindest den Aufkleber entfernten, und wenn auf die Eltern nichts zurückfallen solle, dann müßten sie überhaupt ein bißchen mehr Einfluß nehmen auf eine sozialistische Erziehung. Ein Beitritt zu den Jungen Pionieren wäre empfehlenswert, und wenn sie es recht verstanden habe, käme ja auch regelmäßiger Westbesuch ins Haus. Nichts dagegen, aber Tanja müsse doch nicht ständig darüber reden.

Sie nahmen Tanja auch ins Gebet, versuchten, ihr einiges zu erklären, was besser für sie sei. Aber als sie das Schild vom Ranzen entfernen wollten, gab es so viele Tränen, daß Georg es dran ließ. Zu den Jungen Pionieren schickten sie ihre Tochter auch nicht. Beide Unterlassungen blieben folgenlos. Tanja erwies sich als glänzende Schülerin - sie lernte eifrig und leicht. Nur die Betragensnote im ersten Zeugnis war schlecht. Georgs Sorgen verflogen, und sie wurden fast völlig verdrängt, als sich sein heimlicher Traum erfüllte: eine Datsche im Grünen.

Ein Kollege im Betrieb war gestorben, der Witwe wurde die Gartenarbeit zuviel. Dank guter Beziehungen konnten sie Grundstück und Sommerhäuschen erwerben. Georg investierte viel Zeit und Geld, um es in Schuß zu bringen. Er zimmerte Tag für Tag an der Datsche herum, verlegte Kabel, pflasterte einen Weg, baute mit Freunden eine Terrasse und mauserte sich obendrein zum Hobby-Gärtner. Das Stückchen Grün wurde für sie beide zum Lebens-Mittelpunkt.

Ein Paradies auch für ihr Kind. Freundinnen aus der Schule brachte sie allerdings nicht mit, nur Kinder aus der Nachbarschaft. »Die sind dumm«, sagte sie nur auf Fragen ihrer Eltern. Auf Omas Rat schickten sie Tanja in die Christenlehre. Mit der Religion hatten sie selbst zwar nicht viel am Hut, aber erstens konnte es ja nicht schaden und zweitens gab es dort - außerhalb der Schule - ein paar Spielkameraden, die weniger »dumm« für Tanja waren. In der Schule, so schärften sie ihr aber ein, solle sie davon nichts erzählen.

Daß sie mit ihren Absichten nicht ganz schief lagen, zeigte sich, als Tanja der Singegruppe in der Gemeinde beitrat. Und Oma, die den Kontakt zum Pfarrer hergestellt hatte, war ganz gerührt vom musikalischen Talent ihrer Enkelin. Es schien alles gut zu laufen. In der Schule gab es keine Probleme, auf den Elternabenden, die Georg besuchte, sprach ihn die Lehrerin nicht mehr an, und Mutter war pünktlich zur Stelle, wenn die Schule gesäubert werden mußte. Sie hatte sich daran ebenso gewöhnt wie an die reihumlaufende Reinigung des Treppenhauses in ihrem Neubaublock. Bis der Brief von der Schulleitung eintraf. Die beiden Erziehungsberechtigten, wie es da hieß, wurden um einen Besuch gebeten. Was sie denn ausgefressen habe, hatte Georg gefragt. Aber Tanja zuckte nur mit den Achseln.

Der Schulleiter machte wenig Umschweife. »Ihre Tochter,« sagte er, »ist ein begabtes Kind. Sie wird die dritte Klasse ohne Mühe schaffen. Aber sie ist von nichtsozialistischem Gedankengut infiziert. Ich habe mich in Ihrem Betrieb erkundigt und weiß, daß Sie in Ihren Kollektiven gute Arbeit leisten. Deshalb frage ich mich, woher dieser Einfluß kommt.« Sie hatten abgemacht, daß auf unangenehme Fragen nur Georg antworten sollte. Und der fragte denn erst einmal, was unter nichtsozialistischem Gedankengut zu verstehen sei. Das drückt sich darin aus, sagte der Leiter nicht ohne Schärfe, daß Ihre Tochter wie alle anderen Kinder auch im Unterricht gefragt worden ist, wo sie denn lieber leben würde: in der Sowjetunion oder in den USA. Und sie hat gesagt: In Amerika! »Wie erklären Sie das?«

Vielleicht sieht sie bei der Oma Westfernsehen, meinte Georg und stellte dann lang und breit ihre Beanspruchung im Betrieb dar, nannte Tanjas Antwort kindliches Geplapper, kurzum: Er trug eine Reihe von Ausflüchten vor. »Diese Tante aus dem Westen,« sagte der Leiter, »haben Sie aber nicht erwähnt; sie ist übrigens auch nicht im Hausbuch eingetragen, wie es Pflicht wäre bei auswärtigen Besuchern.« Es war eine Inquisition, wie sie langsam begriffen, und sie war sorgfältig vorbereitet worden. Sie endete mit der Feststellung, Tanjas Verhalten werde als Tadel in der Kaderakte vermerkt, und es wäre schade, wenn weitere Tadel dazukommen sollten. Die nämlich könnten verhindern, daß sie - bei ihrer Begabung - später trotzdem zur *EOS* zugelassen werde.

Acht Jahre alt war Tanja zu dieser Zeit, und es war ein langes Gespräch, das sie beide mit ihr führten. Wieviel sie davon verstanden hatte, wußten sie nicht genau, aber eines hatte sie verstanden: Daß sie fortan weder von der Sesamstraße noch von der Tante aus Lübeck reden durfte, daß sie demnächst zu den Jungen Pionieren angemeldet würde und nur unter dieser Bedingung weiter mit ihren Freunden aus der Christenlehre zusammensein konnte.

Danach machten sie sich gegenseitig Vorwürfe. Wer was hatte zu lange treiben lassen, wer zu viel an die Datsche und zu wenig an die Schule gedacht hatte. Auch Oma bekam später ihr Fett mit ab. Am 1. Mai marschierte Georg beim üblichen Aufzug mit. Er hatte seinen Feiertagsdienst mit einem Kollegen getauscht. Und jeden Nachmittag wurde Tanja ausgequetscht, wie es in der Schule war. Sie waren zufrieden, als Tanja die Stimme hob und durchs Zimmer rief: »Weg mit den NATO-Raketen!« Sie waren noch zufriedener, als sie hörten, Tanja sei ins Schulorchester aufgenommen worden.

Als die Tante aus Lübeck wieder kam, wollte Georg sie ins Hausbuch eintragen. Aber Meier II, der dafür verantwortlich war, hatte sich übers Wochenende an die Ostsee verabschiedet. Das war nicht der einzige Fehlschlag. Als die Tante ein zusammengerolltes Nena-Poster ausbreitete, fiel ihr Tanja um den Hals und schluchzte: Warum darf ich dich nicht mal besuchen, ich will auch mal nach Lübeck!

»Und deshalb,« sagt die junge Frau auf der Parkbank zu mir, »deshalb tun wir alles, damit sie eine erstklassige Geigerin wird. Denn nur, wenn sie wirklich Spitze ist in ihrem Fach, kann sie eines Tages internationale Gastspiele mitmachen - in Moskau, in Budapest und vielleicht sogar einmal in Wien. Wir müssen ihr die Chance verschaffen, daß sie dann selbst entscheiden kann, ob sie im Westen bleiben will oder nicht. Denn ich würde es nicht verkraften, wenn sie mir einmal vorwürfe, ich sei wegen der Datsche geblieben - so wie meine Mutter wegen ihres Schlafzimmers.«

Die Fahrkarte

Es gießt nicht wie aus Kannen, aber der feine Strichregen ist unangenehm genug. Ausgerechnet am frühen Abend hat er eingesetzt, etwa zwei Stunden vor Beginn des großen Fackelzuges. Die jungen Leute in ihren Windjacken, Parkas und Ostfriesennerzen stehen dichtgedrängt auf der Fahrbahn. Der Autoverkehr rollt im Schrittempo auf der anderen Straßenhälfte. Auf der Mitte der Friedrichstraße in Richtung Checkpoint Charly stehen Volkspolizisten in weißen Regenmänteln und freiwillige Helfer der Volkspolizei mit ihren roten Armbinden, die zwischen den Menschen- und Fahrzeugkolonnen für den notwendigen Abstand zu sorgen haben.

Seiteneinbieger aus den Nebenstraßen haben keine Chance zum Einfädeln. Und am Schnittpunkt der Verkehrsströme zwischen Friedrichstraße und Leipziger Straße - wenige Meter vor dem Diplomatenübergang von Ost- nach West-Berlin - haben sich Busse, Lkws und Pkws zu einem anscheinend unentwirrbaren Knäuel verkeilt. Linksabbiegen ist ohnehin unmöglich: Transportable Drahtzäune und Metallgitter zwischen den acht Fahrspuren beweisen, daß sich die staatlichen Organe im Absperren beträchtlicher Routine erfreuen und radikale Lösungen auch im 35. Jahr der Republik bevorzugen. Selbst Anlieger haben keine Möglichkeit, in ihre Wohnungen zu kommen. Die schwarz-weiß gestreiften Holzstäbe winken gebieterisch: Weiterfahren! Weiter weg von der Wohnung, in die man eigentlich will.

Die Menschenschlange auf der Gegenseite nimmt noch immer kein Ende, sie ist sogar breiter als in der Friedrichstraße und wächst in jeder Minute an. Denn die Busse, die aus allen Teilen der DDR nach Ost-Berlin gerollt sind, spucken an der Französischen Straße weitere Menschentrauben aus. 300 000 Jungen und Mädchen, so meldet das »Neue Deutschland« anderntags, hätten in der Hauptstadt ihr Bekenntnis zum Frieden und zum Sozialismus abgelegt.

Schon am Morgen des Tages begann die Invasion. Die Grünanlagen der Stadt verwandelten sich bei vormittäglichem Sonnenschein in Blau-Anlagen. Seitdem weltläufige Parteischreiber nachgewiesen hatten, daß Jeans die Arbeitshosen unterdrückter Negersklaven in Amerika gewesen und somit proletarischen Charakters seien, gehörte das einst als westlich-degoutant verpönte Beinkleid zum festen

Uniform-Bestandteil der meisten FDJler. Wären nicht die dunkelblauen Blusen mit ihren gelben Sonnen im Ärmel gewesen, man hätte sie für wartende Fans einer Mammut-Rockshow halten können.

Die mitgeführten Fahnen und Spruchbänder sind noch zusammengerollt, die Verpflegungsbeutel und Taschen noch gefüllt, der Rasen noch trocken. Was die Jungen und Mädchen von westlichen Altersgenossen unterscheidet, ist die Ruhe und die Disziplin, mit der sie den ganzen Tag über an ihren Sammelpunkten und Stellplätzen ausharren. Gelegentlich spielt jemand auf seiner Gitarre, gelegentlich wird ein Lied angestimmt, nirgends plärrt ein Kofferradio, und Rangeleien, wie sie auf dem Schulhof üblich sind, unterbleiben. 75 Prozent aller Jugendlichen in der DDR, so besagt die DDR-Statistik, sind Mitglieder der Freien Deutschen Jugend. Bei den Schülern sind es sogar 95 Prozent. Und nur die Besten dürfen zu Großereignissen in die Hauptstadt - gewissermaßen als Auszeichnung. Zum nationalen Jugendfestival etwa oder, wie in diesem Fall, zum Jahrestag der DDR.

Damit sich diese Jungen und Mädchen ihrer Auszeichnung auch würdig erweisen, werden sie vor der Reise in die Hauptstadt von ihren FDJ-Sekretären meist noch einmal belehrt. Welcher Sprechchor wo und wann anzustimmen ist, wie sie sich zu betragen haben und vor allem, was zu antworten ist, wenn ausländische Journalisten aufkreuzen sollten. Die zu erkennen, ist relativ einfach, weil sie entsprechende Umhänger oder Plaketten sichtbar tragen müssen. Und gerade westliche Korrespondenten sollen ja hören und sehen, daß die Jugend der DDR das kleine Einmaleins des Sozialismus aus dem Effeff beherrscht.

Ich gehöre an jenem Abend zu den Unglücksraben, die das Auto benutzen. Normalerweise beträgt die Fahrtzeit vom Studio zu meiner Wohnung sechs Minuten - die endlos dauernden Rotphasen an den Ampeln mit eingerechnet. Jetzt stehe ich bereits dreißig Minuten hinter einem Trabant, dessen Zweitakterfahne mir die Aussicht nach vorn vernebelt. Links neben mir rollt ein Mazda der japanischen Botschaft, dessen Fahrer die sprichwörtliche asiatische Gelassenheit zur Schau stellt, und rechts von mir rauchen zwei Männer in einem Skoda ihre Caro-Zigaretten um die Wette. Offensichtlich Vorortpendler, die wütend sind, so viel später nach Hause zu kommen. Daß sich die Blüte der Nation auf der anderen Straßenseite versammelt, scheint sie nicht zu interessieren.

Mir tun die jungen Leute leid. Wie sie da in der abendlichen Kühle geduldig stehen, mit nassen Kutten und oft nassen Haaren, wie einige sich an den da und dort bereits angezündeten Fackeln zu wärmen versuchen und andere die von der Nässe schweren Transparente schleppen, auf denen steht: Unsere Heimat - DDR. Viele tragen lange Stäbe, an deren Spitze eine runde Scheibe befestigt ist mit der Zahl 35. »Weißt du, warum in allen Geschäften bei uns jetzt eine 35 steht?« hatte mich vor zwei Tagen ein Freund gefragt. »Damit die Leute nicht denken, es ist 45 ...«

Ob die FDJler diesen bösen Witz überhaupt verstehen würden? Wie lange, frage ich mich, würden wohl Jugendliche aus dem Westen in Kälte und Regen ausharren, zehn Stunden warten, bis sie losmarschieren dürfen und dann noch einmal drei Stunden auf einem Platz stehen, um dort auf Kommando einem Politiker zuzujubeln? Selbst bei Demonstrationen in der Bundesrepublik halbiert schlechtes Wetter schon die Teilnehmerschar.

Als die Absperrzäune und uniformierten Einweiser endlich aus meinem Blickfeld verschwinden, kommt es natürlich so, wie ich es kommen sah: Es gibt keinerlei Chance, die Spur zu wechseln, an den links und rechts fahrenden Kolonnen vorbeizusteuern. Deutsche Autofahrer sind nicht nur im Westen stur. Selbst wenn ich es geschafft hätte, irgendwie nach links abzubiegen, zurück in Richtung Leipziger Straße hätte ich kaum gekonnt. Weiträumige Absperrmaßnahmen hat heute früh die »Berliner Zeitung« angekündigt. Ich schwimme also weiter mit dem Strom und lasse mich treiben bis zur Schönhauser Allee. Allmählich hat sich die Blechlawine aufgelöst. Vor einer Gaststätte, die mir nach Bratkartoffeln mit Rührei aussah, halte ich an.

Die meisten Tische sind vollbesetzt. Der offenbar einzige Kellner schichtet am Tresen die Biere aufs Tablett. Ich will schon den Rückzug antreten, da entdecke ich hinter dem vollgepfropften Garderobenständer noch ein Plätzchen. Genauer gesagt, einen freien Stuhl. Auf dem anderen an diesem Katzentisch sitzt ein junger Mann. Er nickt nur grußlos, als ich mich zu ihm geselle. Der Kellner ist wider Erwarten schnell zur Stelle, bescheidet mich mit einem »Rührei ist aus«, bietet aber mit schnellem Blick auf meine Westzigaretten sofort Bockwurst als Ersatz an.

»Ganz schöner Rummel da draußen«, sagt der junge Mann unvermittelt. Ja, sage ich und schicke mein Sprüchlein hinterher, als Westjournalist habe ich darüber ja zu berichten. Es tritt längere Funkstille ein. Ich bin mit dem Essen beschäftigt. Die Bockwurst ist wie immer ein bißchen zu fett, die Clubcola schmeckt wie immer ein bißchen zu süß. Der Garderobenständer dämpft ein bißchen die Lautstärke im Lokal. Mein Gegenüber zieht am Reißverschluß seiner Jacke und kramt ein Päckchen Marlboro heraus. Er holt es aus seiner Brusttasche im Hemd, und dieses Hemd ist dunkelblau. »Aus dem Intershop«, grinst er, »hat mein Alter mitgebracht.« Besser hier in Ruhe eine rauchen, als draußen im Regen stehen, sage ich. Es scheint so, als ob das Eis gebrochen sei.

17 Jahre alt ist er, der Blonde aus Ost-Berlin. Er hat sich abgesetzt von seiner Truppe, schließlich kennt man sich ja aus. Die anderen, die von draußen, sind angeschmiert, wie er meint, immer wieder durchzählen, neu formieren, der FDJ-Sekretär drumrum wie ein Schäferhund um die Herde. Von seiner Klasse hätten sich bestimmt noch andere verkrümelt. Ob's da nicht Ärger gäbe? Ach was, in dem Gedränge könne man schon mal getrennt werden... »Und wenn ich sage, ich war da, auf dem Marx-Engels-Platz, dann soll mir mal einer das Gegenteil beweisen.«

Er geht zur Oberschule. Auf seine ausgefransten Jeans ist er ebenso stolz wie auf die umfangreiche Sammlung westlicher Rockmusik, die er abends heimlich auf Tonband aufnimmt. Daß der Junge seine Tonband-Mitschnitte heimlich macht, hat nichts mit einem staatlichen Verbot zu tun. Denn Pop-Musik aus dem Westen kann man heutzutage in jeder Diskothek in Ost-Berlin und auch anderswo in der DDR hören. Nein, es hat mit seinem Vater zu tun. Einem Mann, der in der ganzen Republik einen Namen hat. Einen Namen, den man sich erst einmal machen muß, wie sein Vater immer wieder sagt, und der nun wahrlich nicht belastet werden dürfe durch den Sohn und dessen Hang zu westlicher Dekadenz.

Sein Vater hat, wie der Junge sagt, ständig etwas herumzumeckern. »Nicht nur über die Musik, auch über meine schlechten Schießergebnisse. Die sind wirklich schlecht, aber man muß eben vorbeugen.« Wofür? frage ich. Seinem Gesichtsausdruck nach hält er mich für ziemlich naiv, bequemt sich dann aber zu einer Erläuterung. »Wissen Sie«, sagt er, »um die FDJ kommst du ja nicht herum, wenn du mal studieren willst. Zur Zeit sind wir da in der vormilitärischen Ausbildung. Und die Schießergebnisse werden auch in die Kaderakte eingetragen. Da steht schwarz auf weiß, ob du ein guter Schütze bist oder nicht. Wenn ich im nächsten Jahr zur NVA komme, werden die Ergebnisse wieder notiert. Ja, und ich schieße eben immer Fahrkarten, verstehen Sie? Ich treffe nicht mal die Scheibe.«

Da mußt du wohl öfter einen ausgeben? »Nee«, lacht er, »das wäre auf die Dauer zu teuer. Aber ich bin natürlich die letzte Pfeife im Kollektiv. Mein Vater wollte mich sogar zum Augenarzt schicken, aber ich hab' wohl mehr 'ne unruhige Hand. Sehen Sie, und wenn ich nun an die Staatsgrenze komme – und da kommen alle mal hin, wenn sie eingezogen worden sind – und irgendein armes Schwein will abhauen, rüber über die Mauer, wie neulich, dann schieß ich natürlich wie ein Idiot. Aber treffen, treffen tu ich den nicht. Hinterher gibt's dann die übliche Untersuchung, aber mehr als drei Tage Bau sind bei mir nicht drin. Denn die können ja nachlesen in der Akte, was ich bin - ein miserabler Schütze. Aber stellen Sie sich mal vor, es wäre anders. Ich hätte irgendeinen Schießpokal gewonnen oder lauter gute Noten, dann müßte ich mit Knast rechnen und mit dem Studium wäre auch Essig.«

Ist das denn wirklich noch so? frage ich. Es schien doch so, als ob es in letzter Zeit weniger Tote an der Grenze gegeben habe, und mancher ist ja tatsächlich heil rübergekommen.

»Erstens«, sagt er, »haben die jetzt alles nur weiter nach hinten verlegt, ihr erfahrt doch gar nicht mehr, wann und wo geballert wird. Und zweitens ändert das im Ernstfall überhaupt nichts. Selbst wenn der große Vorsitzende mal die Anweisung geben sollte, nicht gleich den Finger krumm zu machen, wer weiß, wann er's wieder zurücknimmt oder ein anderer plötzlich das Gegenteil sagt. Nee, lassen Sie mal, meine Methode ist die sicherste.«

Mit deinem Vater kannst du nicht darüber reden? frage ich. »Um Himmels willen«, sagt er, »für den bricht eine Welt zusammen. Nicht politisch, denn von Politik versteht er ja nichts.« Ich denke, er ist ein hohes Tier in der Partei? »Wer hat denn das gesagt. Er hat nur ein paar Orden bekommen - für seine Verdienste als Sportfunktionär. Und das, versteh'n Sie, will er auch bleiben.«

Und was, frage ich, hat das eine mit dem anderen zu tun? »Eigentlich nichts«, sagt der Junge, »aber er glaubt, daß das eine mit dem anderen zu tun haben könnte. Und da hat er wohl auch recht, das spüre ich selbst. Heute zum Beispiel.« Inwiefern? »Na ja«, sagt er, »ich bin weder in der Schule noch in der FDJ besonders aktiv, aber ich gehöre regelmäßig zu denen, die an besonderen Sachen teilnehmen dürfen. Der Name färbt halt ab.«

So gesehen, hat das doch auch eine Menge Vorteile für ihn. »Ja,« sagt er mißmutig, »aber auch nur in Grenzen. Nach Kuba darf ich beispielsweise nicht mit. Sagt mein Alter jedenfalls, obwohl ich mir nicht sicher bin, ob er selbst da nicht mit dran rumgedreht hat. Er hat ja immer die Hosen voll, daß seine Privilegien gefährdet werden könnten, daß er nicht mehr so schönen Urlaub machen kann wie jetzt.«

Na, sage ich, da habt ihr ja doch was gemeinsam - du und dein Vater. Jeder kämpft um seine Fahrkarte - und zittern tut ihr beide auch dafür. »Richtig«, sagt er, »nur gemeinsam fahren können wir eben nicht. Und jetzt muß ich los, denn nach dem Abfackeln treffen wir uns in der Disko.«

Als ich durch die Nacht zurückfahre, durch die Innenstadt Ost-Berlins, begegnen mir die ersten Busse, die vom Marx-Engels-Platz kommen. Wie eine Karawane ziehen sie wieder hinaus aus der Hauptstadt in die Bezirke der DDR, aus denen die Besten gekommen sind. Vor der matterleuchteten Diskothek in der Französischen Straße vis-á-vis der Hugenottenkapelle stehen - aufgereiht wie an einer englischen Bushaltestelle - fünfzig bis sechzig Jugendliche, die meisten im Blauhemd.

Es hat aufgehört zu regnen. Aus dem Autoradio ertönt die Stimme des DDR-Nachrichtensprechers: »... hat sich die Jugend der Deutschen Demokratischen Republik in einem Treuebekenntnis zu Staat und Partei, zum sozialistischen Vaterland und zum Frieden... Der 1. Sekretär der FDJ, Eberhard Aurich.... Wie der Vorsitzende des Staatsrates, der Generalsekretär der SED, Erich Honecker, sagte...«

Ich habe Konzentrationsschwierigkeiten, werde mir morgen früh unseren Mitschnitt von der Veranstaltung anhören und mit dem Text im SED-Zentralorgan vergleichen. Und ich nehme mir vor, das »Deutsche Sport-Echo« künftig genau zu studieren. Auf den Namen hin, den er mir genannt hat und den sie ja beide tragen: der Sohn im FDJ-Hemd und der Vater mit dem Parteiabzeichen am Revers - die beiden Fahrkarteninhaber, die auf so verschiedene Weise unbeschadet über die Runden kommen wollen.

Ein Autogramm vom HSV

Schon Wochen zuvor ist das Stadion ausverkauft. Das heißt, kaufen kann man die Karten nicht, jedenfalls nicht im herkömmlichen Sinn des Wortes. Sie werden zugeteilt. Vom Betrieb beispielsweise oder von der FDJ. Denn die Billetts sollen ja die richtigen Leute erreichen. Das passiert in Ost-Berlin häufiger, also immer dann, wenn die Verantwortlichen in der Staats- und Parteiführung meinen, die bevorstehende Veranstaltung berge politischen Zündstoff in sich.

Und nun ist der Hamburger Sportverein angekündigt. Der Fußball-Meister der BRD, wie man in der DDR sagt, oder der Deutsche Meister, wie man in der Bundesrepublik sagt. Spielen soll er gegen den Meister der DDR, gegen den BFC Dynamo Berlin, den wir als Dynamo Ost-Berlin bezeichnen. Nicht etwa, um mit dieser Vorsilbe die DDR zu kränken, was deren Funktionäre stets vermuten, sondern um die bundesdeutschen Fußball-Fans nicht zu verwirren, die andernfalls einen West-Berliner Club dahinter vermuten würden.

Daß die Hamburger und die Ost-Berliner nun gegeneinander antreten sollen, ist dem Los im Europapokal zu verdanken. Das ist beileibe keine Premiere. Bereits zehnmal sind derartige deutsch-deutsche Begegnungen in allen drei Wettbewerben der UEFA abgelaufen. Noch heute schwärmen Experten hüben und drüben von den beiden legendären Spielen zwischen Bayern München und Dynamo Dresden, bei denen die Bundesdeutschen nur knapp die Oberhand behielten.

Aber in der Hauptstadt hat es so etwas noch nicht gegeben. Das bedeutet höchste Alarmstufe – für die Volkspolizei, für den Staatssicherheitsdienst, für das Außenministerium der DDR. Was ist nicht alles zu bedenken? Es darf nicht zuviel Beifall für die Gäste geben. Es darf kein gesamtdeutscher Charakter entstehen. Es darf keine Zwischenfälle geben, weder vor dem Spiel noch nach dem Spiel und schon gar nicht während des Spiels, das im Fernsehen übertragen werden muß. Wo sollen die Hamburger wohnen, trainieren und möglicherweise spazierengehen, ohne daß sie von Autogrammjägern bestürmt werden? Das heißt, was kann man ihnen als Sicherheitsmaßnahme zu ihrem eigenen Schutz verkaufen, was würden sie als Einengung oder gar als Belästigung verstehen? Was ist mit ihren furchterregenden Schlachtenbummlern, die kahlgeschoren herumlaufen sollen und keinem Streit aus dem Wege gehen? Warum wollen nicht nur Sportjournalisten aus der Bundesrepublik, sondern auch die ständig akkreditierten Westkorrespondenten Karten fürs Fußballspiel haben? Wie soll man deren Anträge behandeln, Umfragen auf der Straße machen zu wollen?

Die Nervosität in der Stadt ist mit Händen zu greifen. Aber als die Hamburger endlich in Ost-Berlin eintreffen, ist alles geregelt. Ihr Quartier an der Spree, das Palast-Hotel, ist auffällig-unauffällig von zivilen und uniformierten Sicherheitskräften abgeriegelt. Sie stehen an allen Eingängen, sitzen in der Empfangshalle, haben selbst an der Bar im Foyer feste Position bezogen. Auch die Auffahrt zum Parkhaus im Tiefgeschoß ist abgesperrt. Nur der Presseausweis ist ein Sesam-öffne-dich.

Die meist jugendlichen Fans aus Ost-Berlin stehen in dichten Trauben vor dem Café im Parterre, hoffen, eines der Gesichter zu sehen, das ihnen aus der Sportschau des Westkanals vertraut ist. Doch dort ist ohnehin kein Platz mehr frei. Und wer gar glaubt, auf dem Umweg übers Café ins Innere des Hotels rutschen zu können, stößt auf ein Grüppchen recht streng dreinblickender Herren in jenen Kunstlederjacken, die seit dem Besuch Helmut Schmidts in der DDR als das Modell Güstrow bekanntgeworden sind.

Die Hamburger freilich zeigen auch kein besonderes Entgegenkommen. Sie werden ihrem Ruf gerecht, entweder unterkühlte Norddeutsche oder unterkühlte Profis zu sein. Oder tut man ihnen damit unrecht? Sind sie nur vorsichtig? Etwa so wie damals die Bayern, die ihren eigenen Koch mit nach Dresden brachten. Darüber hat später zwar ganz Deutschland gelacht, aber wer Erfahrung auf internationalem Parkett hat, der läßt sich lieber verspotten, als daß er wegen plötzlich auftretender Magenbeschwerden das Spiel verliert.

Und hatte Borussia Mönchengladbach nicht üble Erfahrungen in der DDR gemacht? Es war ja schließlich erst ein Jahr her, daß die Mannen vom Bökelberg in Magdeburg handgreifliche Auseinandersetzungen mit der Volkspolizei erleben mußten. Rund 1500 Fans aus allen Teilen der DDR hatten auf der einen Straßenseite gestanden und Bo-rus-sia skandiert. Auf der anderen Straßenseite, direkt vor dem Hotel, hatte sich eine Wand von grünen Uniformen aufgebaut. Und plötzlich leuchteten, mitten im Grün, die Trainingsanzüge der Spieler auf, die Autogramme, Wimpel und Fähnchen verteilen wollten.

Das Ende vom Lied? Eine mittlere Straßenschlacht, ein geohrfeigter Torhüter und eine 1:3-Niederlage gegen den 1. FC Magdeburg.

Ich war damals dabei und sehe noch den Trainer der Borussen, Jupp Heynkes, vor mir, verbittert über die Niederlage, aber noch mehr aufgewühlt von den Begleitumständen. Ohne zu duschen war die Mannschaft direkt vom Spielfeld in den Bus gestiegen und in ihren schweißnassen Trikots nach Mönchengladbach zurückgefahren. Aber vor dem Hotel standen sie noch bis Mitternacht - die Jungs aus der DDR.

Das tun sie auch vor dem Palast-Hotel in Ost-Berlin. Nur noch eine Handvoll ist übriggeblieben. Auch die Sicherheit ist bereits im Halbschlaf. Sie mag den Mann mit dem braunen Teint für einen auswärtigen Gast gehalten haben. Doch es ist Jimmy Hartwig, das enfant terrible der Mannschaft, der ein paar Anstecknadeln und HSV-Wimpel verteilt, hastig ein paar Autogramme gibt und dabei fast erdrückt wird von den Halbwüchsigen. »Jimmy, Jimmy« rufen sie hinter ihm her, als er nach wenigen Minuten wieder im Hotel verschwindet.

Am nächsten Morgen gleicht der Prachtbau an der Liebknecht-Straße wieder einer Festung. »Ein Prestigespiel ist es nicht«, sagt Co-Trainer Alexander Ristic und deutet auf Cheftrainer Ernst Happel, »schließlich ist der Österreicher, und ich bin Jugoslawe.« Doch diese demonstrative Gelassenheit, die sie zur Schau tragen und in der auch Manager Günter Netzer gern posiert, täuscht. Auch die Hamburger haben sich trotz aller Bemühungen von der Verkrampfung in Ost-Berlin anstecken lassen.

Der ursprünglich geplante Vormittagsspaziergang durch die Innenstadt mit ihren gewiß sehenswerten Bauten aus preußischer Zeit ist von Netzer abgesagt worden. Stattdessen will man in ein Wäldchen am Rande der Stadt ausweichen. Nur kein Risiko eingehen, keine Gemütsaufwallung entstehen lassen. Explodieren sollen die Spieler am Abend, auf dem Rasen, nicht vor dem Spiel und nicht am möglicherweise falschen Objekt.

Es hat auch so schon genügend Ärger gegeben. Um die Hamburger Anhängerschaft, die ansonsten zu Auswärtsspielen des Clubs mitzureisen pflegt. Die 250 Karten, die die DDR zur Verfügung gestellt hat, sind gekoppelt an eine Übernachtung im Hotel Metropol. Die kostet mindestens 120 D-Mark. Weil das den meisten neben Anreisekosten und Eintritt zu teuer ist, darf der HSV allenfalls mit ein paar der ungeliebten Skinheads als Unterstützung rechnen. Und das spezielle Club-Kontingent an Karten hat die DDR noch einmal um 20 auf 30 Tickets reduziert. Die allerdings hat der Manager an den Mann gebracht. Gratis, versteht sich. Eins davon hat ein früherer HSVer bekommen, der seit dem Kriege in Ost-Berlin wohnt. Wir kannten seine Adresse, sagt Netzer, und er hat vor Freude fast einen Schlaganfall bekommen. Zufrieden ist der Ex-Fußballprofi hingegen mit einer anderen Lösung, der die DDR zugestimmt hat: Der HSV darf in den Jerseys mit seiner üblichen Trikotwerbung auftreten. Wie viele Devisen die Hamburger dafür an die DDR zahlen mußten, sagt Netzer nicht. Das Hotel ist seiner Meinung nach in Ordnung. Aber die vielen Gäste in Halle, Bar und Restaurant, die geflissentlich ins Leere starren, findet er einigermaßen komisch.

Drei Stunden vor dem Anpfiff ist die Schönhauser Allee vollgepfercht mit Menschen. Dabei faßt der Friedrich-Ludwig-Jahn-Park nur 21 000 Zuschauer. Über 50 000 hätten ins Stadion der Weltjugend hineingepaßt. Aber das stand vermutlich aus technischen Gründen nicht zur Verfügung. Die Seitenstraßen zum Stadion sind von der Polizei abgeriegelt, dort parken zahlreiche Lastkraftwagen. Ich muß weiterfahren zur Bornholmer Straße. Sie ist frei. Fährt man sie etwa einen halben Kilometer hinunter, kommt man zum einzigen Übergang nach West-Berlin, den Bundesdeutsche und West-Berliner gemeinsam benutzen dürfen – allerdings auf säuberlich getrennten Fahrspuren.

Schlachtgesänge, wie man sie vor einem großen Spiel sonst zu hören bekommt, ertönen nicht. Ich erinnere mich an eine Szene in Leipzig: Da marschierten etwa 200 Mann die Straße entlang, ein Bein auf der Fahrbahn, das andere auf dem Bürgersteig, und bekundeten ebenso lautstark wie schlecht gereimt, daß die Karl-Marx-Städter nun den Leipzigern das Fell versohlen wollten. An diesem Abend schieben sich nur stille Gruppen zu den Toren des Fußballplatzes.

Kurz vor der Abfahrt habe ich auch meine Umfragegenehmigung erhalten. Ich darf auf dem Fußballgelände Fragen zum Spiel stellen. Doch wo fängt das Gelände an? Mein Durchfahrtschild verhilft mir zu einem Parkplatz in einer Nebenstraße. Ich steuere einen Männertrupp an, der so aussieht, als käme er geschlossen aus irgendeinem Büro. »Ich erwarte ein faires Spiel«, sagt der erste. »Ich auch«, sagt der zweite, »und daß Dynamo gewinnt.« Als der dritte erklärt, es handele sich um zwei international erfahrene Mannschaften, weiß ich, daß diese Männer zwar zum Fußball gehen, aber keine Fans sind.

An der nächsten Ecke treffe ich ein Häuflein junger Leute. Einer löst sich davon und fragt: »Haben Sie noch eine Karte?« Und dann, als sie wissen, wer ich bin und was ich mache, bricht Unmut los, entlädt sich ins Mikrophon: Das sei eine Schweinerei mit den Karten, da wären jetzt nur Holzköpfe im Stadion, ganze Vopo-Einheiten in Zivil säßen auf der Tribüne, nicht mal auf dem Schwarzmarkt sei was zu machen gewesen. Hoffentlich ziehe der HSV denen das Fell über die Ohren.

Ein älterer Mann trabt an, bleibt stehen und sagt: »Ich hatte auch 'ne Karte, die hat mein Neffe aus Halle gekriegt. Ich verstehe sowieso nichts vom Fußball, und der trägt mir jetzt die Kohlen auf den Balkon.«

Um den Jahn-Park ist ein Kordon von Polizei gezogen. An den Gittertoren, die nur zur Hälfte geöffnet sind, stehen weitere Grüne. Nur einzeln können die Menschen passieren. Links und rechts der Steintreppen zu den Rängen haben sich Stufe um Stufe die Männer in den bekannten Kunstlederjacken postiert. Sie sitzen auch Reihe für Reihe in den Zuschauerblocks - jeweils auf den Außenplätzen. Selbst auf der Pressetribüne. Und sie stehen, diesmal in Trainingsanzügen, zwischen der Tartanbahn und dem Rasen. Der wird bereits vom Flutlicht angestrahlt. Hinter diesen Flutlichtmasten sorgen noch andere Scheinwerfer für Helligkeit: die Peitschenmasten der Grenzanlagen. Denn dieses Stadion liegt nur einen Steinwurf von West-Berlin entfernt - in unmittelbarer Nähe der Mauer.

Auf den beiden Wachttürmen, die von hier aus zu sehen sind, erkenne ich schemenhaft die Besatzung. Ihre Ferngläser werden sie in ein paar Minuten wohl eher aufs Spielfeld als auf den Grenzstreifen richten. Nach Westen müssen sie ohnehin nicht schauen. Wer von da kommt, braucht nicht über Beton und Stacheldraht zu klettern. Ob die HSV-Spieler wissen, vor welcher Kulisse sie spielen?

Als die Mannschaften auflaufen und die Spieler des HSV vorgestellt werden, ertönt ein sehr zaghafter Chor: H - S - V! Das müssen die Skinheads sein, die ich bislang noch nicht gesichtet habe. Aber ein gellendes Pfeifkonzert läßt sie sofort verstummen. Dann läuft das Spiel.

Es läuft ab vor einem weitgehend stummen Publikum. Bei Fouls der Hamburger wird gelegentlich gepfiffen, aber es geht niemand richtig mit, es gibt kaum Szenenapplaus, nicht einmal für die eigene Mannschaft, für den BFC Dynamo, der doch die Hauptstadt und damit die DDR vertritt. Mag sein, daß die Spieler auf dem Feld das ihre dazu beitragen: Die Ost-Berliner, die ich schon als wuchtige und torgefährliche Kicker kennengelernt habe, wirken verkrampft und überhastet, die Hamburger von Beginn an konzentrierter, gefährlicher, überlegen. Es gibt also nur zwei Möglichkeiten: Entweder hat dieses Publikum exzellenten Fußballverstand und ist von daher ehrfürchtig in Schweigen versunken oder es ist ihm schnurz, ob da unten Fußball oder Billard gespielt wird. Es reagiert nur dann, wenn unversehens eine Provokation zu registrieren ist. Beispielsweise, als - weit entfernt vom Grüppchen der Skinheads - aus zehn oder fünfzehn Kehlen hinter dem BFC-Tor erst »HSV« und dann »Union« gerufen wird. Da dröhnt es zurück: erst das Pfeifkonzert und dann das »BFC«.

Vollends kafkaesk wird die Szene, als oberhalb des Stadions die Lichtkegel eines Streifenwagens der DDR-Grenztruppen auftauchen. Gemächlich dreht er seine Runde zwischen Flutlicht und Peitschenmasten. Sie müssen dort des besseren Überblicks wegen einen befahrbaren Wall aufgeschüttet haben. Wahrscheinlich ist er betoniert – Deutsche bauen gründlich.

Wann endlich tutet mal einer in seine Trompete? Wann haut einer mal auf die Pauke? Wann heult mal nervtötend eine Sirene? Oder dürfen hier keine Sirenen heulen, weil sie mit anderen Sirenen verwechselt werden könnten, jenen, die auf den Wachttürmen angebracht sind?

Der HSV und Dynamo trennen sich 1:1 unentschieden. Es gibt keine Diskussionen, keine Erregung, keinen sichtbaren Verdruß darüber, daß die Ost-Berliner fürs Rückspiel in Hamburg nun schlechte Karten haben (dort gewinnt der HSV dann auch mit 2:0). Die Menschen schieben sich wieder die Stufen nach unten: geordneter Abmarsch. Ich sehe Handlampen aufleuchten. Die Fernsehkollegen fragen nach: Was sagen Sie zum Ergebnis? Wie fanden Sie das Spiel? Ich bemerke, daß einige Volkspolizisten nicht mehr ganz geradestehen können. Was sollen sie auch tun, wenn oben ein Spiel läuft und sie unten Wache schieben müssen? Und dann steigen ganze Zuschauergruppen hinauf auf die vorgefahrenen Lkws am Hintereingang. NVA steht auf ihren Kennzeichen. Aber Uniform haben diese Zuschauer nicht getragen.

Ich fahre zurück ins Büro und schalte den Fernseher ein. Zusammenfassung der Europacup-Spiele. Der Kollege vom Sport würdigt die taktische Leistung des HSV. Ich sehe einige Ausschnitte vom Spiel, und mir kommt es so vor, als ob ich sie zum ersten Mal sehe. Es war, so höre ich, ein außerordentlich gutes Spiel in Ost-Berlin. Und ich erfahre, daß schon am Nachmittag Werder Bremen gewonnen hat: mit 4:1 in Frankfurt an der Oder. Im UEFA-Cup. Es sei fast wie ein Heimspiel gewesen, so viel Beifall hätten die Bremer dort bekommen. Ich gehe zu unserem dpa-Ticker, fische mir den Bericht heraus und lese, daß einige Spieler der Werder-Mannschaft von Frankfurtern privat zum Kaffee eingeladen worden sind, daß ihr Hotel mit einem Willkommensplakat geschmückt war, daß sie Autogramme gegeben haben und Wimpel verteilen konnten.

Warum, so frage ich mich, ist in Ost-Berlin alles so ganz anders verlaufen? Warum geht hier manches so viel besser und manches so viel schlechter als sonst in der DDR? Liegt es an der Nähe zu West-Berlin? Oder ist es auch eine Last, Hauptstadt zu sein – nicht nur in der Politik, sondern auch im Sport?

Feuerwerk von drüben

Es ist eine jener lauen Sommernächte, die zum späten Flanieren und zum Eisessen einladen. An der Fontana di Trevi, auf den Champs-Elysées, am Trafalgar Square und am Kurfürstendamm schieben sich in solchen Nächten die Menschen dicht an dicht über das Pflaster. Sie bummeln an den hellerleuchteten Auslagen der Geschäfte vorbei, spähen nach einem freien Tisch in den Straßencafés, wollen sehen und gesehen werden. Und wo es Brunnen oder Wasserspiele gibt, stehen oder sitzen sie in Trauben auf Stufen, Balustraden und Bänken. Sie umlagern Straßenmusikanten, Pflastermaler, Jongleure, die professionell oder nur aus Spaß an der Sache zum festen Bestandteil einer Großstadt-Szenerie geworden sind.

Ost-Berlin mag Hauptstadt sein - eine Metropole ist es nicht. Die Schönhauser Allee, sich vom Bezirk Mitte bis in den Bezirk Pankow windend, kommt diesem Anspruch noch am nächsten. Die S-Bahn, die auf stählernen Pfeilern über die Köpfe der Menschen hinwegbraust, die Straßenbahn, die über buckliges Kopfsteinpflaster kreischt - beide Verkehrsmittel aus der Vorkriegszeit spucken an ihren Haltestellen auch nachts wieder Nachschub auf die Straße. Es gibt hier mehr Kneipen, Biergärten und Cafés in einer Reihe als anderswo in der Stadt in einem ganzen Viertel. Und sie sind allesamt dicht besetzt, nicht nur der zivilen Preise wegen, sondern weil ein Hauch von Urbanität um die Altbaufassaden weht. Urbanität, die sich auch in einer Vielzahl von kleinen Geschäften ausdrückt. Urbanität, die ein vergleichsweise großes Dienstleistungsangebot einschließt: den Schuhmacher, den Friseur, die Gemüsegeschäfte und Fleischerläden, vor denen donnerstags Menschenschlangen stehen, weil nur an diesem Tag frische Ware geliefert wird.

Die Schönhauser Allee wird tagsüber keinen Schönheitspreis gewinnen können. Sie hat keine repräsentativen Bauten, sie hat keine Hochhäuser, sie bietet weder dem Historiker noch dem Kunstkenner eine Attraktion, sie ist mit abblätternden Farben und grau-schwarz verschmutzten Wohnzeilen nicht einmal pittoresk. Sie ist schlicht kleinbürgerlich. Aber an warmen Sommerabenden lebt sie, hat sie Pfiff, sticht sie manchen Renommierboulevard in Ost-Berlin aus.

Die Straße Unter den Linden beispielsweise. Von Schinkels Altem Museum, dem Deutschen Museum für Geschichte, der Neuen Wache, der Humboldt-Universität, dem Kronprinzenpalais, der Hedwigskathedrale, der Staatsoper bis hin zum Reiterstandbild des Alten Fritz, geschaffen von Christian Rauch, reiht sich dort ein historisches Bauwerk ans andere. Die Reiseleiter in den Touristenbussen aus Ost und West müssen im Hans-Rosenthal-Tempo sprechen, um alles und jedes erklären zu können. Und bis hin zum Endpunkt, dem Brandenburger Tor, haben sie noch die Botschaftsfahnen aufzuzählen: die britische, die italienische, die französische, die sowjetische, den Sitz des Zentralrates der FDJ, den Sitz des DDR-Gewerkschaftsbundes usw.

Mittwochs um 14 Uhr 30 ist die Fahrbahn gesperrt: von der Neustädtischen Kirchstraße bis zum Palast der Republik. Dann versammeln sich ganze Hundertschaften um die Neue Wache so wie vor dem Buckingham-Palast, um den Wachaufzug mitzuerleben, samt Stechschritt und Zapfenstreich. Filmkameras surren, Fotoapparate klicken im Stakkato, und die Vertreter der Turnschuhgeneration, die die »Knobelbecher« ansonsten mit demonstrativer Abscheu bedenken, recken die Hälse, um nichts zu versäumen.

Abends freilich ist die Straße Unter den Linden wie ausgestorben. Nur vor der Oper sind die Parkplätze besetzt. Auch die Hotels sind ausgebucht. Doch dort bleiben die Touristen, die in der Mehrzahl für harte Devisen übernachten, meist unter sich. Das Nachtleben, wenn man es denn so nennen darf, spielt sich in geschlossenen Räumen ab: an der Hotelbar, im Hotel-Restaurant, in der Hotel-Diskothek. Wer sich auf eigene Faust auf den Weg macht, um der Vier-Sterne-Atmosphäre zu entfliehen, gibt nach dem ersten Versuch in der Regel auf: Das bestellte Taxi kommt entweder gar nicht oder sehr spät, die angesteuerte Gaststätte ist geschlossen oder die Plätze sind reserviert. Die aus dem Westen vertrauten Wegweiser in Form blinkender Neonreklame über Tanzsälen, Nachtbars oder anderen, international als »intim« ausgewiesenen Etablissements gibt es nicht. Und wer verirrt sich schon in die Schönhauser Allee, die das alles zwar auch nicht bietet, aber quirlig genug ist, damit man dort einen Sommerabend noch im Freien verbringen kann.

In dieser Nacht freilich gibt es Bewegung. Gruppen und Grüppchen schlendern scheinbar ziellos über den breiten Mittelstreifen der Straße Unter den Linden. Junge Leute, Eltern mit Kindern, betagte Semester mit oder ohne Stock. Wie Kinobesucher, die aus der abendlichen Vorstellung gekommen sind und nun entweder in ein Lokal oder nach Hause ziehen. Gewiß, die Nacht verführt zum Promenieren, der

Himmel ist sternenklar, die Luft befreit vom Zweitaktergemisch, das tagsüber die Magistrale durchzieht. Doch die Spaziergänger zieht es allesamt nur in eine Richtung, hin zum Brandenburger Tor.

Dort hat sich bereits ein Pulk von Menschen gebildet. Quer über die Straße, aber in gebührendem Abstand zur Staatsgrenze, wie sie in der DDR-Amtssprache genannt wird. Bei Tageslicht sieht sie an dieser Stelle wie eine gepflegte Gartenanlage aus: Ein Eisenzaun, nur brusthoch, läßt den Blick frei auf Gras und Wege, die zum Spaziergang einladen, bis hin zu den mächtigen Säulen, auf deren Dach die Quadriga steht. Doch dieses Versprechen täuscht. Querblenden an den Seiten des Angers, Wachhäuschen und hinter dem Tor eine Mauer sowie patrouillierende Uniformierte unterstreichen, was auf den Warnschildern viersprachig steht: Grenzgebiet - Durchgang nicht erlaubt. Und daneben der Zusatz: Außer NVA.

Auf der anderen Seite, hinter dem Tor, ist der Westen, ist West-Berlin, die Straße des 17. Juni. Auf der östlichen parken tagsüber hier Busse, erläutern die Reiseleiter, warum der Schutz der Staatsgrenze notwendig ist, versammeln sich Touristen zum Gruppenfoto. Hinter dem Eisenzaun und vor dem Brandenburger Tor steht ein Straßenschild. Es markiert den Pariser Platz oder vielmehr die Stelle, die einst den Pariser Platz ausmachte.

Heute abend sind Seile gespannt, ist der Sicherheitsabstand weiter gezogen als sonst, stehen mehrere Züge Volkspolizei auf der Otto-Grotewohl-Straße, die den Renommierboulevard kreuzt, besser, in eine Sackgasse verwandelt hat. Wer weiß heute noch, daß diese Otto-Grotewohl-Straße einst Wilhelmstraße hieß, daß dort früher die wichtigsten Regierungsgebäude Preußens und des Deutschen Reiches standen? In der europäischen Diplomatie war die Wilhelmstraße ein Begriff, so wie heute noch Londons Downing Street. Doch von den Prachtbauten, die noch vor dem Zweiten Weltkrieg das Gesicht dieser Straße bestimmten, stehen nur noch anderthalb. Gesichtslose Neubauten sind entstanden, dazwischen Lücken, Brachland, das bis 1987 nach den Plänen der Stadtverwaltung mit neuem Leben erfüllt werden soll.

In den Hauseingängen Unter den Linden stehen Zivilisten, die es offenbar nicht nach vorn drängt, mit Einkaufsbeuteln oder Plastiktaschen über der Schulter, obwohl es um diese Stunde nichts zum Einkaufen gibt. Fachleute wissen, daß in diesen Behältnissen in der Regel Funkgeräte sind, gelegentlich auch Fotoapparate, mit denen durch ein Loch in der Tasche fotografiert wird. Das wird sich in der Nacht allerdings kaum erfolgreich machen lassen. Doch noch ist es die Ruhe vor einem Sturm, der die einen still warten und die anderen still beobachten läßt. Vor einem Sturm, der aus dem Westen heraufzuziehen droht, genauer gesagt, vor einem Gewitter: In West-Berlin soll es ab 22 Uhr ein Feuerwerk geben. Nein, in West-Berlin soll es *das* Feuerwerk geben, das größte und schönste Feuerwerk, das Berlin je erlebt hat.

So oder ähnlich hat es der Mann gesagt, den sie alle im West-Fernsehen gesehen oder im West-Radio gehört haben. Ein Mann namens André Heller aus Österreich. Und so stehen sie nicht nur am Brandenburger Tor, die Menschen aus Ost-Berlin, sie stehen auf ihren Balkons, sie stehen hinter den Fenstern beim Nachbarn, der in der obersten Etage wohnt, sie stehen in den Seitenstraßen. Ihre Augen sind allesamt auf das Reichstagsgebäude gerichtet, über dem die gleiche Fahne weht wie im Ostteil der Stadt. Fast die gleiche, denn in der Mitte des Tuches fehlen Hammer und Sichel.

Einige klettern sogar auf Dächern herum, mit Ferngläsern und Kofferradios, denn im Westen soll die Veranstaltung übertragen werden. Auf einer Baubude nahe der Clara-Zetkin-Straße ist kein Platz mehr frei. Rund 200 besonders Sportliche mögen sich auf dem Barackendach drängen. Mannschaftswagen der Volkspolizei sind aufgefahren. Aus einem Lautsprecher ertönt die blecherne Aufforderung, das Dach zu räumen. Wütender Protest ist die Antwort und dann der Chor: Kommt doch rauf! Der Lautsprecher verstummt.

Und dann endlich geht es los. Raketen zischen in die Sommernacht, zerplatzen am Firmament, werfen bunte Bilder in die Dunkelheit, untermalt von Musikfetzen, die die Melodien nur ahnen lassen. Ahs und Ohs und Applaus vom Baubudendach begleiten den gelb, rot und weiß erschimmernden Horizont. Viel zu sehen und zu hören ist von der Straße aus nicht: Das Reichstagsgebäude auf westlicher Seite – hart an die Mauer grenzend – dämpft Licht und Ton. Seine vom Feuerwerk hell erleuchtete Inschrift »Dem deutschen Volk« ist nach Westen gewandt und gilt einmal mehr seit Kriegsende nur dem westlichen Teil des deutschen Volkes. Auch die Optik des Spektakels ist auf die halbe Million Menschen in West-Berlin ausgerichtet, die zum Reichstagsgebäude geströmt sind. Was Ost-Berlin sieht, ist nur ein schwacher Abklatsch, bedarf der Phantasie, um es zu bestaunen.

Viele, die sich hier zusammendrängen, mögen das geahnt, wenn nicht gewußt haben. Es hat sie gleichwohl wie magisch angezogen – das Feuer aus dem anderen Teil der Stadt, und es scheint so, als ob sie sich die Illusion von der Illusion nicht nehmen lassen wollen. »Heller«, rufen einige in demonstrativer Begeisterung und formulieren damit unbewußt auch den Zwiespalt ihrer Gefühle. Und am Brandenburger Tor skandieren Jugendliche erst »Kopf runter« an die Adresse der Polizisten und dann den von Staatsfunktionären eingeübten Ruf: »Eins, zwei, drei – Klasse!« Doppeldeutigkeiten, schwer anfechtbar von der Ordnungsmacht, feiern wieder einmal Triumphe. In Ost-Berlin mehr als anderswo in der DDR.

Und geklatscht wird mit weit vorgeschobenen Händen – stets knapp vor der Nase der Polizisten. Doch die haben offenbar Order, sich nicht provozieren zu lassen. Sie bleiben stumm und gelassen, keinen Blick nach Westen gewandt, sondern nur auf die Menschen, die sie als »Bürger« anreden.

Gegen Mitternacht ist alles vorbei. Die Dächer in Ost-Berlin sind wieder leer, die Vorhänge zugezogen, die Menschentrauben an der Grenze haben sich weitgehend aufgelöst. Nur zwanzig oder dreißig Jungen und Mädchen sitzen auf dem Mittelstreifen der Straße Unter den Linden, auf der Erde zwischen den Bänken und Bäumen. Sie sitzen direkt auf der Kante zur Fahrbahn, die Füße auf den leeren Parkhäfen ausgestreckt. Ein Junge spielt auf seiner Gitarre, die anderen summen leise die Melodie mit.

Die Beobachter in den Hauseingängen verfolgen das Geschehen, bei dem eigentlich nichts geschieht. Ein Funkwagen der Volkspolizei fährt die Straße hinunter, wendet und fährt die andere Straßenseite wieder hinauf. Dann dröhnt und rauscht es: Zwei ockerfarbene Fahrzeuge der Straßenreinigung säubern mit drehenden Rundbesen und dünnem Wasserstrahl das vierspurige Asphaltband. Akkurat steuern sie am Mittelstreifen entlang, halten zu auf die Füße der jungen Leute, die aufspringen, wütend die Fäuste schütteln, sich wieder hinsetzen. Die beiden Reinigungswagen drehen, fahren erneut auf die Gruppe zu, das Spiel wiederholt sich.

Die Zivilisten in den Hausfluren lösen sich aus ihrer Position, vereinigen sich zu einer Kette und marschieren auf den Mittelstreifen. Der junge Mann bricht sein Gitarrenkonzert ab, die Gruppe erhebt sich vom Boden, zieht erst langsam, dann schnelleren Schrittes bis zur Friedrichstraße. Die Männer mit den Einkaufsbeuteln laufen ebenfalls rascher. Zwei Polizeifahrzeuge biegen in die Friedrichstraße ein. Vor dem S-Bahnhof steht eine zweite Kette von Zivilisten. Die jungen Leute werden eingeschlossen. Fahndungskontrolle, sagt einer, der ihr Anführer sein muß. Personalien werden notiert. Der Gitarrenspieler wird in ein Auto gezerrt. Zwei andere, die fragen, was mit ihm geschehen soll, müssen auch gleich mit. Der Rest bleibt, wird befragt, warum sie zu dieser Zeit und an diesem Ort sich aufhielten, daß sie mit Anzeigen wegen ruhestörenden Lärms zu rechnen hätten. Dann können sie gehen.

Die Sommernacht ist immer noch lau wie in italienischen Gefilden. Die Straße Unter den Linden ist wieder menschenleer. Die Touristen schlafen in ihren teuren Hotelbetten. Die Straßenreiniger haben ihr nächtliches Werk beendet. Die Seile vor dem Brandenburger Tor sind verschwunden. Ob der nächste Tag auch so schön wird?

Er bringt drei Neuigkeiten: Die Zeitungen in West-Berlin melden, daß viele Besucher des Hellerschen Feuerwerks nicht viel gesehen haben und sich um ihr Eintrittsgeld geprellt fühlen. Ein Anrufer ohne Namen sagt mir, daß der junge Gitarrenspieler wieder auf freiem Fuß ist; er ist befragt worden, welcher Text zu seinen Melodien gehöre, und vor staatsfeindlichem Inhalt eines etwaigen Textes gewarnt worden. Und ein Bekannter aus Ost-Berlin, der gestern abend auch am Brandenburger Tor war, meint: »So, heute abend seh' ick mir den Feuerzauber in der Abendschau an, denn hab' ick eenen Logenplatz und weeß janz jenau, wie et war!«

Ein Kardinal für Ost und West

Der Festgottesdienst in der St. Hedwigskathedrale ist überfüllt. Selbst draußen, auf den Stufen zum mächtigen Kuppelbau, stehen die Menschen an diesem kalten Februartag.

Sie machen nur zögernd eine schmale Gasse auf, um den Mann mit seiner kreisrunden Uniformmütze auf dem Kopf zum bereits geschlossenen Portal durchzulassen. An der schwarzen Limousine, die den Spätankömmling befördert hat, flattert ein blau-weiß-rotes Fähnchen: die Trikolore. Der Chauffeur läßt den Wagen vorwärtsschießen, wendet in einem eleganten Bogen und setzt sein Fahrzeug rückwärts neben zwei nicht minder große Kaleschen. Die eine ist mit dem britischen Union Jack verziert, die andere mit den amerikanischen Stars and Stripes. Alle drei Wagen liegen wie die Flaggschiffe vor einem Konvoi, denn - Zufall oder nicht - die anderen schwarzen Autos sind in gebührendem Abstand geparkt. Die meisten Fahrer lassen den Motor laufen, geräuscharm, wie es sich für Marken der Nobelklasse gehört. Schließlich will keiner vom Personal frieren, wenn sich die Herrschaft in der Kirche befindet.

Die ist gewiß nicht alle Tage an einem Ort und in dieser Vielfalt beisammen: der Staatssekretär für Kirchenfragen, Klaus Gysi, der die DDR-Regierung repräsentiert, und der Staatssekretär im Bundeskanzleramt, Hans-Otto Bräutigam, der als Leiter der Ständigen Vertretung in Ost-Berlin die Bundesregierung repräsentiert. Die zehn katholischen Bischöfe aus der DDR, die beiden katholischen Bischöfe Schick und Janssen aus Fulda und Hildesheim, die die Katholiken in der Bundesrepublik Deutschland vertreten. Der evangelische Bischof Forck, zuständig für die Ostregion von Berlin-Brandenburg, und der evangelische Bischof Kruse, zuständig für Berlin-West. Der Regierende Bürgermeister von Berlin (West), Richard von Weizsäcker, und die drei westalliierten Stadtkommandanten, in Uniform und mit Orden.

Sie alle sind gekommen, um den gerade vom Papst ernannten Kardinal zu ehren, den Bischof des Bistums Berlin, Joachim Meisner. Seine Berufung ist jedenfalls der Anlaß für diesen Gottesdienst, den die hochrangigen Gäste besuchen. Aber gekommen sind sie natürlich, jeder für sich, auch aus einem anderen Grunde: nämlich um zu demonstrieren, daß sich dieses Bistum Berlin über Ost-Berlin hinaus erstreckt und daß die Aufwertung des Bischofs zum Kardinal auch sie im Westen der Stadt sehr viel angeht.

Das Bistum Berlin, so hat der Papst gesagt, zählt zu den schwersten der Welt. Er hat tatsächlich »schwer« gesagt und nicht »schwierig«, was für die Sorgfalt seiner Wortwahl spricht. Denn wenn einer Schwierigkeiten hat, dann sitzt er nach heutigem Verständnis der deutschen Sprache zwar in der Patsche, aber das ist ein vorübergehender Zustand, aus dem der Betroffene schon wieder herauskommen wird. Hat es jemand hingegen schwer, dann trägt er grundsätzlich und offenbar auf Dauer an einer Bürde. Wer dem Bistum Berlin vorsteht - und das tut der Bischof Meisner nun seit dem Jahre 1980 -, der weiß, daß er nicht nur kirchliche Würde, sondern auch viel politische Bürde zu tragen hat.

Womit wir bei der komplizierten politischen und rechtlichen Lage der katholischen Kirche in der DDR wären. Dazu gibt es in der ganzen Welt keine Parallele, und sie hängt mit der Teilung Deutschlands zusammen. Gegenwärtig gibt es in der DDR sechs katholisch-kirchliche Jurisdiktionsbezirke. Aber nur einer dieser Bezirke ist sozusagen ein normales Bistum, dessen Territorium ganz auf dem Staatsgebiet der DDR liegt: das Bistum Dresden/Meißen. Die apostolische Administratur Görlitz besteht aus den westlich von Oder und Neiße gelegenen Teilen des ehemaligen Erzbistums Breslau, das jetzt zu Polen gehört. Das bischöfliche Amt Schwerin zählt kirchenrechtlich zum Bistum Osnabrück in der Bundesrepublik Deutschland, so wie das bischöfliche Amt Magdeburg zum Erzbistum Paderborn. Und, wenn man so will, umgekehrt verwaltet das bischöfliche Amt Erfurt/Meiningen die in der DDR gelegenen Teile der bundesdeutschen Diözesen Fulda und Würzburg. Das heißt: Die Kirchengrenzen stimmen nicht mit den Staatsgrenzen der DDR überein.

Versetzt man sich in die Lage der SED-Führung, dann können ihr diese grenzüberschreitenden Verhältnisse, selbst wenn sie »nur« die katholische Kirche betreffen, kaum schmecken. Noch weniger vereinbar mit dem Souveränitätsanspruch der DDR-Führung ist jedoch die Lage des Bistums Berlin. Geographisch umfaßt es weite Teile der nördlichen DDR bis hin nach Rügen, es reicht bis nach Jüterbog im Süden, schließt im Westen Brandenburg ein und ganz Berlin. Also West- wie Ost-Berlin. Der Berliner Bischof hat im Westen 270 000 Gläubige zu betreuen, im Osten rund 160 000. Das heißt, er hält in beiden Teilen der Stadt Gottesdienste, nimmt an Kircheneinweihungen teil, ist von Amts wegen für Bürger zuständig, die nicht dem so oft strapazierten Hoheitsbegriff der DDR unterzuordnen sind. Diesen Pflichten darf der

Bischof, dessen Sitz in Ost-Berlin ist, an maximal dreißig Tagen im Quartal in West-Berlin nachgehen.

Das freilich tut Joachim Kardinal Meisner ebenso beharrlich wie seine Vorgänger. Aber die Zeiten, in denen auch die katholischen Gläubigen von hüben und drüben gemeinsam ihren Kirchentag feiern konnten, die Zeiten, da 100 000 Menschen im Olympiastadion zu Berlin-West gemeinsam singen und beten durften, sie sind längst vorbei. Was nichts daran geändert hat, daß die Katholiken in der DDR, die ja dort mit etwa 1,2 Millionen Seelen in der religiösen Minderheit leben, ein starkes Zusammengehörigkeitsgefühl mit den Katholiken im Westen bewahrt haben.

Dieses Zusammengehörigkeitsgefühl hat neuen Auftrieb erhalten durch Papst Johannes Paul II.. Bei seiner Pilgerfahrt in die Bundesrepublik Deutschland im November 1980 wandte er sich in seinen Predigten unmißverständlich an »alle Deutschen«, ließ er keinen Zweifel daran, daß er, der Pole Woytila, die gesamtdeutschen Worte bewußt und nicht zufällig gewählt hatte. Daß Erich Honecker knapp viereinhalb Jahre später diesem Papst seine Aufwartung machte und ihm bei der Audienz im Vatikan am 24. April 1985 die Meißner Porzellan-Plastik »Maria mit dem Kinde« als Geschenk überreichte, bewies und beweist auch heute nur eines: Die politische Führung in Ost-Berlin hat einen langen Atem, wenn es um die Verwirklichung langfristiger politischer Ziele geht. Und eines davon lautet: die katholischen Kirchengrenzen mit den Staatsgrenzen deckungsgleich zu machen.

Auf diesem Wege ist die SED bis zur Mitte der siebziger Jahre auch ein beträchtliches Stück vorangekommen. Nach Abschluß des deutsch-deutschen Grundlagenvertrages im Jahr 1972 hat sie auf vielfältige und sehr diskrete Weise beim Vatikan entsprechende Konsequenzen angemahnt und dabei auch zwei Teilerfolge verbucht. Erstens wurden 1973 jene schon erwähnten apostolischen Administratoren eingesetzt, die dem Heiligen Stuhl in Rom direkt unterstellt sind und in ihren Ämtern wie residierende Bischöfe zu bewerten sind, also im Gegensatz zu früher keinen kirchlichen Vorgesetzten mehr in einem bundesdeutschen Bistum haben. Zweitens wurden 1976 die Bischöfe aus der DDR, die in der Berliner Ordinarien-Konferenz zusammengeschlossen und Teil der (gesamt)deutschen Bischofskonferenz waren, zur Berliner Bischofskonferenz erhoben und mit diesem Akt einer Verselbständigung aus der Deutschen Bischofskonferenz ausgegliedert.

Katholische Chronisten in Ost und West versuchen in ihren Beschreibungen der damaligen Entwicklung zwar die Bedeutung dieses vatikanischen Ratschlusses herunterzuspielen, indem sie allerlei Zusatzformeln, Erklärungen und Briefwechsel auflisten, aber - da beißt die Maus keinen Faden ab - es war ein erster Schritt in die Richtung, die der DDR-Führung so sehr am Herzen lag und weiterhin liegt: nämlich die Trennung der katholischen Kirche in West und Ost zu erreichen. Das geschah in der Hoch-Zeit der Entspannungspolitik zwischen West und Ost, die auch der damalige sowjetische Parteichef Leonid Breschnew zu einer Audienz im Vatikan genutzt hatte. Dort regierte Paul VI. Und der schien im Zuge einer »vatikanischen Ostpolitik« entschlossen, die kirchlichen Jurisdiktionsbezirke in der DDR den Staatsgrenzen anzupassen, das heißt, aus ihren Grenzüberschneidungen zu lösen und die dann neugeschaffenen Territorien mit regulären Bischöfen auszustatten.

Besonders aktiv zeigte sich dabei sein »Außenminister«, der vatikanische Staatssekretär Erzbischof Agostino Casaroli, der enge Kontakte zu führenden DDR-Politikern entwickelte. Von ihm stammte offensichtlich die Formulierung, die dann auch Paul VI. verwendete, als er von den »katholischen Gemeinden auf dem Staatsgebiet der DDR« sprach.

Kirchenkenner vermuten auch den Einfluß Casarolis bei einer anderen päpstlichen Entscheidung. Im Oktober 1974 wollte der Regierende Bürgermeister von Berlin (West), Klaus Schütz, eine Papst-Audienz wahrnehmen. Dabei sollte ihn der bundesdeutsche Vatikanbotschafter begleiten. Doch exakt daran stieß sich Paul VI. Er lehnte die Begleitung des Botschafters ab, was Schütz demonstrativ mit der Absage der Audienz quittierte, Die »Außenpolitiker« im Vatikan hatten die Gelegenheit zu einer politischen Demonstration genutzt, die in Ost-Berlin ankommen sollte.

Mit dem Tode Pauls VI. im August 1978 versandeten die ostpolitischen Aktivitäten des Heiligen Stuhls allerdings abrupt. Sein Nachfolger, Johannes Paul I., hatte in der Phase seines kurzen Interregnums zu wenig Zeit, um neue Wege zu gehen. Die gibt es erst seit der Amtszeit Johannes Pauls II. Und der hat sich bislang eher für die Menschenrechte stark gemacht als für das diplomatische Arrangement mit kommunistischen Staaten.

Einem solchen Arrangement hat die katholische Kirche in der DDR über vierzig Jahre hinweg auch nichts abgewinnen können. Sie hat sich vielmehr darauf konzentriert, ihren Glauben zu verteidigen, und sie hat das oft geradliniger und konsequenter getan als die evangelische Kirche. Im Westen und damit aus der Ferne sind die Katholiken in der DDR deshalb auch gescholten worden. Einerseits, weil sich ihre Oberhirten im Beharren auf strikter Trennung zwischen Staat und Kirche nur selten öffentlich zu politisch-aktuellen Themen geäußert hätten, andererseits, weil die katholischen Gläubigen für dieses Konzept einen zu hohen Preis im sozialistischen Alltag hätten zahlen müssen. Den Verzicht auf berufliche Karriere beispielsweise, die Abkapselung vom gesellschaftspolitischen Leben, den zwangsläufigen Rückzug auf Heim und Familie.

Und als leuchtendes Gegenbeispiel ist diesen enthaltsamen und allem Anschein nach zaudernden Katholiken in der DDR die evangelische Mehrheitskirche benannt worden, die sich ja mittlerweile als Kirche im Sozialismus versteht. Doch wie so oft, wenn Ratschlag vom sicheren Port aus erteilt wird - ob erwünscht oder unerwünscht -, er haut allemal haarscharf daneben. Denn trotz des zeitweiligen Dialogs zwischen evangelischen Oberhirten und Parteifunktionären hat sich im Kern an der Benachteiligung der evangelischen Gläubigen in der DDR auch nichts geändert.

Und wenn es denn für die katholische Kirche tatsächlich ums Eingemachte, um die Grundfragen ging, dann hat sie sich sehr wohl und sehr öffentlich zu Wort gemeldet: ob zur Abtreibungsfrage, zur Wehrerziehung der Jugendlichen oder - wie am 1. Januar 1983 - zu den Fragen von Krieg und Frieden. Das mag, zugegeben, bei der Fülle evangelischer Stellungnahmen, Erklärungen, Grußbotschaften, Predigten, Synodenbeschlüsse und Resolutionen ein bißchen dürftig wirken, an Wucht, Schärfe und gedanklicher Präzision hat es manches Schwammige und mühsam Formulierte der evangelischen Oberhirten übertroffen.

Doch es wäre unfair, Quantität und Qualität der beiden Konfessionen in der DDR an ihren Kanzelworten zu messen. Sie gehen nun einmal verschiedene Wege, und sie müssen sie auch verschieden gehen, weil sie selbst verschieden sind. Die Katholiken in der DDR sind nicht auf sich allein gestellt. Sie können sich auf die Autorität des Vatikans stützen. Der hat zwar keine Bataillone, aber er verkörpert eine Weltkirche, die zentralistisch organisiert und nicht in viele Zweige und Richtungen zerbröselt ist wie die evangelische Christenheit. Was auch erklärt, warum sie in Deutschland schon lange organisatorisch gespalten und keine Einheit mehr ist.

Das weiß an diesem kalten Februartag auch der neue Kardinal. Er spricht in seiner Predigt von einer Zeit der Glaubensbewährung, und jedermann im überfüllten Kirchenschiff - auch der DDR-Staatssekretär - versteht diese Anspielung. Sie ist adressiert an die katholischen Eltern und meint: Bleibt stark im Einsatz für eure Kinder, haltet fest an eurem Erziehungsrecht und steht die Konflikte durch, die sich jetzt womöglich stärker als zuvor mit dem Staat ergeben können. Denn das Hirtenwort, das die zehn DDR-Bischöfe zum Weltfriedenstag verfaßt und von ihren Kirchenkanzeln verkündet haben, ist von staatlicher Seite heftig attackiert worden. Nicht nur, weil die von der Partei vertretene Lehre vom »gerechten Kriege« von den Bischöfen angezweifelt worden ist, sondern auch, weil sie das vom Staat beanspruchte Erziehungsmonopol neuerlich angegriffen haben.

»Mit Sorge beobachten wir«, so hieß es im Hirtenwort, »wie das Denken in militärischen Kategorien immer mehr zum Bestandteil der schulischen Erziehung und der Berufsausbildung wird.« Und anknüpfend an das Hirtenwort vom Frühjahr 1981, in dem der Staat zur Respektierung jenes elterlichen Erziehungsrechtes aufgefordert worden war, hieß es nun: »Habt den Mut, in eindeutiger Weise Euer Urteil abzugeben. Sorgt in Eurer häuslichen Erziehung dafür, daß die Kinder nicht durch das Fernsehen oder durch Spielzeug an die Gewalt gewöhnt werden. Weckt in ihnen die Bereitschaft, vor allem durch Euer eigenes Beispiel, Vorurteile abzubauen und bei Konflikten zuerst den Weg der Verständigung zu gehen.«

Erst sechs Wochen ist es her, daß dieses Hirtenwort gesprochen wurde. Ein Hirtenwort, das nach Überzeugung der meisten Katholiken in Ost-Berlin die Handschrift des neuen Purpurträgers verrät. Er ist, anders als seine Vorgänger, der erste katholische Bischof, der seinen gesamten Bildungsweg in der DDR durchlaufen hat. 1933 in Breslau geboren, war er später Kaplan in Heiligenstadt im Eichsfeld, dem größten geschlossenen katholischen Gebiet in der DDR; danach wurde er Weihbischof des apostolischen Administrators in Erfurt/Meiningen. Das heißt, der Mann weiß, wovon er spricht. Er kennt den Arbeiter- und Bauernstaat, er kennt die Schwierigkeiten der Katholiken im Alltag, er kennt die Ansprüche und die Zugriffsmöglichkeiten von Staat und Partei, aber auch die Grenzen, die sie sich mit Rücksicht auf den Vatikan selbst gezogen haben.

Als der frischgebackene Kardinal die Hedwigskathedrale verläßt, wird er umjubelt. Die freiwilligen Kirchenordner mit den gelben Armbinden haben Mühe, die Menschen auf Abstand zu halten. Das Geläut der Glocken schwingt weit über den Vorplatz der Kirche – hinüber bis zur Humboldt-Universität, in deren wichtigster Sektion Marxismus-Leninismus gelehrt wird. »Religion«, so hat Karl Marx gesagt, »ist das Opium des Volkes.« Seine Nachfahren in der sozialistischen Einheitspartei haben diesen Satz umgeschneidert in: »Religion ist Opium für das Volk.« Was es gewiß leichter macht, jede Predigt gewissermaßen als Verstoß gegen das Betäubungsmittelgesetz auszulegen. Doch daran denkt der neue Kardinal in diesem Augenblick sicher nicht. Er bemerkt vielmehr, daß er die Begeisterung der Menschen vor der Kathedrale mit einem anderen teilen muß - mit Richard von Weizsäcker, dessen Dienstwagen völlig eingekeilt ist, der - anders als ein geistlicher Würdenträger - Autogramme geben kann und gibt.

Morgen werden sich beide wiedersehen, der Kardinal und der Regierende Bürgermeister: im Westen der Stadt, wo ein zweiter Festgottesdienst angesetzt ist. Denn die Einheit des Bistums Berlin ist nur kirchenrechtlich definiert, schon das Gebet ist zweigeteilt. Was nichts an den Pflichten ändert, die Joachim Meisner das Amt aufgibt: ein Kardinal zu sein für Ost und West.

Ein T 72 zum Weihnachtsfest

Alljährlich, zwischen Mitte November und Mitte Dezember, steigt der Benzinverbrauch in Ost-Berlin. Denn trotz eines gut ausgebauten Nahverkehrssystems, dessen Benutzung den Fahrgast kaum mehr als 20 Pfennig pro Fahrt kostet, ist das Auto auch des Ostdeutschen liebstes Kind geblieben. Und das läßt er auch nicht zu Hause, wenn es weder in der Karl-Marx-Allee noch in der Karl-Liebknecht-Straße, weder in der Alexanderstraße noch in der Spandauer Straße einen Parkplatz gibt. Er dreht unverdrossen und im Schneckentempo seine Runden im Geviert auf der Suche nach einer Lücke oder einem zufällig ausscherenden Fahrzeug, in dessen frei werdenden Platz er hineinstoßen kann.

Es ist die Zeit des Weihnachtsmarktes in Ost-Berlin, der sich zwischen Alexanderplatz und Jannowitzbrücke auf 55 000 Quadratmetern breitzumachen pflegt. Er zählt zu den vorweihnachtlichen Attraktionen der Stadt, ist - wie sollte es in der Hauptstadt auch anders sein - der größte in der gesamten Republik und lockt deshalb nicht nur einheimische, sondern auch viele auswärtige Besucher an. Pünktlich ab 13 Uhr öffnet er seine Pforten, und so wogt denn schon in den Mittagsstunden ein Strom von Menschen und Autos in die Innenstadt: Rund drei Millionen werden von den amtlichen Statistikern pro Jahr gezählt.

Zwei Dinge sind es, die die Ost-Berliner scharenweise zur Jannowitzbrücke ziehen lassen: die Vergnügungsmöglichkeiten, die wie auf westlichen Weihnachtsmärkten wenig mit dem Weihnachtsfest, aber sehr viel mit Rummel gemein haben, und die Einkaufsgelegenheiten, die das sonstige Angebot in den Kaufhallen und Kaufhäusern häufig übertreffen. Es gibt zwar auch hier keine echten Pfefferkuchen, keine Dominosteine, die mit Schokolade überzogen sind, keinen Christbaumschmuck, der in der ganzen DDR Mangelware zu sein scheint, dafür aber Butterstollen - 1000 Gramm zu 12 Mark 60, grünkandierte Äpfel oder Zuckerwatte zu 30 Pfennig und ein für Ost-Berliner Verhältnisse sehenswertes Aufgebot an Weihnachtsbäumen vor den Toren des Marktes: Sind die Kiefern und Fichten anderthalb Meter hoch, so kosten sie 2 Mark 25. Einen Meter höher sind sie für 3 Mark 50 zu haben, und für 6 Mark kann man einen stolzen Stamm von 3 Meter 50 mit nach Hause nehmen. Wer nach Blaufichten und Schwarzkiefern verlangt, zahlt im Schnitt das Doppelte, vorausgesetzt, es gibt welche. Aber nirgendwo sonst in Ost-Berlin ist die Auswahl so groß wie hier. Und wenn es hier nicht das gibt, was man sucht, dann ist es an anderer Stelle auch nicht zu erstehen.

Die Preise freilich sind in der Regel höher als anderswo, und sie sind Jahr für Jahr gestiegen. Wer beispielsweise ein schlichtes 15teiliges Kaffeegeschirr auf dem Weihnachtsmarkt kaufen will, muß zwischen 155 und 178 Mark auf den Tresen blättern. Wer sechs bulgarische Holzbecher mit einer Karaffe haben will, hat 85 Mark hinzulegen. Doch gerade Kunstgewerbliches ist heiß begehrt, ob aus eigenen Landen oder den sozialistischen Bruderstaaten. Dem haben die Organisatoren des Weihnachtsmarktes, die im Ost-Berliner Magistrat sitzen, Tribut gezollt: Die Zahl der Stände und Buden mit Volkskunst, wie es in der DDR heißt, ist kontinuierlich erhöht worden. Die langen Menschenschlangen, die davorstehen, sind indes nicht kleiner geworden.

Geduldig wartet Alt und Jung in Reih und Glied, nimmt es in Kauf, erst einmal den Volkskünstlern bei der Arbeit zuzuschauen, um nach dieser Demonstration handwerklicher Fertigkeiten endlich einkaufen zu können. Geschnitzte Rehe, Hirsche und Hasen sind besonders beliebt. Christliche Motive gibt es nirgendwo, denn religiöse Symbole gehören nach Meinung der Partei allenfalls in die Kirche, vielleicht auch in die Wohnung, aber keineswegs auf einen Weihnachtsmarkt, in dessen Mitte ein Pionierzentrum steht. Vor dem taucht dann zwar einer der vielen Weihnachtsmänner auf, die, wie es sich gehört, mit rotem Mantel und langem weißen Bart durchs Gelände ziehen, dessen Aufforderung an die Kindergartengruppen, ein Lied vorzutragen, aber nicht mit einem Weihnachtslied, sondern mit einem Volkslied beantwortet wird.

Doch wo immer Eltern gemeinsam mit ihren Kleinen aufkreuzen, der Glaube an den Weihnachtsmann scheint auch in Ost-Berlin noch ungebrochen. Ein Farbfoto mit ihm, im Weltpostkartenformat, wie es heißt, kostet 22 Mark 50. Ist dieser Wunsch erfüllt, konzentrieren sich die erwachsenen Besucher aufs wesentliche: auf Textilien, Haushaltswaren, Kosmetika und Bettwäsche, die es – man mag es kaum glauben – hier eher gibt als im Warenhaus Centrum.

Umlagert sind auch jene Stände, wo Spielzeug verkauft wird: etwa den Plüschaffen für 53 Mark oder einen exotisch wirkenden Elefanten aus Holz, der 49 Mark 50 kostet. Auch Kriegsspielzeug, pardon, patriotisches Spielzeug, geht weg wie warme Semmeln. Flugzeuge und Panzer, Raketen und Geländewagen – aus Plastik und Blech. Einer begutachtet gerade einen T 72, das neueste sowjetische Panzermodell. Er trägt dunkelblau, eine Uniform, hat ein Schiffchen auf dem Kopf und fragt mit rollendem »r«: »Was ist die Preis von diese Tank?« Ein amerikanischer Soldat. Und er ist nicht der einzige. Zu zweit oder zu dritt schlendern sie über den Weihnachtsmarkt in Ost-Berlin, beladen mit Päckchen und Paketen aus jenem bräunlich-grauen Papier, das die DDR-Herkunft der Einkäufe anzeigt. Aufsehen erregen sie nicht. Allenfalls wenn sie in die Auto-Scooter steigen, denn das ist die Domäne der Jugend.

Die Amerikaner in Uniform gehören zum vertrauten Bild in Ost-Berlin, auch wenn sie es nicht prägen. Sie kommen, wie jedermann weiß, aus West-Berlin und nutzen, wie die wenigsten wissen, ein gleich doppeltes Währungsgefälle zu ihren Gunsten. Das zwischen D-Mark und DDR-Mark von 1:4, manchmal sogar 1:5, und jenes, das den jeweiligen Unterschied zwischen Dollar und D-Mark ausmacht. Zwar ist es nach der DDR-Gesetzeslage verboten, Ostwährung einzuführen. Aber erstens ist kein DDR-Zöllner befugt, die Westalliierten zu kontrollieren. Und zweitens gibt es in Ost-Berlin selbst allerlei Möglichkeiten, harte Devisen ohne amtlichen Nachweis einzutauschen. Je tiefer der Dollar noch Anfang der achtziger Jahre gesunken war, desto größer war der Andrang der finanziell arg gebeutelten GIs nach Ost-Berlin. Doch auch seit dem Kursanstieg haben sie den Kursgewinn nicht vergessen: ein Dollar gleich 12 DDR-Mark. Schlappe drei Dollar kostet der T 72 unseren Mann in Uniform, den sein Junior, man kann sich's vorstellen, daheim gewiß als Zielscheibe benutzen wird.

Daß Briten, Franzosen und Amerikaner Unter den Linden keine Seltenheit sind, gehört zu ihren Rechten und Verantwortlichkeiten, die sie als Siegermächte des Zweiten Weltkriegs ererbt haben. Ein Erbe, das in Berlin auch heute noch bewußt ist, in der DDR-Führung gern verdrängt und in der Bundesrepublik Deutschland immer häufiger vergessen wird. Diese Verdrängungssucht und diese Vergeßlichkeit sind verständlich – hüben wie drüben. Weckt doch die Präsenz der Uniformierten ein Stück Erinnerung an die Geschichte. Deren Lektionen haben die einen (im Westen) in der Schule nur selten gelernt, und die anderen (im Osten) haben sie ihrer Ideologie angepaßt, sprich verformt.

Wie weitverbreitet inzwischen die Unkenntnis über historische Fakten bei uns in der Bundesrepublik Deutschland ist und welche Wirkung die Geschichtsklitterung östlicher Prägung inzwischen auch bei uns hat, ist mir im März 1985 besonders deutlich geworden. Es ging damals um den Tod des amerikanischen Majors Nicholson, der als

Angehöriger der US-Militärmission in Potsdam von einem sowjetischen Wachsoldaten erschossen worden war - inmitten der DDR, bei Ludwigslust. Wohl wissend, daß Journalisten im Gegensatz zur landläufigen Meinung mitunter kaum besser informiert sind als der Durchschnittsbürger, war es doch erschreckend, welche Anfragen zu diesem Berichtsthema aus den Redaktionen kamen, nach dem Motto: Darf der überhaupt in der DDR herumfahren? Wieso haben die Russen eigentlich bei uns auch solche Militärmissionen? Was ist die »Gruppe der sowjetischen Streitkräfte in der DDR«? Und das blanke Erstaunen, daß die sowjetischen Streitkräfte in der DDR keineswegs so genannt werden, sondern sich unverändert und zu Recht als »Sowjetische Streitkräfte in Deutschland« bezeichnen! Doch genug der Kollegenschelte, die ja in Wahrheit eine Lehrer- und Schulschelte ist.

Sie trifft jedenfalls zum geringsten Teil die Berliner, ob in West oder Ost, die den Vorteil und vielfach auch den Nachteil des täglichen Anschauungsunterrichts haben. Und der besteht - einmal ganz abgesehen von der Mauer - auch in der Anwesenheit vier verschiedener Uniformen. Sie sind zumindest das äußere Kennzeichen für einen besonderen Status der Stadt. Ein Status, der sich unter anderem auf einen politischen Handel zwischen den Westmächten und den Sowjets gründet, und der, hätte es ihn in dieser Form nicht gegeben, die geopolitische Landkarte Deutschlands in ihren heutigen Grundzügen völlig anders aussehen ließe: Sachsen und Thüringen wären Bestandteil der Bundesrepublik Deutschland, Berlin als Ganzes wäre Bestandteil der DDR.

Der 40. Jahrestag des Kriegsendes mag schon Nachhilfe erteilt haben, es sei trotzdem wiederholt: Diese beiden Südprovinzen der DDR sind 1945 von den Amerikanern gewissermaßen als Kriegsbeute eingetauscht worden gegen die Hälfte Berlins, das von den Sowjets erobert worden war. Partizipiert an diesem Geschäft, von dem dahinsteht, ob es ein gutes oder ein schlechtes gewesen ist, haben die Briten und Franzosen, denen bei der Dreiteilung West-Berlins in Sektoren jeweils ein Anteil von den USA abgetreten wurde. Aber die gemeinsame Verpflichtung mit den Russen war es, daß jeder der vier auch im Sektor des anderen präsent sein dürfe sowie der gemeinsame Wille, daß es in der alten Reichshauptstadt zu keiner Zeit mehr deutsches Militär geben dürfe.

Damit ist die Statusproblematik nur unzureichend beschrieben, vor allem auch ihre Durchlöcherung, die mit der Teilung Berlins in zwei Hälften und dem wachsenden Souveränitätsanspruch der DDR-Führung einsetzte. Die Proteste der Westalliierten dagegen sind Legion.

Die Militarisierung Ost-Berlins haben sie nicht verhindern können - auch Uniformen der Nationalen Volksarmee der DDR gehören inzwischen zum täglichen Bild in den Straßen. Dank der Sowjetmacht, die diesen Statusverstoß abgesegnet hat - durch ein Stück Souveränitätsverzicht zugunsten der DDR.

Doch gibt es andererseits eine Reihe von Statusbestimmungen, an denen Moskau weiterhin festhält, in denen der Kreml seinem ohne Zweifel wichtigsten politischen und militärischen Verbündeten keinen Freibrief erteilt hat. Wohl auch, weil er im ausrechenbaren Gegenzug die eigenen Ansprüche und Rechte auf Deutschland als Ganzes aufgäbe.

So patrouillieren denn Soldaten in westalliierter Uniform in Ost-Berlin und Soldaten in sowjetischer Uniform in West-Berlin. So haben die Westalliierten ihre Militärmissionen bei Potsdam und die Sowjets ihre Missionen bei Frankfurt, Bünde in Westfalen und in Baden-Baden - so wie es die Oberbefehlshaber der vier Mächte 1947 zwecks Erleichterung ihrer Beziehungen vereinbart hatten. Und so, wie es vor der Lahmlegung des Alliierten Kontrollrates, vor dem 20. März 1948, in Berlin beschlossen worden war.

Niemand im Westen der Stadt wundert sich, wenn Russen in Kaufhäusern oder Reisebüros stapelweise Prospekte abschleppen, vor dem Schloß Charlottenburg sich zum Gruppenfoto aufbauen oder am sowjetischen Ehrenmal im Bezirk Tiergarten Kränze für ihre Gefallenen niederlegen. Nur Dreistigkeiten erregen Anstoß, wenn etwa eines dieser olivfarbenen Fahrzeuge mit dem roten Stern auf der Wagentür einen Unfall verursacht hat und sich sein Fahrer den Feststellungen der im jeweiligen Sektor zuständigen Militärpolizei der Westalliierten durch schnelle Flucht entziehen möchte.

Umgekehrt gilt, daß Amerikaner in Uniform zu den Selbstverständlichkeiten des Alltags in Ost-Berlin gehören. Ob sie nun am Brandenburger Tor für die Videoaufnahme zu privaten Zwecken posieren, in Militärbussen eine Stadtrundfahrt machen oder auf dem Weihnachtsmarkt Einkäufe tätigen.

Dort wissen sie auch die leiblichen und geistigen Genüsse zu schätzen. An Stehtischen probieren sie die Würstchen für 85 Pfennig, den Broiler - 100 Gramm für 1 Mark 26, den sie trotz pseudoenglischer Auszeichnung als Brathähnchen erkannt haben, oder die Brülette, die wenigstens der Form nach an den geliebten Hamburger erinnert. Mangels ausreichender deutscher Sprachkenntnisse, aber auch aus angestammter Vorsicht überlassen sie den Ost-Berlinern jeglichen anderen Gaumentest, sofern er fremdartig anmutet.

Und diese Fremdartigkeit, die den Besuchern des Weihnachtsmarktes einen Hauch von Exotik verspricht, strahlen die Spezialitätenstände aus anderen Ostblockstaaten aus: Es gibt rumänisches gewürztes Brot, original ungarisches Gulasch, gebratene Entenleber aus Polen - 100 Gramm für 1 Mark 80. Und weil Innereien als Exportgut in der DDR rar sind, ist der Andrang nach den polnischen Köstlichkeiten heftig. Auch Pizza und Rippchen vom Grill sind begehrt, ohne daß es eines Nationalitätennachweises für diese Leckerei bedarf. Die Fischsoljanka am sowjetischen Stand ist weniger gefragt. Ob sowjetische Soldaten sie zu schätzen wüßten?

Diese Frage kann nicht beantwortet werden, denn in den fünf Jahren, die ich in Ost-Berlin zugebracht habe, ist mir auf dem Weihnachtsmarkt am Alexanderplatz kein sowjetischer Soldat begegnet. Man kann sie zwar in der Stadt sehen, in oft vorsintflutlichen Lastkraftwagen, an der Sowjetischen Botschaft auf Wache, als Fahrer in schwarzen Tatra-Limousinen - kurzum im dienstlichen Auftrag oder Einsatz. In privater Mission habe ich sowjetische Militärs nur im Schloßpark von Sanssouci, in Potsdam erlebt.

Es war ein heißer Augusttag. Besucher aus aller Herren Länder liefen sommerlich und leger gekleidet durch die weitverzweigte Grünanlage, in kurzärmeligen Hemden, luftigen Kleidern, mit Strohhüten, wie sie Erich Honecker trägt, mit bis zu den Knien heraufgekrempelten langen Hosen, um am nächsten Brunnen oder Wasserspiel die Füße zu kühlen. An der Softeismaschine vor dem Neuen Palais, dem einzigen Erfrischungsstand auf dem gesamten Terrain, hatte sich wieder das sozialistische Wartekollektiv formiert. Wie auf Kommando fuhren plötzlich alle Köpfe herum, in eine Richtung, aus der sich in der Tat ein ungewöhnliches Bild abzeichnete: Ein Mann in sowjetischer Uniform kam gemessenen Schrittes die staubige Allee entlang, an seiner Seite eine Frau im weißen Brautkleid. Und hinter den beiden erschienen zwei weitere Soldaten in ihrem braunen Tuch, Abstand haltend, als Eskorte. Vermutlich die Trauzeugen. Es war eine anrührende Szene, weil sie inmitten der vielen Menschen ein beträchtliches Stück Einsamkeit ausstrahlte, den etwas hilflosen Versuch widerzuspiegeln schien, wie ein frischgebackener Ehemann seiner jungen Frau an ihrem wohl größten Tage etwas bieten wollte.

Der Saum ihres weißen Kleides war schon angeschmutzt, die Hitze war niederschmetternd, und begafft wurden sie wie Fremde von einem anderen Stern. Das Getuschel und Gegrinse konnte ihnen kaum entgehen. Später sah ich noch den Wagen auf dem Parkplatz, mit einem Blumenkranz auf der Kühlerhaube und weißen Bändchen an der

Antenne. Er stand zwischen den Bussen und Autos genauso verloren wie seine Insassen im Park von Sanssouci. Hätte das DDR-Fernsehen an diesem Tag das russische Brautpaar begleitet, am Abend wäre gewiß eine spontane Freundschaftsbekundung der Bevölkerung daraus geworden.

Doch diese Freundschaftsbekundungen gibt es nur im Fernsehen und auf Fotos in den staatlichen Zeitungen. Sie sind Teil der Propaganda, die solche Bilder braucht, um stets an die unverbrüchliche Freundschaft zwischen der DDR und der Sowjetunion zu erinnern. Doch die abgelichteten Menschen aus der DDR, die da jubeln, Fähnchen schwenken, Tänze mit den Soldaten aufführen, sind Abgeordnete, sind bestellt, sind keineswegs aus eigenem Antrieb da.

Und selbst wenn sie es so wollten, wenn sie tatsächlich empfänden, was der Staatsapparat in Ost-Berlin ihnen vorschreibt, sie dürften es nicht einmal ausdrücken. Denn die sowjetische Armeeführung, exakt ihre Politinstrukteure, legt nicht nur wenig Wert auf echte Verbrüderung, sie unterbindet sie sogar.

In der Praxis heißt das: Ob Offizier oder Muschik, nach Dienstschluß verschwinden die Soldaten in ihren Kasernen. Dort spielt sich hinter hohen Mauern oder Zäunen das karge Freizeitleben ab. Und wenn es sich doch einmal, ob mit oder ohne Erlaubnis, außerhalb des Kasernenlebens entwickelt, dringt meist wenig Erfreuliches an die Öffentlichkeit: Schlägereien und Messerstechereien, die sich irgendwo in der DDR abgespielt haben sollen, Trunkenheitsdelikte und Sachbeschädigung.

Warum das so und nicht anders ist, warum die über 400 000 Mann zählende Gruppe der sowjetischen Streitkräfte in Deutschland gewissermaßen hinter Schloß und Riegel bleibt und sich nur zu Manövern oder Gedenktagen oder sonstigen politischen Anlässen Arm in Arm mit DDR-Bürgern präsentieren darf, ist nur spekulativ und nicht durch gesichertes Wissen zu beantworten. Unter den vielen Deutungsversuchen scheint mir der folgende aber am plausibelsten zu sein. Auch diese Garde- und Eliteeinheiten werden schlecht bezahlt und könnten sich nur wenige Annehmlichkeiten in der Freizeit leisten. Zugleich würden sie genauer sehen, wie groß das Gefälle im Lebensstandard in der DDR und in der Sowjetunion ist. Unzufriedenheit und Streit wären die Folgen, erst recht, wenn sie - wie üblich - nach sechs oder zwölf Monaten zurückkehren in ihre Heimat. Beides hebt kaum die Moral der Truppe und die soll intakt bleiben.

Das ist, wie gesagt, nur eine der vielen Erklärungen für die Zurückgezogenheit sowjetischer Soldaten, die im Gegensatz zu ihren Waffengenossen von der Nationalen Volksarmee auch auf dem Weihnachtsmarkt in Ost-Berlin fehlen.

Der ist, je näher der Abend rückt, auch zunehmend von Polizisten bevölkert. Denn Bier und Schnaps, Glühwein und Tee mit Rum, nein, Rum mit Tee sorgen von Zeit zu Zeit für einen unerwarteten Kräfteschub. Der darf sich zwar regulär an den Ballwurfbuden oder den »Snipper«-Automaten austoben, aber wer sich ansonsten in angesäuseltem Zustand mit anderen handgreiflich zu messen versucht, wird mit bekannt schnellem Zugriff der Grünmäntel zur Räson gebracht.

Die Halbwüchsigen der Stadt überprüfen derweil bei den Telespielen ihre Geschicklichkeit, ob beim Fußball am Bildschirm, beim Squash oder Tennis. Die Geisterbahn ist überfüllt, ein Spiegelkabinett macht Eindruck, in den Karussells kreischt das Publikum vor Vergnügen, nur eine Achterbahn wird vermißt. Dicht umringt sind auch die Stände, an denen Fingerspitzengefühl und Distanzierungsvermögen verlangt werden. Für 50 Pfennig darf man drei Holzringe auf einen Tisch werfen, der mit Preisen vollgestopft ist: Wer alle drei Ringe korrekt über den Gegenstand seiner Wahl bringt, hat ihn gewonnen – eine halbe Flasche Rotkäppchensekt, ein Kristallglas oder ein Glas mit bulgarischen Pflaumen beispielsweise.

Die Männer in den dunkelblauen Uniformen der US-Luftwaffe beteiligen sich an derartigen Lustbarkeiten nicht. Gekommen sind sie ja auch zum Einkaufen. Und wenn der Tag auf dem Weihnachtsmarkt so erfolgreich ist wie dieser, mit einem T 72 für den Gabentisch, dann heißt es: Schnell wieder ab nach Hause – nach West-Berlin. Zum anderen Weihnachtsmarkt am Funkturm oder an der Gedächtniskirche. Denn dort geht's abends erst richtig los, ab 20 Uhr, wenn der Weihnachtsmarkt in Ost-Berlin zumacht.

Kranz-Kontrolle

Es ist ein frischer Aprilmorgen, und der Volkspolizist hat in seinem Wachhäuschen viel zu tun. Wäre es nicht grau gestrichen und nur mit einem Schlüssel zu öffnen, ein Außenstehender könnte es mit einer Telefonzelle verwechseln. Es gibt in Ost-Berlin viele Büdchen dieser Art - an großen Kreuzungen, vor wichtigen Gebäuden wie Ministerien, Botschaften, Residenzen. Schaut man von außen in die rundum verglasten Kästen hinein, ahnt man, wie hart dieser Wachdienst sein muß. Entweder döst der Grünuniformierte mit halbgeschlossenen Augen vor sich hin, nur Neulinge lassen dabei das Kinn auf die Brust sinken, oder er liest Zeitung, nicht etwa ausgebreitet auf dem Schreibbord vor seinem Stuhl, sondern verdeckt auf den Knien - wie ein Schüler, der während der Klassenarbeit abschreiben möchte.

Oder er telefoniert. Das heißt, er hat seiner vorgesetzten Dienststelle etwas Ungewöhnliches mitzuteilen. An diesem Morgen kommt der gute Mann gar nicht vom Telefon weg. Denn auf dem Parkplatz vor der Schadowstraße 6 formiert sich ein Konvoi von fünf Fahrzeugen, die allesamt ein blaues Kennzeichen haben, mit den Anfangsbuchstaben QA und der 57 dahinter. Die Buchstabenkombination QA bedeutet Journalist, korrekter, ständig akkreditierter Korrespondent oder Mitarbeiter desselben, die 57 bedeutet Bundesrepublik Deutschland. Die darauffolgende Zahl hinter dem Querstrich weist den Halter des Fahrzeuges aus, und nur der ist in der Regel befugt, das Auto auch zu steuern. Das erspart viel unnötiges Rätselraten: Wo immer in der DDR ein Fahrzeug mit blauem Kennzeichen unterwegs ist, wer die Kennzeichenliste zur Hand hat, weiß, wer drin sitzt. Oder er fragt über Funk mal nach.

In diesem Fall freilich hat der Wachhabende Identifizierungsschwierigkeiten. In jedem Fahrzeug sitzen nämlich gleich zwei oder drei Personen. Und dann geht die Post ab - quer durch die Innenstadt in Richtung Südosten.

In meinem Wagen sitzen noch zwei Zeitungskollegen. Es dauert etwa zwanzig Minuten, bis wir unsere Begleiter ausfindig machen: Ein weißer und ein brauner Wartburg kleben hinter uns, und als wir über das Kopfsteinpflaster der Landstraße nach Hoppegarten brausen, ist unser Konvoi säuberlich zerlegt. Es sind inzwischen mindestens sieben

Fahrzeuge der Staatssicherheit, die sich vor, hinter und zwischen die 57er Wagen gesetzt haben. Daß wir uns an diesem Tag besonderer Aufmerksamkeit erfreuen würden, war voraussehbar gewesen. Warum die »Ehreneskorte« allerdings so umfangreich ausfällt, ist uns zu diesem Zeitpunkt noch nicht klar.

Unsere Kollegen in den ersten drei Autos biegen nun nach rechts ab, werden auf Landstraßen zu ihrem Ziel fahren. Wir halten gemeinsam mit dem zweiten Wagen direkt auf die Autobahn zu. Es ist eigentlich albern, daß sich erwachsene Menschen auf so ein Räuber- und Gendarm-Spiel überhaupt einlassen. Es liegt auf der Hand, wohin westliche Journalisten an diesem Tag wollen, es liegt auf der Hand, daß die zuständigen Behörden der DDR sie an diesem Tage nicht aus den Augen lassen möchten, und es liegt ebenso auf der Hand, daß uns am Zielort ein zweites Empfangskomitee erwarten wird.

Aber gelegentlich muß man überprüfen, wie ernst es unsere amtlichen Aufpasser meinen, welchen Aufwand sie betreiben und warum er gegebenenfalls so hoch ist. Auch daran läßt sich ablesen, wie sie selbst das jeweilige Ereignis einstufen.

Der Wert muß beträchtlich sein, das lehrt die Situation: Hinweistafeln an der Landstraße kündigen eine Baustelle an. Dreihundert Meter weiter wird sich die Fahrbahn auf eine Spur verengen. Und vor uns rollen dicht an dicht vollbeladene Lkws. Ein Stau liegt in der Luft. Der 57er Wagen vor uns schert aus, beschleunigt kräftig, wir ziehen an dem Wartburg mit durchgetretenem Gaspedal vorbei und springen kurz vor den rot-weißen Baustellengittern wieder hinein in eine Lücke zwischen den schweren Transportern. Im Innenspiegel sehen wir, daß die beiden Wartburgs ihren Überholversuch abbrechen müssen, das Beschleunigungsvermögen hat nicht gereicht.

Im Außenspiegel sehen wir freilich noch mehr: Daß sie - einer hinter dem anderen und vor dem wartenden Gegenverkehr - quer über die Straße eine Böschung hinaufrasen, auf einen Waldweg zu, der parallel zur Landstraße verläuft, aber gut zehn Meter oberhalb des Straßenniveaus. Ein Manöver, das jedem Stuntman zur Ehre gereicht hätte, aber beträchtlich außerhalb der DDR-Straßenverkehrsordnung liegt. Mit der nehmen wir es in diesem Fall auch nicht sehr genau. Auf der Autobahn, die wir inzwischen erreicht haben, überziehen wir das vorgeschriebene Geschwindigkeitslimit ein wenig. Aber doch so viel, daß ein roter Skoda, der hartnäckig dranbleiben will, Meter um Meter zurückfällt.

An der ersten Autobahnabfahrt, die wir nehmen könnten, sehen wir schon die Komiteemitglieder: zwei quer über die Fahrbahn gestellte

Streifenwagen der Volkspolizei und mehrere Pkws, die offenbar kontrolliert werden. Wir wählen die zweite Abfahrt, aber auch dort ist es nicht anders: wieder zwei grün-weiße Fahrzeuge, zusätzlich zwei Kräder. Wir werden abgewinkt, fahren an die Seite, ein Uniformierter nähert sich, grüßt und sagt: »Ihre Papiere, bitte.« Aus welchem Grund? frage ich. »Fahndungskontrolle«, murmelt er und geht mit Pässen und Presseausweisen zu seinem Auto. Nach einer Viertelstunde dürfen wir weiter - hinein nach Grünheide, dem Wohnort Robert Havemanns.

Der kleine Ort am Rande von Berlin sieht nicht zum ersten Mal ein solches Aufgebot an Polizei und Zivilisten, die die Dorfstraßen auf- und abtraben. Er hat sie zu seinen Lebzeiten regelmäßig auf den Plan gerufen, er beschäftigt sie auch nach seinem Tode. Vor einer Woche ist er gestorben - am Karfreitag 1982. Daß es mit ihm zu Ende gehen würde, hatten wir sicher erst am Gründonnerstag gewußt, als Wolf Biermann zu ihm durfte. Der aus der DDR Ausgebürgerte zum geistig Exilierten.

Daß Robert Havemann im Zeichen des Kreuzes starb, mag ihm selbst, dem überzeugten Atheisten und Kommunisten, nicht mehr bewußt geworden sein. Die Aura des Märtyrers, ob er es wollte oder nicht, die hat ihn allerdings stets umgeben. Und sie ist es wohl auch, die die Staatsorgane jetzt, zu seiner Beisetzung, zu besonderer Vorsicht gemahnt hat. Bis hin zum kleinen Waldfriedhof, der außerhalb des Ortes liegt, sind sie präsent und in ihrem Einfallsreichtum unübertrefflich: als offizielle Fahndungskontrolleure, die nach einem entsprungenen Häftling ausspähen, als Pilzsucher, die durch den Mischwald streifen, als Beerensammler, die angestrengt ins Gebüsch starren, wenngleich die Jahreszeit allenfalls grüne Blättchen verspricht, als Trauergäste, die ihre schwarze Krawatte aus dem Fundus der örtlichen Sicherheit entliehen haben, und als Pressefotografen und Kameramänner der »AK«, deren Aufnahmen am Abend freilich aus der Sendung herausgefallen sein müssen.

Der Aufwand, den sie dem Toten zuteil werden lassen, belegt, wie sehr sie den Lebenden gefürchtet haben müssen: einen Mann, der im Westen wie im Osten mit dem griffigen Etikett Dissident ausgestattet wurde und alles andere als »griffig« war. Ein Unbequemer für die Nazis, und ein Unbequemer für die »Antifaschisten« in der DDR. Ein Mann, der die DDR stets für den besseren deutschen Staat hielt, aber mit ihrem realen Sozialismus nicht fertig wurde. Heute sollte er begraben werden, aber begrub man mit ihm auch seine Ideen?

Diese Ideen zu skizzieren, ist kein leichtes Unterfangen. Denn der Altkommunist, der 1932 in die KPD eintrat, hat sie im Laufe seines

72jährigen Lebens oft verändert, wieder über den Haufen geworfen, Neues erdacht. Der promovierte Chemiker konnte sich zwar noch 1943 in Berlin habilitieren, wurde aber im gleichen Jahr wegen Widerstandes gegen die Nationalsozialisten vom sogenannten Volksgerichtshof unter Vorsitz Freislers zum Tode verurteilt. Seine Hinrichtung wurde zweimal verschoben, weil es Freunden gelang, ihm Forschungsaufträge für das Heereswaffenamt zu beschaffen, an denen er im Zuchthaus Brandenburg-Görden arbeitete. Dort war auch Erich Honecker inhaftiert. 1945 wurden beide von den Sowjets befreit.

Havemanns Karriere in der SED begann. Als Wissenschaftler und als Abgeordneter der Volkskammer, beseelt von der Vorstellung, einen neuen Staat aufzubauen, der ganz anders sein sollte als das alte Deutschland. In ihm wollte er seine humanistischen Ideale verwirklichen. Alte Freunde aus der Widerstandszeit im NS-Reich, die ihn in diesen Anfangsjahren der DDR erlebten, verstanden allerdings nicht, wie sich Havemann vom Widerständler gegen Terror und Diktatur zum eingefleischten Stalinisten entwickeln konnte.

Seinem ehemaligen Weggefährten Heinz Brandt, der 1958 aus der DDR nach Westen floh, schrieb er: »Ich wäre an Deiner Stelle lieber in der DDR ins Zuchthaus gegangen als in den Staat der klerikal-faschistischen Restauration.« Doch schon wenig später brach Havemann mit Walter Ulbricht, dem damaligen SED-Generalsekretär und bedingungslosen Anhänger Stalins. Vor über 1000 Studenten forderte er in seiner Vorlesungsreihe den demokratischen Sozialismus und mehr persönliche Freiheit. Die Partei schlug zurück, entzog ihm erst den Lehrstuhl und dann die SED-Mitgliedschaft. Doch mundtot war Havemann noch nicht. 1968 kritisierte er den Einmarsch sowjetischer und DDR-Truppen in die ČSSR. Auch seine Söhne protestierten dagegen, wurden zu Haftstrafen in der DDR verurteilt. Einer der beiden, Florian, setzte sich 1971 nach West-Berlin ab. Dort schrieb er seinem Vater ins Stammbuch, er habe weder als Chemieprofessor noch als Theoretiker des wissenschaftlichen Sozialismus etwas Vernünftiges bewirkt.

Der bekundete unterdessen seine Sympathie für den Eurokommunismus und veröffentlichte zum 30. Jahrestag der DDR in dessen spanischen und italienischen Blättern zehn Thesen, die neuerlich handfeste Rügen des DDR-Sozialismus wie Kritik an der Bundesrepublik Deutschland enthielten. Er setzte sich ein für andere Systemkritiker in der DDR wie Bahro und Biermann, deren Ausbürgerung und Abschiebung in den Westen er zu verhindern trachtete. Er selbst wollte nicht gehen in den anderen deutschen Staat – trotz Hausarrestes,

Beschlagnahme seiner Schreibmaschine, Einziehung seiner privaten Bücher, trotz des Vorwurfes, gegen Devisengesetze der DDR verstoßen zu haben, trotz einer Ausgrenzungs- und Isolierungsmethode, an deren Ende die Verschärfung der Journalistenverordnung für ständig akkreditierte Korrespondenten in der DDR stand. Fortan waren und sind bis heute Interviews genehmigungspflichtig, ist der Wirkungskreis westlicher Journalisten beschnitten.

Resigniert schrieb Havemann 1979 über die Lage in der DDR: »Immer noch blickt man voller Neid auf die enormen wirtschaftlichen Leistungen des Kapitalismus. Der Gedanke, daß in den sozialistischen Staaten die dort nicht ausgebeuteten Arbeiter viel schlechter leben als die bis aufs Blut ausgesaugten Arbeiter des Kapitalismus, muß einem ehrlichen Parteifunktionär wohl den Schlaf rauben. Da stimmt doch etwas nicht, muß er sich fragen. Sehr vieles stimmt hier nicht. Aber darüber darf in der DDR weder geschrieben noch geredet werden...«

Durch die Ereignisse in Polen bekam Havemann jedoch neuen Auftrieb. Die Hoffnung, es könne sich in seinem Sinne etwas zum Besseren wenden, flammte auf, erlosch aber schon bald. Er sah mit neuerlich resignativer Klarsicht das Ende der Gewerkschaft Solidarität voraus - kraft eigener Erfahrung. Doch die aufkeimende Friedensbewegung in der DDR ließ ihn wieder zur Feder greifen. In einem Brief an den sowjetischen Staats- und Parteichef Breschnew entwickelte er eine »gesamtdeutsche Friedensinitiative«, in der er sich unter anderem für eine atomwaffenfreie Zone in Europa aussprach. Der Brief wurde im Westen veröffentlicht, im Osten verschwiegen. Was auch zeigt, wie sehr Havemann im Westen wie im Osten überschätzt worden ist. Sein Einfluß auf die Klasse, die ihm besonders am Herzen lag, die Arbeiterklasse, war gering. Er hatte die Publizistik im Westen erreicht, einen Kreis von Intellektuellen in der DDR, er wurde bei den spanischen und italienischen Kommunisten geschätzt, von den französischen Genossen, weil moskautreu, abgelehnt, aber breite Schichten in seinem Staat hat er nie gewinnen können.

Was also ist es, das die Staatsmacht so massiv auftreten läßt an diesem Tage?

Ist es der Berliner Friedensappell, den der Pfarrer Rainer Eppelmann ausgelöst und den Havemann mit unterschrieben hat? Ein Friedensappell, den auch zweitausend andere Menschen unterschrieben haben. Ist es der Pfarrbrief, der am Ostersonntag von vielen evangelischen Kirchenkanzeln verlesen worden ist? Ein Pfarrbrief, der sich gegen das staatliche Verbot des Friedensaufnähers »Schwerter zu Pflugscharen« wendet und zugleich den Anspruch auf eine eigenständige Friedenspolitik, die nicht zwangsläufig mit der vom Staat proklamierten übereinstimmen muß, unterstreicht? Ist es die Tatsache, daß zwei Labour-Abgeordnete des britischen Unterhauses am Karfreitag, dem Todestag Havemanns, jenen Eppelmann aufgesucht haben, um zu erfahren, wie der Appell »Frieden schaffen ohne Waffen« zu verstehen sei?

Vermutlich ist es von allem etwas, das die Behörden in Ost-Berlin zu Vorbeugung und Vorsicht veranlaßt hat. Vor allem aber der Gedanke, daß die Beisetzung eines Mannes, der in westlichen Augen stets als Regimekritiker galt, nicht zu einer Demonstration geraten darf. Denn Sympathie für einen Verstorbenen bedeutet in SED-Denkart auch Antipathie gegen jene, die ihm das Leben so schwer gemacht haben.

Doch die Sympathisanten kommen, meist einzeln, mal zu Fuß, mal mit dem Fahrrad. Einige haben Blumen mitgebracht, andere erscheinen mit leeren Händen. Die Kränze sind ihnen in der S-Bahn weggenommen worden. Auf der Strecke nach Erkner, so berichten sie, waren fast alle Bahnhöfe mit Streifen besetzt. Auch dort Fahndungskontrollen, Überprüfung der Personalien. Und viermal soviel, wie nun am Waldfriedhof stehen, haben umkehren müssen, wurden nicht durchgelassen nach Grünheide.

Fünfhundert sind es trotz alledem noch geworden, die schweigend warten: junge Leute mit angesteckten oder umgehängten Friedenssymbolen, alte Männer mit schlohweißen Haaren und Baskenmützen, von denen der eine oder andere einst mit Havemann im Zuchthaus gesessen hat. »Wenn ich Erich wäre«, so sagt einer zu mir, »dann wäre ich heute hierhergekommen.« Im Unterschied zu Havemann hat Honecker freilich immer gewußt, was die Parteiräson verlangt.

Die gebot es wahrscheinlich auch, das Gros der Einreiseanträge bundesdeutscher und westeuropäischer Trauergäste abzulehnen. Die bis vor einigen Jahren in der DDR beheimateten Schriftsteller Jürgen Fuchs, Thomas Erwin, Sarah Kirsch, der Maler Helmut Diehl, die Sängerin Eva-Maria Hagen bekommen kein Einreisevisum. Die West-Berliner Theologen Albertz und Gollwitzer, der Wissenschaftler Jungk, der italienische KP-Funktionär Radice, der in England lebende Schriftsteller Fried, der FU-Professor Jäckel - sie alle dürfen nicht ans Grab ihres verstorbenen Freundes.

Es gibt nur wenige Ausnahmen: Dr. Peter Brandt, der Sohn Willy Brandts, hat sie erhalten und der SPD-Abgeordnete und Verlagslektor Freimut Duve. Er ist verwirrt, als ihn zwei Familien umringen, ihm Zettel mit Namen und Adressen zustecken, um Hilfe bei ihren Ausreiseanträgen bitten. Zivilisten fotografieren die Szene. Er scheint erleichtert, zur DDR-Prominenz abdrehen zu können: zu den Schriftstellern Stefan Heym und Lutz Rathenow, zu den mit zeitlich begrenztem Visum in West-Berlin lebenden DDR-Künstlern Klaus Schlesinger und Bettina Wegener.

Vereint am Grabe ist erstmals auch wieder die gesamte Familie Havemanns, seine Witwe Katja und sein Sohn Frank, die in der DDR leben, seine Tochter Sibylle mit ihrem Mann und sein Sohn Florian, die in der Bundesrepublik wohnen. Eine Traueranzeige in der DDR-Presse, so sagt seine Witwe, wäre nur unter der Auflage gedruckt worden, daß weder Zeit noch Ort der Beisetzung genannt würden.

Die kleine Kapelle auf dem Waldfriedhof ist überfüllt. Ein Lautsprecher überträgt die Worte des Ortspfarrers Meinel für die draußen Wartenden. Der Geistliche, der am Sarge des Atheisten spricht, erinnert mehrfach an jene, die einst mit Havemann im Widerstand gegen die Nazis gewesen waren, aber die Zeit gemeinsamen Leidens offenbar vergessen hätten. Im Staat ist nichts und niemand anzubeten, sagt der Pfarrer weiter und, anspielend auf die Vergangenheit: Sie leisteten Widerstand gegen den Staat, weil sie im Ernstfall den Staat gegen den Staat verteidigen müssen.

Der Christ und der Atheist, so scheint es in diesem Augenblick, sind sich in den Wochen der schweren Krankheit nähergekommen. Als der Sarg mit den rosa Rosen und Osterglocken ins Grab gesenkt worden ist, ergreift der Jugendpfarrer Eppelmann das Wort. »Sind wir bereit«, so fragt er, »mit der gleichen Opferbereitschaft wie Havemann für Frieden und Verständigung einzutreten?« Und er appelliert an die schweigenden Fünfhundert, die im Kreise um das Grab stehen: »Das wenige, das jeder von uns tun kann, ist viel. Tun wir es!«

Ein junger Mann mit Baskenmütze und Lederjacke steht ziemlich am Ende der Menschenschlange, die dem Toten ihre Reverenz erweist. Als er vor dem Grab angekommen ist, öffnet er sein Hemd, zieht eine Kette heraus, die er um den Hals trägt und läßt ein Kreuz über der Jacke baumeln. Er steht stumm, ballt die Faust in die Höhe zum Zeichen der Internationale und ruft laut: »In deinem Sinn, Robert!« Ob er Havemann gekannt hat? Ob er etwas von ihm gelesen hat? Ich weiß es nicht. Aber als wir zurückgehen durch das Spalier der Pilzsucher, Beerensammler und sonstiger Zaungäste, die von Amts wegen die Beisetzung verfolgt haben, weiß ich, daß die geballte Faust in der Luft und das Kreuz auf der Brust Widersprüche nicht auflösen, sondern erst auslösen. Und daß Havemanns Vorstellung von einem humanen Kommunismus ihn selbst nicht lange überdauern wird. Ein Wallfahrtsort ist Grünheide denn auch nicht geworden.

Felix Dzierzynski in der Kirche

Es ist eine stockfinstere Nacht, die auch von der funzligen Straßenbeleuchtung nicht aufgehellt wird. Die Straßen sind menschenleer, nur vor der Kirche ist Bewegung. Sie steht auf einem Rondell und wirft mit ihrem mächtigen Turm bei strahlendem Sonnenschein gewiß lange Schatten auf die Häuserzeilen, die sie umzäunen. Jetzt fällt aus ihnen nur gelegentlich ein Lichtstrahl, wenn jemand die Vorhänge beiseiteschiebt, um auszumachen, was sich auf dem Samariterplatz tut.

Der ist ebenso wie die Straßen, die von ihm abzweigen, mit Autos vollgestellt, was normalerweise nicht der Fall ist. Aber Mitte November, das wissen die Anwohner längst, ändert sich das. In den sogenannten stillen Tagen, vom Volkstrauertag bis zum Totensonntag über den Bußtag, der in der DDR kein Feiertag ist, begehen die evangelischen Christen ihre Friedensdekade. Nicht nur hier, in der Samariterkirche, sondern auch in den meisten anderen Kirchen Ost-Berlins. In welcher Form sie das tun, ob viele Menschen in die Kirche gehen oder wenige, hängt davon ab, wie aktiv der jeweilige Pfarrer ist, was er zu sagen hat oder wen er gewinnt, seiner Gemeinde etwas zum Thema Frieden zu sagen.

Es gibt Gotteshäuser, in denen sich überhaupt nichts tut, in denen der Geistliche seine Aufgabe mit dem Ende des Gottesdienstes als erfüllt ansieht. Es gibt Gotteshäuser, in denen nicht einmal ein Gottesdienst stattfindet oder stattfinden kann, weil es keine Gemeinde mehr gibt. In anderen drängen sich die Besucher - wie in der Erlöserkirche in Rummelsburg, der Gethsemanekirche am Prenzlauer Berg oder der Samariterkirche hier in Friedrichshain. Der Name ihres Pfarrers ist über die Grenzen des Bezirks, ja über die Grenzen Ost-Berlins hinaus bekannt.

Rainer Eppelmann hat die kirchliche Friedensarbeit zu seiner Sache gemacht. Das ist, wie er unterdessen selbst erfahren hat, weder in Ost-Berlin noch anderswo in der DDR ohne Risiko. Denn wer etwas zu »seiner Sache« macht, gerät in den Verdacht, damit nicht unbedingt auch »die Sache des Staates« zu vertreten. Besonders, wenn der Staat und die ihn tragende Einheitspartei offiziell und öffentlich vorgegeben haben, was Friedenspolitik ist und wie sie von der sozialistischen Gesellschaft zu handhaben ist.

Wer sich wie Eppelmann gegen Rüstung und Raketen in West *und* Ost ausspricht, wer die Gefährdung des Friedens von amerikanischen Pershing II *und* sowjetischen SS 20 ausgehen sieht, beweist in den Augen der Partei, daß er einen elementaren Unterschied entweder nicht verstanden hat oder bezweifelt: daß nämlich Waffen, welcher Art auch immer, von sich aus nie gut oder schlecht sein können, sondern sich diese Eigenschaften an der Sache bemessen, für die sie verwendet werden oder verwendet werden müssen. Übertragen auf die aktuelle politische Lage heißt das: Sind Waffen für die Verteidigung des Sozialismus notwendig, so sind sie gut, denn der Sozialismus ist eine gute Sache. Befinden sie sich hingegen in den Händen der Imperialisten und Kapitalisten, so sind sie schlecht, weil Imperialismus und Kapitalismus naturgemäß eine schlechte Sache sind.

Wer also wie Eppelmann Waffen an sich als gleichmäßig schlecht betrachtet und dies auch noch in Form schriftlicher Appelle, die bis in den Westen gelangt sind, ausdrückt und dafür Unterschriften sammeln läßt, ist schon mehr als suspekt. Seitdem haben die zuständigen Organe ein wachsames Auge auf ihn. Die Streifenwagen in der Bänsch- und Schreinerstraße bezeugen das. Unauffällig parken sie mit gelöschten Scheinwerfern zwischen den anderen Fahrzeugen, aber die uniformierten Insassen richten von Zeit zu Zeit ihre Nachtgläser auf das Hauptportal der Kirche.

Sie ist mit etwa 600 Menschen längst überfüllt, aber auf dem Vorplatz warten noch viele, meist junge Leute. An einer Tafel nahe des Kircheneingangs, wo sonst nur die Gottesdienstzeiten angeschlagen sind, steht: »Angst - Vertrauen - Frieden«. Das Motto dieser Friedensdekade. Darunter prangt das Symbol »Schwerter zu Pflugscharen«. Als Ärmelaufnäher ist es zwar weiterhin verboten, aber den Druck dieser offiziellen Veranstaltungsplakate haben die Behörden genehmigt. Sie sind unsicher, wie sie taktieren sollen, wollen in dieser Woche der Trauer und Besinnung nicht die Spannung unnötig anheizen, Konflikte mit der unorganisierten und nichtstaatlichen Friedensbewegung vermeiden.

Das hat sich auch bis zu den jungen Leuten vor der Samariterkirche herumgesprochen, von denen etliche an ihren Parkas und Kutten nesteln, um die bislang verborgenen Friedensaufnäher anzustecken. Doch sie erstarren in der Bewegung, als drei Uniformierte im Schnellschritt um die Kirche biegen. Die Neuankömmlinge hasten die Kirchenstufen hinauf, acht, zehn, zwölf junge Leute hinterher - in den Vorraum. Erst hier, im hell beleuchteten Foyer, ist zu erkennen: Diese Uniformen sind nicht giftgrün, sondern olivfarben, das sind keine

Volkspolizisten, sondern Soldaten. Und die haben es eilig, ihre Mützen vom Kopf zu reißen, ihre Militärmäntel abzustreifen, zusammenzurollen und in Jacken zu schlüpfen, die ihnen Umstehende schon entgegenstrecken. Eine Verwandlung vom Militär in einen Zivilisten, die kaum mehr als dreißig Sekunden dauert, sich zwischen Stelltafeln und Plakatwänden abspielt, mit denen dieser Vorraum als Ausstellung hergerichtet worden ist.

Die drei Soldaten trennen sich, verschwinden in den Gängen des Kirchenschiffes, unbemerkt von der Gemeinde, die sie aufsaugt, in der Anonymität untergehen läßt. Und die singt gerade, lautstark und voller Inbrunst: »Pflugscharen schmelzt aus Gewehren und Kanonen, daß wir in Frieden zusammen wohnen.«

Wie so oft in diesen Tagen der Friedensdekade besteht der Gottesdienst nicht nur aus Gesang und Gebet, ist auch die Predigt des Geistlichen keineswegs der Schwerpunkt. Worauf die Menschen warten, was viele zum Kirchgang erst bewegt hat, das ist die Lesung des jeweils angekündigten Schriftstellers. Und Pfarrer Eppelmann hat es immer wieder geschafft, einen Mann von Rang und Namen zu gewinnen, einen, dem man zutraut, die Wahrheiten auszusprechen, nach denen man selbst sucht.

Von dieser Sorte gibt es nur noch wenige in der DDR, denn der Exodus von Schriftstellern, Malern, Musikern und Liedermachern Mitte der siebziger Jahre, ob freiwillig und resigniert, ob zwangsweise und auf Anordnung der politischen Instanzen, hat breite Lücken gerissen. Der intellektuelle Nachwuchs, die kleine Schar der Autodidakten, ist bis in die Mitte der achtziger Jahre hinein ohne Leitbilder im eigenen Staate geblieben. Wo sich Jüngere zu entwickeln drohten, wo sie abseits und außerhalb staatlicher Normen Lieder betexteten, Gedichte schrieben oder Prosa verfaßten, schränkte ein Wust administrativer Auflagen ihre künstlerische wie politische Kreativität wirksamer ein als früher.

Es nimmt sich ja ganz wertfrei und unpolitisch aus, wenn das Finanzamt beispielsweise von einem Künstler die Offenlegung seiner Einkünfte fordert. Das ist auch in anderen Staaten und nicht nur bei Künstlern so. Aber wenn er wie in der DDR nicht nachweisen kann, daß er ein Jahreseinkommen von 6000 Mark hat, dann läuft er im Wiederholungsfall Gefahr, im sozialistischen Staat als Asozialer abgestempelt zu werden. Wie aber kann jemand zu verbrieften 6000 Mark Jahreseinkommen gelangen, wenn alles, was gedruckt wird, der offiziellen Absegnung bedarf? Und abgesegnet wird nichts, was den ideologischen Maßstäben nicht standhält. Anders formuliert: Wer

Unbotmäßiges verfaßt, wird nicht gedruckt, wer nicht gedruckt wird, verdient nichts. Und wer nichts verdient, ist asozial.

Er hat auch kein Recht, Sozialunterstützung zu verlangen, denn die gibt es offiziell gar nicht in der DDR. Es wird ihm vielmehr nahegelegt, einen anderen Beruf zu ergreifen, weil sein selbsterwählter für ihn wie für die Gesellschaft keinen Ertrag zeitigt. Und da es in der DDR nicht nur ein Recht, sondern auch eine Pflicht zur Arbeit gibt, steht er vor der schlimmen Wahl, seine künstlerische Tätigkeit einzustellen oder eines Tages wegen seiner amtlich bescheinigten Asozialität hinter schwedische Gardinen zu wandern. Es sei denn, er orientiert sich in seinen Werken an den politischen Vorgaben des SED-Chefideologen Kurt Hager, der ein positives, optimistisches, ja heldenhaftes Bild vom Arbeiter- und Bauernstaat gezeichnet haben möchte. Dann wird er gedruckt, braucht das Finanzamt nicht zu fürchten; weil seine Einkünfte wachsen, befindet er sich im Konsens mit der Partei.

Gewiß, es läuft auch manches durch die Zensur, was interpretationsfähig, passagenweise kritisch, ideologisch dehnbar und keineswegs eindeutig im Sinne der Partei ist. In Systemkritik darf es allerdings nicht ausarten. Was zur Folge hat, daß auch prominente DDR-Schriftsteller der achtziger Jahre orientalischen Bauchtänzerinnen gleichen: viel Gewackel, viele Schleier, da und dort wird einer fallen gelassen, aber stets sorgsam darauf bedacht, nicht das Entscheidende sehen zu lassen.

Junge Leute, die nach Wahrheit und Klarheit suchen, die nicht zweideutige, sondern eindeutige Antworten einfordern, sind auf diese Weise selten zu befriedigen. Das verbindet sie übrigens in Ost und West.

Das bekommt an diesem Abend auch Rolf Schneider zu spüren. Der Schriftsteller und Publizist, der es ähnlich wie Stefan Heym geschafft hat, mit einem zeitlich limitierten Visum auch im Westen arbeiten zu können, darüber aber seiner Heimat nicht untreu geworden ist, liest aus einem seiner Bücher. Sein Vortrag über ein fiktives Kriegsmuseum steckt voller Witz und Ironie, birgt eine Fülle von Andeutungen und politischen Anspielungen auf die Borniertheit einer Generalität, auf das Unvermögen, mit dem Frieden leben zu können, auf die Beschränktheit in der Verbreitung von Feindbildern, auf die pazifistische Alternative.

Die Reaktion des Publikums ist amüsiert. Gelächter und Beifall scheinen zu belegen, daß seine Botschaft verstanden worden ist. Aber dann, als es in die Diskussion geht, als Fragen zum Alltag gestellt werden, als es konkret wird, verliert der prominente Gast Punkt um Punkt. Es geht um die Möglichkeiten zur Wehrdienstverweigerung, um den Pazifismus und seine Chancen in der DDR, um die Angst vor dem Krieg.

»Wie können Sie an den Friedenswillen unserer Regierung noch glauben«, so wird Schneider gefragt, »wenn ich mit diesem Friedensplakat unter dem Arm morgen auf der Straße verhaftet werde?« Schneiders Antwort, er hoffe, daß die Regierung vernünftig werde, er setze auf die Toleranz - sie findet wenig Abnehmer. »Was sagen Sie denn dazu«, so fragt ein anderer, »daß in der Nationalen Volksarmee Flugblätter verteilt werden, auf denen steht: Der westdeutsche Soldat, auch wenn er Arbeiter ist, ist zu töten.« Auch hier muß der Gast passen, macht viele Umschweife, leitet, wortgewandt, wie er ist, zu einer anderen, harmloseren Frage über. Irgendwo im Kirchenschiff, das mag er sich denken, wird ein Tonband laufen oder jemand notieren, was gefragt und geantwortet worden ist, und an den falschen Antworten, das lehrt die Erfahrung, bemißt sich eben auch die Genehmigung fürs nächste Visum gen Westen.

Doch die Enttäuschung über seinen Mangel an Präzision schlägt keineswegs um in Unmut oder gar lautstarke Kritik; sie ist eher verhalten, äußert sich in höflichem Schweigen. Man versteht ja im Publikum, hat eine Antenne für die Grenzen und Möglichkeiten des einzelnen, ob er nun vorn auf dem Podium sitzt oder in der Kirchenbank. Die meisten sind allein dafür dankbar, etwas gehört und gesehen zu haben, das sonst nirgendwo in der Stadt zu hören und zu sehen ist.

Wie auch die Anti-Kriegsausstellung im Vorraum der Samariterkirche, die anklagende Bilder und Fotos aus den Kriegen dieser Welt zeigt - vom Ersten und Zweiten Weltkrieg, von Hiroshima und aus Vietnam, aus Lateinamerika und aus Afrika. Doch das ist nur die eine Seite. Auf der anderen sieht man Bilder und Texte aus der vormilitärischen Erziehung in der DDR - mit lachenden Kindern in Sperrholzpanzern, die im Kindergarten gebaut werden, mit Jungs, die wie die Alten paradieren oder Handgranatenattrappen werfen, mit bunten Malereien, in deren Mittelpunkt der Papi steht. Der Papi in Uniform, der die Heimat und den Sozialismus mit der Waffe in der Hand verteidigt.

In einem Telegramm an alle heißt es: »Ein Krieg zur Verteidigung des sozialistischen Vaterlandes ist schön, allerdings nicht durch die Zerstörung materieller Werte, den Tod von Menschen und äußere Wirkungen, sondern durch sein hohes und edles Ziel, durch erhabenes Streben, durch die Heldentaten, die im Namen des Volkes und der Werktätigen der ganzen Welt vollbracht werden. Ein solcher Kampf läßt beim Soldaten keine niederen Gefühle aufkommen, sondern ruft starke und reine Leidenschaften hervor, entfaltet im Menschen wahrhaft Schönes und Menschliches!« Darunter steht die Quellenangabe: Das Zitat stammt aus dem Buch »Die marxistisch-leninistische Ästhetik und Erziehung des Soldaten«, erschienen 1979 im Militärverlag der DDR.

Pfarrer Eppelmann, der diese Ausstellung in seiner Kirche mitorganisiert hat, weiß inzwischen, daß sie Menschen aus allen Bezirken Ost-Berlins anzieht. Mit einem Vaterunser beschließt er den Abend. Nicht alle vermögen es mitzubeten, nicht alle zählen zu seiner Gemeinde, nicht alle sind Christen. Aber es gibt kaum einen unter den Sechshundert, der nichts in die Kollekte tut.

Sie drängen sich wieder hinaus in die kalte Novembernacht, und unter ihnen sind drei junge Männer mit schweren Stiefeln und dicken Aktentaschen, in die sie ihre Mäntel und Mützen gequetscht haben. Sie sind so schnell verschwunden, wie sie gekommen sind. »Hättest du das gedacht«, sagt einer, der noch auf den Stufen der Kirche verharrt, »jetzt kommen sogar schon welche vom Regiment ›Felix Dzierzynski‹. Und gebetet haben sie auch!«

Anmerkung: Das Wachregiment »Felix Dzierzynski« untersteht dem Staatssicherheitsdienst der DDR und nicht dem Verteidigungsministerium. Zu seinen Aufgaben gehört es, vor dem Staatsratsgebäude Ehrenwache zu stehen und bei hochrangigen Staatsgästen die Ehrenformation zu bilden. Die Elite-Einheit ist benannt nach dem polnischen Revolutionär Felix Dzierzynski, der an der russischen Revolution beteiligt war und 1917 den berüchtigten Staatssicherheitsdienst der Sowjetunion, die Tscheka, gründete. Auch in der DDR werden heute noch Agenten, Spione und andere Mitglieder des Staatssicherheitsdienstes »Tschekisten« genannt.

Krach hinter den Kulissen

Das Premierenpublikum im Maxim-Gorki-Theater war wie vom Donner gerührt: Auf der Bühne sprach gerade der ins thüringische Georgshausen angereiste Regierungsvertreter aus Berlin mit dem Chefredakteur des Lokalblattes übers Westgeld, über das »richtige Geld« oder »gute Geld«. Das nämlich will ein westdeutscher Konzern am Georgsberg investieren - in eine alte Gaststätte, die später, zum Fünf-Sterne-Hotel umgebaut, Gäste aus dem kapitalistischen Ausland anlocken soll. Und fast alle im Ort, wenn auch mehr von Gerüchten als Tatsachen inspiriert, sind ganz scharf auf diesen Handel. Nur Sebastian Haferkamp - die Hauptfigur im Bühnenstück, »nicht zu verwechseln mit dem Kommissar, den Sie vom Westfernsehen kennen« - will das sozialistisch-kapitalistische Geschäft nicht mitmachen.

Gewiß, in den beiden bekanntesten Kabaretts der DDR, in der Leipziger »Pfeffermühle« oder der Ost-Berliner »Distel«, auch bei dem einen oder anderen Conférencier bunter Nachmittage, fällt mal eine freimütige, bissige oder spöttische Bemerkung übers Westgeld und dessen Bedeutung in der DDR. Aber in einer richtigen Theateraufführung fast ausschließlich darüber zu reden, war bisher in Ost-Berlin noch nicht vorgekommen. Dürfen die denn das? mag mancher im Saal gedacht haben. Aber als das Feuerwerk frecher Sprüche auf dem Podium weiterprasselte - über die Zeitung, »die verschweigt, wo's langgeht«, über die Funktionäre, »die bestimmen wollen, was das Volk bewegt«, über die Angepaßtheit und das Karrieredenken in der Republik - wich die Betroffenheit einem großen Amüsement. Da hatte ein Autor offenbar der Zensur ein Schnippchen geschlagen und gab dem Publikum wie seinem Affen pfundweise Zucker. Und er war gewissermaßen brandaktuell, lag es doch erst ein paar Monate zurück, daß Franz Josef Strauß - wie sagten die doch immer im Westen? - den »Milliardenkredit für die DDR eingefädelt« hatte.

Pointe des Stücks: Eine Kellnerin zündet das alte Lokal an, denn so schnell lassen sich die DDR-Bürger ihre Heimat nicht abkaufen. Eine Moral, die dann freilich - trotz passagenweiser Heiterkeit im Laufe des Theaterabends - nur noch mäßig beklatscht wurde. Oder waren die, die im Halbdunkel laut gelacht hatten, in der aufflammenden Saalbeleuchtung nur vorsichtig geworden? Mag sein, daß einem Teil der

Zuschauer im Parkett auch erst am Schluß der tiefere Sinn dieser ätzenden Kritik aufgegangen war: den Staat und die Partei ans ideologische Reinheitsgebot zu erinnern, sich die eigenen politischen Prinzipien nicht abkaufen zu lassen, mag die Westmark auch noch so locken.

Ob Franz Josef Strauß dazu tatsächlich die Vorlage geliefert hat, ist allerdings zu bezweifeln. Der Autor hätte - rund sechs Monate nach diesem ersten bundesdeutschen Milliardenkredit - ein Schnellschreiber sein müssen. Anzunehmen ist vielmehr, daß er zu jenen Parteigenossen zählt, die mit der gespaltenen Moral ihrer Partei schon lange nicht mehr fertig werden: mit dem Westhandel, mit der Devisensucht, mit den Intershopläden, mit der Tatsache, daß die Westwährung heimlich die Republik regiert und die Regierung dies duldet.

Auf dem Nachhauseweg vom Maxim-Gorki-Theater hat sich mancher Premierenbesucher sicherlich gefragt, wie dieses Werk mit dem Titel »Der Georgsberg« auf die Bühne kommen konnte. Ob es vielleicht ein Test war, die Stimmung in der Bevölkerung zu erkunden? Denn die Bühnen in der DDR haben oft einen doppelten Boden. Wie wacklig der in der Regel ist, hätte der Autor freilich wissen müssen. Rainer Kerndl war nämlich nicht nur SED-Genosse, sondern auch Theaterkritiker des Zentralorgans »Neues Deutschland«. Mehrfach mit dem Literaturpreis der DDR ausgezeichnet, stets auf Parteilinie in seinen eigenen Werken wie in der Rezension der Werke anderer, dürfte er kaum Schwierigkeiten gehabt haben, die Aufführung durchzupauken. Wer würde es schon wagen, dem Theaterpapst zu widersprechen? Wer hätte es riskiert, sich mit diesem auch in der Kulturpolitik der Partei einflußreichen Mann anzulegen? Und wer wollte ihm ernsthaft bestreiten, den richtigen ideologischen Standpunkt zu haben? Ihm, der andere wegen mangelnder Parteilichkeit öffentlich zu kritisieren pflegte?

Dennoch: Mir will es bis heute nicht in den Kopf, daß Rainer Kerndl mit seinem »Georgsberg« auf eigene Kappe gehandelt haben sollte. Auch Theaterkritiker im Westen verstehen sich oft als moralische und neuerdings auch als politische Instanz. Aber im Unterschied zu ihren »Kollegen« im Osten müssen sie sich kaum über eine politische Partei hochdienen, deren Plazet womöglich noch für ihre Rezension einholen oder sich bei ihrer anhand eines Stückes geäußerten Gesellschaftskritik sonst irgendwie absichern. Exakt das alles aber muß der Theaterkritiker in der DDR. Und das heißt, er kennt die Mechanismen, er kennt die Gefahren und Risiken, wenn er dagegen verstößt. Natürlich besteht auch die Möglichkeit, daß einer wie Kerndl, der fest im Parteisattel sitzt und darüber selbst zur Institution wurde, zu Überheblichkeit und

Eigenmächtigkeit neigen könnte, doch halte ich das eher für unwahrscheinlich. Wahrscheinlicher ist vielmehr, daß der Star des »Neuen Deutschland« zwar sein Bühnenwerk aus eigenem Antrieb verfaßt hat, sich aber in der fürs Kulturelle zuständigen Ministerial- und Parteibürokratie von Hochmögenden den Segen dafür hat erteilen lassen.

Sein Pech war es freilich, daß in diesem höchsten Zirkel der Macht schon seit dem Sommer 1983 wieder einmal ein Glaubens- und Ideologiekrieg tobte, der zum Zeitpunkt der Premiere im Frühjahr '84 noch immer nicht ausgestanden war und - Kerndl hätte das wissen müssen - unklare Verhältnisse schuf. Deren Opfer ist Kerndl geworden. Sein Stück wurde noch zweimal aufgeführt und dann abgesetzt. Was nur den Alt-Kommunisten Jürgen Kuczynski bestätigt, der in seinem Buch »Dialog mit meinem Urenkel« in der Aufarbeitung der Stalinismus-Periode in der DDR schreibt: »Mein Helm hat viele Beulen. Einige davon sind auch vom Feind.«

Was nun den Glaubens- und Ideologiekrieg betrifft, so begann der Krach hinter den Kulissen schon vor dem 100jährigen Jubiläum des Deutschen Theaters in Ost-Berlin. Es ging, genauer gesagt, um die anstehende Würdigung der einhundertsten Spielzeit, denn als am 29. September 1883 Schillers »Kabale und Liebe« aufgeführt wurde, war das Haus bereits 33 Jahre alt. Es hieß damals nur anders, nämlich »Friedrich-Wilhelm-Städtisches Theater«, wechselte mehrfach den Besitzer und auch sein äußeres Gesicht, bis es von Adolph L'Aronge übernommen und in »Deutsches Theater« umbenannt wurde. Mit der neuen Namensgebung verband sich seinerzeit der Anspruch, das deutsche Nationaltheater zu schaffen, dessen Vorbild das französische war.

Wer die Namen der Schauspieler, Regisseure und Intendanten liest, die von diesem Zeitpunkt an bis heute am Deutschen Theater mitwirkten - von Albert Bassermann bis Emil Jannings, von Peter Lorre bis Fritz Kortner, von Ernst Deutsch und Heinrich George bis Adolf Wohlbrück - der weiß, daß das Deutsche Theater diesem Anspruch gerecht geworden ist. Ein Name überragt freilich alle: der des deutschen Theatermagiers Max Reinhardt.

Von diesem Ruhm ist heute nur noch das Gebäude geblieben, in der Schumannstraße 13, zwischen der Friedrichstraße in Ost-Berlin und der Mauer gegen West-Berlin. Es gibt keine Reichshauptstadt mehr, sondern einen Streit um Staatsbürgerschaftsfragen zwischen einer Bundesrepublik Deutschland und einer Deutschen Demokratischen Republik. Es wird unterschieden zwischen bürgerlichem und sozialistischem Theater, und es gibt im Westen langwierige und oft fruchtlose

Debatten darüber, worin die nationale Identität eigentlich bestehen solle, könne oder müsse. Wo kluge Köpfe glaubten, einen passablen Ausweg gefunden zu haben, um der ideologischen und tagespolitischen Begriffsverwirrung in Ost und West zu entkommen, sind sie jetzt wiederum in der Sackgasse gelandet. Denn der Ausweg, den beiden Staaten auf deutschem Boden einen gemeinsamen und bindenden neuen Begriff überzustülpen, den von der deutschen Kulturnation, ist durch einen neuen Streit versperrt. Dieser ist ausgebrochen ums kulturelle Erbe, das mit wiederum ideologischen Prinzipien und Vokabeln verkleistert wird. Sie sollen glauben machen, daß Goethe oder Luther, womöglich der Alte Fritz oder Bismarck sich zu Lebzeiten – hätten sie denn wählen können – für das eine oder andere Deutschland entschieden hätten. Wobei für die DDR-Führung und die von ihr beauftragten Kultur- und Geschichtsforscher dank ideologischer Gewißheiten gar keine Zweifel mehr auftauchen: Was Rang und Namen hat, ist bereits für die DDR vereinnahmt. Für eine sozialistische Nationalkultur, die den Zusatz deutsch allerdings nicht aufgibt, ihn durch die Reihenfolge der Adjektive aber hinter den Sozialismus auf den zweiten Rang verdrängt.

Derartige ideologische Vorgaben durchziehen das gesamte Kulturleben der DDR, wandern von oben nach unten und drücken sich dann auch aus in Beschlüssen, wie sie von der Ost-Berliner Stadtverordnetenversammlung zur »Strategie und Profilierung« der Ost-Berliner Theater gefällt worden sind. Auf diese Weise ist auch das Deutsche Theater in die Pflicht genommen worden, zum sozialistischen Nationaltheater zu werden. Ein Begriff, den der damalige Intendant Professor Rolf Rohmer auf einer Pressekonferenz mit Beteiligung der West-Presse trotz wortreicher Ausführungen nicht zu definieren vermochte. Vielleicht wollte er es auch nicht. Denn Künstler in der DDR haben erfahren müssen, daß Kunst-Funktionäre in ihrem Staat nichts sehnlicher wünschen als derartige Definitionen, die sich dann eignen, in Bestimmungen und Formblätter aufgenommen zu werden. Damit kann in Zweifelsfällen künstlerischer Bewertung die Kulturadministration umso leichter feststellen, wer wann und wo welche Linie verlassen hat, vor allem die politisch-ideologische.

Die Forderung, die ideologische Linie in der Kultur einzuhalten, und der Anspruch, richtungsweisendes sozialistisches Nationaltheater zu machen, waren in der Mitte des Jahres '83 lautstärker von der Parteiführung formuliert worden als zuvor. Es war die Zeit, in der die politischen Beziehungen zur Bundesrepublik Deutschland besser liefen als angenommen, was paradoxerweise in solchen Phasen die SED veranlaßt, nach innen die Zügel anzuziehen. So, als wolle sie sich selbst und den Bürgern der Republik klarmachen: Wir wissen noch, wer wir sind, kein Grund, über die Stränge zu schlagen! Fürs Deutsche Theater hieß das damals, mit einer bahnbrechenden Leistung zum Jubiläum im September aufzuwarten, dem verlangten Anspruch auf sozialistisches deutsches Nationaltheater gerecht zu werden. Aber die Neuinszenierung des »Faust II«, besorgt von Starregisseur Friedo Solter, mußte vorzeitig abgeblasen werden. Wie der Intendant kleinlaut gestand, funktioniere die neue Technik im Hause nicht, unter deren Nutzung man ja gerade ein bisher nie dagewesenes Experiment habe wagen wollen. Gezeigt wurde deshalb zum Theaterjubiläum eine Reprise von Goethes »Torquato Tasso«, was den Intendanten wenig später seinen Stuhl kostete.

Aber geglaubt hat damals ohnehin keiner an die »technischen« Schwierigkeiten des »Faust II«. Denn die Aufführung, die auf den Februar '84 verschoben werden sollte, hat nie stattgefunden. Insider haben dafür Auseinandersetzungen zwischen dem Regisseur und seinem Hauptdarsteller Alexander Lang verantwortlich gemacht, was plausibel schien, weil Lang ebenfalls Regie führt und sich als neuer Stern am Theaterhimmel in Ost-Berlin ungern Anweisungen geben läßt. Nur waren Lang und Solter sowie der dann abgesägte Intendant Rohmer allesamt kaum mehr als Schachfiguren im Spiel zwischen dem für Kultur zuständigen Politbüromitglied Kurt Hager und dem von Hans-Joachim Hoffmann geleiteten Kulturministerium der DDR.

Beteiligt war daran aber auch der Ost-Berliner SED-Bezirkschef Konrad Naumann, der als Verfechter einer harten ideologischen Linie im Kulturbetrieb »seiner Stadt« auch ein Wörtchen mitreden wollte. Wer wen auf Vordermann zu bringen suchte, ob Hager den lasch gewordenen Ministeriumsapparat oder Naumann den zu weichen Honecker-Freund Hager, auf wessen Seite sich schließlich Hoffmann und sein agiler Stellvertreter Höpcke schlugen, war für westliche Beobachter schon damals schwer auszumachen und ist auch heute im nachhinein kaum eindeutig zu ermitteln. Fest steht nur, daß alle Streithähne mit der ideologischen Fahne herumwedelten, aus ehrlicher Überzeugung oder aus Selbstschutz, und daß sie stets den Sack prügelten, wo sie den Esel meinten.

Einer dieser Säcke war der Schriftsteller und Bühnenautor Christoph Hein. Ein anderer Helmut Sakowski und ein weiterer der schon erwähnte Rainer Kerndl. Hein war zunächst Nutznießer der Faust-Pleite. Denn der arbeitswütige Alexander Lang – entlastet von der nun überflüssig gewordenen Hauptrolle und nicht ausgefüllt mit seiner

Regiearbeit am Deutschen Theater für Brechts »Die Rundköpfe und die Spitzköpfe« - setzte nun auch noch Heins Stück »Die wahre Geschichte vom Ah Q« in Szene. Es ist eine Parabel, frei nach einer modernen chinesischen Novelle. Sie erzählt von zwei heruntergekommenen Intellektuellen, die im Verschlag eines Klosters auf die Revolution warten und sich - ernährt von den Mönchen - mit politischen Parolen so lange über Wasser halten, bis die Revolution vorbei ist, ohne daß die beiden etwas davon bemerkt hätten. Alles ist wie zuvor: Die Mächtigen von gestern sind die Mächtigen von heute, mit neuem Titel nur und ein Stück grausamer als vorher. Ein vieldeutiges Stück, das von den Zuschauern im ausverkauften Haus mit Ovationen überschüttet wurde, aber in keiner einzigen Zeitung der DDR, auch nicht im »Neuen Deutschland«, besprochen wurde.

Diese Ruhe war freilich trügerisch. Das Stück, so sickerte allmählich aus der Kulturbürokratie durch, sei anarchistisch. Es fiel im wechselnden Repertoire des Deutschen Theaters zunächst gar nicht auf, daß es vom Spielplan verschwunden war. Aber es wurde - nach mehrwöchiger Spielzeit - ebenso gekippt wie Kerndls »Georgsberg«. Was für Eingeweihte in Ost-Berliner Künstlerkreisen hieß: Kurt Hager hatte im Einverständnis mit Erich Honecker Kerndls Devisenposse auffliegen lassen, und Naumann hatte sich mit Einverständnis Honeckers über Christoph Heins »Ah Q« hergemacht. Wurst wider Wurst gewissermaßen.

Daß Heins jüngstes Stück überhaupt aufgeführt werden konnte, sagt freilich auch etwas über die Grauzonen in der Ost-Berliner Kulturhierarchie aus. Seine Erzählungen und Novellen sind in der DDR gedruckt worden, obwohl sie wenig mit der von der Partei immer wieder gewünschten optimistischen Lebensauffassung und positiven Darstellung des Sozialismus übereinstimmen. Er hat sogar den Heinrich-Mann-Preis dafür erhalten. Aber seine dramatischen Werke wurden regelmäßig kurz vor der jeweiligen Premiere wieder abgesetzt.

Die Novelle »Der fremde Freund«, die in der Bundesrepublik wegen bestehender Titelgleichheit unter der Überschrift »Drachenblut« erschienen ist, wies ihn als wohl begabtesten Nachwuchsdramatiker der DDR aus. Der Verband der Deutschen Kritiker mit Sitz in West-Berlin erkannte ihm den Kritikerpreis 1983 zu, den er allerdings nicht als erster DDR-Autor bekommen hat. Von derartigen Ehrungen lassen sich auch die DDR-Oberen bei allen politischen Ressentiments gegen die Einbeziehung West-Berlins in irgendeinen bundesdeutschen Verband beeindrucken.

Als Anfang 1984 das Hamburger »Zeit«-Magazin einen Artikel über Hein abdruckte, geriet er jedoch aufs neue in die Schußlinie der Ideologen in Ost-Berlin. Ohne den Schriftsteller beim Namen zu nenen, griff der stellvertretende Kulturminister Höpcke eine Äußerung Heins in dem »Zeit«-Interview auf und schrieb dazu in der Ost-Berliner »Weltbühne«: »Es wirkt zweifelhaft, wenn gemeint wird, in der DDR müsse der Schriftsteller Aufgaben übernehmen, die in den westlichen Ländern dem Journalismus obliegen, Aufgaben der Sozialkritik, der ideologischen Auseinandersetzung.« Es komme für den Schriftsteller in der DDR, so Höpcke weiter, vielmehr darauf an, sozial aktivierende Werke zu verfassen, »mit Helden, die Taten für den Fortschritt vollbringen«. Und, so hatte Höpcke zuvor schon im SED-Zentralorgan namens seiner Partei verlangt: »In der äußerst zugespitzten internationalen Situation, auch angesichts der im Inneren der Länder des Sozialismus zu bewältigenden Aufgaben, ist das Bedürfnis der Leser besonders stark, aus der Literatur ideellen, moralischen und philosophischen Gewinn im Sinne des Sozialismus zu schöpfen.«

Diesem Auftrag war bislang stets der Parteischriftsteller Helmut Sakowski nachgekommen. Kein Wunder, ist er doch zugleich Mitglied des SED-Zentralkomitees. Im Frühjahr 1984 - die Bühnenwerke von Hein und Kerndl waren gerade der Zensur zum Opfer gefallen - widerfuhr auch ihm Unerfreuliches: Die vielgelesene »Wochenpost« brachte seinen neuesten Roman »Wie ein Vogel im Schwarm« als Vorabdruck in Fortsetzungen, doch nach der 15. Folge war abrupt Schluß damit. Der Autor, so hieß es, habe den Wunsch gehabt, einzelne Passagen zu überarbeiten, weshalb auch nicht abzusehen sei, wann das Buch erscheine.

Als dann im Herbst der Roman zu haben war, fehlte allerlei, was noch in der »Wochenpost« nachzulesen gewesen war: kritische Passagen übers Westgeld und über »unerlaubten Westkontakt« sowie längere Ausführungen Sakowskis über das Thema Preußen und die Geschichtsaufarbeitung in der DDR. »Die Preußenverehrung«, so hatte Sakowski ursprünglich geschrieben, »treibt merkwürdige Blüten.« Und über einen Platz in Gransee nördlich von Berlin und im Roman nur wenig verfremdet als »Rahnsee« schrieb Sakowski: »Der Platz war einmal der Neue Markt, dann hieß er Luisenplatz. 1945 wurde er in Thälmannplatz umbenannt. Das mußt Du Dir vorstellen, der Thälmannplatz mit einem Mahnmal an Luisens Gloria in der Mitte. Schwer zu ertragen für einen Genossen, aber sie haben nicht etwa den Preußenkitsch abgetragen, sondern lieber Thälmanns Namen wieder runtergenommen. Nun heißt der Markt Schinkelplatz, unter uns beiden, ich halte es für möglich, daß er bald wieder Königin-Luise-Platz heißt.«

Gemessen an jenen Autoren, die in der DDR überhaupt nicht publizieren dürfen oder, wenn es ihnen denn gelingt, unter weitaus mehr Schwierigkeiten, mögen die drei Genannten noch halbwegs glimpflich über die Runden gekommen sein. Sie hier in eine Reihe zu stellen – den Theaterkritiker, der auch mal selbst Theater machen will, den Nachwuchskünstler, der sich nicht ins Parteiklischee abdrängen läßt, und den Trivialschreiber aus den Reihen des ZK, der fahrlässig die Parteilinie verlassen hat – wird die Betroffenen selbst wie Kenner der DDR-Literatur sicher verdrießen. Was sie nicht auf einen Nenner, sondern nur in dieselbe Reihe gebracht hat, ist ja auch nicht ihrer jeweiligen Qualität, sondern der Zufälligkeit der Ereignisse zuzuschreiben. Einer Zufälligkeit, die bei Kulturkampagnen in Ost-Berlin und den sie begleitenden Krächen hinter den Kulissen allerdings kein Zufall ist.

P. S. Heins »Ah Q« ist wieder aufgetaucht, Rainer Kerndl nicht.

Schatten der Vergangenheit

Hätte man ihn auf der Straße getroffen, er wäre einem nicht aufgefallen: ein älterer Herr mit gepflegtem silbergrauen Haar, dezent, aber nicht altmodisch gekleidet, mit wachen Augen hinter der dunklen Brille, ganz der Typ des Onkels, der mal gütig, mal streng sein kann. Doch ich habe Heinz Barth nicht auf der Straße getroffen, sondern im Gerichtssaal des Ost-Berliner Stadtgerichtes. Er ist zu lebenslanger Haft verurteilt worden - wegen mehrfach begangener Kriegsverbrechen und Verbrechen gegen die Menschlichkeit, wie es im Urteilsspruch des Strafsenats 1a heißt.

Wie kommt es, das ist die erste Frage, die mich vor Prozeßbeginn bewegt, daß es nicht nur in der Bundesrepublik Deutschland nach rund 40 Jahren immer noch Kriegsverbrecher-Prozesse gibt, sondern auch in der DDR? Besagt doch die landläufige Meinung, daß hier niemand der sozialistischen Justiz habe entrinnen können und daß deren Paragraphen-Netz von Anfang an viel enger geknüpft worden sei, um möglichst niemanden, der in der NS-Zeit schuldig wurde, entkommen zu lassen.

Wie wird der Prozeß ablaufen, das ist die zweite Frage, die mich bewegt. Ebenso mühsam und zäh, wie wir es bei Prozessen auf unserer Seite kennen, die sich über Monate, manchmal Jahre hinschleppen und an deren Ende dann, häufig genug, ein Freispruch für den oder die Angeklagten steht? Weil, wie wir wissen, das bundesdeutsche Strafrecht den Nachweis der einzelnen Tat verlangt und nicht etwa die Zugehörigkeit zu einer Einheit, ob der SS oder einer anderen, zur Verurteilung ausreicht, auch wenn die Untaten dieser Einheit insgesamt längst aktenkundig sind.

Die dritte Frage, die mich bewegt, lautet: Wie werden sich die Vertreter der DDR-Justiz in einem solchen Kriegsverbrecher-Prozeß präsentieren, besonders aber der Verteidiger? In einem Staat, in dem sich Rechtsanwälte ohne Bindung zur herrschenden Ideologie ebensowenig vorstellen lassen wie Richter und Staatsanwälte? Oder verbieten sich derartige Fragen, wenn es um Massenmord geht, wenn der Name Oradour-sur-Glane wie ein Fanal aufleuchtet?

Zu diesem Verfahren sind auch westliche Korrespondenten zugelassen, was zeigt, wie sicher sich das Gericht seiner Sache sein muß, wie umfangreich das Beweismaterial sein wird. Der Saal, in dem alle sieben, tatsächlich nur sieben Verhandlungstage angesetzt sind, kommt mir bekannt vor. Doch erst, als der Vorsitzende des 1. Strafsenats den Raum betritt, die aufgebauten Kameras aus Ost und West zu surren beginnen, weiß ich, warum mir dieser Saal vertraut ist. Anfang der siebziger Jahre bin ich hier schon einmal gewesen, gleichfalls auf Einladung der Ost-Berliner Behörden, zu einem Prozeß wegen »kriminellen Menschenhandels«, wie es hieß.

Es war ein Prozeß gegen eine Reihe von Fluchthelfern aus dem Westen, die sich, gebrochen von Verhör und Haft, gegenseitig der Haupttäterschaft bezichtigten, im Stich gelassen von ihren Pflichtverteidigern aus Ost-Berlin ein erbarmungswürdiges Bild abgaben und zu hohen Zuchthausstrafen verurteilt worden waren. Ein Schauprozeß, der abschrecken sollte vor Nachahmung. Der Gerichtsvorsitzende damals fiel auf durch seine schneidende Stimme, seine mitunter hämischen Fragen, auf die nicht nur meinem Eindruck nach einstudierte Antworten der Angeklagten kamen, sich selbst belastend, vernichtend.

Heinz Hugot hieß der Mann im dunklen Anzug, und Heinz Hugot heißt auch der Vorsitzende des Strafsenats 1a im Prozeß gegen Heinz Barth. Auch den Verteidiger des Angeklagten kenne ich. Nicht durch persönliche Bekanntschaft, sondern aus dem DDR-Fernsehen. Er heißt Friedrich Wolff und kommentiert oder erläutert per TV dem Publikum Rechtsfragen oder Rechtsfälle. Wer das darf, muß bei Staat und Partei in hohem Ansehen stehen. Der Staatsanwalt ist für mich ein unbeschriebenes Blatt, aber immerhin, nimmt man den Angeklagten einmal aus, sind mir zwei der drei Hauptfiguren dieses Prozesses bekannt, was meine Zweifel an Ablauf und Korrektheit des Verfahrens zunächst eher bestärkt als entkräftet.

Wie Heinz Barth vor dieses Gericht gelangt ist, wie es zu seiner Verhaftung im Jahr 1981 kam, bleibt vor und auch nach dem Prozeß im dunkeln. Umlaufende Gerüchte, die in den Verhandlungspausen kursieren, besagen, ein Umzug sei ihm zum Verhängnis geworden. Das offenbar abbruchreife Haus, in dem er wohnte, sei später tatsächlich abgerissen worden, und in einem Kachelofen habe jemand Papiere entdeckt, die er selbst aufgehoben und offenbar vergessen habe.

Ob das so stimmt oder nicht, eines scheint sicher zu sein: Auf die Spur gekommen sind die Ermittlungsbehörden der DDR dem früheren SS-Obersturmführer nicht durch eigene, systematische Recherchen, sondern durch einen Zufall. Denn wer hätte auch vermutet, daß der mehrfach ausgezeichnete Verkaufsstellenleiter, Lehrlingsausbilder und Abteilungsleiter für Rationalisierung in der Konsumgenossenschaft Gransee im Bezirk Potsdam einst kaltblütig über Leichen gegangen ist?

Seit 1953 war er dort tätig, im sozialistischen Handel, und seine Vorgesetzten waren voll des Lobes: über seinen Fleiß, seine gute Arbeit, die ihn ja auch Stufe um Stufe eine bescheidene Karriere hatte machen lassen, über seine Zuverlässigkeit und seine Einsatzbereitschaft. Er war Mitglied in der Arbeiter- und Bauern-Inspektion und Kassierer beim Deutschen Turn- und Sportbund. Er schlug nie über die Stränge, war in seinem Heimatort ein unauffälliger und doch angesehener Mitbürger. Einer von denen, die die DDR, den Sozialismus mit aufgebaut haben. Und es ist dem 62jährigen abzunehmen, als er vor Gericht zu Protokoll gibt, er habe stets in Übereinstimmung mit dem sozialistischen Staat gelebt.

Sich zu arrangieren und, wenn möglich, aus diesem Arrangement die Treppe nach oben zu klettern, ist das Bestreben vieler Menschen. So auch bei Heinz Barth, der in jungen Jahren seinen Weg unter den Nationalsozialisten zu machen beginnt. Nach dem Besuch der Volksschule in Gransee absolviert er eine kaufmännische Einzelhandelslehre und, weil er doch ein bißchen mehr will, noch einen Lehrgang als Dekorateur. Vorbild ist sein Vater, der es vom Gleisarbeiter der Deutschen Reichsbahn bis zum Beamten gebracht hat, denn als Reichsbahnbetriebsassistent wurde er in den Staatsdienst übernommen.

Über Politik wird daheim nicht viel geredet, die Familie ist unpolitisch. Andere reden davon, umso mehr in der Hitler-Zeit. Nach der Hitler-Jugend tritt der junge Barth erst dem NS-Kraftfahrer-Korps bei, dann, 1939, der NSDAP. Zur Wehrmacht wird er nicht eingezogen, sondern zur Polizeireserve, was für ihn zunächst nach weniger klingt, dann aber vorteilhaft aussieht. Denn ähnlich wie bei seinem Vater zeichnet sich hier doch die Möglichkeit ab, eines Tages in den regulären Polizeidienst aufzusteigen, vom Verkäufer zum Beamten.

Das ist 1940. Er wird als Hilfspolizist ins Protektorat Böhmen und Mähren versetzt, dort weitgehend militärisch ausgebildet und, weil er offenbar sehr diensteifrig ist, zu einem Unterführeranwärter-Lehrgang geschickt. Die Beförderung zum Wachtmeister läßt nicht lange auf sich warten, die zum Oberwachtmeister folgt. Seine Vorgesetzten loben ihn. Barth darf an einem weiteren Vorbereitungslehrgang teilnehmen, für Offiziersanwärter. Das alles spielt sich in der Tschechoslowakei ab. Dort geschieht auch das Attentat auf Heydrich. Barth wird gesagt, »daß dieses Verbrechen Vergeltung erfordere«, was ihm einleuchtet. Er wird zu Hausdurchsuchungen in Prag eingesetzt und meldet sich freiwillig zum Erschießungsdienst. Zweimal nimmt er 1942 an solchen Erschießungen teil, zielt auf Menschen, die seiner Meinung nach gegen die Gesetze verstoßen haben müssen, ist, wie er im Prozeß sagt, von der Korrektheit der zuvor ergangenen Urteile überzeugt.

Ein drittes Mal ist er auch dabei, als Sicherungsposten, hat also aufzupassen, daß keiner der Delinquenten wegläuft. Schießen tut er in diesem Fall nicht. Wie sich bald herausstellt, ist für ihn der Aufenthalt in der Tschechoslowakei damit beendet. Er macht den Offizierslehrgang in Deutschland, wird zum Leutnant der Reserve-Schutzpolizei ernannt. Ein Jahr später ist es geschafft: Heinz Barth ist Beamter geworden. Doch zu diesem Zeitpunkt steht er nicht mehr in den Diensten der Polizeiverwaltung in Frankfurt an der Oder, sondern ist bereits zur Waffen-SS abgeordnet. In Angleichung an seinen Dienstgrad des Leutnants wird er als SS-Untersturmführer übernommen.

Nach kurzer Zeit an der Ostfront kommt er 1944 nach Frankreich, zur SS-Panzerdivision »Das Reich«. Diese Division wird nach der Landung der Alliierten in die Normandie befohlen, muß durch Partisanengebiet, wird beschossen und hat, wie Barth vor Gericht erklärt, den Befehl, »jeden Widerstand« zu brechen. Häuser werden durchsucht, die dort aufgefundenen Männer erschossen, die Frauen erhängt, die Häuser niedergebrannt. Barth ist noch nicht dabei. Er tritt erst in Oradour in Erscheinung.

Was sich in diesem Dörfchen nordwestlich von Limoges abgespielt hat, die nahezu perfekte Ausrottung der gesamten Einwohnerschaft von 642 Personen, ist nach dem Krieg um die Welt gegangen: als Zeugnis unvorstellbarer Brutalität, als Zeugnis der Menschenverachtung.

Auslösendes Moment für den blutigen Rachefeldzug an wehrlosen Männern, Frauen und Kindern war die Gefangennahme eines SS-Sturmbannführers durch Partisanen. Drei Züge der SS umstellten das Dorf, trieben die Männer in einer Garage zusammen und erschossen sie. Auch Heinz Barth erteilte einen dieser Feuerbefehle, schoß selbst zweimal aus seiner Maschinenpistole und ließ die Garage anzünden, wobei es ihm vermutlich gleichgültig war, ob Verwundete bei lebendigem Leibe verbrannten.

Die Frauen und Kinder, darunter 64 Schüler der Knabenschule, wurden in die Kirche getrieben. Das Gebäude wurde angesteckt, die Menschen darin fanden einen grausamen Tod. Kommandiert wurden die drei SS-Züge von Sturmbannführer Diekmann. Daß einige wenige Menschen das Massaker überlebten, sich aus einer brennenden Scheune retten oder irgendwo ins Gebüsch flüchten konnten, daß andere, die auf den Feldern gearbeitet hatten, aus der Ferne zu Zeugen des Geschehens wurden, ist Zufall.

In der edition suhrkamp ist eine Dokumentation der Ereignisse erschienen, in der der Ablauf detailliert beschrieben ist. Nach Zeugenaussagen und Akten rekonstruiert ist darin aber nicht nur der Mordtag von Oradour, sondern auch der Prozeß vor einem Militärgericht in Bordeaux 1953, in Frankreich. Heinz Barth wurde dort in Abwesenheit zum Tode verurteilt. Ich erwähne dieses Buch, weil es zwei Überraschungen enthält: Erstens taucht bei der gesamten Mordbrennerei in Oradour nirgends der Name Heinz Barth auf, dafür eine Latte anderer Namen aus dieser Einheit, von Männern, die sich besonderer Abscheulichkeiten befleißigt hatten. Zweitens ist darin nachzulesen, daß die meisten dort verhängten hohen Freiheitsstrafen wenig später wieder aufgehoben worden sind: durch einen Beschluß der französischen Nationalversammlung, die Unruhen in Elsaß-Lothringen befürchtete, weil die Mehrzahl der Verurteilten Elsässer waren. In Oradour steht deshalb heute noch ein Schandmal, auf dem die Namen aller französischen Abgeordneten verzeichnet sind, die dieser eiligen Amnestie zustimmten.

Der Prozeß von Bordeaux hat im Ost-Berliner Verfahren keine Rolle gespielt. Nicht nur, weil die aus Frankreich und der ČSSR angereisten Zeugen, genauer diejenigen, die die schriftlichen Zeugenaussagen Verstorbener präsentieren, den Angeklagten ohnehin schwer genug belasten, sondern auch, weil er selbst keine Umschweife, keine Ausflüchte macht, alles zugibt.

Steht vor diesem Gericht also ein gebrochener Mann, der nicht mehr um sich kämpft, der - nach vielen Jahren - endlich begriffen hat, Verbrechen begangen zu haben? Es gibt Momente in diesen sieben Verfahrenstagen, an denen der Chronist geneigt ist, das zu glauben. Aber es gibt ebensoviele Momente, in denen sich vermeintliche Tumbheit als Dreistigkeit, vermeintliche Einsicht als Schlitzohrigkeit, ja als Kaltschnäuzigkeit entpuppt, als das Bemühen, nur gut über die Runden zu kommen und dadurch der drohenden Todesstrafe, die in der DDR immer noch gilt, zu entkommen.

Bei Kriegsende hat Heinz Barth schon mit beachtlicher Energie seine Spuren zu verwischen gesucht. Nach Oradour wurde er beim Einsatz in der Normandie schwer verwundet. Er trägt heute eine Beinprothese. Während der Zeit im Lazarett wird er zum Obersturmführer befördert, was dem Rang eines Oberleutnants entspricht. Im März '45 bekommt er Heimaturlaub, zeigt sich in Gransee in seiner Uniform der Waffen-SS, was, nebenbei bemerkt, die Frage aufwirft, ob denn niemand mehr im Ort sich an diese Uniform erinnert hat. Oder ob es auch in der DDR mehr Leute als angenommen gibt, die an diesen Dingen nicht mehr rühren wollen? Gewiß, niemand in Gransee mag von den Erschießungen in der Tschechoslowakei, niemand mag etwas von Barths Mittäterschaft in Oradour gewußt haben. Aber viel gefragt haben die Leute offenbar auch nicht.

Barth selbst und seine Braut fliehen nach Westen, als die Russen auf Gransee zumarschieren. Im Lazarett in Schleswig-Holstein erlebt er das Ende des Krieges, aber nicht mehr als SS-Mann, sondern als Oberleutnant der Schutzpolizei. Sein Soldbuch, so hat er damals dreist gelogen, habe er verloren, eine alte Fotografie in Polizei-Uniform hat er dabei. Von den einrückenden Briten wird er unerkannt entlassen, heiratet, bewirbt sich um Aufnahme in die Polizei in Hann.-Münden. Doch dort nimmt man ihn nicht, was den Ausschlag gibt, 1946 nach Gransee zurückzukehren. Dort gibt er seine frühere Polizeizugehörigkeit an, auch seinen richtigen Namen und erklärt sich bereit, wie er im Prozeß betont, am Aufbau des Sozialismus mitzuwirken.

Das versucht auch Friedrich Wolff, sein Anwalt, zugunsten des Angeklagten einzubringen. Er tut noch mehr, als er in seinem juristisch ausgefeilten Plädoyer bezweifelt, ob sich Barth bei den Exekutionen in der Tschechoslowakei einer Schuld bewußt gewesen sei. Der äußere Vorgang, so sagt der Verteidiger, sei die Vollstreckung von Urteilen gewesen. Barth habe an die Rechtmäßigkeit dieser Urteile geglaubt, und es sei ihm nicht klar gewesen, daß es sich dabei um Mord gehandelt habe. Und weil es keine Strafe ohne Schuld geben könne, beantragt der Verteidiger in diesem Punkt Freispruch. Anders im Fall Oradour. Hier sei nur zu fragen, was eine gerechte Strafe sei. Gleichwohl bittet er um Milde für einen Menschen, der, wie er sagt, in die Schuld seines Volkes verstrickt gewesen sei.

Bis zum heutigen Tage hat es in der DDR insgesamt 12 800 Verurteilungen für NS-Kriegsverbrechen gegeben. Das Gros fand bereits in den Jahren 1945 bis 1950 statt – nämlich 12 147 Fälle. Eingeschlossen waren darin die sogenannten Waldheim-Prozesse, die von Sonderstrafkammern abgehandelt wurden und nach Meinung zahlreicher westlicher Experten kaum einem ordnungsgemäßen Verfahrensablauf entsprachen. Sie galten vorwiegend 3500 Internierten, die aus sowjetischen Lagern der DDR-Justiz überstellt wurden. In diesen Schauprozessen wurden die meisten Todesurteile gefällt: insgesamt 127. 262mal wurde lebenslänglich verhängt. Heinz Barth ist der 263. Fall, in dem ein DDR-Gericht diese Strafe für einen Kriegsverbrecher ausspricht und damit wohl Milde walten läßt.

Sieht man einmal davon ab, daß der Vorsitzende Heinz Hugot, Direktor des Ost-Berliner Stadtgerichtes und verdienter Jurist der DDR, aus seiner ideologischen Sicht der Geschichte, insbesondere der NS-Zeit, kein Hehl gemacht hat und allen von der Verteidigung aufgeführten Erziehungs- und Zeiteinflüssen keinerlei Wirkung beigemessen hat, war es ein korrektes Verfahren. Ging es darin aber auch, wie eine große bundesdeutsche Zeitung schrieb, um eine typisch deutsche Geschichte? Sicher dann, wenn man an den nahtlosen Sprung denkt, den Heinz Barth vom Nationalsozialismus in den Sozialismus des Arbeiter- und Bauernstaates gemacht hat, offenbar ohne Anpassungs- und Identitätsschwierigkeiten. Sicher nicht, wenn man an seine freiwilligen Meldungen zu Erschießungskommandos denkt. Und noch mehr im Zweifel bin ich mir, als sich im Prozeß herausstellt, daß Heinz Barth nicht nur Auszeichnungen aus der NS-Zeit, sondern auch Fotos aufbewahrt hat. So wie andere Leute Fotos vom Urlaub oder besonders netten Familienfesten. Er hat Fotos von Erschießungen behalten.

Als gesicherte Erkenntnis nehme ich aus dem Stadtgericht jedenfalls nur mit, daß die Schatten der Vergangenheit auch in die DDR reichen und daß die deutsche Geschichte auch für diesen Staat unteilbar ist und bleiben wird.

West-Fön

Das neue Handelszentrum in der Friedrichstraße sieht zwar aus, als gehöre es nach Denver oder Dallas, aber es ist in Ost-Berlin weitaus weniger bekannt als seine architektonischen Geschwister aus den beiden amerikanischen Fernsehserien. Das wird sich 1987 ändern, wenn die Friedrichstraße insgesamt umgebaut und umgestaltet ist, termingerecht zum 750jährigen Stadtjubiläum. Neue Wohnhäuser, Einkaufsarkaden, Cafés und Boutiquen sollen dann nach der Vorstellung Erich Honeckers zum Flanieren einladen - die Einheimischen und die Touristen gleichermaßen. Doch das Einkaufen wird sie alle dann auch teuer zu stehen kommen, denn dieses Viertel ist reserviert für Delikat- und Exquisit-Geschäfte. So weit ist es freilich noch nicht, und deshalb liegt die Pforte zum künftigen Konsumentenparadies noch im Dornröschenschlaf. Im Dezember 1984 ist er allerdings für kurze Zeit unterbrochen worden.

Schon in den Vormittagsstunden standen die Menschen Schlange, spätnachmittags - nach Arbeitsschluß - waren es noch mehr, die sich, einer hinter dem anderen, bis zur Ecke Clara-Zetkin-Straße aufgebaut hatten. Ein Bild, das man in dieser Gegend nur vom Taxistand am Bahnhof kennt. Oder vom Friedrichstadtpalast, wenn dessen Kassen den Kartenvorverkauf eröffnen. Eine bundesdeutsche Ausstellung, so hatten die meisten aus dem Westradio erfahren, sollte dort zu sehen sein. Eine Design-Ausstellung, was immer das sein mochte. Die dafür werbenden Plakate - 1500 Stück waren den zuständigen DDR-Stellen über die Ständige Vertretung Bonns zur Verfügung gestellt worden - hingen wer weiß wo in der Stadt. Aufzufinden waren sie jedenfalls nicht.

Das ist in anderen Fällen, ob bei der bundesdeutschen Filmwoche in Dresden oder bei der Wanderausstellung über Architektur, ähnlich gewesen - nämlich die mit der Bundesrepublik vereinbarte Präsentation möglichst unauffällig über die Bühne gehen zu lassen. Doch anders als sonst, dieser Eindruck drängte sich auf, kam es den Verantwortlichen in Ost-Berlin darauf an, die Design-Ausstellung geradezu in einen toten Winkel abzuschieben. Das mag daran gelegen haben, daß die politischen Beziehungen wieder einmal der Gesetzmäßigkeit des Wetterberichtes unterlagen: Dem Hoch im Sommer folgte derzeit ein

Tief. Es mag aber auch - und diese Vermutung hat vieles mehr für sich - am Ausstellungsgegenstand, genauer, an den Ausstellungsgegenständen gelegen haben.

Denn wer sich als Ost-Berliner nach längerer Wartezeit bis zum Hintereingang des Handelszentrums vorgearbeitet hatte, kam aus dem Staunen nicht heraus. Nicht dröge Theorie, sondern handfeste Praxis, nicht Skizzen und Modelle, sondern 180 Gebrauchsgegenstände aus dem bundesdeutschen Alltag zogen ihn in den Bann. Eine Musterschau bundesdeutscher Haushaltwaren, Arbeitsgeräte, Büromöbel und der dazugehörigen Utensilien, wie sie auf keiner Messe in Leipzig in dieser Zusammenstellung zu betrachten sind, geschweige denn im messelosen Ost-Berlin.

Vom Rasierapparat bis zur Mundusche, vom Schnitzelwerk bis zum Kaffeeservice, vom Sektglas bis zum Schlagbohrer, vom Bürostuhl bis zum Heimcomputer, von der Stereoanlage bis zum neuesten Motorradtyp - es gab alles zu sehen, was im Westen gut und teuer ist, ausgewählt nach Formschönheit und Styling, nach den Kriterien also, die Design ausmachen.

Kaum einen Bereich des täglichen Lebens in der Bundesrepublik hatten der Rat für Formgebung aus Darmstadt und seine Ausstellungsplaner ausgelassen: vom Wohnen, von der Arbeitswelt und den Maschinen, von Freizeit und Gesundheit, vom Büro bis zum Auto - der Überblick schien komplett und doch nicht überladen. Übersichtlich gegliedert, klein, aber fein, ergänzt durch schriftliche und grafische Erläuterungen, die über das Ziel und die Methoden zur Formgestaltung Aufschluß gaben. Obwohl der Titel »Vorausdenken für den Menschen« ein wenig hochtrabend klang.

»Wenn de das siehst«, murmelte ein Besucher neben mir, »dann weißte, wie weit wir hinterher sind.« Ein Satz, der deutlich macht, warum gerade diese bundesdeutsche Ausstellung so heftige Bauchschmerzen bei den Ost-Berliner Behörden verursacht haben dürfte. Noch in letzter Minute hatten sie verhindern wollen, daß das Motorrad einer bekannten bayerischen Firma aufgebaut werden sollte. Nur ein Modell hatten sie für akzeptabel gefunden. Doch so kurz vor der offiziellen Eröffnung schreckten sie dann doch zurück vor Krach und möglicher Absage des ganzen Unternehmens, vielleicht auch vor dem Namen des eigens angereisten Ehrengastes, der auch in der DDR einen guten Klang hat: dem Namen Philip Rosenthal. Der SPD-Politiker, Prozellanfabrikant und Präsident des Rates für Formgebung, ließ jeglichen Argwohn verstummen, daß hier jemand aus dem Westen mit der Wurst nach der Speckseite werfen wollte, machte in seiner knappen

Eröffnungsrede plausibel, daß Design auch etwas mit Lebensqualität zu tun habe, andererseits Form ohne Inhalt schwer vorstellbar sei.

Bei anderen bundesdeutschen Veranstaltungen in Ost-Berlin dominierte freilich mehr die Form als der Inhalt. In der Ausstellung Stadt-Park/Park-Stadt beispielsweise, die im September 1982 ablief. Sie durfte im Unterschied zur Design-Ausstellung im Ausstellungszentrum am Ost-Berliner Fernsehturm gezeigt werden. Und im nachhinein betrachtet war für die DDR-Verantwortlichen das denkbare Risiko der Verunsicherung bei den Ausstellungsbesuchern ungleich geringer. Denn was damals der emsige Münchener Architekt Hermann Grub auf die Beine gestellt hatte und von bundesdeutschen Behörden abgesegnet worden war, sorgte allenfalls für geistige Verwirrung des DDR-Durchschnittsbürgers, der nach der Eröffnung in Ost-Berlin auch in Karl-Marx-Stadt und in Magdeburg mit den Problemen und Möglichkeiten bundesdeutscher Stadtsanierung konfrontiert wurde.

Was ihn gleichwohl in die Ausstellung lockte und am Ende in allen drei Städten eine Gesamtzahl von 170 000 Besuchern ergab, war der technische Schnickschnack. Mit Videofilmen, Dias, großformatigen Fotos und Leih-Computern versuchte der Münchner auf seine Weise, vor allem einen gesellschaftspolitischen Anspruch bei der Stadtplanung - nicht so sehr beim Bauen oder bei der Architektur, was viele fälschlich glaubten - an den Mann zu bringen. So wie schon bei der spektakulären Begrünung von Autos auf dem Kurfürstendamm in West-Berlin, als er einen Grasteppich über parkende Fahrzeuge zog und so den Vorteil von Grün im Stadtzentrum dargestellt zu haben glaubte.

Ich habe seinerzeit unter Ost-Berlinern eine Umfrage gemacht, die nachwies, daß sie mit Grubs Ideen kaum etwas anzufangen vermochten. Sein »schöpferisches Talent« und seine »Meisterschaft«, die der Präsident der DDR-Bau-Akademie zur Eröffnung rühmte, hatte auf die Befragten jedenfalls keinen bleibenden Eindruck hinterlassen. Was kein Wunder ist. Denn ein Publikum, das in der Regel länger als zehn Jahre auf sein ersehntes Auto warten muß, versteht kaum, warum Auto und Verkehr einseitig und polemisch zum Schurken einer gefährdeten Umwelt erklärt werden. Vor allem aber: Ein Publikum, das gelernt hat, auch nach dem Sinn von Kosten und Nutzen zu fragen, erwartet nicht, wie es bei Grub den Anschein erweckte, Aktionismus um der Aktion willen, sondern praktikable Lösungen.

Nun soll man nicht Äpfel mit Birnen vergleichen, aber für den Alltag in der DDR hatte die Design-Ausstellung erheblich mehr Nutzen. Und zwar für den DDR-Verbraucher wie für den DDR-Produzenten. Wer aus der Kaufhalle kommt und verklebte Finger vom undichten Deckel auf dem Marmeladenglas hat, wem die Ente aus der Hand rutscht, weil das Fett längst durch die Folie gesuppt ist, wer mit einem Büchsenöffner erst nach dreimaligem Anlauf und unter Gebrauch von Wundpflaster Konserven öffnen kann und im Satire-Blatt »Eulenspiegel« über die Wirksamkeit von DDR-Korkenziehern alle Jahre wieder eine Glosse findet, der freut sich von Herzen, wenn er eine praktische Verpackung und einen handhabbaren Haushaltsgegenstand erwischt. Und beides, die Verpackung wie der Gebrauchswert, machen nun einmal Design aus.

Dennoch, ich will das nicht verschweigen, hat es Mitarbeiter in der Ständigen Vertretung Bonns und auch einige wenige westliche Kollegen gegeben, die damals die Design-Ausstellung als zu »konsumorientiert« und folglich kritisch betrachtet haben. Beide Gruppierungen pflegen allerdings auch die Botschaft vom einfachen Leben als höchste Form des menschlichen Glücks zu verbreiten und sehen, durch ihren Aufenthalt in der DDR gestählt, 67 verschiedene Wurstsorten in einem bundesdeutschen Feinkostgeschäft mittlerweile als überflüssig an. Das ist ihr gutes Recht. Doch, so meine ich, sie übersehen dabei zweierlei: Erstens, daß sie selbst, wenn ihnen denn der Sinn nach Kalbsleberwurst stehen sollte, ungehindert nach West-Berlin fahren können, um sie zu kaufen. Und zweitens, daß die - vielleicht allzu üppige - Auswahl unter den Wurstsorten auch etwas zu tun haben könnte mit dem gesellschaftspolitischen System. Und das gibt uns die Auswahl unter der Wurst ebenso wie unter den politischen Meinungen oder Parteien. Das eine bedingt das andere, und das haben die Durchschnittsbürger in der DDR mitunter besser intus als jene, die über sie schreiben.

Die bundesdeutsche Design-Ausstellung war für Beckmesserei dieser Art das falsche Objekt. Sie hat, wie sich erst später herausstellte, auch auf die DDR-Offiziellen Eindruck gemacht, nicht zuletzt auf den Eröffnungsredner aus ihren Reihen, auf den Staatssekretär Martin Kelm. Er ist zugleich Leiter des Amtes für Formgestaltung. In den regierungsamtlichen Presseinformationen ließ er seine Untergebenen ein halbes Jahr später wissen, daß das Design zu höheren Exporterlösen der DDR beitragen müsse, weil es »auf den internationalen Märkten eine solche Warendichte mit technisch-funktionell gleichen oder ähnlichen Parametern gibt, daß die Designqualität den wesentlichen Unterschied zwischen den Erzeugnissen ausmacht«.

Dieses Amt in Ost-Berlin gibt es bereits seit 1972, aber trotz aller Bemühungen ist es ein Stiefkind der DDR-Volkswirtschaft geblieben.

Denn wo es zunächst um Stückzahlen, dann erst um die Güte der Produkte ging, war und ist die Form sekundär. Gewiß, sechs Jahre später wurde auch ein Design-Preis der DDR gestiftet, der bis zu fünfmal im Jahr vergeben werden kann und sogar mit Geldprämien verbunden ist. Nur haben sich die staatlichen Betriebe und Kombinate zu keiner Zeit ernsthaft mit der Verkäuflichkeit ihrer Produkte auseinanderzusetzen gehabt. In einem Staat, der das Monopol der Produktion innehat, sorgt sich niemand um eine nicht vorhandene Konkurrenz. Verbraucherorganisationen oder Warentest-Institute, die diesen Produzenten auf die Finger klopfen könnten, gibt es nicht, und König ist in der DDR, wenn dieser unsozialistische Vergleich zulässig ist, nicht der Kunde, sondern allenfalls der Verkäufer. Je mehr freilich die DDR auf Absatzchancen im Ausland bedacht sein muß, um an die für den Eigenerhalt notwendigen Devisen heranzukommen, desto mehr muß sie nicht nur bei der technischen Entwicklung Schritt zu halten versuchen, sondern - wie der Staatssekretär zutreffend erkannte - auch beim Design. Und das kann nicht hinterher irgendwie aufgepfropft werden, sondern muß schon in die Entwicklung eines neuen Produkts einfließen.

Anfang 1984 erließ die Regierung in Ost-Berlin deshalb neue Richtlinien für die volkseigenen Betriebe, nach denen sie nunmehr auch verpflichtet sind, die industrielle Formgestaltung zu berücksichtigen. Der Aufbau eines Designzentrums in der Hauptstadt wurde bereits 1982 beschlossen. Insofern hat die Design-Ausstellung aus der Bundesrepublik auch für die Fachleute in der DDR beträchtliche Anregungen geboten. Ob sie sich allerdings auch für den Verbraucher praktisch auswirkt, steht dahin.

Im Osteuropa-Institut der Freien Universität Berlin (West) ist ermittelt worden, daß bei den technischen Gebrauchsgütern in den Haushalten der DDR eine immer stärkere Überalterung eintritt. Älter als 15 Jahre sind 34 Prozent aller Personenwagen, 20 Prozent der Kühlschränke und, falls überhaupt vorhanden, der Gefriertruhen, 18 Prozent der Waschmaschinen und sechs Prozent aller Fernsehgeräte. Dafür gibt es Gründe. Denn diese Gerätschaften sind einerseits sehr teuer und andererseits wandern immer mehr davon in den Export fürs nichtsozialistische Ausland, wie es in der DDR-Sprache heißt. Als Großabnehmer betätigen sich bundesdeutsche Warenhausketten. Aber auch westeuropäische Hersteller kaufen in der DDR ein. Allerdings nur das »Innenleben« eines Kühlschranks oder einer Waschmaschine und nicht das komplette Gerät, dessen Design ihnen nicht gefällt. Deshalb weiß der westliche Kunde oft gar nicht, daß unter der italienischen »Außenhaut«, die der angestammte Markenname ziert, Technik made in GDR rotiert. Diese Technik ist übrigens durchaus solide und, wenn es mit dem Nachschub an Ersatzteilen klappt, auch reparaturfreundlich. Aber wären die Lohnkosten in der DDR nicht so niedrig, die Absatzchancen für diese Technik schrumpften gewiß. Zumal die Konkurrenz in Fernost nicht schläft und stets mit neuen Produktionsmethoden und Werbestrategien auch bei technisch einfachen Gütern auf den westeuropäischen Märkten wirbelt.

Umso bemühter sind die DDR-Kombinate, die für den West-Export arbeiten, bei der Pflege ihrer Abnehmer und ihrer Produkte. Nach außen ist das für sie bittere Notwendigkeit, nach innen dagegen nicht. Die Überflußgesellschaft im Westen wählt aus und sortiert, die Mangelgesellschaft im Osten muß nehmen, was ihr vorgesetzt wird. Darüber können auch zwei in der DDR gebräuchliche Worte nicht hinwegtäuschen, bei deren Verwendung sich offensichtlich selbst den Herausgebern des DDR-Dudens die Nackenhaare gesträubt haben: »Niveauvolle Verkaufskultur«. Wer auf Sprach-Stelzen dieser Art daherkommt, läuft nicht nur Gefahr, ins Stolpern zu geraten, er läuft auch Gefahr, sich beim Verbraucher lächerlich zu machen. Denn der kann ja sehr gut beurteilen, ob und inwieweit Anspruch und Wirklichkeit übereinstimmen. Die oft überdrehte Sprache der Werbung im Westen birgt ähnliche Risiken, aber auf den DDR-Bürger, der sie über westliche Hörfunk- und Fernsehkanäle mitverfolgen kann, wirkt sie, weil produktorientiert, geradezu sachlich und verständlich.

Der nachhaltige Eindruck, den die bundesdeutsche Design-Ausstellung beim Ost-Berliner Publikum hinterlassen hat – übrigens auch bei ihrer Fortsetzung im Herbst '85 bei den Leipzigern – ist mit darauf zurückzuführen, daß sie, von einigen Katalogtexten abgesehen, ohne jede Sprechblase auskommen konnte. Ganz im Unterschied zur schon erwähnten Grub-Show. Daß sich um einen Zahnarzt-Stuhl, der per Knopfdruck zur Liege wird, eine Traube von Menschen sammelt und sich dieses »Wunder der Technik« immer wieder vorführen läßt, ist mir noch plausibel gewesen. Die technische Ausstattung von DDR-Praxen ist bescheiden. Und gäbe es nicht Spenden konfessioneller Krankenhäuser aus der Bundesrepublik, die veraltete Geräte in die DDR schicken, die dort das neueste vom neuesten sind, wäre es um die Ausstattung einiger DDR-Krankenhäuser noch schlechter bestellt. Doch daß ein Zwei-Stufen-Fön in einer Glasvitrine den gleichen Grad an Aufmerksamkeit erwecken konnte, hat mich verblüfft.

Erklärbar ist ein solches Phänomen nur mit dem wachsenden Bedürfnis des DDR-Bürgers nach mehr Qualität. Und darunter versteht er nicht nur, wie die Partei meint, das technisch bessere Produkt für Haushalt und Freizeit, sondern auch Formschönheit, die vorzeigbar ist. Anders gesagt: Er legt zunehmend Wert auf guten Geschmack. Bei den Möbeln wie bei der Kleidung und erst recht bei den von Erich Honecker so oft angepriesenen »tausend kleinen Dingen des täglichen Bedarfs«. Solange freilich in der DDR die Devise gilt »Spare mit jedem Gramm und jedem Pfennig«, wird dies ein Wunschtraum bleiben müssen. Und ich fürchte, daß die Erinnerungshilfen des DDR-Staatssekretärs an die gestalterischen Traditionen des Bauhauses Dessau den DDR-Designern so lange wie Fabelworte vorkommen werden, wie sich ihre zweifellos vorhandene Kreativität den Gesetzen der Planerfüllung unterordnen muß. Denn auch für sie gilt der Satz von Walter Gropius: »Ideen sterben, sobald sie Kompromisse eingehen müssen.«

Erinnerungshilfen anderer Art hat die Design-Ausstellung hinterlassen: Die Hochglanzkataloge mit farbigen Abbildungen der meisten gezeigten Gebrauchsgegenstände aus der Bundesrepublik stehen auch heute noch in hohem Kurs. Fünf Mark hatten die Besucher dafür zahlen müssen, wollten sie ein Exemplar mit nach Hause nehmen. Jetzt kosten sie fünfzig Mark, vorausgesetzt, der glückliche Besitzer gibt den dickleibigen Wälzer überhaupt heraus.

Geschichte aus Frankreich

Es ist vormittags, kurz nach elf. Ein Mann im karierten Sakko hat sich zwischen den Bücherregalen häuslich niedergelassen. Er sitzt an einem kleinen Tisch und studiert die erste von drei Zeitungen, die er sich von den Haken an der Wand genommen hat. Sonst ist niemand im Raum. Nur vorn, vor der gläsernen Eingangstür, steht ein Mädchen hinter einer Art Tresen und lackiert sich die Fingernägel. Wäre es nicht so still - nur das Zeitungspapier raschelt -, man könnte sie für eine gelangweilte Rezeptionistin halten, die in einer schlechtgehenden kleinen Pension auf Gäste wartet. Aber da würde zumindest einmal das Telefon läuten, und ein Bord mit Zimmerschlüsseln ist auch nirgends zu entdecken. Es könnte sich aber auch um eine Praxis handeln, die eines Zahnarzts oder Rechtsanwalts, dessen Vor- oder Wartezimmer die junge Dame beaufsichtigt. Vielleicht ruft sie gleich: »Der nächste, bitte!« oder sagt, etwas persönlicher, zu dem Mann im karierten Sakko: »So, Herr Meier, jetzt hat der Doktor Zeit für Sie!«

Freilich, wenn es so wäre, der einsame Patient oder Klient müßte sich Gedanken machen, warum er so einsam ist, ob sein Arzt oder Advokat womöglich zu teuer oder nur minder qualifiziert sein könnte. Doch beide Mutmaßungen sind ebenso falsch wie überflüssig. Denn der Mann im karierten Sakko und die Dame mit dem Nagellack befinden sich im Französischen Kulturzentrum Unter den Linden.

Vor über zwei Jahren, am 27. Januar 1984, ist es offiziell eröffnet worden, von Frankreichs Außenminister Claude Cheysson. Mit allerhand Brimborium und in Anwesenheit der versammelten Polit- und Kulturprominenz der DDR. Hochfliegende Erwartungen wurden geäußert, ein lebhafter Aufschwung der kulturellen Beziehungen zwischen Paris und Ost-Berlin schien ausgemachte Sache. Denn auch die DDR hatte ein paar Wochen zuvor ein Kulturinstitut in der französischen Hauptstadt, nahe dem Odeonsplatz, eröffnet. Doch Claude Cheysson wie Oskar Fischer, der DDR-Außenminister, haben damals vermutlich schon wider besseres Wissen optimistische Sprüche geklopft, zwar zur publizistischen Verwertung bestens geeignet, aber von minderem Nährwert.

Dem würdevollen Akt Unter den Linden war nämlich ein weniger würdevolles Vorspiel vorausgegangen. Ein Vorspiel, das ahnen ließ, wieviel Sand auch künftig im Getriebe dieses Kulturaustausches noch knirschen würde.

Als 1980 beide Seiten ihr Kulturabkommen miteinander schlossen, war klar, daß sie jeweils ein Kulturzentrum beim anderen einrichten wollten. Doch es dauerte dann drei Jahre, ehe die DDR dem Wunsch der Franzosen auch entsprach. Sie selbst hatte die entsprechende Genehmigung für ihr Vorhaben in Paris längst in der Tasche. Was zur Langatmigkeit der zuständigen DDR-Instanzen führte, blieb anfangs im dunkeln. Von Standortproblemen war gelegentlich die Rede, von inhaltlichen Details, die noch geklärt werden müßten. Es war ja auch das erste Kulturzentrum eines westlichen Staates in Ost-Berlin, und wer das Sicherheitsbedürfnis der zuständigen DDR-Stellen kennt, weiß, wie gerade die für die Sicherheit verantwortliche Behörde bei politischen Experimenten von Fracksausen befallen wird.

Als es dann endlich soweit schien, das Centre Culturel im Zentrum Ost-Berlins dank emsiger Handwerker Gestalt annahm, erschien im Gesetzblatt der DDR eine Verordnung über die Tätigkeit von Kulturzentren, was mangels vergleichbarer Institutionen maßgeschneidert aufs französische Projekt wirkte und wohl auch kaum anders zu verstehen war. Alle DDR-Bürger, so hieß es im Text und so heißt es auch heute noch, alle DDR-Bürger also, die an Veranstaltungen der Franzosen mitwirken wollen oder sollen, in der Hauptsache natürlich Künstler, müssen von einem neugeschaffenen DDR-Büro dafür die Erlaubnis einholen. Was die Franzosen selbst außerhalb ihrer Räumlichkeiten zu tun gedenken - ob Dichterlesung im Park oder Bunter Nachmittag auf der Spree -, obliegt der Genehmigung durch die DDR. Und ausbedungen hat sich Ost-Berlin per Verordnung auch ein Mitspracherecht bei der Gebührenregelung für Sprachkurse, die die Franzosen inzwischen auch anbieten. Wer als DDR-Bürger an diesen Kursen teilnehmen darf, die von französischen Lehrkräften geleitet werden, steht in einer gesonderten Durchführungsbestimmung. Die ist nicht veröffentlicht worden, aber jedermann weiß unterdessen, daß die Teilnahme an einem Kurs im Französischen Kulturzentrum beim staatlichen Arbeitgeber anzuzeigen ist.

Paris war von der DDR-Verordnung jedenfalls so überrascht, daß die Eröffnung des Instituts, die ursprünglich schon für den Dezember 1983 vorgesehen war, kurzfristig verschoben wurde - auf unbestimmte Zeit. Mehr noch: Es gab hinter den Kulissen gewaltigen Krach bis hinein in die höchsten politischen Spitzen. Involviert waren die beiden Kulturminister, Hans-Joachim Hoffmann auf DDR-Seite und Jack Lang auf französischer Seite. Der smarte Linksaußen der sozialistischen Partei, so beklagten französische Diplomaten in Ost-Berlin, hatte entweder die Problematik des Kulturinstituts nicht erkannt oder, lässig, wie er sich gern gab, ignoriert.

Die Quittung folgte auf dem Fuße, und daß sie von (Ost-)-Deutschland ausgestellt wurde, hat die Franzosen wohl am meisten geärgert. Sonst - auf heiklem Pflaster, wie es die Viermächte-Stadt nun einmal darstellt - stets auf Distanz zur Presse bedacht, wurde sie, man verzeihe mir die Indiskretion, von den Franzosen über Krach und Konflikt umfassend ins Bild gesetzt. Allerdings mit der in solchen Fällen üblichen diskreten Bitte, die Quelle nicht zu nennen, was für die berufsmäßigen Abhörer des Staatssicherheitsdienstes ein besonderes Vergnügen gewesen sein muß.

Die hohe Kunst der Diplomatie zeitigte - nach angemessener Verhandlungsdauer wie Schamfrist - dann immerhin zwei greifbare Ergebnisse: Erstens sagte die DDR Großzügigkeit bei ihren verordneten Genehmigungsverfahren zu, ohne die Genehmigungspflicht aufzuheben, und die Franzosen signalisierten Selbstbeschränkung, was den Inhalt ihrer Bibliothek und ihrer Veranstaltungen betreffe. Zweitens reiste nicht der französische Kulturminister nach Ost-Berlin, sondern der Außenminister, der mangels konkreter Zusicherungen seitens der DDR in seinen Eröffnungsworten der Hoffnung nachhaltig Ausdruck verlieh, daß jedermann der freie Zugang zum Kulturinstitut gewährleistet sei. Eine Rede-Passage, die sich anderntags auch im SED-Zentralorgan wiederfand.

Der Start im Centre Culturel Français, dessen Erstausgabe in Berlin übrigens auf westlicher Seite steht, war jedenfalls fulminant: mit einer Ausstellung moderner Drucke aus der Kupferstichsammlung des Louvre, gefolgt von einer Buchausstellung über das schöne Frankreich und mit einer Multimediaschau über 25 Jahre Rock-Musik in Frankreich. Für die Ost-Berliner in der Tat Ungewohntes und Ungewöhnliches. Der Zuspruch war enorm. Und die Sprachkurse waren schon einen Tag nach der Eröffnung fürs allgemeine Publikum am 1. Februar 1984 ausgebucht, obwohl sie - für DDR-Verhältnisse teuer - im Schnitt 130 Mark kosten. Ob diese 400 Anmeldungen von schlichten Normalbürgern stammten oder von Gruppen, die erst einmal die Plätze blockieren sollten, wußten die Franzosen allerdings nicht zu sagen. Man wolle erst einmal abwarten, so tat ein Sprecher der Botschaft kund, wie sich die Praxis entwickle.

Und wie hat sie sich entwickelt? Zufriedenstellend, meinen die Franzosen, und sie weisen auf die immer noch gut frequentierten Sprachkurse hin. Aber wer wie ich tagtäglich am Französischen Kulturzentrum vorbeiläuft, sieht Menschen meist nur nebenan: im Delikatgeschäft zur Linken, das westliche Obstkonserven und Weine aus Österreich und dem Saarland zum vierfachen Preis dessen anbietet, was diese Dinge im Westen kosten, und sich auf diese Weise akkurat an den »Schwindelkurs« der D-Mark hält, und im Meißen-Geschäft zur Rechten, das sich ebenfalls ziemlich genau an dem Umrechnungstarif von 4 : 1 orientiert. Doch hier drücken sich in der Regel nur West-Touristen die Nase an den Schaufenstern platt. Sie verirren sich auch mal ins Französische Kulturinstitut, genauer, in die ständige Gemäldegalerie, die von außen gut einsehbar ist.

In der mit so viel Vorschußlorbeeren bedachten Bibliothek, die mit knapp 7000 Büchern von der Zahl her gut bestückt ist, sitzen hingegen nur Einzelgänger wie der Mann im karierten Sakko. Wer kann auch diese Bücher lesen? Die Leute aus dem Sprachkurs vielleicht, doch ansonsten zählt Französisch zu den »unbekannten« Fremdsprachen in Ost-Berlin. Russisch wird als erste Fremdsprache in der Schule gelehrt, Englisch als zweite. Für eine dritte interessiert sich kaum noch jemand. Und wer denn darauf aus sein sollte – womöglich mit einem Wörterbuch in der Hand –, politisch Brisantes aufzustöbern, der wird enttäuscht. Von Balzac bis Sartre, von Saint-Exupéry bis Rousseau steht in den Regalen zwar alles, was in Frankreich Rang und Namen hat, finden sich auch Kinderbücher und Bildbände mit schönen Zeichnungen und Fotografien, aber die politische Aktualität beschränkt sich auf die Zeitungen und Zeitschriften. Vom konservativen »Le Figaro« über »Le Monde« bis zur kommunistischen »L'Humanité« ist alles vorhanden, täglich frisch und keineswegs abgegriffen wie im Lesezirkel. Ein Informationsangebot, das offensichtlich nur wenige Ost-Berliner wahrnehmen. Ob das wirklich nur an der Sprache liegt?

Ich glaube, es gibt ein ganzes Bündel von Hemmnissen, das den Ost-Berliner Normalbürger wie auch den Besucher aus der DDR-Provinz ums Französische Kulturzentrum einen Bogen machen läßt. Wer sich beispielsweise aus westlichen Quellen über die neuesten politischen Ereignisse informieren möchte, braucht nur seinen Fernseher oder sein Radio auf bundesdeutsche Frequenzen oder Kanäle zu schalten. Ich kenne aber auch Leute in Ost-Berlin, die wissen wollen, wie Amerikaner oder Briten bestimmte Vorgänge bewerten und die deshalb regelmäßig die BBC oder den AFN hören. Was die Franzosen über ihren Soldatensender FFB verbreiten, wird dagegen kaum wahrgenommen. Daraus folgt: Es gibt keinen zwingenden Grund für den Ost-Berliner, sich nun voller Neugier auf die französische Tagespresse zu stürzen.

Das wäre möglicherweise anders, wenn es einen Studenten- oder Schüleraustausch mit den Franzosen gäbe. Aber was unter diesem Etikett verkauft wird, trägt die Katze auf dem Schwanz weg. Viel ausgedehnter ist demgegenüber das Netz der Städtepartnerschaften. Dafür hat die französische KP gesorgt, die in vielen Gemeinden Frankreichs die Bürgermeister stellt. Aber die wechselseitigen Besuche beschränken sich auf die Offiziellen, so wie das meist auch bei Städtepartnerschaften anderswo der Fall ist.

Und touristisch ist Frankreich für den Otto Normalverbraucher in der DDR ohnehin verbotenes Land. Der Reiz, die Burgen und Schlösser an der Loire wenigstens im Bildband anzuschauen oder bei einer Filmvorführung, scheint deshalb begrenzt, und das ist wörtlich zu nehmen. Was die Leute viel mehr interessiert, wenn's denn schon um Reisen in fremde Länder geht, sind Prospekte und Preise. Beispielsweise: Wieviel kosten 14 Tage Mallorca bei einem bundesdeutschen Reiseveranstalter? Wie sieht das Hotel aus? Was wird im einzelnen am Urlaubsort geboten? Auch dorthin darf Otto Normalverbraucher in der DDR nicht fahren, aber er rechnet um und hoch, vergleicht mit den eigenen Aufwendungen für einen Urlaub in Bulgarien, versinkt entweder ins Träumen oder ärgert sich schwarz. Doch bei den Franzosen ist das anders. Erstens haben sie in ihrem Kulturinstitut keine Prospekte und Preise, und zweitens gilt Frankreich nicht als klassisches Ferienland, weil es auch bei uns im Westen nicht dazu zählt.

Zum Bündel der Hemmnisse, das Kulturinstitut aufzusuchen, gehört aber auch die Befürchtung, damit in Schwierigkeiten zu geraten. Denn man kann ja nie wissen, ob da jemand fotografiert oder registriert und auf Karteikarten säuberlich vermerkt, wer wann wie oft bei den Franzosen war. Ausweisen muß sich allerdings niemand. Weder am Eingang noch an der »Rezeption«. Was gewiß auch daran liegt, daß das Kulturinstitut im Gegensatz zur französischen Botschaft, wie auch jeder anderen, kein exterritoriales Gebiet ist. Deshalb sind auch die wacheschiebenden Volkspolizisten entbehrlich, die nur schräg gegenüber, an der Ecke Neustädtische Kirchstraße, stehen, unmittelbar vor dem Haus, an dem die Trikolore weht. Eine zweite Fahne mit den Farben Rot, Weiß und Grün signalisiert, daß dort nicht nur die französische, sondern auch die italienische Botschaft untergebracht ist. Wer nicht eindeutig westlich aussieht, wird von den Volkspolizisten nach dem Ausweis gefragt. Wer sie in diplomatischem Outfit zu täuschen vermag und mit der Attitüde des ebenso Eiligen wie Hochnäsigen ungefragt das Haus betreten kann, scheitert als asyl- oder hilfesuchender DDR-Bürger am Etageneingang der Franzosen. Die Portiersloge, die Gegensprechanlage und die nur von innen zu bedienende Tür verhindern jeglichen ungebetenen Besuch. Derartige »Extras« sind am Kulturinstitut überflüssig, weil es jederzeit von Volkspolizei oder anderen Organen der DDR betreten und notfalls auch durchsucht werden kann.

Das gilt umgekehrt freilich auch für das Kulturinstitut der DDR in Paris. Anders als Ost-Berlin hat Paris aber keinerlei Auflagen oder Durchführungsbestimmungen für die Arbeit verhängt. Doch trotz prominenter Künstler aus der DDR wie Christa Wolf, Stefan Hermlin oder dem Maler Hans Löffler, die als »Kulturbotschafter« dorthin entsandt worden sind, trifft man nur selten mehr als fünfzig Besucher im DDR-Kulturinstitut an. Glaubt man bundesdeutschen Presseberichten aus der französischen Hauptstadt, dann hält sich auch das Interesse der Franzosen an DDR-Kultur in bescheidenen Grenzen.

Im Gegensatz dazu ist das bundesdeutsche Goethe-Institut oft rappelvoll. Was nicht so sehr daran liegt, daß es weitaus länger in Paris besteht als das DDR-Kulturzentrum, sondern daß es Podiumsdiskussionen mit streitbaren Teilnehmern, mehr Vielfalt, mehr Kontroverse, mehr Zündstoff bietet. Und nicht zuletzt: Auch die politischen Beziehungen zwischen Frankreich und der Bundesrepublik Deutschland sind von ganz anderer Qualität.

Dennoch: Paris möchte, auch aus wirtschaftlichen Gründen, ein vernünftiges Verhältnis zur DDR herstellen. Und wenn denn die Kultur auch kein Zugpferd für den politischen Karren zu sein vermag, als Vehikel läßt sie sich allemal nutzen. Das hat auch der französische Premierminister Laurent Fabius einkalkuliert, als er im Juni 1985 Ost-Berlin besuchte. Bei seiner Vierzig-Stunden-Visite ließ er es sich nicht nehmen, den Kino- und Theatersaal zu eröffnen, der zur französischen Konzeption für das Kulturzentrum gehörte, aber erst anderthalb Jahre nach dem Start fertiggebaut werden konnte. Mag sein, daß sich mit dem Raumgewinn fortan auch ein Besuchergewinn verbindet, daß sich vor allem mit der Musik, die keine Übersetzung erfordert, jüngeres Publikum anlocken läßt. Doch um das überschauen zu können, bedarf es wohl eines längeren Zeitraumes.

Vor den Erfolg haben die Götter den Schweiß gesetzt, und der ist dem ansonsten stets deodoriert wirkenden Premier während seines Besuches gleich mehrmals auf die Stirn getreten. Ihm ist in diesem Juni '85 sicherlich bewußt gewesen, daß er nicht nur als erster Ministerpräsident der Französischen Republik, sondern auch als erster Regierungschef einer der drei westlichen Schutzmächte Berlins in den Osten der Stadt kam. Er dürfte auch im Hinterkopf gehabt haben, daß Frankreich in der Vergangenheit größten Wert auf die Einhaltung der Status-Bestimmungen in Ost- und West-Berlin gelegt und, wo sie verletzt worden sind, förmlich Protest erhoben hat. Bekannt war ihm zweifellos auch, wie energisch die DDR-Führung gegen eben diese Statusvorbehalte der westlichen Alliierten vorzugehen pflegt, um ihres eigenen Souveränitätsanspruches willen.

Allein mit dem Besuch des bislang hochrangigsten Franzosen wäre diesem Souveränitätsanspruch Genüge getan, meinten zu jener Zeit politische Beobachter, wie wir Journalisten, gleichsam hinter uns selbst zurücktretend, uns gegenseitig nennen. Doch Laurent Fabius, erst ein paar Monate im Amt, mußte Lehrgeld zahlen. Beim abendlichen Diner zu Ehren des Gastes ließ die DDR-Führung ihren Verteidigungsminister Heinz Hoffmann neben der französischen Handelsministerin Edith Cresson Platz nehmen. Einen Heinz Hoffmann in Uniform und mit voller Ordenspalette. Besser und sichtbarer hätte Ost-Berlin nicht demonstrieren können, was es vom entmilitarisierten Status der Stadt und von den Protestserien der Franzosen gegen das DDR-Militär im Ostteil hält. Edith Cresson - die Fernsehkameras hielten die Szene fest - schaute zwar angelegentlich weg, aber die französische Delegation schwieg, nahm es hin, daß ein Armeegeneral mit am Tisch saß. Daß die Gäste den Namen Hoffmann zuvor zwar gelesen, aber statt des Generals dessen Namensvetter, den Kulturminister, erwartet haben sollen, klingt wenig überzeugend. Denn wenn sich die Protokollchefs - wie üblich - abstimmen, werden auch Titel und Funktion genannt. Viel einleuchtender ist es deshalb, daß der Premier von Anfang an im Bilde war, daraus aber keine Affäre machen wollte.

Die allerdings wurde es nun erst recht, vor allem bei den westlichen Verbündeten, den Briten und Amerikanern, deren Beobachter im Westen der Stadt spontan in Paris intervenierten. Aufgeschreckt von dieser diplomatischen Rotation wie von den Schlagzeilen in der westlichen Presse versuchte Fabius im nachhinein, seine politische Fahrlässigkeit auszubügeln. Auf seiner Pressekonferenz zum Abschluß des Besuches antwortete er, nach dem Auftritt Hoffmanns und dessen Verträglichkeit mit der Rechtsauffassung Frankreichs zum politischen Sonderstatus Berlins befragt: »Was die De-Militarisierung Berlins angeht, so haben wir unsere Position nicht geändert, und ich nehme Ihre Frage zum Anlaß, um dies zu bekräftigen.« Dieser schlichte Satz mag wenig Eindruck auf die DDR-Führung gemacht haben, um ihn zu hören, bedurfte es schließlich erst einer gezielten Frage. Aber er weist hin auf ein Stück Geschichte, auf ein Stück Geschichte Berlins wie auf ein Stück Geschichte Deutschlands.

Die Aufarbeitung deutscher Geschichte wird in der DDR von der SED besorgt, unter ideologischen Vorzeichen, versteht sich, und äußerst lückenhaft. Eine dieser Lücken schließt ein Buch im Französischen Kulturzentrum. Es ist, wie alle anderen Bücher dort, auch in französischer Sprache geschrieben und behandelt die deutsche Geschichte von 1917 bis 1933. Sein Umschlag ist speckig und eingerissen, die Seiten sind zerfleddert. Verglichen mit anderen Exemplaren, die sauber, unbeschädigt, ja ungelesen aussehen, ist es zweifellos der Renner der Bibliothek. Ob sich das die Franzosen je hätten träumen lassen, Deutsche über ihre eigene Geschichte aufklären zu können?

Der Berliner Dom

Er steht da wie ein Fels in der Brandung: der mächtige Berliner Dom mit seinen vier Türmen und der Rundkuppel in der Mitte. Wer vom Brandenburger Tor aus die Straße Unter den Linden Richtung Alexanderplatz hinauffährt, sieht schon aus der Ferne das goldene Kreuz auf seinem Haupt leuchten - einem Wegweiser für Christen und Touristen gleich. Der Koloß an der Spree überragt nicht nur die klassizistischen Bauten auf der ihm vorgelagerten Museumsinsel, er wirft seinen Schatten auch auf den Palast der Republik. Die Straße zwischen beiden Gebäuden verengt sich dort zum Nadelöhr. Und wären die Abgeordneten der Volkskammer, die in der Stahl- und Glaskonstruktion seit 1976 ihr Domizil haben, eher gottesfürchtig denn parteigläubig, sie hätten für die Morgenandacht vom Eingang ihres Parlamentes bis zum Domportal nur ein paar Schritte zurückzulegen. Drei- oder viermal im Jahr treffen sich die Volksvertreter, die freilich nicht vom Volk, sondern von der Einheitspartei ausgewählt worden sind, worüber ihre Aufteilung in neun Fraktionen auch nicht hinwegtäuschen kann. Eine davon nennt sich christlich-demokratisch, namensgleich mit der CDU in der Bundesrepublik Deutschland. Bei kirchlichen Ereignissen, wie etwa dem Luther-Jahr 1983, pflegt ihr Vorsitzender Gerald Götting auch die Jubiläumsrede zu halten. Doch innerhalb der sogenannten Nationalen Front, in der alle Parteien und Fraktionen sowie die staatlichen Massenorganisationen zusammengeschlossen sind, ist er kaum mehr als ein Feigenblatt. Daß er und seine Kollegen heute im Palast der Republik tagen können, verdanken sie dem Monument jenseits der Karl-Liebknecht-Straße. Der Berliner Dom, so wissen alte Ost-Berliner zu erzählen, gibt der Volkskammer erst den notwendigen Halt. Was beim Ungleichgewicht von Staat und Kirche in der DDR zwar wenig glaubhaft scheint, allerdings auch nur etwas mit der Statik zu tun hat.

Als nämlich die Altvordern in der Sozialistischen Einheitspartei darangingen, die deutsche Geschichte nicht nur aus den Büchern zu tilgen, drohte auch dem »monarchistischen Dom« der Abriß. Vorangegangen war 1950 bereits die Sprengung des Schlüterschen Stadtschlosses, das in den Kriegsjahren 1944/45 schwer beschädigt worden war. Doch nicht wegen dieser Schäden, wie heutzutage in DDR-Kunstführern behauptet wird, ist das Gebäude »abgetragen« worden, sondern um des ideologischen Prinzips willen. Noch am 21. Oktober 1946 ließ die französische Militärregierung im Berliner Stadtschloß eine Ausstellung moderner französischer Malerei organisieren, was wohl als Hinweis für die Brauchbarkeit des kulturhistorisch bedeutsamen Baus verstanden werden darf.

Im Zuge dieser baulichen und geistigen Aufräumungsarbeit wäre nun auch der Berliner Dom fällig gewesen, dieses Relikt der Wilhelminischen Ära. Doch die Statiker in Ost-Berlin befürchteten bei einer Sprengung dieses tausende Tonnen schweren Sandstein- und Granit-Gebirges den Einsturz der Museumsinsel. Die verzweigten Läufe der Spree haben für einen morastigen Untergrund gesorgt, auf dem das Bauen ohnehin nicht einfach ist. Wirken aber noch schwer kalkulierbare Explosivkräfte auf diesen Untergrund ein, läßt sich in der Folge kaum noch etwas ausbalancieren. So durfte er denn stehenbleiben und verwittern, der Berliner Dom. Daß seine Standfestigkeit am Ende größer war als die der abrißwütigen Genossen, hat nach Meinung von Bau-Experten erst die Planung des Palastes der Republik ermöglicht. Ohne den Sakralbau wäre die Vielzweckhalle womöglich ins Bodenlose versackt.

Seitdem die Preußen in Ost-Berlin wieder zu Glanz und Ehre gekommen sind und ihre Tugenden wie Fleiß, Ordnung, Disziplin und Sparsamkeit als fortschrittlich-sozialistisch gelten, hat der Dom sogar Sponsoren in Staat und Partei gefunden. 1971 haben sie ihn unter Denkmalschutz gestellt, seit 1972 wird er aufgrund eines Ministerratsbeschlusses restauriert. Doch getreu dem preußischen Sparsamkeitsgebot beteiligt sich der Staat nur an den laufenden Unterhaltskosten, die zur Zeit jährlich 200 000 Mark ausmachen, bei fortschreitendem Innenausbau der Kirche sich demnächst aber auf 500 000 Mark belaufen dürften. Das ist, zugegeben, kein Pappenstiel, aber gemessen am Restaurierungsaufwand kaum das Schwarze unterm Fingernagel. Allein für die Erneuerung der Außenhaut mit ihren integrierten Kapellen, Fresken und Figuren sowie den erforderlichen vergoldeten Einlegearbeiten waren 45 bis 60 Millionen Mark nötig. Mehr als das Doppelte werden die Renovierungen im weitverzweigten Innentrakt erfordern, denn die Kriegsschäden und der Lauf der Zeit haben tiefe Spuren hinterlassen.

Daß der Kostenaufwand nur geschätzt werden kann und sich die Kirchenoberen in Ost-Berlin auch nur ungern konkrete Summen entlocken lassen, hat freilich einen besonderen Grund: Mit Rücksicht auf Staat und Partei soll die Geldquelle nicht genannt werden, die seit nunmehr 13 Jahren sprudelt und in bundesdeutschen Landen entspringt.

Die evangelischen Kirchen der Bundesrepublik tragen die finanzielle Bürde der Erneuerung des Berliner Doms, und, so sagen informierte Leute, auch manch ansehnlicher Betrag aus der bundesdeutschen Staatskasse ist in diesem Spendenaufkommen enthalten. Mit den kirchlichen Spenden aus der DDR - von insgesamt zwei Millionen ist die Rede - ließe sich die Restaurierung jedenfalls nicht besorgen.

Mancher Landpfarrer in der DDR, auch das darf nicht verschwiegen werden, ist wegen dieser Summen schon auf die Barrikaden gestiegen. Denn während die Kirchen in der Provinz verfallen und die Mittel für die Gemeindearbeit knapp bemessen sind, wird für den Prestigebau in der Ost-Berliner Innenstadt geklotzt. Dessen Trau- und Taufkapelle allein reichte als Gottesdienstraum für die kleine Domgemeinde aus. Ansonsten, so lauten die herben Vorwürfe vom Lande, profitierten von der Restaurierung nur die Touristen - und damit der Staat, der lediglich an den Devisen der Besucher interessiert sei und kaum an der Wiederaufnahme der bescheidenen Kirchenarbeit. Wer die Situation der Evangelischen Kirche in den DDR-Bezirken kennt, weiß, daß diese Einwände nicht aus der Luft gegriffen sind. Aber inzwischen haben die Kirchenoberen in Ost-Berlin die Wogen halbwegs geglättet mit der Ankündigung, den Berliner Dom als Informationszentrum, für kirchliche Großveranstaltungen sowie für Kirchenkonzerte zur Verfügung zu stellen. Dennoch: Auch Geistliche in Ost-Berlin sehen der Wiederherstellung des Doms mit gemischten Gefühlen entgegen.

Für diese gemischten Gefühle gibt es noch einen anderen Grund. Das architektonische Mischmasch des Baues überzeugt keineswegs jeden Betrachter. Schuld daran ist freilich wieder einmal die Geschichte. So wie er heute zu sehen ist, handelt es sich bei dem Dom um einen überdimensionalen Zentralbau in Formen des römischen Barock - ein kirchliches Hauptwerk der spätgründerzeitlichen Architektur in Deutschland. Gebaut wurde er in den Jahren 1894 bis 1905 nach Entwürfen von Julius Carl Raschdorff und dessen Sohn Otto Raschdorff. Und zwar an jener Stelle, an der zuvor der in den Jahren 1747 bis 1750 nach dem Vorbild niederländischer protestantischer Kirchen von Johann Boumann d. Ä. nach Plänen von Knobelsdorff errichtete und 70 Jahre später, 1817 bis 1822, von Schinkel in klassizistischem Stil umgebaute Alte Dom gestanden hatte. Dieser Alte Dom, dessen Geschichte sich bis ins 13. Jahrhundert zurückverfolgen läßt, war 1893 abgerissen worden, was damals nicht die Balance gefährdete, erhob sich gegenüber doch noch das mächtige Stadtschloß.

Schon während der Schinkelschen Umbauarbeiten setzten damals die ersten Planungen für einen Neubau ein. Angeregt durch den späteren König Friedrich Wilhelm IV., beschäftigten sich über ein halbes Jahrhundert hinweg viele Architekten und Künstler damit, zu denen übrigens neuerlich Schinkel zählte. Mitte des 19. Jahrhunderts erhielt ein Entwurf von Friedrich August Stüler den Zuschlag: der Entwurf einer fünfschiffigen altchristlichen Basilika mit einem Camposanto als Grablege für die Hohenzollern. Die Fundamentierungsarbeiten für den Neubau wurden nach der Märzrevolution 1848 aber zunächst wieder eingestellt. Erst nach der Gründung des Kaiserreichs war es dann so weit: Der Domneubau - nun von den Raschdorffs aufpoliert - wurde in die Tat umgesetzt, als Staats- und Hofkirche, die gleichzeitig nach dem Willen der Hohenzollern Hauptkirche des Protestantismus sein sollte.

Über Geschmack läßt sich bekanntlich nicht streiten, aber selbst wer keinerlei Kenntnis von der permanenten Ummodelei der Pläne und Entwürfe hat, mag bei einem Rundgang um den Dom ahnen, daß von allen Ideen am Ende irgendetwas zusammengeflossen ist. Indes, auch wenn der Kolossalbau für Ästhetiker nicht das Gelbe vom Ei sein mag, der künstlerische Außenschmuck und die Innengestaltung machen ihn zu einem kulturhistorischen Zeugnis von Rang. Die bekanntesten Bildhauer und Maler der Wilhelminischen Epoche waren daran beteiligt. Noch wertvoller freilich ist das Inventar aus früheren Jahrhunderten, das zum Teil aus dem Vorgängerbau übernommen wurde und in seiner Fülle zumindest in Berlin seinesgleichen sucht: liturgisches Gerät aus drei Jahrhunderten, vergoldete Silber-Patenen mit Szenen aus dem Leben Jesu, die aus den Jahren 1520 bis 1530 stammen, Weinkannen und Oblatenteller aus dem 17. Jahrhundert und schließlich im Glockenspiel die älteste erhaltene Glocke aus Osterburg, die 1532 gegossen wurde.

Was die Touristen jedoch besonders anziehen dürfte - wenn die Kellerräume der Kirche fertiggestellt und begehbar sind -, das sind die etwa neunzig Sarkophage in der Hohenzollerngruft. Darunter befinden sich das Bronzegrabmal des Kurfürsten Johann Cicero, gestorben 1499, zwei barocke Prunksarkophage für den Kurfürsten Friedrich Wilhelm und seine zweite Gemahlin Dorothea von Holstein-Glücksburg und zwei weitere, von Andreas Schlüter geschaffene Sarkophage für König Friedrich I. und seine zweite Frau Sophie Charlotte.

Der Sakralbau an der Karl-Liebknecht-Straße wird mit all seinen Kostbarkeiten zu einem Museum von Rang werden. Ob daraus eines Tages rechtliche Komplikationen erwachsen und wem sie dann Nachteile oder Vorteile einbringen, ist noch offen. Fest steht nur, daß die Besitzverhältnisse strittig sind. Wem gehören diese Zeugnisse der

Vergangenheit? Dem Haus Hohenzollern, das ja fortbesteht? Der Kirche, der sie übergeben, aber nicht geschenkt wurden? Oder dem Staat, der sich nun Deutsche Demokratische Republik nennt, aber aus politischen sowie ideologischen Gründen die Rechtsnachfolge des Deutschen Reiches der Bundesrepublik Deutschland überlassen hat?

Manchen mag dies als eine sehr theoretische Frage erscheinen, weil die politischen Realitäten diese Problematik verdecken. Und wäre der Dom gesprengt worden, stellte sich die Frage nach den Eigentumsrechten für das Gebäude gar nicht mehr. Wohl aber die nach dem Inventar, das gewiß in Museen gebracht worden wäre. Daß bislang niemand in der Öffentlichkeit an diesen juristischen Verschachtelungen gerührt hat, spricht keineswegs für deren Absurdität oder Spitzfindigkeit. Zu tun hat dieses Stillschweigen vielmehr mit anderen politischen und rechtlichen Streitigkeiten zwischen den beiden deutschen Staaten, die sich um die preußischen Kulturschätze drehen und die heute im Vordergrund der Auseinandersetzungen stehen.

Als in den letzten beiden Kriegsjahren immer mehr Bomben auf die alte Reichshauptstadt fielen, wurden die wertvollsten Gegenstände aus den Museen ausgelagert. Und je mehr die damalige Ostfront wackelte, desto häufiger wurde die Verlagerung dieser Kulturgüter gen Westen getätigt. Nach Ende des Krieges und der Teilung Deutschlands behielt jeder das, was sich auf seiner Seite befand und das Inferno der Zerstörung überstanden hatte. So war es auch im nunmehr geteilten Berlin. Im Westen kristallisierte sich allmählich die Idee heraus, diese Kulturschätze nicht einfach auf die bestehenden oder neu gebauten Museen zu verteilen, sondern sie in einer Stiftung zusammenzufassen. Von dort aus sollten sie eines Tages - nach einer Wiedervereinigung Deutschlands - auf ihre angestammten Plätze zurückkehren. Zeitweise bestand die Absicht, bei SPD- wie CDU-Politikern gleichermaßen, dafür eigens eine Deutsche Nationalstiftung zu eröffnen. Aber geblieben ist es dann bei der Stiftung Preußischer Kulturbesitz, die in Berlin-West ihr Refugium hat. Um ihre Existenz hat die DDR in den vergangenen Jahren immer wieder Streit vom Zaun gebrochen. Politisch motiviert, weil diese kulturelle Dachorganisation mit ihrem Sitz angeblich gegen das Berlin-Abkommen verstößt. Juristisch, weil zahlreiche dieser Kunstschätze aus dem Osten der Stadt stammen, wie etwa die Nofretete-Büste aus dem Pergamon-Museum nahe dem Berliner Dom. Exakt daran hat sich über ein Jahrzehnt hinweg auch immer wieder das beabsichtigte deutsch-deutsche Kulturabkommen festgefahren.

Insofern war es schon eine kleine Sensation, als am 29. April 1981 ein Tieflader vom Typ Daimler Benz mit einem Kennzeichen aus Eisenhüttenstadt, der die ersten drei von acht lebensgroßen Skulpturen transportierte, von West nach Ost den Sektorenübergang Heinrich-Heine-Straße passierte. Nur zwanzig Minuten dauerte diese Fahrt, die in der Ost-Berliner Presse nicht angekündigt worden war, aber einen Menschenauflauf verursachte. Dafür sorgten schon die Blaulichter der Volkspolizei, die den orangefarbenen Schwerlaster im Konvoi begleitete, und die ausgeschalteten Ampeln und die von der Polizei abgesperrten Kreuzungen. Die Route führte über die Jannowitzbrücke, den Holzmarkt, vorbei am Roten Rathaus und dem Fernsehturm bis zu jenem Nadelöhr zwischen Dom und Palast der Republik. Dort hatten sich auch die meisten Zuschauer eingefunden. Endstation war dann das Bode-Museum auf der Museumsinsel, wo diese Original-Statuen in der Rotunde aufgestellt wurden. Sie symbolisieren nach der Vorstellung ihres Schöpfers Karl Friedrich Schinkel die heldische Haltung in den Freiheitskriegen, preußisch in der Gesinnung und antik in der Form.

Gestanden hatten sie einst auf der Schloßbrücke, die jetzt Marx-Engels-Brücke heißt, und auch sie waren während des Krieges abmontiert worden. Mit ihrer Rückgabe wollte der Senat von Berlin (West) unter seinem damaligen Regierenden Bürgermeister Richard von Weizsäcker ein Zeichen setzen und die Streitigkeiten ums kulturelle und historische Erbe entschärfen. Rechtzeitig zum 200. Geburtstag Schinkels, der in Ost und West groß gefeiert wurde, aber am Ende doch vier Wochen zu spät, weil die in West-Berlin angefertigten Kopien, die man zur Erinnerung behalten wollte, mehr Zeit brauchten als vorgesehen. Ohne den Wandel im neu aufgeflammten Geschichtsbewußtsein der DDR-Führung wäre diese Aktion freilich auch nicht zustandegekommen. Und vereinbart worden war auch eine Gegenleistung, nämlich die Übergabe des in Meißen lagernden Archivs der Königlichen Prozellan-Manufaktur, die in West-Berlin ihre Arbeit fortsetzt. Im DDR-Rundfunk wurde die Rückkehr der mythologischen Figuren jedoch recht schnöde behandelt. Es sei gelungen, so sagte der staatliche Kommentator, »diese Beute des Westens wieder herauszuholen«.

Daß zur Politik nach wie vor Formalitäten gehören, wurde indes auch bei diesem »innerstädtischen Transport« deutlich: Für die Einfuhr der Figuren nach Ost-Berlin wurde ein Warenbegleitschein ausgestellt. Sozusagen preußisch korrekt, was dem Preußen Schinkel gewiß gefallen hätte. Seine Achtergruppe hat vom frisch geputzten Brückengeländer, auf dem sie nun wieder steht, jedenfalls die beste Sicht auf den ehemaligen Lustgarten. Einiges hat sich allerdings verändert: Wo früher Schinkels Bau-Akademie stand, findet man heute das Außenministerium der DDR vor, und wo das Stadtschloß seinen Platz hatte, erhebt sich zur einen Hälfte der Palast der Republik, zur anderen parken Autos. Nur das ehemalige vierte Portal hat, ergänzt um die Neukonstruktion der Flügelgebäude, die Zeiten überdauert. Vermutlich, weil vom Balkon dieses Portals Karl Liebknecht am 9. November 1918 die Revolution ausgerufen hatte. Heute residiert hier Erich Honecker - im Staatsratsgebäude der DDR. Ohne ihn wäre die Preußen-Renaissance in Ost-Berlin kaum vorstellbar. Eine Preußen-Renaissance, die die Suche nach einer Identität der DDR erleichtern soll und deshalb auch dem einst gescholtenen Alten Fritz wieder aufs Pferd verhalf. Sein Unter den Linden wieder aufgestelltes Reiterstandbild weist den Weg: Er wird gesäumt von Oper, Hedwigskathedrale und Kronprinzessinnen-Palais auf der einen und Humboldt-Universität, Neuer Wache und Altem Museum auf der anderen Seite. Ein Weg, der am Berliner Dom endet und der, und wenn man ihn mit offenen Augen beschreitet, nicht nur preußische, sondern deutsche Geschichte in Ost-Berlin wiederauferstehen läßt. Mitten im Herzen eines sozialistischen Systems, das einst glaubte, daraus einen Trampelpfad machen zu müssen, aber inzwischen vom alten Lenné gelernt hat, daß historische Parks viel hübscher sind: kunstvoll beschnitten und gestutzt, damit sich die Geschichte besser einfügt in die Weltanschauung.

Marzahn – Insel der Schwäne?

»Seitdem ich Marzahn kenne, gefällt mir die Karl-Marx-Allee.« Mit diesem Satz pflegt einer meiner Bekannten in Ost-Berlin Streit vom Zaune zu brechen. Ob er am Tresen einer Kneipe steht, ob er irgendwo eingeladen ist oder selbst eingeladen hat, die Gemüter kommen in Wallung, kaum daß er ihn ausspricht. Er selbst ist jedesmal hochbeglückt von diesem Effekt, mischt sich gar nicht mehr ein in die Diskussion, sondern wartet nur ab, wie sich am Ende das Kräfteverhältnis entwickelt. Seine statistische Auswertung hat ergeben, daß es bis 1981 noch eine klare Mehrheit für Marzahn gab, daß sie bis 1983 rapide zusammenschmolz und daß sich seitdem ein knapper Vorsprung für die Karl-Marx-Allee zu entwickeln begann. Das ist natürlich eine sehr private Statistik, aber, so sagt er, »wenn es bei uns Meinungsumfragen wie bei euch gäbe, ich wette, sie würden nicht anders aussehen, was ein Grund mehr für unsere Oberen wäre, sie unter Verschluß zu halten«.

Die Karl-Marx-Allee ist auch im Westen ein Begriff, selbst für denjenigen, der noch nie da war. Wenn beispielsweise zum 1. Mai über Umzüge und Aufmärsche in aller Welt berichtet wird, dann ist in den Bildsequenzen aus Ost-Berlin stets die Karl-Marx-Allee im Fernsehen zu betrachten – mit der Ehrentribüne, auf der die Staats- und Parteiführung versammelt ist. Oder zum 7. Oktober, dem Gründungstag der DDR, wenn Soldaten im Stechschritt aufmarschieren und Erich Honecker seinen Arm zum militärischen Gruß anwinkelt.

Die Karl-Marx-Allee ist die Paradestraße Ost-Berlins. Nicht nur im militärischen Sinn. Sie ist eine der großen Straßen, die historische Bedeutung haben. Um 1700 war sie schon als Heer- und Handelsstraße ausgewiesen, dann als Hauptstraße mit Postroute, wobei freilich noch nicht von Karl Marx die Rede war. Auf ihn sind die Ost-Berliner Stadtväter erst 1961 gekommen. Wenn man es recht bedenkt, war er allerdings auch nur Ersatzmann. Für Josef Stalin, dem zu Ehren die Partei 1950 den gesamten Straßenzug von Frankfurter Allee in Stalinallee umgetauft hatte. Elf Jahre später schien eine Änderung ratsam, wurde doch als Folge der sogenannten Entstalinisierung in Moskau Stalins Leichnam aus dem Mausoleum am Roten Platz entfernt. Inzwischen ist der »Stählerne« zwar wieder zu neuem Ansehen in der Sowjetunion gelangt, aber in Ost-Berlin ist es vorläufig noch bei der Karl-Marx-Allee geblieben. Vom Alex bis zum Frankfurter Tor heißt sie so, danach darf sie ihren ursprünglichen Namen, Frankfurter Allee, tragen.

Von Stalin geblieben ist jedoch der Stil der Bebauung. Einer Bebauung, die nach den verheerenden Zerstörungen des Zweiten Weltkrieges in Berlin notwendig wurde und in jener Zuckerbäcker-Manier geschah, wie sie in Moskau seinerzeit üblich war. Wer weder Ost-Berlin noch Moskau kennt, würde heutzutage beim Bilder- oder Fotoquiz diesen Straßenzug mit seinen Monumentalbauten gewiß der sowjetischen Hauptstadt zuordnen. Gerade das hat den Beliebtheitsgrad der Paradestraße unter den Ost-Berlinern nicht gerade gesteigert.

Wer von der Karl-Marx-Allee beziehungsweise Frankfurter Allee nach Norden abbiegt, landet im 9. Stadtbezirk Ost-Berlins, in Marzahn. An neu angelegten Straßen ziehen sich neun- bis zwölfstöckige Hochhausketten entlang, die, wären sie nicht so hoch, den Eindruck eines riesigen Kasernengeländes vermitteln. Wer zum ersten Mal hierherkommt, hat Mühe, sich zurechtzufinden, denn die Gleichförmigkeit der Architektur und die Gleichförmigkeit der Bauausführung verursacht Orientierungsschwierigkeiten. Man hat stets das Gefühl, ob man nach rechts oder links kurvt, die gleiche Straße schon entlanggefahren zu sein. Dafür sorgt auch WBS 70, die vorgefertigte industrielle Plattenbauweise, die ein Haus dem anderen wie ein Ei dem anderen ähneln läßt. 150 000 Menschen sollen hier wohnen, wenn der gesamte Komplex einmal fertiggestellt ist. Ein Triumph des sozialistischen Wohnungsbaus!

1979 ist dieses größte Bauvorhaben in Ost-Berlin angelaufen: eine Trabantenstadt, wie es sie bisher noch nicht gab – fast viermal so groß wie das Märkische Viertel in West-Berlin. Was erklärt, warum es Staat und Partei für geboten hielten, daraus einen zusätzlichen Stadtbezirk zu machen. Ein Vorhaben, das, kaum als Idee geboren, für politischen Wirbel sorgte. Sind von dieser Idee, das war die Frage in West-Berlin und man darf vermuten, auch in Ost-Berlin, Statusfragen berührt? Genauer: Wird durch die Einrichtung eines 9. Stadtbezirkes im Osten der Stadt gar der Vier-Mächte-Status von Gesamt-Berlin verletzt?

Veränderungen der Lage zu beobachten und gegebenenfalls zu monieren, zu verhindern oder zu korrigieren, ist Sache der vier Siegermächte. Was in der Praxis allerdings dazu geführt hat, daß die drei Westmächte scharf auf Entwicklungen im Osten achten und die Sowjetunion scharf auf Entwicklungen im Westen der Stadt schaut. In diesem Fall ging es um die Frage, ob die in der Vorläufigen Verfassung von Groß-Berlin 1946 übernommene Regelung des Gesetzes von 1920 über die Bildung von Groß-Berlin unterlaufen werden solle, die festlegt, daß Berlin aus 20 Bezirken besteht. 12 davon liegen in West-Berlin, 8 in Ost-Berlin. Von 21 Bezirken steht hier nichts. Eine Absurdität? Tatsache ist, daß die westlichen Alliierten, ob auf Drängen des Senats oder aus eigenem Antrieb, diese Frage prüften und zu dem Ergebnis kamen: Der Status sei nicht berührt, weil die Veränderung von Bezirksgrenzen, ob im Westen oder im Osten der Stadt, solange ohne Belang sei, wie sie sich innerhalb des Gebietes von Groß-Berlin abspiele. Marzahn aber ist aus Teilen der beiden Bezirke Lichtenberg und Weißensee geschaffen worden. Das heißt, den beiden alten Bezirken wurde zugunsten des neuen Bezirks Terrain abgeknöpft.

Tatsache ist aber auch, daß die Regierung in Ost-Berlin es vierzig Jahre lang nicht riskiert hat, über die ursprünglichen Stadtgrenzen Groß-Berlins hinauszugehen, sie also nach Osten auszudehnen. So wird sie es auch mit dem geplanten 10. Stadtbezirk Hohenschönhausen halten, der, ähnlich wie Marzahn, als neue Trabantenstadt im Aufbau ist. Was beweist, daß die SED zwar einerseits vieles tut, um traditionelle Strukturen in ihrem Teil Berlins zu verändern, aber auch vieles unterläßt, was zum politischen Eklat zwischen den vier Mächten führen würde oder müßte.

Darüber spricht in Ost-Berlin allerdings niemand. Was die Menschen viel mehr bewegt, wenn von Marzahn die Rede ist, hat mit den Problemen und Sorgen in diesem monolithischen Einheitsblock zu tun. Mit der Größe der Wohnungen etwa, die sich dem DDR-Durchschnitt entsprechend auf 58 Quadratmeter beschränkt und damit kaum noch dem gewachsenen Qualitätsbewußtsein der Bewohner entgegenkommt, das sich inzwischen auch auf mehr Wohnqualität bezieht. Mit dem Mangel an Folgeeinrichtungen, ob es sich nun um Geschäfte, Kneipen, Cafés, Diskotheken oder andere Freizeitstätten handelt. Mit den zu klein geratenen Grünflächen, die sich in einigen Jahren zwar grün zeigen werden, aber schon jetzt im Schatten der Betonsilos wie ein Klecks Marmelade auf der Butterstulle wirken.

Skeptiker in Ost-Berlin hatten das alles vorausgesehen, wollten, sofern sie mit Planung zu tun hatten und durchs West-Fernsehen belehrt waren, nicht die Fehler wiederholen, die ihre Kollegen im Westen - auch beim schon zitierten Märkischen Viertel - gemacht hatten. Doch der Zwang, ebenso schnell wie billig zu bauen, war stärker als der beste Vorsatz, ließ in Marzahn, nicht anders als in Leipzig-Grünau und Halle-Neustadt, nur jene Massenkonfektion zu, die den DDR-Wohnungsbau insgesamt kennzeichnet. Mit all den Folgen, die wir auch im Westen kennen: wachsende Aggression, steigende Zerstörungswut, höhere Kriminalitätsrate.

Daß diese Markenzeichen einer auf engem Raum zusammengepferchten Massengesellschaft im Osten weniger auffällig in Erscheinung treten als im Westen, hängt lediglich mit zwei anderen Faktoren des sozialistischen Gesellschaftssystems zusammen: Erstens werden Gesetzesübertretungen weitaus strenger geahndet, was begrenzte Zeit vor Nachahmung schützt; zweitens wird da, wo Gewalt auftritt, nicht schlagzeilenträchtig darüber geschrieben, sondern vertuscht, verschwiegen, für nicht existent erklärt.

Nur vor diesem Hintergrund wird verständlich, warum ein DEFA-Film im Jahr 1983 so hohe Wellen schlug und warum er wenige Tage nach seiner Uraufführung in Ost-Berlin aus den Kinos wieder verschwand. Ein Film über die Trabantenstadt Marzahn unter dem Titel »Insel der Schwäne«.

Erzählt wird in diesem Film die Geschichte eines Jungen vom Lande, der in die Großstadt kommt und als 13jähriger mit der Betonwelt, die ihn bedroht, nicht fertig wird. Zustande kommt dabei das Porträt eines Jugendlichen, der stellvertretend für viele seiner Altersgenossen steht, die in einer sozialistischen Trabantenstadt aufwachsen, sich in Gruppen zusammenfinden, die teils am Rande einer Halbstarken-Kriminalität entlangschlittern, teils mittendrin landen. Im Gegensatz zu ihren Eltern, die froh sind über die Verbesserung des Wohnkomforts wie etwa die Innentoilette, das Bad oder die Fernheizung, spüren sie mehr die Enge der neuen Wohnverhältnisse. Zwischen Baustellen, Materiallagern und halbfertigen Straßen bauen die Kinder ihren eigenen Abenteuerspielplatz, aus all dem, was so herumliegt. Als dieser Platz von volkseigenen Bulldozern plattgewalzt wird, werfen sie mit Steinen. Die Handlung spielt in Berlin-Marzahn.

Daß Stefan Kolbe, so heißt der jugendliche Filmheld, mit den Anfechtungen am Ende fertig wird und damit die neue Heimat erst erobert hat, konnte den Verriß im SED-Zentralorgan »Neues Deutschland« nicht aufhalten. Unter der Überschrift »Verstellte Sicht auf unsere Wirklichkeit« kritisierte der Filmrezensent die »Dramaturgie von Dutzend-Western«, rügte die Brutalo-Effekte und »einen Akt von Vandalismus«. Mit dem Strickmuster bürgerlichen Kinos sei der Versuch unternommen worden, sozialistische Wirklichkeit zu erhellen. Ein froh stimmendes Ereignis, der Umzug in eine neue Wohnung, so die Kritik weiter, sei bei dieser »neurotischen Betrachtungsweise« zu einem Konflikt hoch- oder besser herunterstilisiert worden. Fazit: »Eine Gelegenheit, zur öffentlichen Selbstverständigung über politische Tatsachen, geistige Ansprüche und moralische Wertvorstellungen der sozialistischen Gesellschaft beizutragen, wurde vertan.«

Kanzelt eine Zeitung im Westen einen Film ab, es ärgert gewiß die Beteiligten an dieser Produktion, aber es wirft sie nicht um. Im Osten ist die Karriere zu Ende. Benno Pludra, der mit seinem gleichnamigen und erfolgreichen Jugendbuch »Insel der Schwäne« die Vorlage zum Film geliefert hatte, erhielt allerdings den Persilschein ausgestellt. Neuerlich in die Schußlinie geriet Ulrich Plenzdorf, der daraus das Szenarium entwickelt hatte und der im Westen einem größeren Publikum durch seine gleichfalls nicht unumstrittene Bearbeitung der »Leiden des jungen W.« bekannt geworden ist.

In die Schußlinie geriet aber auch die DEFA, die nach langen Auseinandersetzungen mit Plenzdorf hinter den Kulissen den Film abgenommen hatte. Doch bevor die DDR-Filmgesellschaft öffentlich, grundsätzlich und – wie man in der DDR sagt – »allumfassend« in die Mangel genommen wurde (das geschah erst ein halbes Jahr später), gab es, auch für West-Journalisten überraschend, publizistische Schützenhilfe. Der Kritiker des »Morgen« lobte die sensible filmische Aufbereitung, die »genaue Alltagsbeobachtung und -bewertung«. Und auch der Kollege von der LDZ (»Liberal-Demokratische Zeitung«) bescheinigte dem Film, daß »viele Fragen durch Bilder, genaue Beobachtungen der Szenen des Alltags der Kinder in Neubaustädten gestellt werden«.

Diese beiden Unglücksraben der Kritikerzunft, die nicht abwarten konnten oder wollten, was das SED-Zentralorgan den anderen Zeitungen richtungsweisend vorzugeben hat, machten ungewollt ein Nachkarten erforderlich. Die FDJ-Zeitung »Junge Welt« sammelte flugs Leserbriefe aus ihrer jugendlichen Abonnentenschar, die, wie wir wissen, nichts anderes als bestellte Auftragsarbeiten sind. Die 18jährige Angela schrieb, daß sie froh sei über die helle und große Wohnung in Marzahn, der 19jährige Norbert teilte mit, es sei Quatsch, daß ein Elfjähriger im Film frage: Bist du Arbeiter oder bist du Boß?, was doch gar nichts mit dem Spielplatz zu tun habe, und die 17jährige Sabine erläuterte den Filmemachern, daß der Film »mit Betonbatzen nach uns wirft«. Fazit der Pseudodiskussion im Leserforum der »Jungen Welt«: »Das ist wieder kein DEFA-Film über uns!«

Diese für DDR-Verhältnisse gleichwohl ungewohnte Auseinandersetzung trieb das Publikum, und nicht nur das jugendliche, sofort in Scharen ins Kino. Die Nachmittags- wie Abendvorstellungen waren ausverkauft, und schon am Vormittag standen so lange Schlangen vorm Filmtheater, wie sie so später nur noch bei der Premiere des ersten Asterix-Films westlicher Provenienz zu beobachten waren. Doch der Asterix-Streifen lief wochenlang, die »Insel der Schwäne« aus der DDR zehn Tage. Dann verschwand der Film. Leute, die der DEFA nahestehen, meinten danach, es sei der SED zwar auch um Verbannung sozialkritischer Untertöne in diesem Film gegangen, aber das wäre weniger schlimm gewesen als der Handlungsort Marzahn.

Diese Trabantensiedlung ist zum Prestigeobjekt der Staats- und Parteiführung geworden, weil sie als Ausweis für eine »auf das Wohl des Volkes und das Wohl des Menschen« gerichtete Baupolitik gilt. Und verhindert werden sollte mit der Konfiszierung des Films, daß Marzahn ins Gerede kommt. Bewirkt hat die Partei damit jedoch das Gegenteil.

Marzahn war schon bei der ersten Bau-Etappe im Gerede, als Bauexperten hinter vorgehaltener Hand darüber spekulierten, wann die Hochhäuser auf dem sumpfigen Untergrund wohl zusammenklappen würden. Marzahn ist im Gerede, seit sich die Betonzeilen wie ein Flächenbrand ausgebreitet haben und kein Ende der Beton-Gigantomanie abzusehen ist. Und Marzahn wird auch so lange im Gerede bleiben, wie Staat und Partei an dieser Art architektonischer Massenproduktion festhalten.

Bis Ende 1985, so hat Erich Honecker auf der 8. Bau-Konferenz in Ost-Berlin nicht ohne Stolz gesagt, wird es pro Person durchschnittlich 26 Quadratmeter Wohnfläche geben. Richtig ist, daß die DDR, wie Statistiker zu sagen pflegen, nunmehr den gleichen Versorgungsgrad mit Wohnraum hat wie Österreich. Das ist europäische Mittellage, hinter der Bundesrepublik Deutschland, hinter Schweden, Dänemark, Frankreich, der Schweiz und Belgien. Aber das heißt auch: Ein Ehepaar mit Kind hat im Schnitt 58 Quadratmeter zur Verfügung, was kaum üppig zu nennen ist. Nur 6,5 Prozent der neuen Wohnungen in der DDR haben zwischen 71 und 80 Quadratmeter Fläche und nur 0,2 Prozent der Wohnungen sind noch größer.

Was die Frage aufwirft, wie die Partei eigentlich das soziale Problem des Wohnungsbaues, das nach Honeckers Worten bis 1990 gelöst sein soll, definiert? Zu vermuten steht, daß sie die Zahl der Wohnungen gemeint hat, die Quantität. Weniger gemeint haben dürfte sie die Qualität der Wohnungen, aber gerade darauf kommt es immer mehr Menschen in der DDR, auch in Ost-Berlin, an. Die Beurteilungsmaßstäbe und die Ansprüche haben sich verändert, sind nach der allmählichen Befriedigung der sogenannten Grundbedürfnisse einem Trend zu mehr Annehmlichkeit, zu mehr Komfort, aber auch zu mehr Individualität gewichen.

Marzahn ist das Gegenteil davon. Aber die Partei, die immer voranmarschiert, ist auch in diesem Punkt wieder mal hinterher. Dabei hat sie selbst an anderer Stelle in Ost-Berlin schon Beispielhaftes geleistet – mit dem Restaurierungsprogramm im Stadtzentrum, mit den Modernisierungen der Wohnquartiere am Arkonaplatz, mit dem Versuch, auch am Prenzlauer Berg Instandhaltung zu betreiben. Doch am einmal gefaßten Beschluß, am einmal in Form gegossenen Plan, einen 9. Stadtbezirk aufzumachen und mit den dafür notwendigen Menschen zu füllen, hält sie fest wie Don Quichotte an seiner Rosinante. Und so wird es denn dabei bleiben: Aus Marzahn wird keine Insel der Schwäne werden, sondern eher eine Legebatterie für Hühner.

Die Datsche

Der dichte, kurzgeschorene Rasen gereichte manchem englischen Landsitz zur Zierde. Die mannshohe Hecke ist so akkurat geschnitten, als habe der Gärtner die Wasserwaage benutzt. Und die beiden mächtigen Kastanienbäume scheinen in gleichem Abstand von der schmiedeeisernen Eingangspforte gepflanzt worden zu sein. Der Kiesweg dahinter, eingefaßt von Tonscherben, die jemand mit beachtlicher Präzision in Dreiecke geschlagen hat und deren Spitzen nach oben zeigen, führt schnurgerade auf das Haus zu. Es ist ein Flachbau, ganz aus Holz, das dunkel, ja fast schwarz geworden ist in den vergangenen Jahrzehnten. Wie alt es wirklich ist, läßt sich schwer schätzen. Die Fensterrahmen aus hellerem Holz, die zwei modernen Außenleuchten an den grauen Balken, die das Dach über der Terrasse stützen, verwischen den Eindruck, es könnte schon um die Jahrhundertwende entstanden sein. Hier ist mehrfach erneuert, improvisiert, verbessert worden.

Was Grundstück und Gebäude von den Nachbarhäusern in dieser Vorortsiedlung im Südosten Berlins unterscheiden, das ist die Sauberkeit, die Ordnung, die Aufgeräumtheit. Auf dem Nachbargrundstück zur Linken türmen sich zwei Berge aus Sand und Kies, sind Mauersteine lose zu einem Haufen zusammengekippt. Die Schubkarre daneben rostet fast hörbar vor sich hin. Vor dem Grundstück zur Rechten liegt ein mittleres Gebirge aus Braunkohle der Marke Blumenerde, halb zerbröselt, was nicht auf etwaige Wetterunbilden, sondern auf die mangelhafte Qualität der Lieferung zurückzuführen ist. Schwefel- und Salzgehalt dieser Kohle sind so hoch, daß die DDR-Exporteure immer mehr Schwierigkeiten haben, sie außerhalb des Landes noch loszuschlagen. Der (West-)Berliner Senat, früher Dauerkunde, hat die Lieferverträge wegen zu großer Umweltfeindlichkeit der DDR-Braunkohle gekündigt.

Gegenüber, auf der anderen Seite der Straße, die eigentlich noch keine Straße ist, weil es weder Fußwege noch eine gepflasterte Fahrbahn gibt, steht ein Gerüst am Einfamilienhaus. Hier versucht offenbar der Besitzer an den Wochenenden, den Putz zu erneuern. Eine Mischtrommel und zwei mit Zeltbahnen abgedeckte Kästen stehen davor. Auf einer Leine flattert Wäsche im Wind, und auf der dünnen Grasnarbe darunter pickt ein halbes Dutzend Hühner um die Wette. Auf dem sich daran anschließenden Eckgrundstück mit einem Zweifamilienhaus aus den dreißiger Jahren haben sich die Bewohner eine private Autowerkstatt eingerichtet. Ein auf Ziegelsteinen aufgebockter Skoda, ohne Räder und Türen, soll wohl ausgeschlachtet werden. Ein zerbeulter Trabant mit einem Platten leistet dem »Sonnen-Modell« Gesellschaft. Das Vehikel aus der ČSSR hat sich seinen Spitznamen wegen des rasanten Rostfraßes verdient. Fahren wir ins Grüne oder regnet's? lautet angeblich die Standardfrage eines Skoda-Besitzers.

Inmitten dieser Nachbarschaft wirkt das Holzhaus mit der hohen Hecke davor atypisch. Ein Quentchen zu still, zu gepflegt, vielleicht auch zu wenig bewohnt. »Verdammt«, sagt sein Besitzer, als ich ihm meine Beobachtung mitteile, »das müssen wir sofort ändern, das kann uns sonst nur Ärger machen.«

Kennengelernt habe ich ihn in Leipzig. Das war gleich zu Beginn meiner Korrespondententätigkeit in Ost-Berlin. Erwähnenswert ist das nur deshalb, weil mich die Berichterstattung über die Herbstmesse zum ersten Mal nach langer Zeit wieder in meine alte Heimatstadt geführt hatte. Der Arbeitstag war gelaufen, zwei aus dem Westen angereiste Kollegen sehnten sich nach einem spätabendlichen Bierchen, hatten aber die Nase voll von überfüllten Hotels und überfüllten Restaurants in der Innenstadt. Ihnen stand vielmehr der Sinn nach einer gemütlichen Vorortkneipe, doch mit dem eigenen Wagen wollten sie auch nicht mehr fahren. Erstens wegen der Dunkelheit und der beträchtlichen Chance, sich zu verfranzen, zweitens wegen des absoluten Alkoholverbots am Steuer und der beträchtlichen Chance, das Bierchen dann teuer bezahlen zu müssen.

Ich ließ mich breitschlagen, den Kutscher und Abstinenzler zugleich zu spielen, und weil es doch unbedingt ein Vorort sein sollte, warum dann nicht Lindenthal bei Leipzig? Nur ist so etwas leichter gesagt als getan. Einen Stadtplan gab's im Hotel nicht zu kaufen, das heißt, auch anderswo gab es keinen, und nur der Nase nach zu fahren schien mir auch riskant, trügt doch die Erinnerung, wenn man zuletzt als Dreijähriger in Leipzig gewesen ist. Doch was blieb mir übrig?

Die City von Leipzig ist heutzutage kaum wiederzuerkennen. Lediglich der alte Hauptbahnhof erinnert daran und das Hotel Astoria. Ob sich nach draußen auch so viel verändert haben würde? Ich wußte noch, daß wir in Richtung Gohlis/Waren fahren mußten. Die Ausschilderung ist spärlich, aber dorthin führte früher eine Straßenbahnlinie. Um es kurz zu machen: Sie fährt noch heute dorthin. Und so kamen wir denn im wahrsten Sinne des Wortes aufs richtige Gleis. Allerdings:

Je näher uns das Ziel rückte, desto weniger bedurfte es dieser Schiene. Die alten Arbeiterquartiere, gebaut in den zwanziger Jahren, standen noch wie einst, weitgehend verschont geblieben von den Bomben des Krieges, aber auch weitgehend verschont geblieben von neuer Farbe und neuem Putz. Das Kopfsteinpflaster präsentierte sich gleichfalls noch originalgetreu, die Unterführung von Waren stand wie ehedem, und wenn man sich rechter Hand hielt, dann war mein Geburtshaus gar nicht mehr zu verfehlen. Die Zeit, so schien es mir, war über vierzig Jahre hinweg in diesen Leipziger Vororten stehen geblieben. Kein Neubau, keine neue Straße, selbst die funzlige Straßenbeleuchtung hatte sich nicht verändert. Ich wendete vor dem Haus, in dem es, wie ich wußte, nur noch eine steinalte Frau gab, die ich kannte. Alle anderen zwölf Mietparteien hatten in den Westen »gemacht«. Die letzten 1960, ein Jahr vor dem Mauerbau.

Die Kollegen im Wagen wurden langsam ungeduldig, denn nirgendwo schien die gewünschte Vorortkneipe zu existieren. Als Dreijähriger hat man halt noch wenig Verständnis für den Gerstensaft, was meine lokalen Gedächtnislücken erklärte. Aber dann fanden wir doch noch ein Etablissement in Gohlis. Wir müssen sehr westlich ausgesehen haben, denn das Stimmengewirr in dem überfüllten Bierlokal brach bei unserem Entree ab. Der Mensch hinter dem Tresen zuckte bedauernd mit den Achseln: Kein Stuhl frei. »Macht nichts«, sagte der Journalist aus Hamburg, »dann nehmen wir einen im Stehen zur Brust.« »Nee«, rief einer im unverfälschten Sächsisch, »mir riggen zesamm'.« »Prima«, meinte mein Kollege aus West-Berlin, »wieviel sind wir hier am Tisch? Also zehn Bier, zehn Wodka!« Großes Hallo und beifälliges Gemurmel, aber Gelächter, als ich korrigierte: »Neun Bier, neun Wodka und eine Club-Cola!«

Wie sich herausstellte, hielten sie uns für westliche Geschäftsleute, die sich von der Messe nach Gohlis verirrt haben mußten. »Nu«, sagte einer, »da nähm'se euch ja aus wie die Weihnachtsgänse.« Aber über Politik wurde kaum gesprochen. Fußball war das Thema Nummer eins. Und dabei blieb es auch, als wir uns als Westjournalisten zu erkennen gaben. Es ist ja auch ein abendfüllendes Thema. Doch plötzlich sagte keiner mehr etwas. Zwei neue Gäste hatten das Lokal betreten. Mein Gegenüber am Tisch schaute mich durchdringend an und klappte mit zwei Fingern seinen Hemdkragen von der Außen- auf die Innenseite um. Eine Geste, die besagt: Vorsicht, Stasi! Der Kneipier steckte Münzen in die Musikbox. Udo Jürgens schmetterte, alle Gespräche überdeckend, seinen griechischen Wein durchs Lokal. »Mensch«, sagte mein Kollege aus Hamburg, »das darf doch nicht wahr sein, ist das Zufall?« »Nein«, sagte ich, »das ist meine blaue Nummer, vielleicht ist sie einer Vopo-Streife aufgefallen.«

»Herr Wirt«, rief der Hamburger, »bringen Sie den beiden Herren doch mal zwei doppelte Wodka. Und uns 'ne neue Runde!« Alles wartete gespannt. Die beiden Neuankömmlinge nahmen die Gläser und tranken, ohne uns anzusehen, ex. Unser Tisch trank ex. Der Wirt schlurfte heran, stellte einen zweiten Doppelten vor den Hamburger Kollegen. »Wohl bekomm's!« rief einer der beiden Neuen, dann gingen sie. Und es wurde noch ein sehr feuchter Abend.

Beim Messerundgang am nächsten Tag, ich sah mich gerade bei den Außenhandelsbetrieben der DDR um, trat ein Mann auf mich zu, drückte mir eine Visitenkarte in die Hand und murmelte: »War toll gestern abend, hab' zwar nur am Nebentisch gesessen, aber wenn Sie Lust haben, können wir auch mal bei mir zu Hause über Fußball reden. Aber kommen Sie nicht mit Ihrem Wagen, der fällt zu sehr auf.« Er war aus Ost-Berlin. Seitdem haben wir uns öfter gesehen. In seiner Stadtwohnung und auf seiner Datsche, die man bequem mit der S-Bahn erreicht.

Wie er zu diesem »Landsitz« gekommen ist, hat er mir freilich erst später erzählt. Ohne seine Frau, das steht fest, wäre da nichts gelaufen. Die nämlich hatte über zig Ecken jene alte Dame kennengelernt, die in dem noch älteren Haus lebte. Sie bezog 350 Mark Intelligenzrente, ein Wort, das in der DDR gelassen ausgesprochen wird, was bedeutet, daß sie neben ihrer Grundrente von 300 Mark noch 50 Mark draufgelegt bekam, weil ihr verstorbener Mann weder Arbeiter noch Bauer, sondern eben »Intelligenzler« gewesen war. Der Umkehrschluß, daß alle anderen dann nicht intelligent sein können, ist allerdings in der DDR nicht zulässig. Mit diesem Einkommen kam sie halbwegs auch aus. Miete hatte sie nicht zu bezahlen, weil ihr das Haus gehörte, sie trotz aller Unzulänglichkeiten darin - es gab weder ein Wasserklosett noch ein Bad - wohnen blieb und keinen Anspruch auf eine andere Bleibe erhob. Obst und Gemüse reichten für den Eigenbedarf aus, aber als die Krankheit sie packte, war es schlecht um die Ernte bestellt.

Da kam Hilfe gerade recht, und die Frau meines Bekannten, nur halbtags beschäftigt und gegen alle DDR-Statistik ohne Kinder, kümmerte sich um Garten und Haus, und als es immer schlimmer um die alte Dame stand, sie bettlägerig geworden war, auch um deren Pflege. Daß sie und ihr Mann mittlerweile auch die grüne Umgebung genossen, er sich dem Rasenmähen verschrieb, die Jauchegrube des abgelegenen Plumpsklos reinigte, ließ sie beide auch für die Nachbarn zu Vertrauten werden. Mag sein, daß sie sich eines Tages erst fragten, dann ernsthaft damit beschäftigten, was wohl aus Haus und Grundstück werden sollte, stürbe ihr »Pflegekind« eines Tages. Zwar gab es, wie Martchen selbst gesagt hatte, keine Erben, war auch niemand im Westen, der womöglich Ansprüche geltend machen würde, aber vererben konnte sie ihnen das Domizil vor der Stadt auch nicht. Denn die Gegend war beileibe kein Kleingartengelände, sondern Wohngebiet - mit Einfamilien- und Zweifamilienhäusern. Eine Wohnung hatten sie aber schon - mitten in Ost-Berlin. Und das Haus nur als Datsche zu nutzen, war nach der bestehenden Rechtslage nicht möglich und vorstellbar.

Als der herbeigerufene Arzt meinte, in den nächsten Tagen werde es mit Martchen wohl zu Ende gehen, und Martchen selbst sich nicht mehr davon abbringen ließ, ein Testament abzufassen und ihre »Betreuer« wenigstens formal als Erben einzusetzen, kam der Zufall zu Hilfe. In der Zeitung stand, daß der Genosse X in diesem Bezirk nunmehr für die Wohnungsfragen zuständig sei, und X war ein Klassenkamerad der Ehefrau. Spontan, wie sie ist, machte sie einen Besuch in seinem Amt, plauderte von alten Zeiten, um dann allmählich vorzustoßen zum Datschen-Problem.

Ein unlösbares, wie der Fachmann mit dem Parteiabzeichen am Revers feststellte, Erbanspruch hin - Klassenkameradschaft her. Und scherzhaft mit erhobenem Zeigefinger drohend, sie wolle ihn doch wohl nicht zu illegalem Tun überreden, besser, bestechen. Man schied ohne greifbares Ergebnis, allerdings mit der unverbindlichen Zusage des Experten, sich Haus und Grundstück irgendwann einmal anzuschauen.

Eine Besichtigung, die früher als erwartet vonstatten ging. Die alte Dame starb nach wenigen Tagen, die Ehefrau rief den Klassenkameraden an, und der zeigte sich beeindruckt vom Interieur des Hauses. Da gab es noch alte Petroleumleuchten, eine verschnörkelte Kommode, ein Biedermeierschränkchen aus besseren Tagen, die die Verstorbene gesehen haben mußte, eine sehr alte Brücke und etliches an Kleinigkeiten, die - wie die Ehefrau meines Bekannten meinte - überhaupt nicht mehr zu einem modernen Haushalt passen würden. Wohin bloß mit dem Krempel? Gewiß, sie könnten ihn mit in ihre Stadtwohnung nehmen, vielleicht auch verkaufen, denn dieses Erbe war unanfechtbar. Nur: Sollten sie doch in dieses Haus dürfen, das ja ohne Wasserspülung, ohne Bad, ohne jeden Komfort kaum als Wohnung vorstellbar sei, dann würde das Zeug nur stören.

Der Klassenkamerad sagte Abhilfe zu: bei der Beseitigung des, nun ja, Sperrmülls wie bei der Prüfung der Aktenlage. Und diese Prüfung, um die er sich persönlich kümmerte, fiel - entgegen allen Unkenrufen - günstig aus. Ein typischer Grenzfall, war doch das einfache Holzhaus im Grunde abrißreif, das Grundstück selbst um ein Haar zu klein, um darauf ein neues Haus zu bauen, und die entstehenden Kosten würden doch nur dem Staat zur Last fallen. So ging denn die Sache ihren Gang, ließ der Schulfreund auch den störenden Plunder, die Lampen und Kommoden und das Schränkchen, abholen. Wer hätte auch ahnen können, schließlich war der gute Mann neu in seinem Amt, daß ein Jahr später in dieser Gegend eine Kanalisation verlegt werden würde? Und wer hätte ahnen können, daß der Sperrmüll sich später als Ansammlung von Antiquitäten entpuppte? Nun, sie waren halt alle zu jener Zeit blutige Laien gewesen.

In den sechs Jahren, die seitdem vergangen sind, haben sie aus dem alten Holzhaus ein Schmuckstück gemacht. Natürlich läßt es sich nicht vergleichen mit den Landhäusern und Villen, die an den Seen im Norden und Süden vor den Toren Ost-Berlins zu entdecken sind. Nicht nur am Werbellinsee, wo Erich Honeckers Datsche, das Jagdschloß Hubertusstock, liegt, in dem schon Helmut Schmidt und Franz Josef Strauß zu Gast waren. Und in dem Otto Wolff von Amerongen gewissermaßen Dauerquartier bezogen hat. Dieses Jagdschloß ist innen wie außen übrigens weniger feudal, als es sein Name und der Rang des derzeitigen Inhabers vermuten lassen. Manche Grunewald-Villa im Westen Berlins macht mehr her, ist luxuriöser eingerichtet. Ich bin zwar nur einmal in diesem gewiß komfortabel ausgestatteten Jagdhaus gewesen - bei der Schmidt-Visite - und habe dabei auch nicht alle Räume gesehen, aber außer dem wertvollen Meißner Service mit den stilgerechten Jagdmotiven, den ohne Zweifel kostspieligen Brücken und Teppichen ist mir nichts aufgefallen, was für den Hang des Parteichefs zu besonderem Aufwand spräche. Gewiß, er lebt erheblich über dem Durchschnitt des Normalbürgers - im Osten wie im Westen. Aber andere Genossen, so behaupten Eingeweihte, trumpfen da ganz anders auf.

Gelegentlich steckt dahinter auch ein Akt sozialistischer Fürsorge, wie etwa beim früheren Meisterspion im Bundeskanzleramt, Guillaume. Der verdiente Tschekist, der den damaligen Kanzler Willy Brandt ausspähte und mit seiner Entdeckung dessen Rücktritt auslöste, hat eine Villa an einem See im Norden Berlins, mit Bootssteg davor und eigenem Motorboot. Bewacher um und auf dem See schirmen ihn vor unliebsamen Besuchern ab. Vor leitenden Mitarbeitern des Ministeriums für Staatssicherheit soll er inzwischen Vorträge halten - über seinen erfolgreichen Einsatz im Westen, über die besten

Methoden und Arbeitsweisen als »Kundschafter« in der Bundesrepublik Deutschland. Ob in der DDR eines Tages, wenn genug Zeit vergangen ist, nach ihm auch eine Straße oder ein Platz benannt werden wird wie nach Richard Sorge, dem kommunistischen Meisterspion im Zweiten Weltkrieg?

Doch noble Datschen haben nicht nur hohe Parteifunktionäre und berühmte Spione im Ruhestand. Nein, auch Chefärzte, LPG-Vorsitzende, hohe Juristen und selbständige Handwerker haben sich ansehnliche Bungalows in Heide und Wald gebaut. Am Parsteiner See beispielsweise, nordöstlich von Berlin, zwischen der Schorfheide und den Ausläufern des Oderbruchs, unweit vom Kloster Chorin, sind derartige Anwesen wie die Pilze aus der Erde geschossen. Zum Verdruß der Förster im Kreis Eberswalde, weil sie durch die Besiedlung das Natur- und Landschaftsschutzgebiet gefährdet sehen. Aber wo schon Fontane spazieren ging, wollen sich heutzutage gern auch andere niederlassen. Und zwar im Gegensatz zu den Campern auf Dauer.

Dagegen fällt das alte Holzhaus meines Bekannten beträchtlich ab. Aber wenn man es betritt, ist einiges durchaus exotisch, für DDR-Verhältnisse jedenfalls. Da stehen Karaffen aus gebranntem Ton, mit farbenfreudigen Ornamenten versehen, die Freunde aus einem Bulgarien-Urlaub mitgebracht haben. Da findet sich tschechisches Porzellan aus Karlsbad in einer Vitrine, da gibt es sogar einen Hirtenteppich aus Ungarn. Den hat er selbst erstanden, auf seiner bislang einzigen genehmigten Reise ins Ausland. Es war eine Dienstreise, und seine Frau durfte er nicht mitnehmen. Die Tagesspesen waren wie immer abgezählt. »Das ist schon ein beschissenes Gefühl«, so sagt er, »wenn du merkst, wie verächtlich die Ungarn unsere Währung betrachten, und wie sie buckeln vor den Leuten aus dem Westen.«

Er ist auf dieser Tagung einem Fachkollegen aus Stuttgart über den Weg gelaufen, und der hat ihm beim Geschäftsbummel den Hirtenteppich geschenkt. »Das war mir erst ungeheuer peinlich«, sagt er, »aber der hat das ganz selbstverständlich gemacht, ohne viel Getue, und ich muß gestehen, ich hab' mich dann riesig gefreut.« Doch er hat keinen brieflichen Kontakt zu dem Mann aus dem Westen aufgenommen. Es war ihm zu riskant mit Blick auf seinen Job. Und jetzt, der Kontakt zu mir? »Ach«, sagt er, »man ist älter geworden, etwas gelassener und außerdem weiß ich jetzt, daß sie mich brauchen. Nach dem ganzen Ausreisekram sind sie vorsichtiger geworden.«

Sein besonderer Stolz ist übrigens die Sauna. Sie steht hinter dem Haus und sieht aus wie ein zu klein geratener Western-Saloon. Die mächtigen Balken, die mit Teer verfugt worden sind, lassen bestimmt nichts von der Hitze entweichen, wenn der Kanonenofen angeworfen worden ist. Es sind Eisenbahnbohlen. Vermittelt hat ihm die ein Mensch von der Reichsbahn. Eine der maroden Strecken mußte erneuert werden, die alten Gleise wurden abgerissen, die Bohlen aus dem Gleiskörper entfernt. Und da hatten sie nun wochenlang herumgelegen, bis der findige Eisenbahner sie mit einem Kumpel abtransportierte. »Das hat mich drei Kisten Radeberger gekostet«, sagt er, »die mein Schwager aus Dresden mitgebracht hat, und außerdem haben wir ihm unseren privat organisierten Ferienplatz an der Ostsee vor zwei Jahren abgetreten. Aber das war uns die Sauna wert. Das ist ja was auf Dauer.«

Zusammengebaut hat er die Sauna dann mit Freunden, die jetzt zur regelmäßigen Schwitzkur antreten dürfen. Ohne Beziehungen und ohne Freunde läuft in der DDR nichts. »Westdeutsche, die so was immer nur von außen sehen«, sagt er, »meinen dann, bei uns sei der menschliche Kontakt viel besser. Ich weiß nicht, wie das bei euch ist, aber wenn es bei euch alles gibt, dann brauchste auch weniger Beziehungen und vielleicht auch weniger Freunde. Mit mehr Herzensbildung oder mehr menschlicher Wärme hat das bei uns verdammt wenig zu tun, auch wenn es sich sehr gut anhört.«

Als er mich später zur Pforte bringt, ich noch einmal ein Kompliment über seine Datsche loslasse, sagt er: »Gut, daß du mich daran erinnerst, ich muß sie ein bißchen verwildern lassen, denn wenn die anderen hier neidisch werden, schauen sie dir genauer auf die Finger und fangen an, dumme Fragen zu stellen. Und das könnte weder uns noch der Datsche bekommen.«

Die Hausbesetzer vom Prenzlauer Berg

Er gehört zu den Liedermachern in Ost-Berlin. Er hat sich damit einen Namen gemacht, was nicht so einfach ist, denn Liedermacher gibt es zwischen Pankow und Weißensee viele. Sie alle gehören beileibe nicht zur ersten Garnitur dieser Zunft in der DDR. Die meisten haben einen »ordentlichen« Beruf, manche haben studiert. Er ist Facharbeiter in einem Ost-Berliner Betrieb. Er lebt also nicht von dem, was er textet und komponiert, zur Gitarre vorträgt. Er hat keine einzige Schallplatte gemacht, und er wird, so wie die Dinge stehen, wohl auch nie die Chance dazu bekommen.

Ich habe einige seiner Lieder gehört, am Rande kirchlicher Veranstaltungen. Er war dazu nicht eingeladen, er saß im Kirchhof, den man eher als Kirchgarten bezeichnen müßte, und sang mit halblauter Stimme von qualmenden Fabrikschloten, von sterbenden Bäumen, von der Untätigkeit der Verantwortlichen oder Zuständigen. Etwa 3000 junge Leute waren an diesem Sommertag zur Kirche gekommen, nicht nur aus Ost-Berlin, auch aus Halle, aus Magdeburg, aus Cottbus. Diskutieren wollten sie miteinander, sich gegenseitig informieren, über den Umweltschutz in ihrem Lande, der diesen Namen nicht verdient, über das, was man dagegen unternehmen kann.

Einige breiteten Karten aus vom Müggelsee, aus dem sie Wasserproben entnommen und analysiert hatten. Die grafische Aufbereitung verriet, zu welchen Ergebnissen sie gelangt waren und wie verdreckt das Wasser dort ist. Andere hatten Zeichnungen von den Naturschutzgebieten mitgebracht, die von der Mecklenburgischen Seenplatte bis hin nach Schwerin reichen und die von einer neuen Autobahn zerteilt werden sollten. Die Autobahn steht unterdessen. Alle waren sehr beschäftigt, mit sich selbst und mit ihren Ideen von einer Fahrrad-Demonstration, redeten vom Widerstand, den es auszuüben gelte, so wie sie das im westlichen Fernsehen erlebt hatten.

Unser Mann mit der Gitarre sang unverdrossen weiter, ein Einzelgänger inmitten des Getümmels, ganz auf sich und seine Musik konzentriert, nicht Ausschau haltend nach Publikum oder Beifall. Mit der Zeit freilich bekam er beides. Mehr und mehr junge Leute, ermattet vom Debattieren oder unbefriedigt von der Podiumsdiskussion im Inneren der Kirche, hockten sich ins Gras, ließen sich einlullen von der sanften Stimme und den sanften Akkorden, begannen zuzuhören. Und je länger sie da saßen, desto mehr begriffen sie, daß der Barde in ihrer Mitte von dem sang, was sie selbst meinten, daß da einer gelassen und mit einfachen Worten Zustände in ihrer Stadt, in ihrem Land beschrieb, auch wenn er keine Orte, keine Namen nannte, deutlich genug in jedem Fall.

Doch wie das so ist im Leben, wer sich allzu deutlich ausdrückt, bekommt Schwierigkeiten. In diesem Falle durch Leute, die aussehen, wie Umweltschützer in der DDR aussehen, aber mit langen Brennweiten zu fotografieren verstehen. Die Abzüge davon gehen in der DDR ihren Gang, und der mündet in der Regel ein in den Betrieb. Der Freizeit-Komponist, der seinen Job bislang ordentlich verrichtet hat, wird unversehens von Vorgesetzten kritisiert, gemaßregelt, verwarnt, schließlich in einen anderen Betriebsbereich versetzt, zu schlechteren Konditionen. Die BGL (Betriebsgewerkschaftsleitung), an die er sich hilfesuchend wendet, zuckt mit den Achseln, Kollegen bedeuten ihm, die Staatssicherheit habe sie nach ihm befragt. Er selbst wird von keiner Behörde, ob sie nun für Sicherheit zeichnet oder für andere öffentliche Belange, zitiert. Er textet weiter, komponiert weiter, tröstet sich mit dem Gedanken, daß seine Lieder für ihn wichtiger sind als die Stellung im Betrieb, beginnt allmählich die Widrigkeiten zu vergessen.

Bis Post kommt von der KWV (Kommunale Wohnungsverwaltung). Sie ist nicht an ihn adressiert, sondern an seine Freundin, bei der er wohnt. Werte Frau Sowieso, heißt es in dem Schreiben, Sie haben unberechtigterweise eine nicht genehmigte Person in Ihren Haushalt aufgenommen. Wir fordern Sie auf, binnen vier Wochen den gesetzlichen Zustand herzustellen, andernfalls werden Ordnungsmaßnahmen ergriffen.

Der Gitarrenspieler weiß: Die Schlinge ist gelegt, und er kann wenig dazu tun, daß sie nicht zugezogen wird. Denn die Rechtslage gibt gleich mehrfach zur Verzweiflung Anlaß. Als er vor fünf Jahren aus seinem Heimatort nach Berlin kam, hatte er weder einen Anspruch auf Arbeit noch auf eine Wohnung. Daß er am Ende beides bekam, ohne viel Aufhebens, ohne behördliches Getöse, lag an den Umständen, und die waren derzeit günstig.

7200 Wohnungen standen damals, 1980, in Ost-Berlin leer. Die meisten davon am Prenzlauer Berg. Abgewirtschaftet, heruntergekommen, allesamt ohne Bad oder Dusche, das Klo eine halbe Treppe tiefer oder auf dem Hinterhof, für mehrere Mietparteien gedacht. Wo es noch vereinzelt private Althausbesitzer gab, kamen sie nicht hin mit den Mieteinnahmen, die der Staat auf dem Stand des Mietzinses von 1935 eingefroren hat. Wo sie enteignet worden waren oder der Unwirtschaftlichkeit überdrüssig geworden, ihr Haus an den Staat verschenkt hatten, führte inzwischen die KWV Regie. Doch auch die wurde der Situation nicht Herr, ließ Fassaden vergammeln, Putz von der Decke fallen, betrieb bei der Reparatur von Rohren, Fenstern und Türen nur Flickschusterei. Vorrang hatte der Neubau, die Planziffer bei den Trabantenstädten, die leichter zu erreichen war als die Instandhaltung, geschweige denn Restaurierung. Und an Material mangelte es ohnehin an allen Ecken und Enden: an Nägeln, Schrauben, Isolierfolien, Dachziegeln, Farben.

Ihr Spitzname: Kaputt – Wüst – Verkommen ist so alt wie die KWV selbst. Alles hat eben seinen Preis, auch die Einraumwohnung für 35 Mark, die Zweiraumwohnung für 70 Mark oder gar die Dreiraumwohnung für 85 Mark. Viele Familien zogen weg vom Prenzlauer Berg, ungern zwar, weil Leute, die im Kiez aufgewachsen sind, gern im Kiez bleiben wollen. Aber die Neubauten, die in der Stadt wie Pilze aus der Erde schossen, hatten halt ihren Vorteil, ihren Komfort, ihr Plus an Bequemlichkeit: die Einbauküche, das Kachelbad, die Fernheizung.

Bei all der Umzieherei, die Alten raus, die Neuen, meist Jungen rein, verlor die KWV zeitweise den Überblick. Und so verlief denn etliches außerhalb des sozialistischen Ganges: Hausmeister, die für ein reichliches Trinkgeld oder eine üppige Zuwendung an harten Getränken den Schlüssel zu einer leerstehenden Wohnung herausrückten, Wohngemeinschaften, die sich bildeten, ohne die Zuweisung durch die KWV nach Wohnungsgröße oder Personenzahl abzuwarten, was gemeinhin gekoppelt ist, stille Hausbesetzungen.

Hinter verschlossenen Türen wurde gehämmert und gebohrt, wurden Zwischenwände herausgerissen, roch es nach frischer Farbe, machten sich einige langhaarige oder vollbärtige Menschen sogar im Treppenhaus zu schaffen, mit Eimern und Pinseln in der Hand. Sie sahen fast so aus wie Krawallmacher, die jedermann in Ost-Berlin aus dem West-Fernsehen kannte. Was zu versteckten Hinweisen oder gar zu Anzeigen ängstlicher Mitbewohner an die Polizei führte.

60 Zwangsräumungen und 340 Ordnungsstrafen mit teilweise empfindlichen Geldbußen waren die Folge. Aber die Ost-Berliner Stadtväter, ohnehin aufgeschreckt von den Hausbesetzungen im Westen der Stadt und in der Furcht vor Nachahmung im Osten, ließen es dabei bewenden, rangen sich vielmehr zu einem für hiesige Verhältnisse ungewohnten Beschluß durch. Wer eine leerstehende Wohnung findet, so ließen sie durch die Lokalpresse wissen, könne offiziell Anspruch auf sie erheben.

Das glättete wieder die Wogen, hatte aber einen beträchtlichen Haken. Denn vorausgesetzt wurde bei dieser Regelung, daß die leerstehende Wohnung auch der Familiengröße entsprach. Was unterm Strich hieß: Nur 12 Prozent der findigen Wohnungsentdecker bekamen die Wohnung auch zugesprochen. Allein in Friedrichshain, dem Prenzlauer Berg benachbart, hagelte es daraufhin Protestbriefe und Beschwerden. Was, immer noch mit Blick auf die Demonstrationen und Straßenschlachten zwischen Hausbesetzern und Polizei in Kreuzberg, zu einer weiteren ungewohnten Reaktion in Ost-Berlin führte: Konrad Naumann, SED-Bezirkschef, nahm öffentlich die Kommunale Wohnungsverwaltung in die Mangel und nicht, wie allseits erwartet, die Beschwerdeführer und Protestierer. Jetzt, so ließ der stadtbekannte Hardliner staunende Bürger wie verblüffte Parteigenossen wissen, jetzt solle alles so bleiben, wie es ist, müsse die KWV halt legalisieren, was sie selbst vertrödelt oder verschlafen habe.

Damit ist das Problem leerstehender Wohnungen in Ost-Berlin zwar auch heute noch nicht vom Tisch, aber seinerzeit verhalf Naumanns Stillhaltebefehl unserem Liedermacher zu seinem neuen Domizil. Denn das Mädchen, das er schon in den ersten Tagen seines Ost-Berliner Aufenthaltes in einer Kneipe in der Prenzlauer Allee aufgegabelt hatte, konnte ihn bei sich aufnehmen. Nicht nur vorübergehend, wenngleich es erst einmal so aussah, sondern dann auch auf Dauer, wie beide herausfanden. Der feste Wohnsitz, von der Polizei amtlich bestätigt, verhalf ihm zur festen Arbeit, denn einfach so, von Stadt zu Stadt ziehen, dort leben und arbeiten, das läuft in der DDR nicht, das widerspricht der Betreuungs- und Kontrollmentalität der regierenden Einheitspartei. Und der Zuzug nach Ost-Berlin, in die Hauptstadt, schon gar nicht. Was mindestens zwei Gründe hat: Zum einen können die Stadtväter nur kanalisieren, weil der Andrang aus der Provinz größer ist als Wohnungskapazität und Arbeitsplatzangebot, zum anderen wollen sie sich wegen der Nähe zu West-Berlin nicht unnötiges Unruhe- oder Störpotential aufhalsen.

Die verbriefte Zuzugsgenehmigung hängt, so sagen Eingeweihte, jedenfalls nicht allein vom Bedarf, sondern auch von einem Mindestmaß an Zuverlässigkeit der Neubürger ab. Was freilich nicht ausschließt, daß es Grauzonen gibt, daß Freiberufler, Künstler, Zeitjobber durch die Maschen der Bürokratie schlüpfen, in Maßen und in kleinen Mengen, versteht sich.

Den Weg des zugereisten Freizeitbarden zurückzuverfolgen, so steht zu vermuten, darf kein Problem für jene Behörde gewesen sein, die seine Umwelt-Texte als anstößig oder gefährlich eingestuft hatte. Ihm das zu bescheinigen, ihn gewissermaßen zur Rede zu stellen, also den Kern der Sache offenzulegen, hätte - folgt man dem klassischen Gedankengang - nur unnötigen Wirbel ausgelöst. Wer konnte schon zuverlässig wissen, ob seine Lieder nicht schon irgendwo auf Band genommen, seine Texte westlichen Journalisten zugänglich geworden waren? Und Publizität im Westen, »ein Fall«, paßt weder den Männern, die gern im Schatten der Straße oder im Morgengrauen arbeiten, noch den in der Folge damit beschäftigten Politikern der DDR ins Konzept. Ist ein Störenfried oder einer, der sich dazu entwickeln könnte, hingegen formaljuristisch zu packen, im schützenden Kleid der Legalität, ist dieser, wenn auch zeitaufwendigere Weg allemal vorzuziehen.

Und herausgefunden hatte die akribisch arbeitende Behörde zweierlei: erstens, daß der Umwelt-Musikant kein eigenes Mietverhältnis mit der KWV hatte, und zweitens, daß seiner Freundin, der Hauptmieterin, die Zweizimmerwohnung am Prenzlauer Berg nur dann zustünde, wenn sie mit ihm verheiratet wäre. Nun nimmt die DDR zwar für sich in Anspruch, ein Rechtsstaat zu sein, aber wenn irgendetwas nicht in die politische Opportunität paßt, wird dieser Anspruch zur Makulatur.

Im Bewußtsein, daß der Verlust der Wohnung auch jede Suche nach einer neuen Bleibe aussichtslos machen würde, der dann fehlende Wohnsitz automatisch den Verlust des Arbeitsplatzes nach sich ziehen würde, versuchte sich der Liedermacher am Unmöglichen: einen Anwalt zu finden, der bereit war, für ihn vor Gericht zu streiten. Doch die lehnen ein Mandat stets dann ab, wenn sie politische Interessen wittern, vornehmlich dann, wenn es sich um sicherheitspolitische Interessen handeln könnte. Es gibt nur wenige Ausnahmen. Advokaten, die hoffnungslos überlastet sind, selbst auf der Hut sein müssen, nicht ins Messer zu laufen, wenn sie Wehrdienstverweigerer, Ausreisende oder »Asoziale« verteidigen.

Einen dieser raren Spezies gewann der Liedermacher für seine Sache, die der Form nach ja eine Mietsache war und formal gesehen gar nicht ihn, sondern seine Freundin betraf. Und das war dann der Anfang vom Ende. Denn dieser Anwalt war so gut, so beschlagen im Umgang mit dem Staat und seinen Gesetzen, daß er den Staat und seine im Hintergrund wirkende Sicherheitsbehörde beinahe mit deren eigenen Waffen geschlagen hätte.

Hätte ist, wie wir wissen, allerdings der Konjunktiv. Die Aufforderung, so legte der Anwalt im nun folgenden Prozeß mit der KWV dar, an seine Mandantin, ihren Lebensgefährten aus der Wohnung zu weisen, hätte zur Folge, daß dieser Mann in die Asozialität abgedrängt werde, in eine Asozialität, die in der DDR strafbar sei. Denn ohne feste Wohnung verliere er die Arbeit und ohne Arbeit sein Einkommen. Mithin sei die Aufforderung, den Lebensgefährten rauszuwerfen - und nur so könne man das ja wohl nennen - eine Aufforderung zu einer strafbaren Handlung, ausgelöst von einer kommunalen Behörde.

Das verschlug den Richtern so sehr die Sprache, daß sie den Prozeß vertagten. Eine Pause, die der wendige Advokat zu einer neuen Initiative nutzte, allen Widernissen vorbeugend. Der Liedermacher, so schlug er vor, solle bis zum nächsten, noch unbestimmten Gerichtstermin heiraten. Gesagt, getan: Das Aufgebot wurde bestellt. Das ist, wenn man so will, auch in Ost-Berlin eine öffentliche Sache. Und so fanden sich denn, eine Stunde vor dem Heiratstermin, zwei Herren in der Wohnung ein, nicht voreilige Gratulanten, wie sich herausstellte, sondern zwei Polizisten in Zivil, die den Ausweis des Liedermachers einzogen. Vorübergehend, wie sie sagten, und unter Hinweis auf Paragraph 99, Absatz 2, der, als Gummiparagraph gefaßt, diese Maßnahme als im Interesse der Sicherheit und Ordnung beschreibt. Darüber gibt es, ordentlich wie Behörden sind, eine Quittung, doch die reicht einem Standesbeamten nicht aus als Dokument zur Heirat. Weshalb der Liedermacher am Tage seiner Hochzeit nicht heiraten konnte.

Und auch das Gericht hatte nun neue Munition, was nur den wundert, der Gerichte in der DDR für unabhängig hält. Der Einwand des Anwalts, so folgerte es messerscharf, der Lebensgefährte seiner Mandantin könne in die Asozialität abgedrängt werden, sei insofern hinfällig, als er bereits asozial sei, denn Ausweise ziehe die Polizei ja nur bei Asozialen ein.

Und so obsiegte denn die KWV, mußte der Liedermacher die Wohnung räumen, verlor er seinen Arbeitsplatz, weil er keine andere Wohnung fand, erhielt er den berüchtigten Ersatzausweis PM 12, der jedermann, dem er ihn vorzeigen muß, signalisiert, mit dem ist etwas oberfaul. Doch damit nicht genug. Wer in Ost-Berlin ein solches Ersatz-Dokument aufs Auge gedrückt bekommt, muß mit Verbannung rechnen. Das klingt nach Mittelalter oder Sowjetunion, was gelegentlich aufs gleiche hinausläuft, meint aber, daß der Betreffende aus der Hauptstadt hinaus muß und solange nicht wieder hinein darf, wie es die Sicherheit für erforderlich hält.

Dieser Verbannung ist unser Liedermacher noch einmal entgangen, vorläufig. Weil das Gerichtsurteil Monate nach der Verhandlung unversehens abgewandelt, neu gefaßt worden ist. Vermutlich, weil einiges von den Verfahrensweisen in westliche Richtung gedrungen war. Zwei Jahre, so hieß es nun, sei der Spruch zur Bewährung ausgesetzt. Was freilich nichts darüber sagt, wie vielen anderen es ähnlich ergangen sein mag, die sich sicher wähnten in ihren Häusern und Wohnungen am Prenzlauer Berg und anderswo in Ost-Berlin, als ehemalige Hausbesetzer oder Nutznießer dieser Hausbesetzungen.

Heute gibt es sie nicht mehr, weder im Osten noch im Westen Berlins. Saniert und restauriert wird hüben und drüben gleichermaßen, wenn auch in unterschiedlichem Tempo und unterschiedlicher Qualität. Wobei man allerdings in der Hauptstadt der DDR systematischer vorzugehen scheint - bei den Häusern wie bei den Menschen.

Salut für einen Bildhauer?

Es klingt wie dumpfes Donnergrollen, als pünktlich fünf Minuten nach zwei die drei Gasometer in die Luft gesprengt werden. Mehrere tausend Ost-Berliner sind Augen- und Ohrenzeugen der Detonation, und einige, die noch bis zuletzt in dem alten Gaswerk mit Aufräumungsarbeiten beschäftigt waren, haben Tränen in den Augen.

Als sich die Staubwolke über dem Arbeiterbezirk Prenzlauer Berg wieder senkt und der Blick für die auf den Dächern, Balkons, Brücken und Straßen stehenden Menschen wieder frei zu werden beginnt, brandet Beifall auf: Von einem der Gasometer ist ein Stück Seitenwand stehengeblieben, einer kleinen Pyramide gleich, mit einem Bäumchen auf der Spitze, das in den vier Jahren seit der Stillegung des Gaswerkes hat gedeihen können.

»Das müssen sie nun mit der Spitzhacke abreißen,« sagt einer der vielen jungen Leute schadenfroh und schießt mit seiner Kamera - wie schon andere Schaulustige zuvor - ein weiteres Erinnerungsfoto. Die Polizei, die aus Sicherheitsgründen mannigfaltiger Art rund um das Gelände postiert ist, hindert niemanden am Knipsen. Sie scheint erleichtert, daß alles in Ruhe über die Bühne gegangen ist, daß die Stimmung auf der Straße nicht aggressiv, sondern eher depressiv anmutet. Die Mannschaftswagen in den Seitenstraßen werden wieder klar zum Abzug gemacht, die stille Reserve hatte Ruh. Und die Uniformierten, die neben den wagemutigen Zuschauern auf den Dächern sitzen, packen ihre Ferngläser wieder ein. Beseitigt ist mit den Gasometern auch ein Konflikt, der die Ost-Berliner Behörden wochenlang in Unruhe versetzt hat. Entstanden ist er, wie Konflikte häufig entstehen: Alle wollen das Beste, nur jeder etwas anderes.

Als 1981 die Produktion des Gaswerkes eingestellt werden kann, weil nunmehr Erdgas aus der Sowjetunion verwendet wird, fassen die Stadtplaner mit dem Segen der Partei den Entschluß, auch dieses Terrain in eine ohnehin schon konzipierte Parkanlage einzubeziehen. Parkanlage ist eigentlich das falsche Wort, denn entstehen soll dort vieles mehr: 1300 Wohnungen, ein Kulturhaus, eine Reihe von Cafés und Gaststätten. 23 Hektar groß ist dieses Areal zwischen der Greifswalder- und der Dimitroffstraße. Das läßt allerhand Spielraum für die Architekten, die freilich, wie immer bei repräsentativen Sonderbauvorhaben in der Hauptstadt, unter dem Kommando des Professors Erhardt Gißke stehen. Der gilt trotz seiner vielen staatlichen Auszeichnungen und Orden als weltläufiger Mensch, läßt gelegentlich eines oder auch beide Augen in den Westen schweifen und beherrscht die Kunst, Gutes zu kopieren und Schlechtes wegzulassen.

Die Wohnparkanlage, wie sie in den Prospekten westlicher Bauherrenmodelle angepriesen wird, mit ein, zwei Hochhäuschen, daneben viergeschossige Reihenwohnungen, dazu viel Wiese und ein paar alte, umgepflanzte Bäume, scheint auch am Prenzlauer Berg Pate gestanden zu haben. Nur eines schlägt ein wenig aus der Art: Mittendrin in dieser allem Anschein nach umweltbewußten Wohnlandschaft soll ein Monument stehen, vor dem sich die Anwohner und die Besucher des Parks wie die Ameisen vorkommen müssen - eine mit 13 Metern Höhe überdimensionale Büste Ernst Thälmanns, mit offenem Kragen und geballter Faust, überwölbt von einer roten Fahne, an deren oberstem rechten Zipfel Hammer und Sichel herausmodelliert sind. Deshalb heißt der Park auch Ernst-Thälmann-Park. Dessen Einweihung soll dann auch am 16. April 1986 stattfinden, dem 100. Geburtstag Ernst Thälmanns.

Als die Ost-Berliner Presse das Modell veröffentlicht, gibt es wie gewöhnlich keinerlei Reaktionen in der Bevölkerung. Es ist ja auch nichts dagegen einzuwenden, wenn die »Berliner Zeitung« schreibt: »Die vorgegebenen Gemeinschaftseinrichtungen erfüllen die Bedürfnisse der Bewohner des neuen Wohnensembles, ergänzen aber auch vorhandene Einrichtungen in den umliegenden Wohngebieten des Stadtbezirks. Die geplante Rekonstruktion eines Kulturhauses wird das geistig-kulturelle Leben aller Bürger dieses Territoriums bereichern und mit seinen gastronomischen Einrichtungen zu einem angenehmen Aufenthalt einladen.«

Zu sehen sind auf dem Modell übrigens auch die drei alten Gasometer, funktionsuntüchtig zwar, wie jedermann weiß, aber offenbar auch als Zeugnis des geistig-kulturellen Lebens gedacht. Denn »als weithin sichtbare, für den Stadtbezirk Prenzlauer Berg charakteristische Bauten und als interessante technische Denkmale ist ihre Erhaltung und Einbeziehung in die in den nächsten Jahren entstehende Parkanlage beabsichtigt«. Dieses Zitat findet sich zwar nicht in der Zeitung, aber im 495 Seiten starken ersten Band »Die Bau- und Kunstdenkmale der DDR«, herausgegeben vom Institut für Denkmalpflege in Ost-Berlin.

Dieses Institut hat seit der offiziellen Einführung des Denkmalschutzes in der DDR am 1. Juli 1976 in allen entscheidenden Fragen dieser Thematik das Sagen. Es hat Zweigstellen in Dresden und Erfurt, Halle und Schwerin, die ebenso wie die Zentrale in der Hauptstadt Anleitungen und Anweisungen geben können - für bauliche, gärtnerische und städtebauliche Maßnahmen, für Instandsetzungsarbeiten, Untersuchungen, Grabungen, Konservierung und Restaurierung. Mehrere volkseigene Betriebe sorgen dann für die praktische Umsetzung dieser Anweisungen, und - nebenbei bemerkt - der Zulauf zu diesem Spezialistenberuf ist ungemein groß.

Kunstdenkmal ist in der DDR freilich nicht gleich Kunstdenkmal. Unterschieden wird hier nach regionaler, nach nationaler und nach internationaler Bedeutung. In allen drei Kategorien sind in der DDR etwa 50 000 Denkmale erfaßt. Dazu zählen 22 historische Stadtzentren, mehr als 25 sogenannte Altstadtbereiche, unter anderen in Stralsund, Güstrow und Bautzen. Herausragende Einzelobjekte, die sich dem Betrachter inzwischen restauriert präsentieren, sind der Zwinger in Dresden, die Wartburg in Eisenach, die Domkirchen von Naumburg und Halberstadt, das Tivoli in Gotha, der Stadtkern von Potsdam, das Alte Rathaus in Leipzig sowie die Dome von Magdeburg, Stendal und Brandenburg. Einbezogen in das staatliche Renovierungsprogramm waren und sind aber auch historische Bauernhäuser, vor allem im Spreewald.

Wieviel Geldmittel die DDR für die Denkmalpflege insgesamt zur Verfügung stellt, ist nicht bekannt. Aber was die Wiederherstellung vieler Kirchen angeht, so darf sie sich weitgehend entlastet fühlen. Denn das meiste dafür kommt von der evangelischen Kirche aus der Bundesrepublik Deutschland. Der Berliner Dom beispielsweise ist mit rund 40 Millionen D-Mark aus dem Westen renoviert worden. Die in der DDR dafür von der Kirche gesammelten Spenden in Höhe von 2,2 Millionen DDR-Mark nehmen sich dagegen verschwindend gering aus. Immerhin trägt der Staat wenigstens die jährlichen Unterhaltungskosten, die auf 250 000 Mark geschätzt werden.

Hundertschaften von Bauarbeitern, wie sie für staatliche Projekte eingesetzt werden, sind bei den Kirchen allerdings nur im Ausnahmefall tätig. Sie sind am Deutschen Theater, am Schauspielhaus, am Molkenmarkt und auch am Gendarmenmarkt im Einsatz gewesen, denn das Restaurierungskonzept von Staat und Partei ist in den letzten Jahren auf Ost-Berlin konzentriert worden - mit Blick auf die anstehende 750-Jahrfeier der Stadt. In der äußeren Darstellung dieses geschichtsträchtigen Termins rechnet sich die Führungsspitze der DDR bessere Chancen aus, als sie aufgrund mangelnder historischer Bausubstanz im Westen der Stadt vorhanden sind. Mit diesem Pfund läßt sich wuchern, vorausgesetzt, diese Bauten befinden sich in ansehnlichem Zustand.

Federführend dabei ist jenes schon erwähnte Institut für Denkmalpflege, das in seinen Veröffentlichungen auch manches in Vergessenheit Geratene oder um der Ideologie willen Verdrängte auffrischt. Etwa, daß die Dimitroffstraße, an der jene Gasometer lagen, früher Elbinger Straße hieß und davor Danziger Straße, daß die erste Berliner Gasanstalt von einer englischen Gesellschaft errichtet wurde, vor dem Halleschen Tor, und daß dieses Tor in West-Berlin zu finden ist.

Die Anlage an der nunmehrigen Dimitroffstraße war jedenfalls die vierte Gasanstalt in Berlin, erbaut in den Jahren 1872 bis 74. Die in Rede stehenden Gasometer kamen erst später hinzu: 1889, 1896 und 1900. Beschrieben werden sie vom Institut so: »Hohe, durch die Fensteröffnungen in vier und fünf Geschosse gegliederte Rundbauten in gelber bzw. für Gesimse und Bänder roter Klinkerverblendung, abgeschlossen mit Flachkuppeln nach Schwedlerscher Konstruktion. Im Inneren in den einzelnen Geschossen umlaufend eiserne Galerien, deren Vorlagen gleichzeitig zur Führung des eigentlichen Gasbehälters dienten.«

Die Gasometer vom Prenzlauer Berg, daran besteht nach ihrer Aufnahme in die Reihe der geschützten Kunstdenkmale kein Zweifel, werden im Ernst-Thälmann-Park stehen – als Zeugnis früher Industrie, wofür der Altkommunist und Arbeiterführer Thälmann gewiß Verständnis hätte. Und Erich Honecker, der Staatsratsvorsitzende, hat bei der Besichtigung des Arbeitsmodells offensichtlich auch nichts dagegen einzuwenden. Er zeigt sich im DDR-Fernsehen hocherfreut über den gelungenen Entwurf und zweifellos auch über das, was der Bildhauer des Thälmann-Monuments der Presse zu sagen hat: »Das Gestalterkollektiv verbindet mit diesem Ensemble den Gedanken, den Bogen vom antifaschistischen Widerstandskampf gegen den Hitlerfaschismus zum Kampf unserer Tage für den Sozialismus und Frieden zu schlagen.«

Der Mann, der diesen kühnen Bogen schlägt, heißt Lew Kerbel und zählt zu den bekanntesten Protagonisten des sowjetischen Realismus. Seine Spezialität sind Monumente, seine Lieblingsvorlage ist Lenin, und dessen Konterfei hat er schon in den halben Ostblock exportiert. Für die DDR hat er den gewaltigen Karl-Marx-Kopf in Karl-Marx-Stadt entworfen. Den Lenin in Ost-Berlin hat sein Kollege Nikolai Tomski machen dürfen.

Ein knappes Jahr später hat sich das Arbeitsmodell verändert: Die Gasometer sind wie von Geisterhand verschwunden. Eine Baumgruppe steht an ihrem Platz. Doch in der staatlichen Presse findet sich keine einzige Anmerkung dazu. Gerüchte schießen ins Kraut. Aus ihnen destilliert sich allmählich eine zwar unbewiesene, aber umso heftiger vertretene Ansicht: Lew Kerbel haben die Gasometer gestört. Auf seinen Einspruch hin sollen sie demnächst abgerissen werden. Hatte er nicht das große Wort vor der Presse geführt? Ist er nicht als besonders eitel und prestigebewußt bekannt? Und ist es nicht typisch, daß die Stadtplaner und Stadtväter vor den Sowjets wieder einmal kuschen? Die Botschaft vom russischen Sündenbock geht von Mund zu Mund am Prenzlauer Berg. Und sie hat Folgen. Denn eine Flut von Eingaben an den Bezirk, an den Magistrat, sogar ans Institut für Denkmalpflege setzt ein. Erst ist von 300 schriftlichen Einsprüchen die Rede, dann von 3000. Wie viele es wirklich sind, weiß niemand. Aber daß es in der Tat sehr viele sein müssen, zeigt die Reaktion der Behörden.

Zunächst reagieren sie nach altbewährter Methode gar nicht. Dann kommen erste Verlautbarungen - tröpfchenweise in der Lokalpresse. Die erste lautet: Man wolle im neuen Ernst-Thälmann-Park einen Kindergarten bauen, zusätzlich zur bisher geplanten Nutzung. Die zweite lautet: Es werde überlegt, ob eventuell ein Schwimmbad angelegt werden könne. Und die dritte lautet: Der Untergrund unter den Gasometern sei ziemlich schlecht, deren Bausubstanz übrigens auch nicht von allererster Güte.

Von den Protesten und Beschwerdebriefen aus der Bevölkerung wird weiterhin nichts gesagt. Aber klar wird, daß der Abriß der Industriezeugnisse feste Absicht ist und die nunmehr offerierten Alternativen beschwichtigen sollen. Spätestens zu diesem Zeitpunkt der Entwicklung, wahrscheinlich aber schon viel früher, hätte sich im anderen Teil der Stadt, in West-Berlin, eine Bürgerinitiative gebildet, hätte die Lokalpresse das Thema aufgegriffen, wäre die erste Demonstration gelaufen, das erste Paket mit Unterschriften vor den Kameras des Regionalfernsehens an die Kommunalpolitiker überreicht worden. Das alles ist in Ost-Berlin wie in der DDR nicht möglich, nicht denkbar, ja unvorstellbar. Es hätte sofort politische Qualität, würde den Alleinvertretungsanspruch der Partei in Frage stellen und damit ihr sorgsam gehütetes Privileg, allein und ohne jeden Teilhaber die Macht im Staat auszuüben. Dagegen gibt es keine Rechtsmittel, und wer sie verlangt, setzt sich dem Verdacht aus, politische Opposition betreiben zu wollen.

Ich bin mir sicher, daß es unter den Stadtplanern in Ost-Berlin, unter den Architekten im Gestalterkollektiv des Ernst-Thälmann-Parks über die Beseitigung der Gasometer - von wem auch immer sie verlangt worden sein mag - eine heftige, möglicherweise sogar erbitterte Diskussion gegeben hat. Denn gerade die jüngeren Leute in solchen Planungsabteilungen haben ein unverklemmtes und sensibles Kulturverständnis von Stadtarchitektur. Die aus Kostengründen in der ganzen DDR verbreitete Plattenbauweise hängt ihnen zum Halse heraus, die architektonische und bautechnische Massenproduktion in den Trabantenstädten ist ihnen ein Greuel. Aber sie sehen ein, daß der Staat nicht genügend Mittel hat, um besser zu bauen. Nach dem Motto: Einem nackten Mann kann man nicht in die Taschen fassen.

Dort freilich, wo es nicht um Kostenprobleme geht - wie bei den Gasometern -, sondern die Prinzipien des Denkmalschutzes verletzt werden, gibt es eine engagierte Auseinandersetzung ums Stadtbild und dessen Pflege. Bis zu einem bestimmten Punkt jedenfalls - dem Punkt, wo kritisches Insistieren als Ideologiekritik ausgelegt werden kann. An diesem Punkt, für den nahezu jeder Bürger in der DDR ein zuverlässiges Gespür entwickelt hat, schweigt man, stirbt die Diskussion, gilt nur noch das Wort von »oben«.

Wer es in diesem Fall gesprochen hat - der Kulturminister, dem das Institut für Denkmalpflege untersteht, der Bauminister, aus dessen Topf die Gelder kommen, oder gar das Politbüro, das Schaden für die (ost)deutsch-sowjetische Freundschaft befürchtet haben mochte - ist unbekannt. Bekannt ist hingegen, daß nach den ersten Presseberichten im Westen über die Gasometer vom Prenzlauer Berg und deren bevorstehenden Abriß die Staatssicherheit zu rotieren beginnt.

Für sie ergibt sich stets eine »Feindlage«, wenn Vorgänge, die unter der Decke gehalten werden sollen, im anderen deutschen Staat öffentlich werden. Diese Subversion, so vermutet sie in der Regel, geht wieder einmal vom Westen aus. Und sie hat dabei, wenn auch aus ganz anderen Gründen, nicht einmal völlig danebengehauen. Denn die Beschwerdeführer und Eingabenschreiber in Ost-Berlin haben den Anstoß zu ihrem mutigen Vorstoß aus westlichen Fernseh- und Radiosendungen erhalten. Die sehen sie - wie die meisten Ost-Berliner - regelmäßig und aufmerksam. Sie wissen Bescheid, wie es im anderen Teil der Stadt zugeht, wie dort gegen Abriß und Kahlschlag, gegen Autobahnen und Naturzerstörung Front gemacht wird und welche Wirkung derartige Protestaktionen auf die Politiker haben. Das regt zur Nachahmung, zur eigenen Initiative an, auch wenn sie wissen, daß die gesellschaftspolitischen Verhältnisse bei ihnen andere sind, daß ihre Grenzen viel enger gezogen sind.

Und einige ganz Verwegene tragen sich sogar mit der Absicht, am Tage der Sprengung das Gelände des alten Gaswerkes zu besetzen.

Etwa vierzig junge Leute sind zu diesem Schritt entschlossen, wollen, wie sie glauben, ein Zeichen setzen, die Bürokratie zum Gespräch mit dem Bürger zwingen. Das spricht sich herum - im Westen wie im Osten der Stadt. Und bis zum Stasi, der Hausbesuche rund um den Prenzlauer Berg macht. Eines erreichen sie immerhin: Der Sprengungstermin wird verschoben. Und: Ein Experte vom Institut für Denkmalpflege gibt im Radio ein Interview, in dem er - bei allgemeiner Erörterung des Ernst-Thälmann-Parks zum Nutzen der Bevölkerung - jene Gasometer, die das Institut als erhaltenswert bezeichnet hat, nun nicht mehr als erhaltenswert ansieht. Wer könne schon, so sagt er als Pointe, etwas gegen einen Kindergarten und noch mehr Grün haben, das dort entstehen solle. Auf diese Weise entzieht er den Protestierern die moralische Grundlage, blockt etwaigen neuen Zulauf zu ihnen und damit auch zur erwogenen Besetzungsaktion ab.

Acht Wochen danach ist es soweit. Ab 13 Uhr, so gibt die »Berliner Zeitung« bekannt, sind die Greifswalder Straße und die Dimitroffstraße sowie alle umliegenden Seitenstraßen für den Durchgangsverkehr gesperrt. Die Bewohner werden gebeten, die Fenster zu öffnen, um Glasschäden zu vermeiden. Gesprengt werde um 14 Uhr 05.

Und so geschieht es denn auch. Die Polizei hat das Gelände seit den Morgenstunden vergeblich nach Besetzern durchkämmt - sie haben aufgegeben angesichts der geballten Staatsmacht. Sie stehen unerkannt unter den anderen Ost-Berlinern, die zu Tausenden gekommen sind. Sie hören den dumpfen Knall, der wie ein Salutschuß klingt - Salut für einen sowjetischen Bildhauer?

Die Jüdin

Vor wenigen Tagen ist ihr Mann gestorben. Die Schatten unter ihren Augen verraten, daß sie um ihn geweint hat. Aber sie ist pünktlich zum Dienst gekommen, hat den weißen Kittel über das schwarze Kostüm gestreift und tut, wie sie sagt, ihre Pflicht. So wie seit über dreißig Jahren. Früher war sie Krankenschwester, dann Oberschwester und heute leitet sie ein Feierabendheim im Bezirk Mitte. Im Westen würde man sagen, ein Altenheim.

Der Stolz, mit dem sie den schon seit längerer Zeit avisierten Journalisten das Haus zeigt, ist unverkennbar. Ihre Erläuterungen sind präzise und sachlich. Nur wenn eine der alten Frauen, die sie hier zu betreuen hat, auf sie zutritt, ihr das Beileid ausspricht, bricht ihre Stimme, merkt man ihr an, daß sie begreiflicherweise lieber die Tür hinter sich abschließen würde als auf Fragen zu antworten. Daß sie letztendlich Contenance bewahrt, immer wieder den Faden findet, der gerade abzureißen drohte, hat wohl auch oder vielleicht zuallererst damit zu tun, daß diese Journalisten aus dem Westen kommen. Denn sie will Überzeugungsarbeit leisten, will ihnen begreiflich machen, wieviel der Staat für seine alten Bürger tut, wie sehr sich die Gesellschaft ihrer annimmt.

Die DDR ist ihr Staat, und sie kann sich keinen besseren vorstellen, in dem sie leben möchte. Schon gar nicht den anderen deutschen Staat, über den sie sich gut informiert fühlt und ihn gerade deshalb ablehnt. Nicht nur, weil er ihrer Meinung nach das falsche politische System hat, sondern weil er eine Vergangenheit mit sich herumschleppt, unter der sie selbst gelitten hat - als Jüdin. Sie ist damals davongekommen, besser als ihr Mann. Sowjetische Soldaten waren es, die ihn aus dem Konzentrationslager befreiten, ihn vor der Vernichtung retteten. Und so waren sie dann beide von Anfang an dabei, als das neue Gemeinwesen aufgebaut wurde, der Sozialismus, in dem es eine bessere Gesellschaft geben sollte. Daß die anderen Deutschen im anderen Staat den Versuch nie aufgegeben hätten, ihr das wieder wegzunehmen, das, meint sie, habe sie als persönliche Bedrohung verstanden, hat sie, wie sie sagt, zunehmend in der DDR auch eine geistige Heimat finden lassen, die es zu verteidigen gelte. Und es irritiert sie keineswegs, daß dieser Staat - ihr Staat - im anderen Lager steht, wenn es gegen andere Juden geht. Gegen jene in Israel. Das, sagt sie kühl, seien schließlich Zionisten, mit denen sie nichts zu tun habe und auch nichts zu tun haben wolle. Auch dann nicht, so frage ich, wenn sich darunter Menschen befinden, die wie ihr Mann im KZ gesessen, die gleichen Leiden ertragen und überlebt haben? Sie schüttelt entschieden den Kopf.

Dieser schroffen Ablehnung des Staates Israel bin ich in Ost-Berlin häufiger begegnet. Sie deckt sich mit der offiziellen Haltung von Staat und Partei und gipfelt seit dem Einmarsch der Israelis in den Libanon sogar in dem Vorwurf, die Zionisten unterschieden sich nicht von den Faschisten. Das Vokabular der staatlichen Medien zeichnet sich dabei durch Brutalität aus: Israelische Soldaten sind Söldnerbanden, militärische Aktionen sind Terrorüberfälle, Politiker sind Okkupanten. Demgegenüber werden Missetaten der PLO oder anderer arabischer Freischärler grundsätzlich als heldenhafte Befreiungstaten gepriesen.

Doch es bleibt nicht nur bei Worten. Verwundete PLO-Kämpfer sind in Ost-Berliner Krankenhäuser gepflegt und kuriert worden. Und als PLO-Chef Arafat noch in der Blüte seiner Macht stand, zählte er in der Hauptstadt zu den hofiertesten Gästen. Es gibt auch wenig Zweifel daran, daß Ost-Berliner Militärexperten - entweder vor Ort in Nahost oder zu Hause - Ausbildungshilfe bei Palästinensereinheiten geleistet haben. Was bei allen verbalen und inhaltlichen Unterschieden, die man zwischen Israelis, Zionisten und Juden anstellen kann, in jedem Fall Juden trifft. Den Vorwurf des Antisemitismus will in Ost-Berlin allerdings niemand auf sich sitzen lassen.

Und in der Tat: Die SED, die von Anfang an jede Wiedergutmachungsleistung an Israel abgelehnt hat, weil sie die Rechtsnachfolge des Deutschen Reiches der Bundesrepublik Deutschland überlassen hatte, diese SED hat es an Ehrungen und Mahnungen für die Opfer des Nationalsozialismus nicht fehlen lassen. Auch nicht an Ehrungen für die in den Konzentrationslagern ermordeten Juden. Dennoch: Die Grenze zum Antisemitismus ist in der DDR oft gestreift, manchmal überschritten worden. Für derartige Entgleisungen haben sich führende Parteifunktionäre dann im nachhinein bei der jüdischen Gemeinde in Ost-Berlin entschuldigt.

Diese jüdische Gemeinde gibt es auch heute noch. Sie hat knapp unter 200 Mitglieder, aber seit 1965 keinen eigenen Rabbiner mehr. Martin Riesenburger, so hieß er, ist auf dem jüdischen Friedhof in Weißensee beigesetzt. Mit rund 115 000 Grabstellen zählt er zu den größten jüdischen Begräbnisstätten in Europa. Der Magistrat stellt jährlich 150 000 Mark zur Pflege der Anlagen zur Verfügung. In einem besonderen Abschnitt des alten Friedhofs sind 809 Urnen mit der

Asche von Juden beigesetzt, die im KZ umgekommen sind. Aber man findet dort auch die Gräber prominenter jüdischer Persönlichkeiten früherer Jahre: das des Malers Lesser Ury, des Zeitungsverlegers Rudolf Mosse, des Journalisten Theodor Wolff, des Verlegers Samuel Fischer. Als die jüdische Gemeinde 1980 zum 100jährigen Bestehen des Friedhofes nach Weißensee einlud, kamen auch Vertreter des Staates und anderer Religionsgemeinschaften.

Zu hohen jüdischen Fest- und Feiertagen erscheint in Ost-Berlin ein Rabbiner aus West-Berlin. Er hat von den Behörden im Osten der Stadt ein Dauervisum erhalten, darf auch bei anderen wichtigen religiösen Anlässen dabei sein. Beispielsweise wenn der Schächter aus Ungarn anreist, um alle vierzehn Tage etwa zwanzig Stück Vieh nach altem Brauch zu schächten. Dieses rituell geschlachtete Fleisch dürfen sich - wie verkehrt ist doch die Welt - auch die arabischen Moslems holen, die in ihren Ost-Berliner Botschaften tätig sind.

Als Vermittler für diese ungewöhnliche Fleischgenossenschaft hat sich die DDR-Regierung betätigt. Sie zahlt der kleinen jüdischen Gemeinde auch weitere 170 000 Mark pro Jahr, damit ihre liturgischen Dienste und ihre Einrichtungen überhaupt unterhalten werden können. Immerhin gibt es 40 hauptamtliche Mitarbeiter, die in der Oranienburger Straße beschäftigt sind. Sie betreuen die Friedhöfe, die Synagoge, das Altersheim in Niederschönhausen und eine Bibliothek. Deren 4500 Judaika-Bände enthalten bibliophile Kostbarkeiten, die es in keiner staatlichen Sammlung in Ost-Berlin gibt, was Studenten und Schriftsteller ins Haus zieht. Ohne die finanziellen Zuwendungen staatlicher Stellen könnte die Gemeinde nichts von dem halten und bewahren, denn von der jüdischen Gemeinde in West-Berlin kommt nichts.

Woran mag es wohl liegen, daß nur 197 Juden in Ost-Berlin sich zur Religion bekennen, im Rahmen dieser Gemeinde praktizierende Juden sind? Jüdischer Herkunft sind weitaus mehr, schätzungsweise 3000 Menschen in Ost-Berlin. Liegt es daran, daß sie sich wie die Leiterin des Feierabendheimes nur noch als Sozialisten fühlen? Oder hat die Ära Ulbricht noch ihre Spuren hinterlassen? Eine Ära, in der es untersagt war, neben der sozialistischen Einheitspartei auch noch einer religiösen Gemeinschaft anzugehören. Oder liegt es daran, daß in der Sowjetunion Juden drangsaliert, teilweise wegen ihres Glaubens verfolgt werden? Gibt es - auf den Punkt gefragt - Juden in Ost-Berlin, die es für zweckmäßig halten, ihre jüdische Herkunft zu verschweigen? Sie lacht mich aus, eine Spur zu laut, wie ich meine, dreht den Spieß um, fragt nach Nazis und Neonazis in der Bundesrepublik, nach dem

Polizeischutz für Synagogen, nach Grabschändungen jüdischer Friedhöfe im Westen. Gewiß, die hat es im Osten auch gegeben, vereinzelt, wie sie einräumt, aber sind die Täter, wenn sie gefaßt wurden, nicht ungleich härter bestraft worden? Sie läßt auf die DDR, in welchem Zusammenhang auch immer, nichts kommen.

Unser Gespräch, so scheint es, ist damit für sie beendet. Daß es überhaupt so ins Persönliche abdriften konnte, lag an meiner Bitte um ein Interview. Zu einem Interview über das Feierabendheim, dem sie vorsteht und das sie als Inbegriff menschlicher Solidarität versteht. Auch anderswo, so sagt sie, werden alte Menschen betreut, doch mit Unterschieden, die sich nach der Stärke des Portemonnaies richten. Eben nach Klassen aufgeteilt und dementsprechend behandelt. Aber wo gebe es das schon in aller Welt, so schwärmt sie weiter, daß Schülerbrigaden und Betriebskollektive in ihrer Freizeit anrückten, um die Wohnungen der Alten zu renovieren, die im Heim nur vorübergehend untergebracht seien, die dann zurückkehrten ins sozusagen frisch gemachte eigene Nest? Wenn das nicht fürs System spräche, für das Zusammenleben zwischen Jung und Alt, was müsse sie noch als Beweis anführen, um den humanen Charakter dieses Staates zu verdeutlichen?

Was sie sagt, klingt dabei nicht einstudiert. Denn wie sie es sagt, läßt an der Spontaneität und Begeisterung wenig Zweifel aufkommen. Doch es gibt Momente, in denen sie zögert, erst nachdenkt, bevor sie weiterspricht. Beispielsweise bei der Frage, ob nicht allzuviel Begeisterung über die Vorteile eines Systems eher dazu geeignet sei, beim Gast Nachdenklichkeit hervorzurufen. Normalerweise pflege eine gute Hausfrau doch auch nicht ihren selbstgebackenen Kuchen von vornherein und auch noch hinterher als den besten zu loben, sondern aufs Kompliment der Gäste zu warten. Kurzum: Ob nicht manchmal weniger - mehr sein könne? Sie räumt ein, nach einer kleinen Pause, daß daran schon etwas sei. Andererseits sei es ebensowenig üblich, daß diese Gäste - und sie blickt mich dabei an - am vorgesetzten Kuchen ständig herumnörgelten oder öffentlich die Zutaten kritisierten.

Als wir später das Feierabendheim verlassen, kommen wir auch am Schwarzen Brett für Hausmitteilungen vorbei. Eine handgeschriebene fällt mir auf: »Der Erlös des verkauften selbstgebackenen Kuchens geht als Solidaritätsspende nach Afghanistan. Für die dort heldenhaft kämpfenden Genossen und ihre sowjetischen Freunde. Die Heimleitung.« Ob es wohl ihre Schrift ist?

Inflation der Diplome oder Wie ökonomisch ist ein Diplom-Ökonom?

Es muß wohl etwas mit den physikalischen Gesetzen zu tun haben, daß große Körper langsam reagieren. Und je größer sie sind, desto statischer verhalten sie sich. Am unbeweglichsten in der Reihe großer Körper sind die Staatsapparate, im Westen wie im Osten. Weil die im Osten aber noch um vieles aufgeblähter sind als ihre Artverwandten im Westen, halten sie den Rekord in der Sparte Schwerfälligkeit. Doch ähnlich wie Elefanten, die unversehens Gefahr wittern, können sie auch blitzschnell mit dem Rüssel zuschlagen. Einer dieser Fälle von unvermutet prompter Reaktion hat sich im Frühjahr 1984 zugetragen. Die Gefahr ging wieder einmal von westlichen Korrespondenten aus, aber der Rüsselschlag traf andere: die Anzeigenabteilungen der Ost-Berliner Zeitungen und deren Inserenten.

Mein Kollege Robert Röntgen und ich - wer steckt sich nicht gern mal selbst eine Feder an den Hut - hatten beim Studium der Staats-Gazetten entdeckt, daß sich eine bestimmte Rubrik im Anzeigenteil beträchtlich auszudehnen begann: die mit Stellengesuchen. Der Vergleich mit älteren Ausgaben wies nach: Die Heirats- und Wohnungswünsche, der Gebrauchtwagenmarkt und die Ersatzteilgesuche waren unverändert geblieben wie eh und je, aber mehr als zwanzig Annoncen unter dem Stichwort »Stellungsgesuche« gab es in der Vergangenheit nicht. Am 2. März dagegen fanden sich in der Ost-»Berliner Zeitung« 180, in der Ausgabe vom 16. März sage und schreibe 700 Stellungswünsche. Allein diese Zahl verblüfft in einem Staat, der doch stets über Arbeitskräftemangel klagt und den Begriff der Arbeitslosigkeit in die Welt des Kapitalismus verbannt sehen möchte.

Die nähere Betrachtung der 700 Stellengesuche lohnte sich. 198 davon - das sind rund 27 Prozent - enthielten den Hinweis, daß die Stellungssuchenden bereit waren, eine artfremde, branchenfremde oder berufsfremde Tätigkeit anzunehmen. Unsere statistische Aufgliederung, die wir nun im Detail vornahmen, förderte aber noch weitere erstaunliche Tatsachen zutage: Von den 394 Männern, die einen anderen Arbeitsplatz suchten, machten die Facharbeiter - vom Mechaniker bis zum Schlosser, vom Maurer bis zum Elektromonteur - nur die zweitgrößte Gruppe aus. An der Spitze lagen vielmehr die Höherqualifizierten, meist Akademiker. Jeder vierte Mann, so ließ sich ausrechnen, war Ingenieur oder Diplom-Ingenieur, aber auch Mathematiker, Chemiker oder Hochschulmitarbeiter wollten einen neuen Job, vielleicht auch nur überhaupt einen Job, denn ob der Inserent derzeit Arbeit hatte, war nur im Einzelfall angegeben. Wer keinen Job hat, darf das in einer Anzeige in der Staatspresse nicht mitteilen.

Statistiken nachzulesen, ist für den Durchschnittsbürger in West oder Ost ja nur in seltenen Fällen ein Vergnügen; Sportresultate gelten da als rühmliche Ausnahme. Aber wenn man sie selbst aufstellt, kann das für einen Journalisten spannender sein als ein Kriminalroman. Interessant war es für uns deshalb auch, daß bei den 306 Anzeigen, die von Frauen und Mädchen aufgegeben worden waren, der Anteil der Facharbeiterinnen höher lag, als bei den Männern. Im Anzeigenteil westlicher Blätter findet man Facharbeiterinnen dagegen nur selten. Die Erklärung dafür ist ebenso simpel wie verblüffend: Eine Stenotypistin wird in der DDR Facharbeiterin für Schreibtechnik genannt, und neben der Fachverkäuferin und der Friseuse mit dem Facharbeiterbrief gehört in diese Kategorie auch die Krankenschwester.

Nur halb so groß war dagegen die Zahl der weiblichen Inserenten, die nicht in die Facharbeiter-Rubrik paßten, also entweder keine Ausbildung hatten oder irgendetwas in Heimarbeit machen wollten, egal was. Bei den höherqualifizierten oder akademisch gebildeten Frauen, die meist zwischen 25 und 35 Jahre alt waren, fiel auf, wie viele als Wirtschaftskaufmann, Ökonom oder Diplom-Ökonom tätig waren, nämlich immerhin 80 von den 306. Das gab uns den Anstoß, noch einmal die männlichen Inserenten auf diese Branche hin abzuklopfen. Das Resultat: Zählte man Männer und Frauen zusammen, so stellten sie mit 22 Prozent den größten Anteil aller Inserenten. Und ein Drittel der in Wirtschaft und Handel Ausgebildeten war bereit, den erlernten und studierten Beruf an den Nagel zu hängen.

Diese Ergebnisse hielten wir für unsere Hörer in der Bundesrepublik Deutschland für berichtenswert, die Redakteure in den ARD-Anstalten offenbar auch, und so wurden mehrere Beiträge, mal per Band, mal im Live-Gespräch, bundesweit ausgestrahlt. Auch unsere Fernsehkollegen vom ARD-Studio in Ost-Berlin machten sich in der Folge an das für sie optisch spröde Thema. Die Berichterstattung in Hörfunk und Fernsehen ist natürlich auch in der DDR zu verfolgen, von den Einwohnern wie von den Offiziellen. Deshalb hat sie - die Zeitungskollegen wissen das auch - größere Wirkung als das Gedruckte, das man ja als Normalbürger in der DDR kaum in die Hände bekommt.

Nach knapp drei Wochen - einer für die erwähnte Schwerfälligkeit des Apparates erstaunlich kurzen Zeit - war der Anzeigenteil in der Staatspresse wieder sichtlich zusammengeschrumpft. Keiner der Inserenten äußerte mehr das Verlangen, art- oder berufsfremd arbeiten zu wollen, und Akademiker tauchten nur noch ganz selten auf. Sollten alle, die einen Job gesucht hatten, binnen kürzester Frist diese Stellung gefunden haben?

So etwas nachzuprüfen, ist für einen Korrespondenten in Ost-Berlin wie auch in anderen Ostblockstaaten sehr schwer. Zumindest braucht er etliche Zeit, um fündig zu werden. Wir wurden fündig: Stellungsgesuche dürfen in der DDR nicht mehr bei den Anzeigenabteilungen der Zeitungen aufgegeben werden. Sie sind nunmehr an die sogenannten Ämter für Arbeit zu richten, die dann ihrerseits die Anzeigen weiterleiten. Nach Durchsicht des Textes und Herausfilterung exakt der Reizworte, die wir besonders erwähnt hatten. Vor allem aber: Stellungsgesuche dürfen nur noch in kleiner Stückzahl veröffentlicht werden. Was ja nur heißen kann: Das Bild von der heilen Arbeitswelt in Ost-Berlin soll erhalten bleiben. Nur scheinen für seine Bewahrung ein paar kleine Retuschen unumgänglich. Vor allem, was die Lage der Akademiker in der DDR betrifft.

Denn nicht nur in der Bundesrepublik Deutschland, sondern auch in der DDR gibt es mittlerweile zu viele Studenten. Ja, es gibt hier wie dort eine regelrechte Akademikerschwemme. Das ist insofern überraschend, als die DDR im Unterschied zur Bundesrepublik eine ganze Fülle berufslenkender Instrumente zur Verfügung hat, mit der sie sowohl dem Mangel als auch dem Überangebot in fast allen Berufssparten wehren könnte. Die Frage ist nur, ob und wann sie im richtigen Umfang eingesetzt werden. Mit dem Herbstsemester 1983 hat denn auch die staatliche Planung die Zügel fester angezogen und die Zahl der Studienanfänger Stück um Stück reduziert. Nicht etwa, weil die 71 Universitäten und 245 Fachschulen überlaufen wären, sondern weil es sich auf Dauer nicht lohnt, junge Leute in einem kostspieligen Ausbildungsprozeß weiterzuqualifizieren, ohne sie dann auch an einem entsprechenden Arbeitsplatz einsetzen zu können.

Diese volkswirtschaftlichen Überlegungen rangieren in der DDR stets an erster Stelle. Tatsache ist, daß viele Studienabsolventen, die in den Jahren 1981 bis 1984 ihr Examen gemacht haben, zwar in Lohn und Brot sind, aber oft an untergeordneter Stelle arbeiten müssen. Ja, sie sind meist schlechter dran als die Facharbeiter, was Bezahlung und Kompetenzen angeht. Und weil sie darüber verständlicherweise mürrisch geworden sind oder Abwanderungsgedanken hegen, wie sie in den geschilderten Anzeigen zum Ausdruck kamen, sind sie von den jeweiligen Betrieben auch nur widerwillig aufgenommen worden.

Universitätsabsolventen haben's dabei in der Regel aber noch besser als die 170 000 jährlichen Fachschulabsolventen. Ein Drittel davon war im Fern- oder Abendstudium eingeschrieben. Bei ihnen ist der Hebel zuerst angesetzt worden. Jetzt sind es schon zehn- bis zwölftausend weniger. Bei den Universitätsstudenten ist die Zahl mit etwa 130 000 nahezu gleich geblieben. Aber auch hier hat der Staat Veränderungen eingeleitet: die Verlagerung des Ausbildungspotentials auf Forschung, Technologie und Naturwissenschaften. Die Zahl dieser Studienplätze ist auf über 40 000 gestiegen, und sie wird weiter steigen. Zweitstärkste Fachrichtung ist das Pädagogik-Studium, auf das sich etwa 25 000 Jungen und Mädchen jährlich vorbereiten. Doch deren Ausbildung läuft höchst unterschiedlich zur bundesdeutschen, läßt sich im einzelnen nicht vergleichen. 12 000 bis 15 000 Studenten wollen im Medizin- und Gesundheitswesen tätig werden, 8000 studieren Agrarwissenschaft. Für Literatur und Sprachwissenschaften gibt es demgegenüber nur etwa 2000, für Kunst knapp 3000 Studienplätze.

Aber rund 38 000 junge Leute haben in den vergangenen Jahren Ökonomie studiert. Marxistisch-leninistische Ökonomie, versteht sich, was sie gewiß befähigt, die theoretischen Abläufe des sozialistischen Plansystems aus dem Effeff zu bewältigen. Das allein hat allerdings nur die wenigsten für dieses Studium begeistert. Bei vielen spielte dabei auch die Vorstellung von Handel und Wandel, von Export und Import, von Reisen ins sozialistische wie ins nichtsozialistische Ausland eine Rolle. Eine Art Modestudium also, wie in westlichen Gefilden die Soziologie. Und in Mode war es auch bei den staatlichen Berufslenkern, die allenthalben unter dem Eindruck der eigenen Propaganda standen und teilweise auch heute noch stehen: daß es gewaltiger Anstrengungen bedürfe, um die Ökonomie in Schwung zu halten, auf den internationalen Märkten konkurrenzfähig zu bleiben und mit dieser Stärkung des Sozialismus auch den Frieden zu bewahren.

Im rauhen Alltag des Berufslebens aber kehrt Ernüchterung ein. Denn nur wenige landen in den für Handel zuständigen Ministerialverwaltungen, deren Mitarbeiter hin und wieder am Duft der großen weiten Welt schnuppern dürfen. Die meisten gehen in volkseigenen Betrieben oder Kombinaten unter, wo das Diplom im besten Fall ihren Einachser im Verwaltungstrakt ziert. Dort stellt sich zu ihrem Mißvergnügen auch noch heraus, daß jeder dritte mit irgendeinem Diplom aufwarten kann, ja, daß es mit den Diplomen so läuft wie mit dem Geld in der Inflation: Je mehr davon gedruckt wird, desto weniger Wert hat es. Vielen jungen Aussiedlern aus der DDR, die 1984 in die Bundesrepublik gekommen sind – just zu der Zeit, als die Stellengesuche in der DDR-Presse so auffällig zugenommen hatten –, ist im Westen besonders schmerzhaft bewußt geworden, daß ihr per Zertifikat bescheinigter Ausbildungsstand meist wenig für die Erfordernisse moderner Technik oder modernen Managements taugt.

Es gibt inzwischen auch im Westen einen fatalen Hang, mit hochtrabenden Titeln Eindruck machen zu wollen, wenn etwa aus dem Vertreter ein Verkaufsrepräsentant geworden ist oder aus dem Verkäufer ein Einzelhandelskaufmann. Aber die Sucht nach Titeln und Diplomen in der DDR ist weitaus nachhaltiger ausgeprägt. In Ost-Berlin kursieren darüber Witze wie dieser: Die Klofrauen sollen jetzt zum Facharbeiter für Sanitär-Reinigung aufsteigen. Für das Diplom ist allerdings eine Prüfung notwendig. Die Klofrau Schulze besteht diese Prüfung mit Bravour und wird von den anderen Kandidatinnen zitternd gefragt: Na, wie war's denn? Kinderspiel, sagt sie. Erst wurden zwei Fachfragen gestellt: Was bedeutet ein D auf der Tür? Hab' ick jesacht: Damen. Dann: Was bedeutet ein H auf der Tür? Hab' ick schon übalejen müssen, denn heute sacht ja kaum noch eener Herr, sondern meistens Jenosse. Aber dann kam die Prüfung in ML (Marxismus-Leninismus, der Verf.): Was bedeutet ein roter Stern auf der Tür? Jott sei Dank is et mir einjefalln: Det is der Lokus für unsere Brüder von der Roten Armee, hab' ick jesacht, und da ham se mir det Diplom jejebn.

Der DDR-Ökonomie hat diese Diplomeritis jedenfalls keinen praktischen Nutzen gebracht. Im Gegenteil. Sie hat dazu beigetragen, daß viele Schwachstellen des Systems damit verkleistert worden sind. Der »Eulenspiegel« hat sich in seinen Satiren darüber schon mehrfach lustig gemacht. Beispielsweise über ein Kollektiv diplomierter Ingenieure, das als neuesten Clou seines Innovationsvermögens ein ganz gewöhnliches Fahrrad patentieren lassen wollte. Das ist – ohne jede Eulenspiegelei – in der DDR tatsächlich zum zweiten Mal erfunden worden, nach langjährigen Berechnungen und Konstruktionsarbeiten, was selbst gestandene Funktionäre auf die Palme brachte.

Doch bedenklicher als solche skurrilen Auswüchse ist für die Staats- und Parteiführung, daß sie dem akademischen Nachwuchs auf Dauer keine Betätigung zuweisen kann, die seinen Fähigkeiten und Ansprüchen gleichermaßen gerecht wird. Das ist nicht nur aus der Sicht der Partei unökonomisch, sondern auch riskant, denn sie will über das übliche Maß hinaus keine zusätzliche Unzufriedenheit auslösen. Sie steht, auch wenn es sich von außen ganz anders ausnimmt, vor vergleichbaren Problemen wie die Bundesrepublik. Das wird sie zwar nachdrücklich bestreiten, aber trotz der besseren Kaschierungsmöglichkeiten, die schon der alte Potemkin im zaristischen Rußland so exzellent beherrschte, kann sie sich nach innen um diesen Tatbestand nicht herummogeln.

Die Zeiten, in denen dem jungen DDR-Bürger das Diplom oder der Titel zur Selbstbestätigung ausreichte, neigen sich dem Ende zu. Er will, wie der Berliner so schön falsch sagt, Butter bei die Fische sehen. Und das heißt konkret: Die technische Zeichnerin, die sich in Ost-Berlin Teilkonstrukteurin nennen darf, will als Facharbeiterin auch entsprechendes Geld verdienen. Und der Diplom-Ökonom im Kabelwerk Oberspree ist es leid, für seinen unstudierten Meister den Schlappenschabbes zu machen. Denn daß diese Rechnung sowohl vom betriebswirtschaftlichen, als auch vom volkswirtschaftlichen Standpunkt her nicht aufgehen kann, das immerhin hat er schon auf der Universität gelernt.

Kollege Roboter braucht keine Prämie

Im Ost-Berliner Glühlampenwerk, zugehörig zum Kombinat Narva, »tobt die japanische Technik«. Vorerst zwar nur in einer Halle, aber weitaus höher geschätzt als die hausgemachte aus der DDR oder die aus dem Bruderland Ungarn. »Schicht-Ingenieur Jürgen Seide umkreist stets die japanische Technik.« Doch mit der Technik allein ist es nicht getan. »Das Geheimnis ihrer Effizienz« besteht darin, daß hochqualifizierte Leute eine wesentlich höhere Schichtleistung herausholen und an allen Anlagen gleiche Qualität und Menge erzielen.

Nach meinem Sprachgefühl tobt allenfalls ein Orkan oder, wenn es denn schon um den Fernen Osten geht, ein Taifun, umkreist ein Schäferhund die Herde und läßt Conan Doyle seinen Sherlock Holmes das Geheimnis von Baskerville aufspüren. Doch lassen diese wörtlichen Zitate aus einer Betriebsreportage der »Berliner Zeitung«, so blumig sie auch ausgefallen sind, eines ahnen: die Bewunderung, ja die Ehrfurcht vor dem technischen Know-how der Japaner.

Die elektronische Steuerungsanlage, um die es in diesem Fall geht, zählt zu den kostspieligen Mitbringseln, die Erich Honecker von seinem ersten Ausflug in ein hochindustrialisiertes westliches Land mitgebracht hat. Das war im Mai 1981. Zuvor hatte er sich nur in Österreich umgesehen, was nicht die Fähigkeiten der österreichischen Industrie schmälern soll, aber glaubt man der DDR-Presse, dann war er im Nachbarland doch mehr von der Hofburg, Bruno Kreisky und dem k.u.k.-Charme der Wiener beeindruckt. An seinem sozialistischen Weltbild hat die Reise nach Wien jedenfalls nicht gerüttelt, wohl aber die Reise nach Tokio und nach Osaka.

Ich habe nur einige Betriebe in Ost-Berlin und anderswo in der DDR von innen sehen dürfen. Aber ob in Treptow, Eisenhüttenstadt oder Waltershausen - einen Eindruck haben sie im Vergleich zu bundesdeutschen Werken gemeinsam hinterlassen: daß dort viel mehr Menschen viel mehr Handarbeit viel ruhiger verrichten. Und ich räume ein: Auch mir ist die Spucke weggeblieben, als ich in Osaka sah, wie wenige Menschen in welchem Affentempo die nahezu komplett maschinell gefertigten Fernsehgeräte nur noch zur Kontrolle checkten und in ihren sauberen weißen Kitteln kaum noch wie Arbeiter, sondern eher wie Zahnärzte wirkten.

Die hochkarätige DDR-Delegation, mit Erich Honecker, dem SED-Wirtschaftsexperten Günter Mittag und dem Staatssekretär Günter Beil vom Außenhandelsministerium an der Spitze, muß sich in diesem Toshiba-Zweigwerk wie auf der Geisterbahn gefühlt haben. Die Umsatz- und vor allem die Exportziffern des Unternehmens im Kopf, mochten sie eine tausend- oder gar mehrtausendköpfige Belegschaft zum Empfang erwartet haben, so wie das zu Hause der Fall ist, wenn die Prominenz anrückt. Hier standen knapp zweihundert Männlein und Weiblein fähnchenschwenkend bereit, die nach fünf Minuten wieder ans Band eilten. Und dort schwebten die TV-Geräte im Dreißig-Sekunden-Abstand vorbei, zusammengesetzt von Robotern, kurz begutachtet von Menschen, mit einer Ausschußquote unter einem Prozent.

Daß Reisen bildet, ist eine Binsenweisheit. Doch für den Staatsratsvorsitzenden der DDR, so meine ich, ist die Reise nach Japan zum Schlüsselerlebnis geworden. Er mag es mehr intuitiv als rational erfaßt haben, wie überholt seine und der Partei gepflogene Vorstellung vom muskulösen und schweißüberströmten Arbeiter geworden ist, wie wenig gefragt Hammer und Sichel in der Zeit des Mikrochips sind, daß der Computer, befragt nach der Anwendbarkeit der Marxschen Theorien auf die Mikroelektronik, nur antworten würde: Mistake.

Fortan jedenfalls, und das heißt seit Ende 1981, ist über die DDR eine Automatisierungs- und Rationalisierungswelle hereingebrochen, haben die Staatsplaner Ernst gemacht mit dem, was sie in den Jahren zuvor nur als Lippenbekenntnis von sich gaben: daß die Arbeitsproduktivität verbessert werden soll, daß Zeit auch Geld ist und daß Gewinne eine durchaus erstrebenswerte Sache sind. Erich Honecker selbst scheute sich nicht, die bislang kümmerlichen Arbeitsresultate zu bemängeln und öffentlich einzuklagen, daß es in der Bundesrepublik Deutschland eine um 30 Prozent höhere Arbeitsproduktivität gebe.

Auf gut deutsch: Was zehn Werktätige in der DDR schaffen, erledigen sieben bei uns. Und diese sieben Westdeutschen brauchen dafür auch noch weniger Zeit als die zehn Kollegen in der DDR. Denn dort gilt seit 1967 die 43 1/2-Stunden-Arbeitswoche. Gearbeitet wird in der Regel von montags bis freitags, und an diesen fünf Tagen soll die Arbeitszeit möglichst gleich sein. Aber viele Kombinate und vor allem die zahlreichen staatlichen Behörden sind längst dazu übergegangen, den Laden schon am Freitagnachmittag dichtzumachen. So wie im Westen. Doch dafür wird an den übrigen vier Tagen entsprechend länger gewerkelt. Ob in der Behörde oder im Betrieb, begonnen wird meist morgens um sieben. Nach viereinhalb Stunden gibt's die erste

Pause von 15 Minuten, das ist Vorschrift. Zum Mittagessen werden 30 Minuten angesetzt, und diese Pausen werden natürlich nicht mitbezahlt und nicht als Arbeitszeit betrachtet.

Doch wo es Regeln gibt, gibt es stets auch Ausnahmen. Wer im unbeliebten Drei-Schicht-System tätig ist oder in der sogenannten durchgehenden Schicht, der braucht nur 40 Stunden abzuleisten. Und gerade die Zahl dieser Werktätigen steigt an, weil die Staatsplaner eine bessere Auslastung der vorhandenen Maschinen gefordert haben und weil im Zuge der Rationalisierung teure technische Investitionen nicht brachliegen sollen. Wer dagegen im Zwei-Schicht-System beschäftigt ist, arbeitet 42 Stunden. Dieses System ist freilich auf dem Rückzug. Geregelt wird so etwas mit Rahmenkollektivverträgen, die allerhand Möglichkeiten bieten, positive wie negative, aber stets betriebsinterne und nicht auf andere Betriebe anwendbare. Im Normalfall sollen zwar zehn Arbeitsstunden am Tag nicht überschritten werden, aber wenn sich die BGL mit den Kollektiven einig weiß, am Freitag schon um 12 Uhr den Hammer oder Griffel fallen zu lassen, dann wird eben an einem anderen Tag kräftig überzogen. Gestandene Gewerkschaftsfunktionäre im Westen würden auch wie die Formel-1-Motoren rotieren, wenn sie an den Jugendschutz denken. Den gibt es zwar auch in der DDR, wenn es da heißt, daß Jugendliche nicht in der Zeit von 18 Uhr abends bis 6 Uhr morgens eingesetzt werden dürfen, aber »wenn es die Ausbildung erfordert«, können Ausnahmen gemacht werden. Konkret: Wenn ein Bäckerlehrling, und in der DDR heißt er immer noch Lehrling und nicht Auszubildender, morgens um vier in der Backstube sein soll, dann ist er auch da.

Überstunden sollen gleichfalls nur in Ausnahmefällen geleistet werden. Aber dieser Ausnahmekatalog ist so umfangreich, bietet so viele Auslegungschancen, daß kaum noch von einer Faustregel gesprochen werden kann. Wenn der Termin der Planerfüllung naht, zum Monatsende, zum Quartal, zum Jahresabschluß, dann hagelt es nur so Überstunden. Das ist zwar teuer, weil es Prämien und Zuschläge dafür gibt, nämlich 25 Prozent des Tariflohnes, aber gerade deshalb sind viele Werktätige an Überstunden interessiert. Zumal das eigentliche Lohnniveau gering ist. Das Statistische Jahrbuch der DDR, in Ost und West wie eine Bibel behandelt, sagt aus: Durchschnittseinkommen eines Industriearbeiters gleich 1095 Mark (1984) pro Monat. Über den Tariflohn sagt es nichts. Und es sagt auch nichts über diejenigen, die nicht in der Industrie beschäftigt sind. Beispielsweise, daß ein Fensterputzer in der DDR 2 Mark 30 in der Stunde verdient und eine Krankenschwester knapp 3 Mark.

Hält man sich aber an die Statistik und an den Industriearbeiter, dann müßte er auf etwa 6 Mark 50 pro Stunde kommen. Das aber bekommt er als Tariflohn nicht. Eingerechnet ist in diesen Betrag bereits jede Überstunde und jede Prämie einschließlich der sogenannten Jahresendprämie, die in der DDR das Weihnachtsgeld ersetzt, aber Planerfüllung voraussetzt, und erst diese Addition macht das errechnete Monatseinkommen im Durchschnitt aus.

Das Prämiensystem ist jedoch mehr und mehr in die Schußlinie von Staat und Partei und damit auch in die Schußlinie der DDR-Gewerkschaft geraten. Sonst wäre kaum jene öffentliche Diskussion vorstellbar gewesen, wie sie sich im Oktober 1982 in der Gewerkschaftszeitung »Tribüne« abgespielt hat. »Hat das Gießkannen-Prinzip bei der Prämienverteilung seine Berechtigung?« fragte die Zeitung ihre Leser, und es gingen so viele Zuschriften ein, daß die meist kritischen, oft wütenden Reaktionen gleich zweimal binnen einer Woche abgedruckt wurden. »Ich habe schon die Erfahrung gemacht«, so schrieb ein Leser aus Weißwasser, »daß im Fall von Prämien bei mancher hübschen Maschinistin in unserem Kraftwerk weniger auf die Leistung, aber mehr auf die Freundlichkeit gesehen wird.« Was eine sicherlich redaktionell entschärfte Formulierung war.

Und eine Brigade aus dem VEB-Agrotechnik Nauen monierte: »Ohne Unterschied und Kommentar werden auch bei uns die Prämien schön gleichmäßig verstreut, weil das einfacher und bequemer ist. Wir haben darüber auf der Brigadeversammlung diskutiert, aber geändert hat sich nichts.«

Hedi Gräf aus Ost-Berlin gab den Ratschlag: »Wenn der Abteilungsleiter glaubt, durch Gleichmacherei bei der Prämienverteilung den Frieden im Kollektiv zu bewahren, dann hat er irgendwann einen Lehrgang für Pädagogik und Psychologie versäumt.«

Bemerkenswert an dieser Leser-Diskussion war, daß sie vom FDGB inszeniert wurde, der über seine Betriebsgewerkschaftsleitungen ja auf die Prämienvergabe den entscheidenden Einfluß nimmt. Was nur heißen kann: Die Partei wollte, daß dieses heiße Eisen endlich angepackt wird. Vor allem deshalb, weil die Vielzahl der Prämienarten überhandgenommen hat und dieses Zusatzgeld inzwischen von den meisten Beschäftigten als feste Einkommensgröße, nicht aber - wie einst beabsichtigt - als besonderer Ansporn zur Arbeit betrachtet wird.

Über die Hälfte aller Arbeiter und Angestellten kassiert beispielsweise die Jahresendprämie, die mindestens ein Drittel, höchstens das Doppelte eines Monatsdurchschnittsverdienstes betragen soll. Ausgezahlt werden im Schnitt 1000 Mark. Doch es gibt daneben auch das

Prämiengehalt und den Prämienlohn. Das heißt, es wird auf das monatliche Grundeinkommen ein Zuschlag für Mehrleistung und Planübererfüllung gewährt.

Die Wirtschaftsplaner in der DDR hatten sich bei der Einführung dieses recht komplizierten Prämiensystems von einem höchst kapitalistischen Gedankenansatz leiten lassen: Je größer der materielle Anreiz desto besser die Arbeitsleistung. Berufen konnten sie sich allerdings auch auf Lenin, der schon 1919 geschrieben hat:

»Wir streben die gleiche Entlohnung für jede Arbeit und den vollendeten Kommunismus an, doch können wir uns keinesfalls die Aufgabe stellen, diese Gleichheit im gegenwärtigen Augenblick, da lediglich die ersten Schritte vom Kapitalismus zum Kommunismus getan werden, unverzüglich zu verwirklichen. Dazu ist es notwendig, den Spezialisten für eine gewisse Zeit eine höhere Bezahlung zu belassen, damit sie nicht schlechter, sondern besser arbeiten als früher. Und aus eben diesem Grund kann auch nicht auf ein System von Prämien für die erfolgreichste Arbeit und besonders für organisatorische Arbeit verzichtet werden. Prämien werden im System des vollendeten Kommunismus unzulässig sein, aber in der Übergangsepoche vom Kapitalismus zum Kommunismus kann man ohne Prämien nicht auskommen, wie das sowohl theoretische Erwägungen als auch die einjährige Erfahrung der Sowjetmacht zeigen.«

Selbst wenn man unterstellt, daß die nunmehr über 65 Jahre währende Übergangsepoche weiter anhält, die Sowjetunion wie die DDR vom vollendeten Kommunismus nach ihrem Selbstverständnis noch weit entfernt sind, ist und bleibt eine Frage offen: Wer darüber entscheiden soll, wie, in welcher Höhe und an wen die Prämien gezahlt werden. Das wird umso schwerer, je mehr sich die DDR von der alten Tonnenideologie entfernt, also nicht nur die produzierte Menge, sondern auch die Güte der Produktion als Beurteilungsmaßstab für die jeweilige Leistung heranzieht.

Doch selbst die Addition der Faktoren Qualität und Quantität vermittelt nur ein scheinbar objektives Bild. Weil es bislang noch keine Ideologie fertiggebracht hat, den menschlichen Faktor zu normen. Und der besteht nun einmal überall in der Welt aus Eigenschaften wie Bequemlichkeit, Trägheit, Eifer, Sympathie und Antipathie - aus Tugenden und Schwächen, ganz abgesehen von einer individuell ausgeprägten geistigen Beweglichkeit. Weil die Anerkennung derartiger Unterschiede in jedem sozialistischen System verpönt ist, das ja den neuen, erziehbaren, guten Menschen schaffen will, weil in der Anerkennung individueller Fähigkeiten auch der Keim des Pluralismus gedeihen könnte, muß sich die Partei nicht wundern, wenn das nun geschmähte Gießkannen-System bei der Prämienverteilung die Folge ist.

Und zwar so konkret, wie es eine Karikatur der »Tribüne« anläßlich der Leserdiskussion darstellte: Fünf Mann sollen einen Baumstamm schleppen. Vier tragen ihn, aber einer hängt nur gemütlich dran. Doch die Prämie bekommt die ganze fünfköpfige Brigade.

Im Bemühen, die Arbeitsproduktivität zu steigern, sollte die Kampagne deutlich machen, wieviele »Reserven« auf diesem Felde noch ungenutzt bleiben, daß nach der Kostensenkung beim Materialverbrauch und bei der Energie allmählich auch die Kostensenkung beim Menschen beginnen müsse. Nicht durch Lohnkürzung, sondern durch intensive Arbeit.

Durchschlagenden Erfolg hat diese Kampagne nicht gebracht. Sie ist, wie so viele gleichartige in der DDR, verpufft. Denn eines wissen die Werktätigen sicher: Wer sich besonders hervortut mit Leistungen am Arbeitsplatz, wird bald von den Kollegen geschnitten, die um ihre Prämie fürchten müssen, und er wird von der hocherfreuten *BGL* oder dem Parteisekretär im Kollektiv auch noch als Paradepferd der Öffentlichkeit präsentiert. Mit der für ihn meist unerfreulichen Folge, nun auch noch für andere gesellschaftspolitische Aktivitäten in Beschlag genommen zu werden. So pendeln sich denn nach vorübergehend demonstrierter Aufbruchsstimmung die Kollektive wieder dort ein, wo sie vorher gestanden haben: bei der gemeinsam beschlossenen Planziffer, die nur so hoch sein darf, daß man sie mit einer Durchschnittsleistung mühelos schafft und, mit Blick aufs Jahresende, knapp und nicht zu deutlich noch überbieten kann. Entlassen wird wegen mangelnder Leistung ohnehin keiner, es sei denn, er hat silberne Löffel gestohlen oder sich politisch unbotmäßig gezeigt.

Zusammenfassen läßt sich diese Haltung in der arbeitenden Bevölkerung in dem kernigen Ausspruch: »Solange ihr so tut, als ob ihr uns bezahlt, tun wir so, als ob wir arbeiten.« Diese Mentalität ist der Parteiführung keineswegs unbekannt. Im höchsten Führungsgremium, dem Politbüro, wird darüber in regelmäßigen Abständen diskutiert. Wie es scheint, voll Ingrimm, aber ohne handfesten Ertrag, denn die Mentalität der Werktätigen ändern zu wollen, hieße, das Wirtschaftssystem ändern. Das aber verbietet die festgefügte Ideologie mindestens ebensosehr wie die Furcht vor den politischen Folgen.

Daß es aber im Politbüro schon höchst unkonventionelle Überlegungen gegeben hat, beweist ein Artikel in der »Ostsee-Zeitung« vom März 1984, der auch im Westen beträchtliches Aufsehen erregte.

Tenor der Veröffentlichung: Der Arbeitsplatz ist keine soziale Hängematte! Der Autor, Professor Dr. Peter Voigt, stellte dabei eine Reihe von Thesen auf und die meist noch in Frageform, aber diese hatten es für DDR-Verhältnisse in sich. Kernfrage oder These dabei: Führt nicht unter Umständen garantierte soziale Sicherheit zu Leichtfertigkeit im Leistungsverhalten? Antwort des Verfassers auf die eigene Frage: Sozial sicher darf sich nur derjenige wähnen, der ordentlich arbeitet. Und wörtlich: »Die Sicherung der Vollbeschäftigung ist kein Gottesgeschenk.«

Dieser Artikel in einer Provinzzeitung hatte Folgen. Für die Zeitung wie für den Autor. Die Redaktionsleitung wurde abgesetzt, der Professor verschwand in der Versenkung. Nicht aber, weil er ein Tabu gebrochen hatte, nämlich das in der DDR verfassungsmäßig garantierte Recht auf Arbeit in Frage zu stellen (das freilich auch eine Pflicht zur Arbeit einschließt), sondern weil er Gedanken aus einer vertraulichen Sitzung auf hoher Parteiebene publiziert hatte. Und schlimmer noch: weil diese Publikation - und das ist in der DDR der schlimmste Vorwurf, der gegen jemanden erhoben werden kann - dem »Feind in die Hände gespielt habe«.

»Dem Feind«, also dem Westen, dessen in der DDR akkreditierte Korrespondenten schon lange bezweifeln, daß das Automatisierungs- und Rationalisierungsprogramm der DDR ohne Entlassungen, ohne Arbeitslosigkeit in die Praxis umgesetzt werden könnte. Zwei von ihnen - die ARD-Hörfunk-Korrespondenten Robert Röntgen und Eckart Bethke - so hatte die »Weltbühne« in Ost-Berlin bereits öffentlich bekrittelt, »hörten da wohl das Gras wachsen«. Der Professor und die möglicherweise von der Kompetenz des Autors überzeugte und der Brisanz der Sache überforderte Provinzzeitung hatten allerdings nichts anderes getan, als Überlegungen innerhalb der Staats- und Parteiführung wiederzugeben. Überlegungen, die darauf abzielten, die Arbeitsmoral in der Republik womöglich auch damit verbessern zu können, daß man im Rahmen der technischen Erneuerung auch ein paar tausend Leute entlassen könne, solle oder vielleicht sogar müsse.

Denn Erich Honecker hatte in Japan einen Mitarbeiter ausfindig gemacht, der bereit ist, Tag und Nacht zu arbeiten, Quantität und Qualität zu liefern, nicht zu bummeln und für jeden Auftrag programmierbar zu sein: den Genossen Roboter. 50 000 davon, so hatte er nach seiner Rückkehr angekündigt, werde es in den kommenden fünf Jahren in der DDR geben. Mehr als die Japaner, die Amerikaner und die Bundesdeutschen zusammen haben. Ende 1983 gab es in der Tat schon über 32 000 Stück in der DDR. Was, bei gleichem Tempo, Ende

1985 die Erfüllung der Prognose bedeutete. Entlassen worden ist deshalb allerdings niemand. Das liegt freilich weniger an der umsichtigen Sozialpolitik der Partei, sondern mehr an der Güte der Roboter. Nur die wenigsten kommen aus Japan, die meisten sind »made in GDR«. Und das heißt: Es handelt sich überwiegend um Halbautomaten, für deren Bedienung zwei Arbeitskräfte nötig sind. Fabrikhallen wie bei VW in Wolfsburg, wo Autos komplett zusammengesetzt werden, ohne daß auch nur ein Mensch noch Hand anlegt, sind bislang in der DDR unbekannt.

Die mit so viel Stolz genannte Roboterzahl vermag deshalb auch nur daheim in der DDR den Laien zu beeindrucken. Nicht einmal die Fachleute in der Republik, von denen es immer noch viel zu wenige gibt, lassen sich hinters Licht führen. Aber, und darauf setzen sie, in zehn Jahren wird es anders aussehen. Dann dürfte auch in der DDR der Roboter den Arbeiter an der Drehbank verdrängt haben, der Mikrochip das Warmwalzband steuern und der Computer die Buchhalterin in der Bank ersetzen. Solange freilich wird man hinterherhinken - hinter der technischen Entwicklung des Westens, auch wenn Erich Honecker nach seinem Japan-Trip zur Aufholjagd geblasen hat.

Das blaue Auge

Passiert war die Sache während der Nachtschicht. Sie hätte auch am Tage geschehen können, denn daß sie fällig werden würde, hatten die Kollegen schon lange vorausgesagt. Der neue Brigadier hatte gleich von Beginn an ziemlich viel Wind gemacht, betete die neuen Planzahlen ständig vor, sah jedem im Kollektiv scharf auf die Finger, rüffelte mal den einen und mal den anderen. Aber auf den Gerd schien er es besonders abgesehen zu haben. Ob das an dessen langen Haaren lag oder daran, daß er nicht gleich den Kopf einzog, sondern kräftig Kontra gab, wußte keiner so ganz genau. Vielleicht hatte er ihn auch auf dem Kieker, weil Gerdchen hin und wieder einen über den Durst trank. Und eben das hatte er während besagter Nachtschicht getan.

Zu dritt hatten sie in der riesigen Lagerhalle gestanden, einer von vielen des Kabelwerkes, das nahe der Spree liegt. Gerd war von seinem Gabelstapler geklettert, hatte aus seinem Overall eine Pulle Nordhäuser gezogen und, Kumpel, der er war, rumgereicht. Gefahren war er zwar noch wie eine Eins, aber jetzt, als er mit kleinen Ausfallschritten im Gleichgewicht zu bleiben suchte, wurde den beiden Mitzechern klar, daß er demnächst vom Bock kippen würde.

Mensch, Gerd, hatte der eine noch gesagt, der erst seinen zweiten Schluck aus der Flasche nahm, das geht in die Hose, wenn dich der Brigadier erwischt, ist die Hölle los. Zisch ab nach Hause, sag, dir ist schlecht geworden. Doch dieser gutgemeinte Tip kam leider zu spät.

Denn wie aus dem Boden gewachsen stand der Brigadier schon vor ihnen, zornrot im Gesicht, und schrie den Gerd an. Von Faulpelz und Bummelantentum war die Rede, wie die beiden Augen- und Ohrenzeugen später zu Protokoll gaben, und ihnen war dabei ganz mulmig geworden. Hatte doch wenige Tage zuvor die Betriebsgewerkschaftsleitung unter Hinweis auf Äußerungen des Staatsratsvorsitzenden gesagt, eben damit müsse nun Schluß sein. Doch Gerd schien nicht der Schreck, sondern die Wut in die Knochen gefahren zu sein. Er schlug zu, unvermittelt, ohne Vorwarnung und für einen Angetrunkenen verhältnismäßig genau: mitten aufs Auge seines Vorgesetzten, der von der Wucht des Schlages zu Boden ging.

Und dann, im wahrsten Sinne des Wortes wie im Rausch, schmiß Gerd, der nicht zu den Hünen zählt, auch noch den Gabelstapler um.

Die drei Kisten, die noch draufgestanden hatten, kippten und gingen zu Bruch - samt Inhalt.

Hätte sich derselbe Vorgang nicht in einem Ost-Berliner Betrieb, sondern in einem West-Berliner Betrieb abgespielt, es wäre neben der fristlosen Kündigung ein Fall für den Kadi daraus geworden. Nicht so sehr wegen der mutwilligen Sachbeschädigung, sondern wegen des Deliktes Körperverletzung. Doch in der DDR ist das anders. Tätig wird hier zunächst die sogenannte Konfliktkommission. In ihr sitzen Betriebskollegen, die im Zweieinhalb-Jahres-Turnus gewählt werden - zu ehrenamtlichen Laienrichtern, deren Kompetenz weit über die der Personal- und Betriebsräte in der Bundesrepublik Deutschland hinausgeht, die aber andererseits weit unter der der bundesdeutschen Zivilgerichte liegt.

Im beschriebenen Fall müßte sich diese Konfliktkommission freilich selbst Asche aufs Haupt streuen, denn ihre erste Aufgabe ist es, vorbeugend Konflikte abzubauen. Das heißt, sie hätte schon früher gegen den Alkoholmißbrauch im Betrieb einschreiten müssen. Doch gerade das ist graue Theorie. Anders nämlich sind die schweren volkswirtschaftlichen Schäden in den DDR-Betrieben kaum zu erklären, die sich nach Feststellungen des Deutschen Hygienemuseums Dresden pro Jahr auf 400 000 ausgefallene Arbeitsstunden belaufen und obendrein noch Folgekosten von jährlich 45 Millionen Mark bei Verkehrsunfällen verursachen.

Das Alkoholverbot am Arbeitsplatz hat sich dabei als ebensowenig abschreckend erwiesen wie die Null-Promille-Grenze im Straßenverkehr. Statistiker der DDR haben jedenfalls ausgerechnet, daß heute täglich 1750 Krankenhausbetten für Alkoholgeschädigte benötigt werden. Und da ist es für die Staatsplaner und Gesundheitspolitiker in Ost-Berlin auch nur ein schwacher Trost, daß in der Bundesrepublik noch mehr gepichelt wird und noch höhere Kosten entstehen. Denn die Tendenz zum Suff wächst in der DDR von Jahr zu Jahr, vor allem beim Genuß der harten Sachen.

Daran vermögen die Konfliktkommissionen in den Betrieben auch nichts zu ändern. Rund 26 000 Gremien dieser Art gibt es in der DDR - im allgemeinen ab einer Belegschaftsgröße von 50 Personen. In größeren Kombinaten sind mehrere Konfliktkommissionen tätig, was heißt: Nahezu 230 000 DDR-Bürger sind mit diesem Nebenjob betraut. 40 Prozent davon, so besagt die Statistik, sind Frauen.

Diese »Kommissionäre«, ob Männlein oder Weiblein, gehören zum Alltag des Arbeitslebens in der DDR, aber sie sind mehr als das: Sie sind auch zu einer festen Größe im DDR-spezifischen Rechtssystem geworden, das Anfang der fünfziger Jahre entwickelt worden ist, und bei dem wieder einmal Lenin Pate gestanden hatte.

Nach dem Vorbild der sowjetischen Kameradschaftsgerichte entstand 1953 die erste Konfliktkommission in der DDR, im Reichsbahnausbesserungswerk in Zwickau. Als Erfinder präsentierte sich damals der FDGB, der Gewerkschaftsbund der DDR, der auch heute noch die Arbeit der Konfliktkommissionen kontrolliert und deren Wahlen organisiert. Aber sie sind der Form nach kein gewerkschaftliches Organ. Sie zählen vielmehr zu den sogenannten »gesellschaftlichen Gerichten«, die es auch außerhalb des Betriebes gibt, wie etwa die Schiedskommissionen in den Wohngebieten, die dort - ebenfalls unterhalb der offiziellen gerichtlichen Instanzen - Streitfälle lösen sollen.

Staat und Partei versprechen sich davon erzieherische Wirkung, vorbeugenden Einfluß auf die Kriminalitätsentwicklung im Arbeiter- und Bauernstaat und keine unnötigen Vorstrafen in minder schweren Delikten, die den Betroffenen womöglich erst richtig aus der Bahn werfen könnten. Als vorteilhaft hat sich in jedem Fall erwiesen, daß die ordentlichen Gerichte in der DDR von zeitraubender Kleinarbeit, von Bagatellfällen entlastet worden sind und daß auf diese Weise die Kriminal- wie die Justizstatistik weniger umfangreich gerät.

Seit 1982 sind die verbrieften Rechte der Konfliktkommissionen deshalb sogar durch einen Beschluß der Volkskammer erweitert worden. Sie dürfen seitdem sogar zivile Streitigkeiten behandeln, die nichts mit dem Betrieb, sondern nur etwas mit Betriebsangehörigen zu tun haben, wie kleine Diebstähle, Ladendiebstähle, Verkehrsvergehen geringfügiger Natur, Beleidigungen, Geldforderungen bis zu einer Höhe von 1000 Mark oder Schulpflichtverletzungen der Kinder.

Um bei diesem letzten Punkt zu bleiben: Wenn ein Kind mehrmals in der Schule unentschuldigt fehlt, wird die Schulleitung natürlich zuallererst an die Erziehungsberechtigten herantreten. Zeigen die sich uninteressiert oder unbeeindruckt von den Vorhaltungen, tritt die Schule nunmehr an den Betrieb heran, in dem die Erziehungsberechtigten oder einer von beiden arbeitet. Und dort wird der Betroffene vor die Konfliktkommission zitiert.

Deren Anhörungsverfahren bringt allerdings eine Reihe von Peinlichkeiten mit sich. Erstens sitzen da Kollegen beisammen, die sich - vor allem in kleineren Betrieben - gut kennen. Vor ihnen womöglich auch Details aus dem Privat- und Familienleben ausbreiten zu müssen, ist nicht jedermanns Sache. Zweitens: Die Anhörung ist öffentlich. Das wäre eine reguläre Gerichtsverhandlung zwar auch, aber wer interessiert sich dafür schon als Außenstehender, wenn - juristisch gesehen - nur Kleinkram verhandelt wird. Hier dürfen jedoch auch Kollegen aus dem Betrieb zuhören. Drittens: Aus beiden Gründen wie auch aus ihrer Entstehungsgeschichte haben die Konfliktkommissionen jahrzehntelang in dem Geruch gestanden, ein verkapptes Kontroll- und Disziplinierungsinstrument der Partei zu sein.

In ihren Anfängen drückte sich das auch in den, wie es hieß, Beratungen aus, die oft einem Anschnauzen gleichkamen. Das hat sich gebessert. Aber weit verbreitet ist inzwischen ein anderer Vorwurf, daß nämlich im Konfliktfall zwischen Betrieb und Werktätigem zu häufig im Sinne der Betriebsleitung entschieden würde. Aus der Statistik ist dieser Vorwurf allerdings nicht abzuleiten. Zwischen 65 000 und 70 000 Konflikte werden pro Jahr von diesen Kommissionen geregelt. Drei Fünftel davon berühren das Arbeitsrecht, und in fast der Hälfte davon bekam der Vorgesetzte eins aufs Dach.

Ein Tatbestand, der den obersten Richter der DDR, Heinrich Töplitz, zu kritischen Anmerkungen veranlaßte. Es habe den Anschein, so sagte er, daß die Betriebsleiter mit den einschlägigen Bestimmungen des Arbeitsgesetzbuches nicht hinreichend vertraut seien, und das bedürfe wohl der Änderung.

Auch nach dem Kollegenspruch im betrieblichen Anhörungsverfahren bleibt es dem einzelnen unbenommen, ob er sich damit einverstanden erklärt oder nicht. Er kann, wenn er sich ungerecht behandelt fühlt, dann auch den offiziellen Instanzenweg beschreiten oder, wenn er die betriebsinterne Zuhörerschaft scheut, von vornherein Justitia anrufen. Doch die Praxis zeigt, daß ein Übeltäter bei den Kollegen von der Konfliktkommission in der Regel glimpflicher davonkommt - mit einer Maßregelung, der Beseitigung des Schadens oder der Umsetzung auf einen anderen Arbeitsplatz. Und er erspart sich obendrein eine Eintragung in die Personalakte, erst recht eine ins Strafregister.

Zieht er dennoch, nach einem Schlichtungsspruch im Betrieb, vor den Kadi, was kein Revisionsverfahren ist, kommt er meist vom Regen in die Traufe. Denn 92 Prozent aller Urteile der Konfliktkommissionen, die moniert wurden, gingen nach Ansicht der Berufs- oder Schöffenrichter in der DDR in Ordnung. Mehr noch, sie wurden verschärft. Das stellt den ehrenamtlichen Laien in den Betrieben ein gutes Zeugnis aus, was gerade im Laufe der letzten Jahre ihr Ansehen gehoben hat.

Hans-Joachim Heusinger, Justizminister in der DDR, sprach denn auch vor der Volkskammer von der großen erzieherischen Wirkung und Ausstrahlungskraft der Konfliktkommissionen und von einem planmäßigen Ausbau der Rechtsordnung in der DDR, als es um die

Kompetenzerweiterungen der »Betriebsgerichte« ging. Daß sie, wie er sagte, ihren geachteten Platz in der Gesellschaft haben, hängt freilich auch mit einem Manko zusammen, das in der DDR nicht erörtert wird: mit der nicht vorhandenen Schutzfunktion der Gewerkschaften.

Bei Streitigkeiten um das Arbeitsrecht stellen westliche Gewerkschaften, so sich der Betriebs- oder Personalrat nicht schon eingeschaltet hat, ihren Mitgliedern meist den Rechtsbeistand. In der DDR gibt es aber keine Auseinandersetzungen mit dem Arbeitgeber, weil die volkseigenen Betriebe ja dem Volk gehören. Doch die Streitigkeiten bleiben deshalb nicht aus.

Brisant sind sie vor allem dann, wenn die Betriebsleitung bei einem Mitarbeiter »arbeitsscheues Verhalten« ausmacht. Das ist oft eine Definitionsfrage, und nicht selten spielen in diesen Vorwurf politische Motive hinein. Entweder, weil gerade wieder eine Partei-Kampagne läuft, die das »Bummelantentum« anprangert und es besonders aktiven Parteigenossen in der Betriebs- wie in der Gewerkschaftsleitung geraten erscheinen läßt, zur Hebung der allgemeinen Arbeitsmoral ein Exempel zu statuieren, oder weil man »von oben« einen Hinweis erhalten hat, diesen oder jenen Kollegen »auf seine gesellschaftspolitischen Aktivitäten« zu überprüfen. In solchen Fällen ist die, wie es in den ständigen monatlichen Schulungskursen der Kommissionsmitglieder heißt, »hohe politische Verantwortung« gefordert. Im Klartext: Dann sitzen die Laienrichter nur stumm dabei und heben bei der Abstimmung den Finger, so wie es der Parteisekretär in der *BGL* vorher schon empfohlen hat.

Diese Schulungsabende wie die Befürchtung, eines Tages einen Kollegen in die Mangel nehmen zu müssen, der es nach objektiven Kriterien gar nicht verdient, trägt gewiß zur immerhin dreißigprozentigen Fluktuation in den Konfliktkommissionen bei: Die einen lassen sich nicht noch einmal zur Wahl aufstellen, weil ihnen die Arbeitsbelastung zu groß ist, die anderen, weil sie derartige Vorkommnisse erlebt haben und keinen gesteigerten Wert auf Wiederholung legen. Insofern klingt es durchaus doppeldeutig, was der höchste DDR-Richter nach dem Besuch einer solchen Wahlveranstaltung im Ost-Berliner *VEB* Elektrokohle Lichtenberg sagte: »Was mich sehr beeindruckt hat, war das Zusammenspiel der Kräfte dieses Betriebsbereiches, die Auseinandersetzung mit den Rechtsverletzern. Diese Auseinandersetzung wird hier in diesem Betrieb, und man kann sagen, in zunehmendem Maße in allen Betrieben unserer Republik, intensiv geführt – in der Erkenntnis, daß die Einhaltung des sozialistischen Rechts auch ein wesentlicher Faktor ist, um die ökonomischen Aufgaben zu erfüllen.«

Nicht weniger deutlich äußerte sich zur Arbeit der Konfliktkommissionen auch Horst Heintze, Mitglied des Präsidiums und Sekretär des FDGB-Bundesvorstandes, in einem Interview mit dem SED-Zentralorgan »Neues Deutschland«, als er wörtlich sagte: »Ein offenes Wort nach der ersten Bummelstunde hat schon manchem Kollegen geholfen, in Zukunft diszipliniert und pünktlich zu arbeiten. Und so verhält es sich auch, wenn Zeit, Geld und Material verschleudert werden. Von Mängeln und Unzulänglichkeiten bis zur Rechtsverletzung ist es oft nicht weit.«

Unter diesem Aspekt wäre denn auch dem stellvertretenden Generalstaatsanwalt der DDR, Harri Harrland, zuzustimmen, der zum Thema Konfliktkommissionen gegenüber der staatlichen DDR-Nachrichtenagentur ADN erklärte: In kapitalistischen Industriestaaten ist so etwas nicht im entferntesten vorstellbar. Gemeint hatte er damit ein Stück demokratischer Rechtsverwirklichung in der DDR.

Der hat sich, ohne jeden politischen Hintergrund und streng an der Sache orientiert, auch der Gabelstapler-Fahrer Gerd im Ost-Berliner Kabelwerk unterziehen müssen. 1600 Mark, so rechnete ihm die Konfliktkommission vor, mußte er für die zu Bruch gegangenen Armaturen in den Kisten aufbringen – immerhin das Doppelte seines Monatsverdienstes. 300 Mark kostete ihn zusätzlich das blaue Auge seines Brigadiers, zahlbar an das Feierabendheim, für das der Betrieb eine Betreuungspflicht eingegangen war. Und versetzt wurde er in eine andere Abteilung, nicht entlassen, was ihn erleichtert aufatmen ließ. Gerdchen, so meinten seine beiden Kollegen, die fürs Mitzechen gerügt worden waren, sei am Ende so davongekommen wie der neue Brigadier: mit einem blauen Auge.

Akkord ist Mord

Mit seinem langen Haar unter dem Bauarbeiterhelm und seinem dichten Oberlippenbart hat er wenig Ähnlichkeit mit den sorgsam gescheitelten FDJ-Sekretären. Er sieht aus wie der Kumpel von nebenan, und von dort kommt er ja auch: vom Prenzlauer Berg, wo Jörg Harder eine Jugendbaubrigade leitet. Er ist ein bekannter Mann, nicht nur in Ost-Berlin, sondern in der gesamten DDR. Das DDR-Fernsehen hat ihn dazu gemacht, und selbst jene Zeitgenossen, die statt der »Aktuellen Kamera« lieber die »Tagesschau« sehen, kennen seine kantigen Gesichtszüge aus der Zeitung.

Ob dieser Bekanntheitsgrad freilich auch seinem Beliebtheitsgrad gleichzusetzen ist, darf bezweifelt werden. Denn Jörg Harder hat namens seiner Brigade zu Bestleistungen am Arbeitsplatz aufgerufen. Vollbringen will er sie mit seinen Leuten beim Schornsteinbau - mit einer versprochenen Steigerung der Leistung je Mann und Tag von 0,38 auf 0,46 Kubikmeter Mauerwerk. Und dieser Rekord, über den sich sämtliche Massenmedien der DDR vor Freude überschlagen, soll dann zur üblichen Arbeitsleistung werden.

»Laßt uns mit dieser persönlichen Bestleistung,« so hat der junge Mann vor den Fernsehkameras gesagt, »vor aller Welt erneut dokumentieren: Wir tun alles zur Unterstützung der Friedensvorschläge der UdSSR, der DDR und der anderen sozialistischen Staaten.« Diesen Satz hat er sich natürlich nicht selber ausgedacht, der ist ihm - wie jedermann in Ost-Berlin weiß - von der Partei aufgeschrieben worden. Oder von der Gewerkschaft, deren Organ, die »Tribüne«, am nächsten Tag diesen flammenden Aufruf zum bevorstehenden Weltfriedenstag abdruckt.

Aber wider seine Überzeugung, das darf ebenfalls als sicher gelten, har Jörg Harder diese Initiative kaum ergriffen. Das heißt, ob es seine Initiative war oder ob sie ihm nahegelegt worden ist, kann weniger sicher beantwortet werden. Darauf kommt es auch nicht an, weder ihm noch der Partei, geschweige denn dem FDGB, der sich ja nicht als Interessenwalter seiner Mitglieder, sondern als Interessenwalter des Staates ansieht. Und der braucht nun einmal Vorbilder am Arbeitsplatz, Menschen zum Anfassen - so wie du und ich, um die anderen anzuspornen, mitzureißen, zu besseren Leistungen zu bewegen.

Das ist in der Vergangenheit schon mehrfach vorexerziert worden. Zuerst in der Sowjetunion, wo sonst, als der legendäre Alexej Stachanow als Grubenarbeiter seine Tagesschichtleistung holterdiepolter um das 15fache erhöhte und damit die Stachanow-Bewegung ins Leben gerufen hatte, besser, wurde. Das war 1935. 13 Jahre später machte das in der DDR ein Adolf Hennecke nach, als er mit 24,4 Kubikmetern Steinkohle 387 Prozent des bis dahin üblichen Tagessolls von 6,4 Kubikmetern erreichte. Hennecke ist 1975 gestorben, aber er ist in die (ost)deutsche Sprache eingegangen, denn wenn jemand in Ost-Berlin oder anderswo in der DDR von »hennecken« spricht, dann weiß jeder, was er meint: mehr oder schneller arbeiten nämlich.

Ein in den Augen des Durchschnittsbürgers freilich eher zweifelhafter Ruhm, den sein »Enkel« Jörg Harder allerdings kaum erben dürfte. Denn die Zahl der sogenannten Bestarbeiter in der DDR ist mittlerweile Legion. Und bis auf Hennecke, den ungewollten Wortschöpfer, kennt niemand mehr ihre Namen. Es ist der Augenblick, der ihn der Öffentlichkeit bekannt macht, vergleichbar einem Werbespot im Westen, nur daß die »Krönung« im Osten dauerhaftere Wirkung erzielt als ein »Modellarbeiter«.

Denn die Nachahmer, die sich nach Jörgs Fernsehdebüt finden, sind keineswegs von der Person, seinem Auftritt oder seinen angekündigten Taten inspiriert, sie haben längst ihr Kommando zur Nachahmung erhalten: die Stahlkollektive, die sich zu einer zusätzlichen »Friedensschmelze« verpflichten, oder die Elektrowerker, die die Produktion von Spannungsanhaltern um 110 Prozent übertreffen wollen. Und es sind immer die Jugendbrigaden, die - wie die Hardersche - den Schrittmacher dabei spielen.

Wo immer in der DDR neue Techniken im Betrieb angewendet werden müssen, der Produktionsplan nicht erfüllt worden ist oder die Rationalisierung nicht so klappt, wie sich die Verantwortlichen das vorstellen, ertönt der Ruf nach diesen Jugendbrigaden. Und die sind dann stets auch dort zur Stelle, wo etwas anzubrennen droht - mit Eifer und Einsatzwillen, zugleich aber auch dem sicheren Gespür für berufliche Aufstiegsmöglichkeiten. Anders als bei den Routiniers, die längst wissen, daß alles seinen sozialistischen Gang geht, wie man in der DDR sagt - und das umschreibt bürokratische Hindernisse und bürokratischen Leerlauf gleichermaßen -, ist bei den Jungen der Leistungswille ungebrochen. Zur Freude von Staat und Partei, vor allem aber der staatlichen Jugendorganisation FDJ, die die ausführende und treibende Kraft bei der Organisation entsprechender Jugendobjekte ist.

Der gesamte Wohnungsbau in Ost-Berlin ist beispielsweise zum zentralen Jugendobjekt erklärt worden. Was nichts anderes heißt, als daß die Partei hier ein besonders schnelles Bautempo vorgelegt sehen will. Das wiederum setzt die Zulieferbetriebe von Dresden bis Rostock unter Druck, zwingt sie, ihre Liefertermine schärfer zu kalkulieren, vor allem aber, sie dann auch einzuhalten. Denn wenn die Jugendbrigaden auf dem Bau tatsächlich einmal ohne Material dasitzen, wenn - wie geschehen - plötzlich Heizkörper oder Platten zur Wärmedämmung fehlen, setzt es nicht nur ein Donnerwetter von oben, aus Berlin, sondern es müssen auch happige Konventionalstrafen gezahlt werden. Lob von Erich Honecker persönlich kassierten die Jugendbrigaden, als die neue Charité eingeweiht wurde. Denn sie zeichneten für die Wohnkomplexe der Schwestern und Ärzte verantwortlich.

Besonders prestigeträchtig sind allerdings die Einsätze außerhalb der DDR. Seit 1982 sind etwa 1500 junge Leute, allesamt frischgebackene Facharbeiter, in Sibirien. Unter unwirtlichen Bedingungen bauen sie mit an der sowjetischen Erdgasleitung nach Westeuropa. Sie haben sich freiwillig dazu gemeldet, die Entbehrungen in Kauf genommen. Jedoch weniger in dem Bewußtsein, Glanztaten für die Freunde im Osten oder gar für den so häufig strapazierten »Bruderbund zwischen Sowjetunion und DDR« zu vollbringen, sondern um nach der Rückkehr die Karriereleiter doppelt so schnell hinaufzusteigen wie die Daheimgebliebenen. Denn die meisten der rund 3000 FDJler, die von 1975 bis 1978 an der Erdölpipeline, der sogenannten »Druschba-Trasse«, mitgewerkelt hatten, haben heute leitende Funktionen in der DDR-Volkswirtschaft inne.

In der Regel sind es aber nicht Prestige-Bauten, sondern viel kleinere Aufgaben, die die 450 000 Mitglieder der Jugendbrigaden republikweit zu bewältigen haben. Aber auch die werden in den Medien gebührend herausgestellt. Wenn etwa die Jugendbrigade Jänickendorf 23 Ferkel pro Muttertier im Jahr aufziehen will oder drei Jugendbrigaden im Elektrostahlwerk Brandenburg 1400 Tonnen Schrott mehr als bisher aufbereiten wollen. Wenn die Jugendbrigade der Kamenzer Tuchwerke durch ein neues Verfahren zur Wiederverwendung von Altmaterial eine zusätzliche Warenproduktion von 58 000 Mark in Aussicht stellt oder ihre Kollegen im Gleichrichterwerk Stahnsdorf 500 Gramm Gold bei der Produktion einzusparen gedenken.

Diese Beispiele aus dem Alltag der DDR belegen auch, warum die meisten Jungen und Mädchen, die in diesen Jugendbrigaden tätig sind, Erfolgserlebnisse haben: Sie bekommen jeweils eine zeitlich begrenzte, auf klare Zahlen- und Datenvorgabe beschränkte Aufgabe zugewiesen, deren Resultat nicht in der Anonymität eines größeren Produktionsablaufes versickert, sondern kontrollierbar und meßbar ist. Anders herum: Wenn abgerechnet wird, weiß jeder, was er geschafft hat, fühlt er sich als Könner, wenn nicht als Sieger, und ist oft genug bereit, ein neues Problem zu lösen.

Die Mannschaftsstärke einer Jugendbrigade beträgt im Schnitt 10 bis 15 Personen. Sie sollen nicht älter als 26 Jahre sein, werden von einem FDJ-Mitglied angeleitet und sollen nicht nur durch vorbildliche Arbeitsleistung, sondern auch durch vorbildliches gesellschaftspolitisches Verhalten glänzen. Das reicht häufig bis in die Freizeit hinein. Honoriert wird diese Aktivität nicht so sehr durch besondere materielle Zuwendungen, sondern mehr durch Auszeichnungen im sozialistischen Wettbewerb. Diese Auszeichnung gilt entweder dem Kollektiv - oder dem einzelnen, der als Jugendaktivist geehrt wird.

Gearbeitet wird zwar innerhalb eines Betriebes oder Kombinates, wobei die Bau- und die Elektroindustrie den Vorrang haben. Doch dank des jeweiligen Sonderauftrages hat die Jugendbrigade meist auch eine Sonderstellung. Dies in jüngster Zeit umso mehr, als nicht mehr allein die körperliche Leistung, die Handarbeit, sondern zunehmend technischer Sachverstand und Ideen gefragt sind. Vorgegebenes Ziel ist immer noch die Energieeinsparung. Mit höchstem Lob wurde beispielsweise vor einiger Zeit eine Ost-Berliner Jugendbrigade bedacht, die einen Lichtschalter entwickelt hatte. Der konnte sich bei Tageslicht von selbst ausschalten. Das Beispiel besagt zweierlei: Erstens, wie häufig vorher Licht umsonst gebrannt haben mag - was offenbar niemanden interessiert hat, und zweitens, wie hoch auch die kleinste Erfindung bewertet wird. Immerhin ist dieser Schalter mittlerweile in die Serienproduktion gegangen, was dank der Lizenzgebühren auch die gemeinsame Kasse der Jugendbrigade aufbessern half.

Doch es gibt auch eine Kehrseite der Medaille. Ältere Arbeiter von Ost-Berlin bis Suhl sind keineswegs so voll des Lobes über die Jugendbrigaden. Sie sind eine unliebsame Konkurrenz, weil sie nur allzuoft von der Betriebs- und Parteileitung zum Maßstab der Leistungsfähigkeit gemacht werden. Wenn sie eine bestimmte Stückzahl im Betrieb auch noch in der verlangten Qualität produzieren, so lautet ein weit verbreitetes Argument, welche Reserven können wir dann noch erschließen, wie sollen wir den Plan überbieten, wie kommen wir zu Auszeichnungen und Prämien? So ist es denn keine Seltenheit, daß den Jugendbrigaden die schwersten Brocken in manchem DDR-Betrieb serviert werden - nach dem Motto: Laßt die ruhig ackern, bis sie sehen, was sie davon haben.

Doch für Staat und Partei sind die Jugendbrigaden gleichsam Paradepferde. Denn mit jenem »Banner der Arbeit«, das einer Jugendbrigade übergeben wird, vollzieht sich für die Alten im Politbüro ein Stück des langgehegten Traums vom neuen sozialistischen Menschentyp, der anpackt und arbeitet zum Wohle des Volkes. Dokumentiert werden soll mit ihrem Einsatz aber auch die Bereitschaft der Partei, der Jugend Verantwortung zu geben. Eine Verantwortung, die sie künftig befähigen soll, Staat und Gesellschaft zu führen - nach den Prinzipien des Marxismus-Leninismus. Denn den Altvorderen geht es um die Ideale und nicht ums Geld, und sie glauben, daß die Jungen das auch so sehen.

In der Praxis zeigt sich freilich, daß diese Vorstellung eine Milchmädchenrechnung ist. Die Jugendbrigadiers haben Mitspracherecht bei der Lohngestaltung - nicht beim Grundlohn, der ja vom Staat festgelegt ist, sondern beim Leistungszuschlag. Der wird für jeden einzelnen ausgerechnet und kann bis zu 150 Prozent des Grundlohnes ausmachen. Und da sind die Jungen, vor Saft und Kraft strotzend oder mit technischen Wissensvorsprüngen, nicht zimperlich, schneiden sie sich selbst das größte Stück vom Kuchen ab. Gewiß zu Recht, wenn sie sich mit den anderen vergleichen, aber ohne jede Scheu, auch die Ellenbogen zu benutzen.

Über Nachwuchsmangel brauchen sie sich nicht zu beklagen. Dafür sorgt eine Vorstufe, die sogenannten Pionierbrigaden. Das sind Schüler unter 14 Jahren, die sich republikweit um etwa 50 000 Pionierobjekte kümmern. Vorwiegend geht es dabei um die Instandhaltung der Schulen. In ihrer Freizeit sind sie im freiwilligen Einsatz, wie es heißt, aber wer sich nicht freiwillig meldet, ist arm dran mit der Note für gesellschaftspolitische Aktivität.

Bei all den Bestleistungen, die Jugendbrigaden vollbringen, für die sie mit Auszeichnungen vom Staat belohnt und von den Medien des Staates hofiert werden, wird eines allerdings unter den Teppich gekehrt: daß es sich in den meisten Fällen um Akkordarbeit handelt. Ein Wort, das dem DDR-Gewerkschaftsbund sauer aufstößt, zählt er doch die Akkordarbeit zum festen Bestandteil des kapitalistischen Systems. Akkord, so lautet die ideologische Faustformel in der DDR wie in anderen Ostblockstaaten, ist nur eine andere Form der Ausbeutung der Arbeiter, und zwar eine besonders schlimme Form der Ausbeutung. Die vermehrten materiellen Anreize, die es dazu im Westen gebe, gingen letztlich zu Lasten der Gesundheit der Akkordarbeiter, die selbst nicht die Gefahren dieses mörderischen Systems begriffen oder zu ihrer Existenzsicherung keine andere Wahl hätten.

Derartige Behauptungen sind wie so viele im verstaubten Ideologieverständnis der Funktionäre in Ost-Berlin nicht nur plattfüßig, sie entpuppen sich auch als gezielte Begriffsverwirrung. Denn gemessen an den üblichen Normen in DDR-Betrieben sind »Bestleistungen«, wie sie der Jugendbaubrigadier Jörg Harder an seinen Schornsteinen vorführt, gleichbedeutend mit einer Akkordleistung. Für DDR-Verhältnisse jedenfalls. Denn wenn die »Süddeutsche Zeitung« richtig recherchiert hat, dann hat der von den DDR-Medien so herausgestellte Junge gerade nur die Hälfte jener Leistung erreicht, die ein bayerischer Bauhandwerker sonst im Akkord schafft. Was allerdings weniger etwas über den Renommier-Werktätigen aussagt, als viel mehr über Arbeitstempo und Arbeitsintensität in der DDR. Und in der Tat: Für manche Aussiedler, der in die Bundesrepublik Deutschland gekommen ist, hat es Schwierigkeiten mit sich gebracht, den Anforderungen am westlichen Arbeitsplatz standzuhalten.

Jörg Harder, den Nachfolger Adolf Henneckes, sehe ich später wieder. Am Vorabend des 40. Jahrestages der Befreiung, am 7. Mai 1985. Es ist eine ebenso beeindruckende wie gespenstische Szene: Rund um das Ehrenmal für die im Kampf um Berlin gefallenen sowjetischen Soldaten stehen 50 000 FDJler und Junge Pioniere mit Fackeln in der Hand. Sie bilden die Basis eines Lichtdoms von Scheinwerfern, die sich am monumentalen Bildnis des Soldaten mit dem Kind auf dem Arm und dem Schwert in der Hand kreuzen. Zu seinen Füßen hat sich die gesamte Führungsspitze der DDR versammelt, daneben hohe Militärs der Gruppe der sowjetischen Streitkräfte in Deutschland und der Nationalen Volksarmee der DDR. Die Reden sind bereits gehalten worden, der Treueschwur, mit Pathos vom FDJ-Chef Aurich vorgelesen, nachgesprochen worden.

Drei junge Leute schreiten mit Kränzen die ungezählten Stufen hinauf zum Mahnmal - Auserwählte, besonders Würdige, die der Sprecher nun ankündigt: Ramona Neubert, Bestarbeiterin, Klaus Peter Rötsch, Weltmeister im Biathlon, und Jörg Harder, unser Schornstein-Rekordhalter. Jetzt freilich trägt er die Uniform der NVA, leistet er seinen Wehrdienst ab. Dieselben kantigen Züge wie damals, beim ersten großen Fernsehauftritt. Dies ist sein zweiter, der republikweit ausgestrahlt wird. Sein Bart ist abrasiert, aber er sieht trotzdem kaum verändert aus. Ob die DDR-Zuschauer noch wissen, wer er ist, was er wollte, um welchen Rekord, besser Akkord es ging? Es wird ihn wenig kümmern, sollten sie's nicht tun. Denn er weiß, daß die Stufen, die er jetzt hinaufgeht, gemessenen Schrittes und erhobenen Kopfes, immer weiter nach oben führen werden.

Gleichberechtigung

Die junge Frau hat einen blauen Plastikhelm auf dem Kopf. Sie trägt einen weiten grauen Kittel, der bis übers Knie reicht und darunter eine lange dunkelblaue Monteurhose, aus der hohe Schnürschuhe mit dicken Gummisohlen hervorschauen. Der Fußboden in der Werkshalle ist ölig-glitschig. Ein Kaltwalzwerk ist eben kein Modesalon. Normalerweise sitzt die junge Frau um diese Vormittagsstunde in einer engen Kabine unter dem Dach. In einer Höhe von etwa 25 bis 30 Metern. Von unten sieht das Ding aus wie eine Seilbahngondel, jedenfalls auf den ersten Blick. Der zweite Blick verrät indes, daß sie an einer Schiene läuft und auf diesem Wege große Stahlträger transportiert, die hier produziert werden. Von der Kabine aus werden sie gesteuert.

Typische Männersache, habe ich zuerst gedacht, Präzisionsarbeit, Konzentrationsvermögen, viel Dreck, viel Lärm, kurzum: Sieht nach Schwerarbeit aus. Erledigt wird sie von der jungen Frau, aber sie ist beileibe nicht das einzige weibliche Wesen hier im Betrieb. Rund 1,3 Millionen Frauen arbeiten in der DDR-Industrie, das sind immerhin 42,5 Prozent aller Industriearbeiter. Prozentual ist der Frauen-Anteil anderswo noch viel höher, im Handel beispielsweise oder in der Verwaltung. Aber daß Frauen auch in traditionellen Männerberufen ihren Mann stehen, ist für die DDR-Führung der sichtbarste Ausdruck der Gleichberechtigung in ihrem Lande. Und deshalb ist die junge Frau aus ihrer Kabine auch zum Gespräch mit dem Westjournalisten abgeordnet worden.

Doch sie sagt kaum etwas, läßt die anderen aus der Brigade herbeizitierten Werktätigen reden, die Männer. Beim folgenden Betriebsrundgang durch andere Abteilungen und Produktionsbereiche ist das nicht viel anders: Diejenigen, die für Interviews von der Betriebsleitung ausgesucht wurden und antworten, sind wiederum Männer, die Frauen meist nur Staffage. Ein Zufall?

Am Abend im Hotel-Restaurant vor den Toren Berlins setzen sich zwei junge Frauen an meinen Tisch. Sie sind aus dem Werk, das ich besuchen durfte, haben meinen Rundgang verfolgt, einen Teil meiner Gespräche mit angehört. Gekommen sind sie, wie die eine sagte, um einiges zurechtzurücken von dem, was mir da vorgegaukelt worden sei. Der Vier-Schicht-Betrieb, wie er hier rund um die Uhr an den sieben

Tagen der Woche laufe, mache ja fast alle kaputt, aber die Frauen sind ihrer Meinung nach besonders schlimm dran. Gewiß, unterm Strich hätten sie auch nur 40 Stunden zu arbeiten, aber wer wie sie, so meint die andere, verheiratet sei und ein Kind habe, der bekomme am Ende gar nichts mehr in den Griff: weder die Arbeit noch den Haushalt, weder das Kind noch den Mann. Und über die Gleichberechtigung könne sie nur lachen. In Wirklichkeit hieße das nur: doppelt soviel Arbeit wie der Mann und halb soviel Geld. Ihre Kollegin, obwohl unverheiratet, haut in dieselbe Kerbe. Ja, anfangs sei sie ja noch stolz darauf gewesen, das gleiche wie die Jungs tun zu können, sei für die in der Lehre ein richtiger Kumpel gewesen. Aber jetzt, wo sie einen festen Freund habe, wolle sie weg von dem Knochenjob, am liebsten ins Büro, doch die Umschulung werde nicht genehmigt.

Über 82 Prozent der Frauen und Mädchen in der DDR sind berufstätig. Der offiziellen Statistik nach sind es sogar mehr, nämlich über 90 Prozent, doch sind in diese Ziffer - warum eigentlich? - auch die Studentinnen und Schülerinnen eingerechnet. Daß diese Zahl der weiblichen Berufstätigen so hoch ist, hat allerdings weniger etwas mit einem emanzipatorischen Gedankenansatz zu tun, auch wenn die Partei diesen für sich in Anspruch nimmt. Es hat vielmehr etwas mit den wirtschaftlichen Erfordernissen zu tun.

In der DDR hat jahrzehntelang Arbeitskräftemangel geherrscht. Jede Hand wurde gebraucht. Das aber hieß: Die Einbeziehung der Frauen ins Wirtschaftsleben war bittere Notwendigkeit. Heutzutage ist sie eine Selbstverständlichkeit, was freilich auch für andere, nichtsozialistische Staaten und Gesellschaftssysteme zutrifft. Was ihnen die DDR voraushat - man denke an die heftigen Auseinandersetzungen in der Bundesrepublik -, das ist die soziale Absicherung der Frau. Es gibt wenig Zweifel daran, daß die Staats- und Parteiführung der DDR vieles für die Gleichstellung von Frau und Mann getan hat und daß sie insbesondere dort, wo der naturgegebene Unterschied der Geschlechter den Frauen zusätzliche Belastung aufbürdet, soziale Entlastung verordnet hat.

Doch auch sie ist vergleichsweise spät gekommen, war keineswegs das Resultat gründlicher Vorausschau oder Ausdruck von ausgeprägtem Verfassungsbewußtsein. In der DDR-Verfassung ist zwar die Gleichberechtigung von Mann und Frau festgeschrieben, aber erst 1976 sind daraus die wichtigsten Konsequenzen gezogen worden: mit der Einführung des Babyjahres. Im einzelnen sieht das so aus: Der Schwangerschafts- und Wochenurlaub wird sechs Wochen vor der Entbindung und bis zu 20 Wochen danach gewährt. In dieser Zeit erhält die Frau ihren Netto-Verdienst weiter. Sie kann sich dann darüber hinaus von der Arbeit freistellen lassen. Beim ersten und beim zweiten Kind ein Jahr lang und seit 1984 bei jedem weiteren Kind anderthalb Jahre lang. In diesen Freistellungszeiten, die über den Schwangerschafts- und Wochenurlaub hinausgehen, gibt es Geld - allerdings erst vom zweiten Kind an - aus der Staatskasse. Genauer gesagt, aus dem Topf der Sozialversicherung, die eine »Mütterunterstützung« bezahlt. Ein gravierender Unterschied zwischen diesem »Krankengeld« und dem Nettoverdienst besteht in der Regel nicht. Was erklärt, warum so viele Mütter von diesem Angebot des Staates auch Gebrauch machen. Ihn kostet das pro Jahr um die 300 Millionen Mark. Eine Summe, die sich auf sehr viele Frauen verteilt, denn die Lohnkosten in der DDR liegen auf der Höhe eines mittleren Entwicklungslandes.

Erleichtert wird einer jungen Mutter in der DDR die Entscheidung für's Babyjahr aber auch durch die Arbeitsplatzgarantie, die damit verbunden ist. Es ist nämlich ihr verbrieftes Recht, auf einen Arbeitsplatz in ihrem Betrieb zurückzukehren. Wohlgemerkt, nicht unbedingt - was auch sein kann und darf - auf ihren vorherigen Arbeitsplatz, sondern auf irgendeinen im Betrieb, der ihrer Qualifikation entspricht. Und schließlich gibt es noch einen Anreiz, Mutter zu werden in der DDR: Wer mehr als ein Kind hat, braucht nicht die üblichen 43 1/2 Stunden pro Woche zu arbeiten, sondern nur noch 40 Stunden.

Doch diese sozialpolitischen Vorzüge in der DDR haben auch Schattenseiten. Die Arbeitskollektive bekommen für die freigestellten Mütter keinen Ersatz. Das heißt, sie müssen das Pensum der Daheimbleibenden miterledigen, und wenn der Druck nach höherer Stückzahl und besserer Qualität bei der Produktion zunimmt, so wie das im vergangenen Jahr in besonderem Maße der Fall war, dann macht sich Unmut breit im Kollegenkreis. Gedämpft worden ist er inzwischen durch die Erkenntnis, daß die Zeiten des Arbeitskräftemangels in der DDR auch langsam dem Ende zugehen. Zwar hält die Partei dieses Schlagwort immer noch hoch, vornehmlich in Richtung Westen, um den Unterschied zur dort herrschenden Arbeitslosigkeit zu demonstrieren, aber in Ost-Berlin gibt es schon etliche Betriebe, die junge Mütter bereits beim ersten Kind ins Babyjahr schicken. Unterderhand zahlen sie ihnen dafür 10 Mark pro Tag. Und es gibt Betriebe, die rückkehrwillige Mütter wieder nach Hause schicken oder ihnen einen so miesen Job anbieten, daß sie freiwillig daheim bleiben. Derartige Beispiele aus dem Alltag sollen nicht die sozialpolitischen Maßnahmen miesmachen, sondern nur ein bißchen den Weihrauch wegblasen, mit dem sich Sozialpolitiker der DDR zu umhüllen pflegen.

Tatsache ist es jedenfalls, daß sich die Vergünstigungen für Frauen am Arbeitsplatz entscheidend auf die Bevölkerungszahl der DDR ausgewirkt haben. Seit 1979 übertrifft die Zahl der Geburten wieder die Zahl der Sterbefälle, und seit der Einführung des Babyjahres sind die Geburten im Schnitt um ein Drittel gestiegen. Beigetragen hat zu dieser Entwicklung aber noch ein ganzes Paket anderer Anreize. Pro Kind zahlt der Staat ein Geburtengeld in Höhe von 1000 Mark. Und wer als Ehepaar nach dem Familiengesetz der DDR einen staatlichen Kredit in Höhe von 5000 Mark aufnimmt, kann ihn »abkindern«. Das heißt, bei der Geburt des ersten Kindes verringert sich der Rückzahl-Betrag um 1000 Mark, beim zweiten Kind um 1500 Mark und beim dritten und jedem weiteren Kind um 2500 Mark. Ein solcher Kredit darf zweimal in Anspruch genommen werden, so daß maximal 10 000 Mark einem Ehepaar zur Verfügung stehen.

Auch nach dem Babyjahr nimmt der Staat den Müttern einen Teil ihrer Sorgen und Belastungen ab. Bei den Kinderkrippen gibt es zwar noch ein paar Lücken, aber was die Kindergärten angeht, so sind ausreichend Plätze vorhanden: rund 750 000. Der 10. Parteitag der SED hat 1981 da noch einmal das Programm per Beschluß erweitert, auch um zu unterstreichen, daß in der DDR »eine Einheit von Wirtschafts- und Sozialpolitik« gewährleistet sei. Ich habe allerdings in der DDR auch etliche junge Mütter getroffen, die arbeiten und trotzdem ihr Kind nicht in den Kindergarten schicken, ja allerhand tun, um es nicht dorthin schicken zu müssen. Das klingt für manchen gewiß widersinnig, wo es doch bei uns im Westen in vielen Großstädten Wartelisten für einen Kindergartenplatz gibt, wo sich Mütter bei ihrer Kommune beschweren über den Mangel an Neubauten oder den Mangel an Personal.

Aber vieles in der DDR, was glänzt, hat eben auch eine stumpfe Seite. Über Krippe, Kindergarten und Schule will der Staat das entscheidende Wort bei der Erziehung der Kinder sprechen, und er macht daraus auch gar kein Hehl. Auf dem 11. Frauenkongreß der DDR im März 1982, auf dem die Delegierten des Demokratischen Frauenbundes auch über Erziehungsperobleme diskutierten, wurde dieser Anspruch bekräftigt. Es gehe nicht an, so wurde in mehreren Redebeiträgen gesagt, daß zu Hause etwas anderes erzählt werde als in der Schule. Die politisch-ideologische Erziehung zum Sozialismus beginnt freilich schon früher – im Kindergarten. Insofern ist es schon richtig, was die Staatsführung sagt: daß die Sozialpolitik untrennbar von der Wirtschaftspolitik und die Wirtschaftspolitik untrennbar von der Staats-Ideologie ist.

Die Schule ist Pflicht, der Kindergarten nicht. Und von dieser bescheidenen Wahlmöglichkeit machen viele DDR-Bürger Gebrauch. Etwa 30 Prozent der berufstätigen Frauen in der DDR arbeiten nur halbtags. Die andere Hälfte des Tages widmen sie der Familie, insbesondere ihren Kindern. Darum, so scheint es, gibt es in der DDR inzwischen mehr Kindergartenplätze als Kinder, die in den Kindergarten gehen.

Wer allerdings als Frau Karriere machen will, wird sich von Heim und Familie nicht festbinden lassen. Nein, er darf sich nicht festbinden lassen. Denn ohne gesellschaftspolitische Aktivität läuft auch für Frauen nicht viel. Im Demokratischen Frauenbund, im FDGB, im Elternkollektiv oder möglichst in mehreren dieser Massenorganisationen engagiert zu sein, ist unerläßlich für den Aufstieg im Beruf. Jede dritte Frau in der DDR ist inzwischen Volksvertreter, das heißt, sie ist im Kreis, im Bezirk oder auf Landesebene in einer solchen Organisation tätig.

Im Zeichen der Gleichberechtigung stand 1982 auch eine Kampagne der Partei, angesichts der NATO-Nachrüstung Frauen für die Zivilverteidigung zu werben. Am Arbeitsplatz wurden die Frauen dazu aufgefordert. Die meisten sagten unter allerlei Ausflüchten ab. Aber wer nach oben will, und das wollen viele Frauen in der DDR, der sagte ja. In der täglichen Praxis heißt das: Neben Beruf und Familie geht viel Zeit drauf für Sitzungen, Übungen, Diskussionen, Versammlungen und Hausaufgaben, die man dann zu machen hat. Und das erklärt, so behaupte ich, die hohe Scheidungsrate in der DDR. Sie ist mehr als doppelt so hoch wie in der Bundesrepublik, und stellt man eine »Weltrangliste« auf, dann rangiert die DDR immerhin auf Rang fünf. Natürlich tragen zu dieser Scheidungslust auch andere Umstände bei, wie etwa die Wohnungsvergabe, besser Zuteilung. Sich irgendwo einfach eine Bude zu mieten, ist ein Unding in der DDR. Als Ehepaar hat man da bessere Chancen. Früh-Ehen sind die Folge, genauer, zu frühe Ehen. Aber die andere, gewiß ebenso wichtige Komponente, wenn nicht die wichtigere, ist im beruflichen Ehrgeiz einer beträchtlichen Zahl von Frauen zu sehen. Andersherum: im Mißmut ihrer Ehemänner, die sich vernachlässigt fühlen oder nicht emanzipiert genug sind, um diese Strebsamkeit ihres Partners verkraften zu können.

Die in der DDR recht populäre, weil lesbare Zeitschrift »Für Dich« mit vorwiegend weiblicher Leserschaft hat sich dieses brisanten Themas 1984 neuerlich angenommen. Vorgestellt wurde jener Typ von Mann, der sich zu Hause als Pascha aufführt, also bedient werden will, selbst keinen Handschlag tut und nach Arbeitsschluß im wahrsten Sinne des Wortes den Feierabend antritt. Nun ist diese illustrierte Gazette aus Ost-Berlin gewiß kein Vorkämpfer für einen Feminismus westlicher Prägung, über den Frauen-Redakteurinnen in der DDR ohnehin nur spotten, aber Klartext schreiben darf diese in der DDR weitverbreitete Zeitschrift auch nicht. So hat sie sich dem durch Leserbriefe hilfesuchender Frauen ausgelösten Diskussionsthema nur auf Umwegen genähert, die Gleichberechtigungs-Story an der Erziehungsfrage aufgehängt. Ein richtiger Junge, ein richtiges Mädchen? lautete sie und begann demzufolge im Kindergarten. Kindergärtnerinnen gaben ihre Erfahrungen und Bewertungen zu Protokoll - etwa zum Spielverhalten ihrer Zöglinge. Und sie verwahrten sich einheitlich dagegen, daß es schlimm sei, wenn ein Junge mit einer Puppe spiele oder ein Mädchen lieber mit Spielzeugautos. Denn damit fange sie ja an, die Gleichberechtigung von Frau und Mann, das typische oder untypische Rollenverhalten.

Bemerkenswert, so hieß es im Verlauf der Reportage, sei es allerdings, daß, je älter die Kinder würden, die Neigung der Jungen zur Handarbeit abnehme, die Mädchen wieder von der Technik ließen, was auch darauf schließen lasse, daß daheim eben doch manches anders laufe. Es käme halt weniger darauf an, was die Erzieher und Erziehungsberechtigten predigten, sondern eher auf das, was sie selbst vorlebten.

Und so ergab sich das Fazit: Viel geändert hat sich am traditionellen Rollenverständnis von Mann und Frau in der DDR nicht. Dort aber, wo einer der Partner zu einer neuen Auffassung gefunden hat, gerät er oft genug mit dem anderen in Konflikt. Deshalb bleibt das Klischee, ob von den staatlichen Medien der DDR oder Teilen der westlichen Publizistik gepflegt, in der Gleichberechtigung zwischen Mann und Frau sei die DDR anderen Staaten erheblich voraus, auch nur ein Klischee.

Friedrich Schiller und die Taschenrechner

Mittwoch ist Schulklassentag in Ost-Berlin. Morgens um neun stehen sie in der schmalen Gittergasse für Fußgänger am Grenzübergang Heinrich-Heine-Straße, die Jungen und Mädchen aus der Bundesrepublik Deutschland, die zur Besichtigungstour in den unbekannten Osten aufbrechen. Daß für sie gewissermaßen die Grenze aufgeschlossen wird, finden sie dem Gekicher und Gespöttel nach meist noch sehr komisch. Der Lehrer an der Spitze, bewaffnet mit den gebündelten Pässen und den gebündelten Geldscheinen für den Mindestumtausch, hat oft Mühe, seine ungeduldig wartenden Zöglinge in Reih und Glied zu halten. Denn das ist erforderlich für den uniformierten Grenzer, der mit prüfendem Blick Person für Person in Augenschein nimmt. Er ist meist auch nicht viel älter als die halbwüchsigen Besucher, tut doch inzwischen fast jeder Wehrpflichtige in der NVA für ein paar Monate auch Dienst an der Grenze.

Es ist eine lästige Prozedur für beide Seiten, aber die Aufmüpfigkeit der Gäste legt sich schnell, wenn sie aufgefordert werden, die Brille abzunehmen oder sich im Gesichtsprofil zu zeigen, weil die wilde Mähne zu sehr die Stirn oder gar die Augen verdeckt. Jetzt, so spüren sie plötzlich, weht ein anderer Wind, nützt das lose Mundwerk überhaupt nichts mehr, will man nicht Gefahr laufen, einfach wieder nach Hause geschickt, abgewiesen zu werden. Und wenn denn, wie der Zufall so spielt, zwei oder drei Uniformierte im Kampfanzug und mit umgehängtem Karabiner Richtung Wachturm marschieren, wird kaum noch gelacht und gelästert, sondern nur noch geflüstert.

Ich habe mich oft gefragt, wenn ich diese jugendlichen Besuchergruppen an der Sektorengrenze gesehen und beobachtet habe, was sie eigentlich wissen von den Verhältnissen in der DDR, was sie insbesondere wissen mögen vom Schulalltag der DDR-Schüler, von den Bedingungen, unter denen diese Gleichaltrigen aufwachsen, vom Schulsystem, in dem sie groß werden. Ich fürchte, sie wissen darüber nicht allzu viel, nur Bruchstücke, und die ergeben ja noch längst kein Gesamtbild.

Seit fast 21 Jahren gibt es in der DDR das einheitliche sozialistische Bildungssystem. Im Laufe einer so langen Zeit ist daran immer wieder herumgebastelt und geändert worden – an den Lehrplänen der

Schulen, am Aufbau der Studienrichtungen an den Universitäten sowie an der Struktur der Schulzweige. Aber das entscheidende Prinzip des DDR-Bildungssystems ist erhalten geblieben: den heranwachsenden jungen Menschen so früh wie möglich zu einem sozialistischen Bewußtsein zu erziehen und ihn so spät wie möglich aus diesem Erziehungsprozeß zu entlassen. Denn nur so glaubte und glaubt die SED, eine sozialistische und in der Zukunft kommunistische Gesellschaftsordnung erreichen und sichern zu können.

Vorbild dafür war das sowjetische Bildungs- und Erziehungsmodell, was niemanden überraschen kann, denn nirgendwo sonst in der Welt hatte die marxistische Pädagogik schon so festen Fuß gefaßt. Über sie muß deshalb einiges gesagt werden. Ihr Kernpunkt ist die marxistisch-leninistische Persönlichkeits-Theorie. Sie besagt, daß alle Bildungs- und Erziehungsprozesse – Fachleute sprechen auch von Sozialisationsprozessen – unlösbar in geschichtliche Prozesse eingebettet sind und von den materiellen Lebensprozessen, den politischen Kämpfen der Klassen und ihren ideologischen Reflexionen bezüglich der Ziele, der Inhalte und der Methoden bestimmt werden.

Auf gut deutsch heißt das: Nichts, was den Heranwachsenden vermittelt wird oder, besser, vermittelt werden soll, darf wertfrei sein, sondern alles muß unter politisch-ideologischen Vorzeichen gelehrt und gelernt werden. Ließe man dieses Vorzeichen beiseite, entstünde die Gefahr einer objektivistischen Wissensvermittlung und damit auch die Gefahr des Widerspruchs, der wiederum das Macht- und Erziehungsmonopol der alleinregierenden und alleinentscheidenden Partei berührte.

Ein wesentliches Kennzeichen des einheitlichen sozialistischen Bildungssystems ist deshalb die Ansammlung von Wissen, was für sich genommen keine schlechte Sache ist. Der Durchschnittsschüler in der DDR weiß mehr als der Durchschnittsschüler in der Bundesrepublik Deutschland. Woran es jedoch mangelt, ist die auch kritische Auseinandersetzung mit diesem Wissen. Das hat weder der durchschnittliche Schüler noch der durchschnittliche Student in der DDR gelernt. Genauer gesagt, es ist ihm nicht beigebracht worden. Denn selbst auf der Hochschule bestimmt die Abfrage und nicht die Diskussion des Stoffes den Unterricht. Ganz im Gegensatz zum Westen. Unterricht ist insofern auch für die Hochschulen der DDR das treffende Wort, als die marxistisch-leninistische Pädagogik wie die Wissenschaft das Erlernte höher bewerten als die Fähigkeit, mit dem Erlernten umzugehen.

Erst jetzt, einundzwanzig Jahre später, wird dieses Manko offenbar: in der fehlenden Innovationskraft der sozialistischen Wirtschaft, im

Rückstand zur Technologie des Westens, im Defizit an Kreativität. Die angehenden Akademiker wie ihre Professoren haben dafür in den vergangenen drei Jahren öffentliche Kritik einstecken müssen, und weil diese Kritik zuallererst vom DDR-Staatsratsvorsitzenden Honecker persönlich formuliert wurde, war sie umso gewichtiger. Seine Aufforderung, mehr zu forschen, bessere, für die ökonomische Praxis verwertbare Ergebnisse vorzulegen, war freilich an die falsche Adresse gerichtet. Sie hätte nicht den Produkten der marxistisch-leninistischen Erziehung, sondern dem einheitlichen sozialistischen Bildungssystem selbst gelten müssen.

Wie sieht nun dessen formaler Aufbau aus? Unterste Stufe sind die Kinderkrippen, die dem Gesundheitsministerium unterstehen. Diese staatlichen Einrichtungen, in denen die Kleinsten der Kleinen betreut und versorgt werden, sind in der DDR unerläßlich, weil über 90 Prozent der Frauen berufstätig sind. Es folgt die Zeit im Kindergarten, wobei diese beiden sogenannten Elementarstufen gemeinsam als Einrichtungen der Vorschulerziehung gelten. Manche berufstätige Frau im Westen würde sich womöglich eine solche lückenlose Verwahrung ihrer Kinder wünschen. Doch diese auf den ersten Blick vorzeigbare soziale Leistung der DDR schließt auch die Aufgabe des eigenen Erziehungsrechtes ein oder zumindest dessen erhebliche Einschränkung.

An diesem Punkt entzündet sich in Kreisen der katholischen wie evangelischen Kirche auch Kritik. Beispielsweise daran, daß im Kindergarten zwar die Liebe zur Heimat, zum Sozialismus, zur Volksarmee der DDR und zum Staatsratsvorsitzenden gepredigt wird, nicht aber die Liebe zu den Eltern. Sie entzündet sich daran, daß Kinder, die noch nicht zur Schule gehen, bereits Panzer aus Pappe oder Sperrholz basteln, daß sie Bilder malen und Geschichten erzählt bekommen, in denen das militärische Element unübersehbar ist. Aber diese Kritik hat keinerlei Auswirkungen auf die gängige Praxis, und wo sie umschlug in Eigeninitiative, ist diese erstickt. Junge Eltern in Ost-Berlin, die sich auf privater Basis zusammengetan hatten, um einen Kinderladen ohne staatliche Regie aufzuziehen, haben das zu spüren bekommen. Diese Kinderläden sind aufgelöst worden.

Kernstück des einheitlichen sozialistischen Bildungssystems ist jedoch die Schule. Sie umfaßt für alle Schüler gleichermaßen den zehnklassigen polytechnischen Unterricht. Polytechnisch heißt, daß neben der allgemeinen schulischen Wissensvermittlung speziell in der Oberstufe ab Klasse 7 auch die Grundlagen in der sogenannten sozialistischen Produktion vermittelt werden. Deren zehn Varianten aufzuzählen, wäre an dieser Stelle zu viel. Aber wichtig ist dabei, daß neben theoretischen auch praktische Kenntnisse erworben werden. Und zwar in den beiden Grundrichtungen Industrie und Landwirtschaft.

Von zentraler Bedeutung für die Erziehung in der Schule ist jedoch der politisch-ideologische bzw. Staatsbürgerliche Unterricht. Er wird ergänzt durch den Wehrunterricht, der 1978 eingeführt wurde und ab Klasse 9 Pflicht ist. Sind die neben dem Schulunterricht angesetzten zwölf Ausbildungstage im Wehrlager auch offiziell freiwillig, so ist die Verweigerung der Teilnahme doch relativ selten. Denn jeder Schüler weiß ebenso wie seine Eltern, daß der Wehrunterricht mit seinen Schießübungen als gesellschaftspolitische Aktivität bewertet wird. Und diese Noten sind nicht nur maßgebend für die Gesamtbeurteilung eines Schülers, sie entscheiden auch darüber, ob er in die sich anschließende Abiturstufe darf.

Daß die Regelschule von zehn Klassen Pflicht ist, bedeutet allerdings nicht, daß alle Schüler diese zehn Klassen auch durchlaufen. Tatsache ist vielmehr, daß ein erheblicher Prozentsatz allenfalls bis zur achten Klasse kommt und dann - nach mehrfachem Sitzenbleiben - von der Schule abgeht. Die berufliche Laufbahn des sogenannten Teilfacharbeiters ist dann vorgezeichnet. Ein etwas hochtrabender Titel für Tätigkeiten, die im Westen mit der schlichteren Bezeichnung Hilfsarbeiter versehen werden.

Doch zurück zur Abiturstufe. Wer sie erreicht hat, wird von Staat und Partei bereits als gesellschaftspolitisch halbwegs zuverlässig betrachtet. Da aber manches Mädchen und mancher Junge erfahrungsgemäß in der Pubertät noch Sprünge macht, gelegentlich auch gesellschaftspolitische Seitensprünge, ist mit dem Abitur vorsichtshalber keine automatische Studienzulassung verbunden. Erforderlich ist dafür eine gesonderte Hochschulreife, wie es sie früher schon einmal in Deutschland gegeben hat. Und für sie ist neben guten Zeugnissen wiederum das nachweisbare politisch-ideologische Engagement des einzelnen ausschlaggebend.

Auf diese Weise sind Staat und Partei überall gegenwärtig. Trotz der zahlreichen Kontroll- und Überprüfungsmechanismen bedarf es aber offensichtlich noch des Flankenschutzes. Den gewährt die einzige in der DDR zugelassene Jugendorganisation - die FDJ. Wer ihr in der Schulzeit nicht beitritt, gilt als verdächtig.

Und so ist es denn kein Wunder, daß 95 Prozent aller Schüler und Schülerinnen das Blauhemd tragen. Wer will sich schon seine Zukunft verbauen? Wer hat als Halbwüchsiger schon die Kraft, stets mit seiner Umwelt im Konflikt zu leben? Wer will schon außerhalb der Klassengemeinschaft stehen?

Doch, wie gesagt, wer die sogenannte Erweiterte Oberschule, abgekürzt EOS, absolviert hat, ist noch nicht Student. Denn bei der Studienzulassung wird kräftig gesiebt - politisch wie leistungsmäßig. Das ist der entscheidende Grund für die Tatsache, daß die Universitäten und Hochschulen nicht überquellen, daß es keinen Numerus clausus in der DDR gibt. Das alles wird schon in der Schulzeit geregelt. Und dieses Prinzip der Selektierung wird auch bei den Nichtakademikern, bei der zum einheitlichen sozialistischen Bildungssystem gehörenden Berufsausbildung angewendet.

Anders als die Bundesrepublik Deutschland ist die DDR ein zentralistisch organisierter Staat. Anders als in der Bundesrepublik Deutschland gibt es keine Interessengruppen mit unterschiedlichen Zielen. Anders als in der Bundesrepublik Deutschland gibt es keine Wirtschaftsmonopole, sondern nur ein einziges Wirtschaftslenkungs-, Planungs- und Meinungsmonopol. Und das wird von der Einheitspartei gesteuert. Folgerichtig kann sie die ökonomischen Erfordernisse ohne Widerspruch von irgendeiner Seite bestimmen. Und weil sie das kann, richtet sie die Berufsausbildung danach aus.

Um ein praktisches Beispiel zu nennen: Wenn der Staat meint, tausend Baufacharbeiter zu benötigen, bietet er tausend entsprechende Ausbildungsplätze an. Die werden den DDR-Bezirken zugeteilt. Wenn der Bezirk Rostock davon zweihundert erhält, meldet er das den Schulen weiter. Und die sorgen schon vor Abschluß der Schulausbildung für die entsprechende Zahl von Lehrlingen. Das klingt gut und vernünftig, und mancher Lehrling im Westen wäre froh, bekäme er auf diese Art und Weise seinen Ausbildungsplatz zugeteilt. Zumal Neigungen oder Berufswünsche auch berücksichtigt werden.

Die Frage ist allerdings, ob das einheitliche sozialistische Bildungssystem diese Art von Berufslenkung auf Dauer durchhalten kann, und ob sich nicht in naher Zukunft dieses Modell ebenso von den Realitäten entfernt, wie das Modell von der freien Berufswahl im Westen durchlöchert worden ist. Denn der strukturelle Umbruch in der DDR-Industrie steht erst bevor. Und das heißt, auch in der technologisch um zwanzig Jahre zurückliegenden DDR werden mehr und mehr Computer, Roboter und Automaten die Handarbeit verdrängen. Schon vor drei Jahren hat sich der Beginn einer zaghaften Umstrukturierung bemerkbar gemacht. Da nämlich wurden die Lehrstellen in der DDR knapp. Mit der Folge, daß von der Schule abgehenden Schülern die Soldatenlaufbahn empfohlen wurde. Wer ein solches Angebot ausschlägt, ist in der Regel arm dran. Er kann für einige Zeit jobben, muß aber auf das Finanzamt aufpassen. Das überwacht seine Einkünfte, und wenn die ein bestimmtes Jahreseinkommen nicht erfüllen, wird er zum Asozialen gestempelt. Sozialunterstützung oder Arbeitslosengeld gibt es offiziell nicht. Denn in der DDR gibt es laut Verfassung nicht nur ein Recht auf Arbeit, sondern auch eine Pflicht dazu. Und dieser Pflicht hat sich der Betreffende ja mit dem Berufsvorschlag Soldat verweigert. Auch andere Argumente gegen einen bestimmten Berufsvorschlag ziehen nicht. Etwa der Hinweis, der Ausbildungsplatz liege nicht am Heimatort. Tatsache ist, daß jeder vierte Lehrling in der DDR in einem anderen als seinem Heimatbezirk ausgebildet wird. Er wohnt - die Betreuung ist überall sichtbar - in Lehrlingsheimen.

Auch die Studenten - diejenigen, die es geschafft zu haben meinen - kommen weder von der Einbindung in die FDJ noch von der permanenten Kontrolle und Beaufsichtigung los. Aber der Hang zur Selbständigkeit, zur Entwicklung von Eigeninitiative abseits der vorgezeichneten und oft schon ausgetretenen Pfade ist vergleichsweise gering. Es geht halt alles seinen Gang, wie man in der DDR sagt. Und so gesehen, müßte die Partei zufrieden sein mit dem wohl größten Erfolg des einheitlichen sozialistischen Bildungssystems: Es herrscht Ruhe im Lande. Anpassung ist die Regel, Aufmüpfigkeit die Ausnahme. Und wo sie sichtbar wird, greift in Schule und Hochschule ein umfangreicher Katalog von Ordnungs- und Disziplinierungsmöglichkeiten - gewissermaßen als Vorstufe zur Relegation oder Exmatrikulation.

Von Zeit zu Zeit freilich scheinen über all die Jahre hinweg auch den Bildungsplanern in der DDR Zweifel gekommen zu sein, ob ihr stromlinienförmiges Modell tatsächlich der Weisheit letzter Schluß ist. Insbesondere, ob die Vereinheitlichung des Schul- und Hochschulsystems nicht eine Vielzahl von Talenten verkümmern läßt. Angeregt worden sind sie zu derartigen Überlegungen womöglich durch das Beispiel des DDR-Sports. Denn in den 16 Spezialschulen, in denen vom Kindesalter an junge Talente zusammengefaßt wurden, stellten sich auch besondere Erfolge ein. Ende der sechziger und Anfang der siebziger Jahre gab es deshalb geradezu eine Inflation von Sonderschulen in der DDR, in denen sich Begabte spezieller Fachrichtungen konzentrierten.

Doch die Anhänger der reinen Lehre sahen angesichts zunehmender Unübersichtlichkeit im ursprünglichen Einheitssystem auch das ideologische Prinzip verwässern. Mit der Folge, daß es heutzutage zwar immer noch Spezialschulen für musisch oder naturwissenschaftlich besonders Begabte gibt, ihre Anzahl und Auswahl jedoch auf ein Minimum reduziert worden ist. Ähnlich lief es mit der zeitweiligen Studienfreigabe Mitte der siebziger Jahre. Auch sie wurde wieder zurückgenommen, weil unversehens die Hochschulen aus den Nähten platzten.

Was sich geändert hat, sind die Lehrpläne in den Schulen. 1983 wurde unter dem Druck der ökonomischen Sorgen in der DDR für die 220 Erweiterten Oberschulen eine umfangreiche Reform verfügt. Erlassen vom Volksbildungsministerium, das Erich Honeckers Ehefrau Margot leitet. Seitdem benutzen die angehenden Abiturienten der Klassen 11 und 12 auch einen elektronischen Taschenrechner in der Schule. Er ist von der DDR-Industrie speziell für den Unterricht entwickelt worden, heißt Schulrechner SR 1 und kostet 123 Mark. Kaufen müssen ihn die Schüler bzw. deren Eltern selbst. Und bringen soll er den von der Partei allerorten angestrebten Effektivitätsgewinn durch Wegfall aufwendiger numerischer Berechnungen, wie es in den Broschüren des Ministeriums lakonisch heißt. Taschenrechner aus dem Westen dürfen im Unterricht nicht benutzt werden.

Ohne großes Aufheben ist im Rahmen der modifizierten Lehrpläne aber noch etwas anderes weggefallen, das auswärtigen Besuchern bislang als Errungenschaft vorgestellt wurde: die Lehrmittelfreiheit. Von den neuen Lehrbüchern, die angeschafft werden müssen, ist nur noch die Hälfte kostenlos. Deren Verkaufspreis ist mit durchschnittlich 2 Mark 10 billig, aber der Taschenrechner, den seit 1985 auch die Schüler ab Klasse 7 benutzen, schlägt umso mehr ins Portemonnaie.

Neu im Lehrprogramm ist seit zwei Jahren auch das Fach Informatik. In einigen Schulen gibt es dafür inzwischen auch Datenverarbeitungsgeräte und Computer einfachster Ausführung. Auch sie stammen aus eigener Produktion. Abgeschlossen ist damit die Umstellung im Fach Mathematik, die schon 1980 vorbereitet worden war. Die Wissensanhäufung ist gemindert, die Selbständigkeit im Denken der Schüler gefördert worden. Damit die zum Nutzen der Wirtschaft angestrebte Befähigung der Schüler zur Eigeninitiative aber nicht ausufert, ist zugleich der politisch-ideologische Unterricht intensiviert worden.

Das geschieht - neben der platten ideologischen Freund-Feind-Indoktrination im Staatsbürgerlichen Unterricht - auf durchaus subtile Weise. Beispielsweise im Fach Literatur. In der fünften Klasse, so sieht seit 1984 der neue Lehrplan vor, sollen die Begegnung mit Märchen- und Sagengestalten der Weltliteratur wie Sindbad und Herakles, mit Ausschnitten aus Shakespeare-Märchen oder Tolstois autobiographischer Erzählung »Nikitas Kindheit« sowie die Darstellung des Lebens der Kinder »in unserer Republik« den Blick für Reichtum, Vielfalt und Schönheit der Literatur fördern. Eine Aufgliederung nach National- und Weltliteratur also, die, wie das Ministerium erläutert, das bürgerlich-humanistische Erbe einerseits und die sozialistische Literatur andererseits berücksichtigt.

In der zehnten Klasse ist gleichfalls der Literatur-Unterricht dazu auserkoren, den Schülern ihre Stellung in der sozialistischen Gesellschaft tiefer ins Bewußtsein zu rufen, ihr sozialistisches Geschichts- und Perspektivbewußtsein zu schärfen und ihnen einen festen Klassenstandpunkt zu vermitteln. 23 Stunden des in vier Abschnitte unterteilten Stoffes gelten deshalb Werken »aus unserer klassischen National-Literatur«, wie es heißt, und gemeint sind Werke von Goethe, Schiller und Heine. Acht Stunden sind Schriftstellern gewidmet, die, wieder Originaltext des Ministeriums, in ihrer Entscheidung für Frieden und Humanismus eingestanden haben: Heinrich und Thomas Mann, Ernest Hemingway und Pablo Neruda.

Zwölf Stunden vermitteln den sozialistischen Humanismus in der Sowjetliteratur mit Werken von Gorki, Scholochow, Segel, Aitmatow oder Fadejew, und dreizehn Stunden gelten der Entwicklung der sozialistischen Nationalliteratur der DDR mit Werken von Brecht, Bredel, Anna Seghers und jüngeren Autoren, die namentlich nicht aufgeführt sind.

Ergänzt werden soll im Fach »Deutsche Sprache und Literatur« das, was im Staatsbürgerkunde-Unterricht laut Richtlinie so klingt: nämlich den »unerbittlichen Kampf zwischen Sozialismus und Imperialismus herauszuarbeiten, der den Knotenpunkt allen politischen Weltgeschehens darstellt, und in stärkerem Maße als bisher den unüberbrückbaren, in den prinzipiell unterschiedlichen Macht- und Eigentumsverhältnissen begründeten Gegensatz zwischen der DDR und der BRD darzustellen«.

Ob die Aufforderung zum selbständigen Denken wie im Fach Mathematik bzw. Informatik auf der einen Seite mit der Eingrenzung des selbständigen Denkens auf der anderen Seite vereinbar ist, wird sich in ein paar Jahren zeigen. Zieht man jedoch heute, nach einundzwanzig Jahren einheitlichem sozialistischen Bildungssystem, eine Zwischenbilanz, so muß sie sich an den damals verkündeten Absichten und Zielen bemessen. An der Frage also, ob es in der DDR tatsächlich gelungen ist, eine junge Generation zu überzeugten Sozialisten zu erziehen.

Die Partei wird diese Frage gewiß mit Ja beantworten, auf den hohen Organisationsgrad in der FDJ hinweisen, auf die zu Festtagen üblichen Massenaufmärsche, auf die Treuebekenntnisse, auf die reibungslosen Abläufe in den sozialistischen Bildungseinrichtungen und nicht zuletzt auf den häufig spürbaren und nachvollziehbaren Eifer und Fleiß der

Schüler und Studenten. Aber sie wird nichts sagen zu der Ausreisewelle gerade junger Menschen im Jahr 1984, die ja allesamt nichts anderes kannten als diese sozialistische Erziehung. Sie wird kaum zugeben, daß Treuebekenntnisse auch Lippenbekenntnisse sein können, und sie wird nur wenig entgegenzusetzen haben, wenn es um die Realitäten nach Absolvierung der Ausbildung geht: um eine weitverbreitete Resignation unter den dann immer noch jungen Leuten, die plötzlich im Alltag des Arbeiter- und Bauernstaates merken, wie wenig gerade das politisch-ideologische Rüstzeug dort taugt. Es kommt ja nicht von ungefähr, daß die Flucht ins Private so weit verbreitet ist in der DDR, daß die Parole »Privat geht vor Plan« keineswegs spaßig gemeint ist, daß zwar Ruhe, aber auch Unlust herrscht. Das geht nicht allein aufs Konto des einheitlichen sozialistischen Bildungssystems, aber seinen Anteil daran hat es gewiß.

Doch darüber werden Schüler aus der Bundesrepublik Deutschland nur im Ausnahmefall etwas erfahren. Wird ihnen, wie es mitunter geschieht, einmal ein Treffen mit Gleichaltrigen ermöglicht, haben sie in der Regel kein Hintergrundwissen, um die richtigen Fragen zu stellen. Und sollten sie es dank eines beschlagenen Klassenlehrers doch haben, dann werden die Antworten ihrer Gesprächspartner ausweichend sein, dann wird der Versuch unternommen, flugs den Spieß umzudrehen, aus der Defensive in die Offensive zu gehen. Denn nur die zuverlässigsten Mitglieder der FDJ werden für solche Begegnungen wie für Reisen im Rahmen des »Jugendaustausches« mit der Bundesrepublik Deutschland ausgesucht. Dennoch: Gerade junge Leute aus dem Westen sollten die Chance nutzen, nach Ost-Berlin zu reisen, zu beobachten und das Gespräch suchen. Und dabei fragen, wie das denn so geht mit dem SR 1 und ob denn Friedrich Schiller wirklich eine teilbare Größe ist!?

Jubeln nach Dienstschluß

Es ist Abend, aber der Platz der Akademie ist taghell. Die klassizistischen Schinkelleuchten, die hier – auf dem ehemaligen Gendarmenmarkt – mattgelbes Licht verbreiten, haben Verstärkung bekommen: Auf hölzernen Podien sind Scheinwerfer und gewaltige Punktstrahler aufgebaut, die das Schauspielhaus beleuchten. Vor fünf Wochen ist es in einer feierlichen Zeremonie wiedereröffnet worden. Nach viereinhalbjähriger Bauzeit, für 115 Millionen Mark und innen wie außen ganz im Stil des Zeitgeschmacks des 19. Jahrhunderts, der in der Parteiführung so großen Anklang findet.

Angestrahlt wird auch der Französische Dom. Dort sind zwar die Restaurierungsarbeiten noch im Gange, aber die Gerüste, die noch am Vormittag zu sehen waren, sind seit den Nachmittagsstunden verschwunden. Der Deutsche Dom auf der anderen Seite des Schauspielhauses liegt dagegen absichtsvoll im Dunkeln. Die moosbewachsene Ruine würde das imposante Bild nur verhunzen. Schließlich soll der Staatsgast die besten Eindrücke mit nach Hause nehmen. Fred Sinowatz, Bundeskanzler der Republik Österreich, wird erwartet. Auf der breiten Freitreppe des Schauspielhauses drängen sich Menschen in dunklen Anzügen, links und rechts davon stehen Hunderte in Mänteln, Jacken und Parkas – über etwa 80 bis 100 Meter hinweg, bis zum Straßenrand. Dort ist heute abend absolutes Park- und Halteverbot.

Mein Kollege aus Wien, der ARD-Hörfunk-Korrespondent Klaus Kuntze, hat eine Karte fürs Galakonzert erhalten. Er zählt zum Journalistentroß, den der prominente Besucher mitgebracht hat. »Die Leute hier auf der Straße«, sagt er, »sehen ja so aus, als kämen sie gerade von der Arbeit. Sind die so neugierig, den Sinowatz zu sehen, oder ist das angeordnet worden?« Der Kollege weiß, was er fragt, er hat bereits als Korrespondent in Moskau gearbeitet. Trotzdem zögere ich mit meiner Antwort. Vermutlich sind die meisten auf Befehl hier, aber einige könnten auch freiwillig gekommen sein. Denn einen Staatsgast aus dem Westen sehen die Ost-Berliner auch nicht alle Tage, und das ganze Drum und Dran vor dem Schauspielhaus mag den einen oder anderen aus der Umgebung angelockt haben. »Genaueres«, sage ich, »wissen wir erst hinterher, wenn die Prominenz im Theater ist.«

Vor 16 Tagen hatte es vor dem Schauspielhaus auch einen Massenauflauf gegeben - zweifelsfrei spontan und nicht inszeniert. Beim Konzert Leonard Bernsteins mit den Wiener Philharmonikern. Schon für seine Generalprobe waren Karten verkauft worden, um die explosionsartige Nachfrage wenigstens teilweise zu befriedigen. Denn der Maestro gab nur eine offizielle Vorstellung in Ost-Berlin, die andere - um der politischen Ausgewogenheit willen - in West-Berlin. Als er vor rappelvollem Haus während der Generalprobe bemerkte, daß die ersten zwei Reihen leer blieben - offenbar vorsorglich für Musikfreunde mit dem Parteiabzeichen reserviert -, unterbrauch Bernstein sein Probe-Konzert und eilte, undenkbar für ein auf Disziplin und Ordnung gedrilltes Publikum, vor die Tür, um die dort ausharrenden Fans in den Saal zu bitten, aufs bislang unbesetzte Gestühl am Podium. Eine Geste, die ihm Ovationen einbrachte.

Doch heute dirigiert nicht Bernstein, sondern Claus-Peter Flor, frischgebackener Chefdirigent des Rundfunk Symphonie Orchesters Berlin, und die beiden ersten Reihen werden gewiß nicht leer bleiben. Denn angesagt ist nicht nur der Bundeskanzler aus Wien, angesagt ist nicht nur der Staatsratsvorsitzende der DDR, sondern die gesamte Führungsspitze von Staat und Partei.

Ich entsinne mich eines ähnlichen Galakonzerts in Dresden, dirigiert von Kurt Masur, damals, vor zwölf, dreizehn Jahren, natürlich noch nicht in der Semper-Oper, sondern im Kulturpalast. Das Publikum war längst im Hause, drückte sich von innen die Nasen in den verglasten Wandelgängen platt. Aber auch draußen ballten sich noch die Massen, Autogrammjägern gleich, die auf einen Filmstar warten. Und dann rauschte eine schwarze Kalesche nach der anderen vors Portal - damals noch sowjetische Sil und Tatras, denen die örtliche und aus Berlin herbeigeeilte politische Prominenz entstieg. Befrackte Menschen rissen den Schlag auf, halfen den Damen aus dem Coupé, eilten beflissen voran. »So hab' ich mir die klassenlose Gesellschaft schon immer vorgestellt«, sagte jemand neben mir.

Und heute? Klaus Kuntze und ich haben uns in die Phalanx der Wartenden geschoben. Vor ihr stehen - im Abstand von drei Metern etwa - Volkspolizisten. Alle fünf Meter einer, das Gesicht der Menge zugewandt. »Mensch«, sagt einer mit Schiffermütze zu dem Uniformierten gegenüber, »mein Kumpel hier hat 'ne ziemlich dicke Aktentasche. Mußt du da nicht reingucken, ob 'ne Bombe drin ist?« Der Polizist tut so, als ob er die Äußerung überhört. »Nee«, sagt ein anderer, »da kann gar keene Bombe drin sein, der kommt doch aus'm Betrieb, da hat er was Beßres einzupacken.« Die Umstehenden lachen. Der Mann mit der dicken Aktentasche grinst eher verlegen, fühlt sich zu einer Erklärung bemüßigt und murmelt: »Is' doch nur meine Thermosflasche ...«

Jedermann weiß, wieviel in der DDR »englisch eingekauft« wird, ein Synonym für klauen. Die Klagen der Betriebsleiter über zu große »Schwundmassen« sind Legion. Wer in der DDR einmal durch Vorortsiedlungen mit alten oder neuen Einfamilienhäusern oder durch Kleingartensiedlungen mit Datschen streift, wird sich über die Zäune um die Grundstücke wundern. Da gibt es welche aus Holz, welche aus Maschendraht, welche aus Schmiedeeisen und etliche aus Mauerwerk, Mörtel und Beton. »Da kannste sehen, wo jeder arbeitet oder wo seine Freunde beschäftigt sind«, hat mir ein Bekannter erläutert und trocken hinzugefügt: »Schließlich hat Honecker gesagt, jeder soll aus seinem Betrieb soviel rausholen wie möglich.«

Der erste Volvo fährt auf dem Platz der Akademie vor, zwei Streifenwagen der VP mit rotierendem Blaulicht, aber ohne Sirene, stoppen neben ihm mit quietschenden Bremsen. Ein Mann im dunklen Anzug mit Weste steigt aus. Gemessenen Schrittes geht er auf das erstrahlte Schauspielhaus zu, bleibt stehen, mustert die Szenerie, macht kehrt auf dem Absatz. »Wer is'n das?« fragt einer vor uns. »Kenn' ich nicht«, flüstert ein anderer. »Das ist Erich sein Butler«, sagt einer laut. Der halbe Flügel prustet los. Selbst der Polizist grinst.

Der Mann in der Mitte des ansonsten menschenleeren Platzes, der offensichtlich prüft, ob alles seine Richtigkeit hat, ist der Protokollchef des Außenministeriums, Botschafter Franz Jahsnowsky, eine schillernde Figur im Spektrum der eher hausbacken wirkenden Mitarbeiter des MfAA. Geboren 1930 in Frankreich, hat es der gelernte Tischler erst zum Dolmetscher, dann zum Diplomstaatswissenschaftler gebracht. Karriere hat er in Asien und Afrika gemacht. Seit über 12 Jahren führt er bei allen protokollarisch bedeutenden Ereignissen in Ost-Berlin Regie. Ein eleganter, aber gefürchteter Perfektionist, der David Dreimanns Handbuch »Das diplomatische Protokoll« verinnerlicht zu haben scheint. Darin ist alles geregelt, was der DDR-Diplomat im Ausland zu beachten hat: von der korrekten Visitenkarte über die Sitzordnung bei offiziellen Essen bis zur Bekleidung.

Frack, Cut und Stresemann gehören auch zur »Ausrüstung« des DDR-Botschaftspersonals. Beim Cut beispielsweise heißt es in der Kleiderordnung: Weste: grau, bei Trauer: schwarz, Hose: ohne Umschlag, schwarz-grau gestreift, Hut: steif, schwarz, Schuhe: mit dünner Sohle (Stiefeletten), schwarz, Hemd: mit steifem Umlegekragen und steifen Manschetten, gestärkt, weiß, Krawatte: aus Seide, grau oder schwarz-weiß, bei Trauer: schwarz. Eine Aufmachung, die zwar nicht sozialistischer Lebensweise entspricht, aber, wenn sie denn ignoriert würde, vom kapitalistischen Gastgeber als Fehltritt verbucht werden könnte. Nichts aber wäre schlimmer für einen DDR-Diplomaten, als einen protokollarischen Fehltritt zu begehen. Und deshalb ist Franz Jahsnowsky auch auf dem Platz der Akademie, um auszuschließen, daß der hohe Gast in Niederungen stolpert.

Zwei weitere Volvos mit Polizeibegleitung halten am Rinnstein. Zwei Paare klettern aus den Fonds. Ich erkenne den Kulturminister Hans-Joachim Hoffmann und den DDR-Außenminister Oskar Fischer. Die Damen tragen lang und sind trotz des empfindlich kühlen Novemberabends ohne Mantel. Zögernder Beifall setzt ein. Die Frauen und Männer vor uns klatschen lustlos in die Hände. Wieder die Frage, halblaut: »Kennt ihr die?« Achselzucken ringsum. Dabei sind zumindest die Männer wenigstens einmal pro Woche in der Aktuellen Kamera zu bewundern. Vor allem Oskar Fischer, der Dauerreisende, wenngleich er in Tempo und Auftrittszahl weit hinter seinem bundesdeutschen Kollegen Hans-Dietrich Genscher zurückbleibt.

Er hat natürlich auch weniger zu sagen, wie jeder Minister in der DDR. Denn Minister sein, heißt hier, nur ausführen, was das Politbüro vorgibt. Eigene Gestaltungschancen haben DDR-Minister nicht. Aber kennen sollte man einen Mann wie Fischer schon, denke ich, auch wenn die AK, gemessen an ihren Einschaltquoten, nur ein Programm für Minderheiten macht. »Das ist Fischer«, sage ich laut, »euer Außenminister.« »Haste jehört, Paul«, stößt einer den anderen an, »da mußte 'n bißken lauter klatschen, sonst meldet der Klaus, daß wir nicht aktiv jenuch sind.« Zehn, zwölf Wartende vor uns knallen tatsächlich noch einmal ihre Handflächen aneinander, demonstrativ, eine Art Zugabe, und prompt setzt sich der wiederauflebende Applaus die Reihe fort.

Am Fuße der Treppe des Schauspielhauses gibt es sogar donnernden Beifall. Zwischen den dunklen Anzügen tauchen Blauhemden auf. Die FDJ hat dort offenbar das Kommando übernommen. Kollege Kuntze muß sich jetzt sputen, um noch in den Saal zu kommen. Nach Honecker werden die Türen dichtgemacht. Er hat mich kaum verlassen, drängt sich eine junge Frau an mir vorbei, nach vorn in die erste Reihe. Sie ist noch ganz außer Atem, scheint die letzte Wegstrecke gerannt zu sein.

»Inge«, sagt eine ältere Frau mit Lederjacke und Lederkappe scharf, »du bist zwanzig Minuten zu spät dran. Noch mal gibt's keine Ausnahme, du gehst schön mit im Kollektiv.« Die junge Frau neben mir läuft rot an. Ich weiß nicht, ob vor Scham oder vor Wut. Aber sie sagt kein Wort, starrt geradeaus. »Donnerwetter«, sagt der Mann mit der Schiffermütze wieder laut, »da habt ihr aber 'ne Hundertfuffzigprozentige in der Abteilung, was?« Die junge Frau beißt sich auf die Lippen, die ältere mustert ihn von oben bis unten. Das irritiert den Mann, er kramt in seiner Manteltasche, holt ein zerdrücktes Päckchen Zigaretten heraus und zündet sich eine an. »Hier wird nicht geraucht«, sagt die ältere Frau, und ihre Stimme klingt, als ob sie zum Frühstück Rasierklingen verspeist. Der Mann läßt die Zigarette fallen, tritt sie mit dem Absatz aus.

Zwei Citroën de luxe rollen geräuschlos vor. Noch bevor sich die Autotüren öffnen, brandet Beifall auf. Erich Honecker ist angekommen. Neben ihm seine Frau Margot, im Pelz. Der SED-Chef hebt leicht die Hand, winkt, dreht sich zur Seite, wartet, bis Fred Sinowatz und Gattin aus dem Fahrzeug gestiegen sind. Der Bundeskanzler aus Wien, der immer so aussieht wie Fritz Eckhardt in der Rolle des Inspektors Marek, winkt nicht. Protokollchef Jahsnowsky schlängelt sich zwischen die beiden Paare, übersetzen muß er diesmal ja nicht, aber er erklärt mit weit ausholenden Armbewegungen, was auf dem Platz der Akademie zu sehen ist.

Verstehen kann man seine Worte auf die Entfernung natürlich nicht, ganz abgesehen vom Beifall der Güte »nicht enden wollend«, aber gesagt haben dürfte er etwa dies: Hier, Herr Bundeskanzler, sehen Sie zwei historische Bauwerke, die im Krieg fast völlig zerstört worden sind, die die DDR aber im Bewußtsein um ihre kulturelle Bedeutung wieder aufgebaut hat. Originalgetreu übrigens, soweit so etwas heutzutage möglich ist. Im Französischen Dom, den Sie zur Rechten sehen, wird demnächst das Hugenottenmuseum wieder eine Heimstatt finden, und oben im Turm, unterhalb der vergoldeten Kuppel, wird es, wenn ich Ihnen das als Weinkenner sagen darf, eine Weinstube geben.

Sollte der Inspektor Marek, pardon, der Bundeskanzler, darauf bemerkt haben (was angesichts seiner zumindest im Ausland ausgeprägten Schweigsamkeit aber wenig wahrscheinlich ist): Wieso eine Weinstube in der Kirche?, dann dürfte der Protokollchef geantwortet haben: Damit sich die Touristen hier erfrischen können, denn ansonsten hat die Kirche ja gar keinen Bedarf mehr dafür. Mit dem Schauspielhaus, einst erbaut von Karl Friedrich Schinkel, ist das übrigens ähnlich. Früher, vor dem Kriege, war es die berühmteste Sprechbühne Deutschlands. Fontane hat als Kritiker drin gesessen, Kortner hat dort Regie geführt. Aber Sprechbühnen haben wir in Berlin genug, und deshalb haben wir ein Konzerthaus daraus gemacht.

Und Erich Honecker? Was könnte er gesagt haben? Sicherlich dies: Der Aufbau des Sozialismus, Herr Bundeskanzler, schreitet, wie man auch auf diesem Platz sehen kann, unaufhörlich voran.

Als sich das Quintett von Gästen und Gastgebern auf die Stufen des Schauspielhauses zubewegt, der Beifall inzwischen Orkanstärke erreicht hat, ertönen die ersten Hochrufe. Die FDJ-Truppe hat sie ausgebracht, aber bevor sie sich fortpflanzen können, sind die prominentesten Konzertbesucher dieses Abends im Inneren des Gebäudes verschwunden, schließen sich die mächtigen Türen.

Ich mache mir Notizen, achte mehr auf Papier und Kuli als aufs Geschehen um mich herum. Vielleicht nur eine halbe Minute lang, aber als ich hochschaue, ist die Stätte bereits halb leer. In Windeseile haben sich die Menschen zerstreut, streben mit schnellen Schritten der U-Bahnstation zu, hasten zur Bushaltestelle in der Französischen Straße, heim zu Muttern, in die warme Wohnstube. Zurück bleiben - Baumstümpfen nach einer Rodungsaktion gleich - junge Männer in Parkas, die sich nun erst sammeln, dann auf einen geparkten Bus zustreben, der im Halteverbot steht: Stasi-Leute, verteilt unter die zum Jubeln abgeordneten Menschen. Denn wenn es noch eines Beweises bedurft hätte, daß hier niemand freiwillig, aus eigenem Antrieb, aus Neugier oder Interesse zum Schauspielhaus gekommen ist, der fluchtartige Abzug der Massen hat die letzten Zweifel beseitigt.

Unbeliebt ist diese Art von »dienstlicher Tätigkeit« bei den meisten Werktätigen allerdings nicht. Denn in der Mehrzahl aller Fälle findet sie am Tage während der Arbeitszeit statt. Bei offiziellen Besuchern aus dem Ausland, ob sie nun aus dem Osten oder aus dem Westen oder aus der Dritten Welt kommen, »bereiten die Werktätigen der Republik dem hohen Gast« schon am Flughafen Schönefeld »einen herzlichen Empfang«, wie die Medien der DDR im Gleichklang ihrer Formulierungen berichten. Sie werden in Bussen herangeschafft, mit Fähnchen und Spruchbändern ausgestattet, wobei die »Wink-Elemente« speziell auf den Gast und die ihn in der Regel begleitenden oder bereits als Vorhut angereisten Fernsehteams zugeschnitten sind. Bei Politikern aus den Bruderländern wäre es völlig unsinnig, Plakate vorzuzeigen, auf denen etwa zu lesen ist: Für Frieden und Abrüstung. Oder: Nie wieder Krieg. Diese Willkommens-Botschaften sind westlichen Gästen vorbehalten, und damit sie von den Fernsehzuschauern in deren Heimat verstanden werden, auch in deren Landessprache.

Bei westlichen Besuchern wird Beifall geklatscht, aber es werden keine Hochrufe ausgebracht. Ausnahme: Die Hochrufe sind eindeutig auf den Staatsratsvorsitzenden gemünzt, der den Gast begleitet. Doch gerufen werden darf nur auf Kommando, das heißt, nur wenn der »Vorsänger« die Stimme erhebt, fällt der gesamte Chor ein. Gilt der Besuch als politisch brisant, sind womöglich Zwischenfälle zu erwarten, haben die Vertrauensleute der Partei unter den Werktätigen eine passende Alternative einstudiert. Befürchtet werden solche Zwischenfälle aber nur bei bundesdeutschen Gästen. Als Helmut Schmidt in Güstrow auf den Rathausbalkon trat, riefen zwei, drei Vorwitzige trotz aller Verbannungsmaßnahmen für die einheimische Bevölkerung »Helmut, Helmut«. Prompt setzte ein Orkan mit »Erich, Erich«-Rufen ein. Als sich 1971 Brandt und Stoph in Erfurt trafen und ein vielstimmiges »Willy, Willi« zu hören war, konnten beide zufrieden sein, denn daß sich der eine am Ende mit y und der andere am Ende mit i schreibt, ist akustisch wohl kaum zu unterscheiden.

Ist der Staatsgast von besonders hohem Rang oder gilt ihm besonders hohe Wertschätzung der Parteiführung, dann wird nicht nur am Flughafen, sondern auch anderswo gejubelt. An der Fahrtstrecke in die Hauptstadt etwa - wie bei Samora Machel, dem Sozialistenchef aus Mosambik, wie bei Daniel Ortega, dem Sandinistenchef aus Nicaragua, oder bei Laurent Fabius, dem französischen Premierminister, der am Staatsratsgebäude von trikoloreschwenkenden Mitarbeitern aus dem Außenministerium der DDR begrüßt wurde, die nur ein paar Schritte aus ihren Diensträumen bis zum Straßenrand zurückzulegen hatten, dann aber vom DDR-Fernsehen als »Werktätige aus den Betrieben« vorgestellt wurden.

Höchst unbeliebt - trotz ausfallender Arbeitszeit - ist das verordnete Jubeln bei schlechtem Wetter oder bei Kälte. Erst recht aber, wenn es nach Dienstschluß stattfinden soll und niemand vorher nach Hause darf. So wie bei Fred Sinowatz.

Am nächsten Morgen sehe ich meinen Kollegen Klaus Kuntze auf der Pressekonferenz des Österreichers wieder. »Sie hatten die richtige Nase«, sage ich, »gestern abend war keiner freiwillig auf dem Platz, alles »Dienstjubler«. Sinowatz hat nicht mal zurückgewinkt.« »Der hat eben gewußt, was das ist: ein Schmäh.«

Als Prämie ein Trabant

Seit Januar 1984 ist die DDR auf dem besten Wege, westliche Standards zu erreichen. Seitdem wird in der Republik nämlich auch mittwochs Lotto gespielt. Und zwar in der Spielart Tele-Lotto 5 aus 35, die es zwar auch vorher schon gab, deren Ziffern aber bis Ende 1983 nur am Sonntag gezogen wurden. Der Mindesteinsatz beträgt eine Mark. Wer mittwochs und sonntags nun dabeisein will, also die doppelte Chance wahrnimmt, kann obendrein auf Sondergewinne spekulieren, aber nur dann, wenn er mindestens vier Mark auf den Tisch blättert. Entschlossen hatte sich der VEB Vereinigte Wettspielbetriebe zu diesem Angebot, weil - wie es offiziell hieß - »vielfältige Wünsche und Vorschläge aus der Bevölkerung« dazu eingegangen seien. Die hat sich allem Anschein nach ihre Anregungen aus dem Westfernsehen geholt, denn in der Bundesrepublik Deutschland wird ja schon seit April 1982 mittwochs zusätzlich Lotto gespielt.

Doch das war im Jahr '84 nicht die einzige Neuerung. Auch die Modalitäten im Fußball-Toto veränderten sich. Mußten bis dahin auf dem Tippzettel 14 Spiele angekreuzt werden, so sind es jetzt nur noch elf - wie in der Bundesrepublik. Zugleich verringerten sich - ebenfalls wie bei uns - die Gewinnränge von fünf auf drei. Daß sich die in der DDR fürs Glücksspiel Verantwortlichen zu diesen Änderungen veranlaßt sahen, hatte einen handfesten Grund: Die Einnahmen beim Fußball-Toto gingen zurück, beim Tele-Lotto stiegen sie. Es ist nach wie vor unangefochtener Spitzenreiter in allen Wettspielarten, mit dem Trend, seine führende Stellung sogar noch auszubauen. Dabei existiert das Tele-Lotto erst seit 1972, während das Fußball-Toto schon 1954 ins Leben gerufen wurde. Daß der Einsatz für den Fußballtip mit 50 Pfennigen geringer ist, spielt offensichtlich keine Rolle beim Publikum.

Entscheidend ist vielmehr - und das ist gleichfalls eine Parallele zur Bundesrepublik Deutschland -, daß die Gewinnausschüttung beim Lotto besseren Ertrag verheißt. Offiziell ist der Höchstgewinn beim Lotto wie beim Toto auf 500 000 Mark festgesetzt, aber der Durchschnittsspieler hat bemerkt, daß die Statistik fürs Lotto spricht. In den letzten Jahren konnten beispielsweise zwei Lottospieler in der DDR den Haupttreffer landen. Und mehrfach lagen die Gewinnsummen über 200 000 Mark. Im Toto gab es keine vergleichbaren Quoten.

Unabhängig von ihrer Höhe sind die Gewinne steuerfrei. Vier bis fünf Millionen Tippscheine werden im Schnitt wöchentlich abgegeben: bei den 13 000 Lotto- und Toto-Annahmestellen, bei der Post, was in der DDR im Unterschied zur Bundesrepublik möglich ist, bei Annahmestellen im Betrieb und auch bei den wenigen privaten Einzelhandelsgeschäften, die diesen Kundendienst mit übernommen haben. Statistisch gesehen gibt der DDR-Bürger pro Woche 1 Mark 27 dafür aus. Das scheint nicht allzuviel, aber seit der Einführung des Mittwochslottos sind die Einnahmen garantiert angewachsen. Um wieviel, haben die Ost-Berliner Statistiker freilich nicht bekanntgegeben.

Doch Tele-Lotto hin, Fußball-Toto her, die Palette der Spielmöglichkeiten ist damit keineswegs erschöpft. 6 aus 49 heißt eine andere Variante des Lottospiels, wobei es ebenfalls zwei Ziehungen gibt. Und Lotto/Toto 5 aus 45 wird auch noch gespielt. Das ist vom Angebot her einigermaßen verwirrend, besonders für Außenstehende, die Mühe haben, die Vielzahl der Gewinnquoten der jeweiligen Spielart zuzuordnen. Für die Organisatoren heißt dies, daß sie irgendwann einmal eine Straffung der Systeme anpeilen müssen. Gestrichen haben sie immerhin für's Mittwochslotto die bisher noch nicht erwähnte Spielart 5 aus 90, die dem Staat wohl bessere Einkünfte versprach als den Spielern. Aber dabei wird es auf Dauer schon deshalb nicht bleiben, weil über 70 Prozent aller Lotto- und Toto-Spieleinsätze mittlerweile vom Tele-Lotto 5 aus 35 kommen.

Unterm Strich ergibt sich jedenfalls ein Betrag zwischen 20 und 22 Millionen Mark als feste wöchentliche Einnahme. Doch auf diesem ansehnlichen finanziellen Polster ruht sich der VEB Vereinigte Wettspielbetriebe keineswegs aus. Im Gegenteil: Nichts wird ausgelassen, um das Lotto- und Toto-Spiel in der DDR ständig attraktiver zu machen. Das Prämienangebot ist Zug um Zug erweitert worden – durch Geldgewinne von 10 Mark bis 50 000 Mark, durch Urlaubsreisen in die Sowjetunion und in andere Ostblockstaaten, durch Farbfernsehgeräte und Autos vom Typ Trabant. Für den Durchschnittsbürger, der heute länger als früher auf sein neues Auto warten muß – die Frist vom Antrag bis zur Auslieferung liegt zwischen elf und dreizehn Jahren, je nach Fabrikat –, ist besonders diese Gewinnchance bei der Prämienziehung ein Nervenkitzel, gegen den jeder Hitchcock-Krimi wie eine Beruhigungstablette wirken muß. Bei den Sonderziehungen kurz vor Jahresschluß – meist im November – werden allein über 55 000 Prämien ausgeschüttet. Es bedürfte kaum der halbseitigen Zeitungsanzeigen, mit denen die Vereinigten Wettspielbetriebe regelmäßig für die Prämienziehung die Werbetrommel rühren.

Ablesbar ist daran, daß diese Einnahmen der Staatskasse offenbar wohltun, daß man sie gern noch steigern möchte, und daß sich der DDR-Bürger in seinem Spieltrieb kaum anders verhält als seine Nachbarn in der Bundesrepublik Deutschland oder in Österreich. Doch eben dieser Umstand läßt den einen oder anderen Parteifunktionär mit knirschenden Zähnen durch die Gegend laufen, vor allem, wenn er für die Ideologie Verantwortung trägt. Denn Wett- oder Glücksspiele, was im Prinzip ja aufs gleiche hinausläuft, gelten in der Partei als kapitalistische Auswüchse. Mit ihnen wird nur der Mensch ausgebeutet, hieß es offiziell in den Gründerjahren der Republik, und an dieser Deutung halten, der sozialistischen Wirklichkeit zum Trotz, auch heute noch wichtige Funktions- und Entscheidungsträger in Ost-Berlin fest.

Anders ist es jedenfalls nicht erklärbar, daß westliche Korrespondenten immer wieder Schiffbruch erleiden, wenn sie - wie es der sogenannten Journalistenverordnung der DDR entspricht - einen Antrag zum Thema Lotto und Toto stellen. Mir ist es nicht anders ergangen. Beim Durchblättern alter Unterlagen fand ich einen entsprechenden Arbeitsantrag meines Vorgängers auf dem Korrespondentenplatz Ost-Berlin: die per Telex an das Außenministerium der DDR geäußerte Bitte um ein Interview mit einem Lottodirektor. Schriftlich beantwortet werden derartige Arbeitswünsche vom DDR-Außenministerium nie, denn schließlich könnten solche Papiere auch einmal als Beleg für die Behinderung der Arbeit westlicher Korrespondenten benutzt werden. Zusagen wie Absagen erfolgen deshalb nur mündlich, oft weder das eine noch das andere, es herrscht schlicht Funkstille. Und Begründungen, warum ein Antrag nicht genehmigt worden ist, bekommt man schon gar nicht. Ich erwähne diese generelle Praxis an dieser Stelle, weil eine Reportage oder ein Interview oder beides zusammen über das Lottospiel in der DDR nun wahrlich kein hochbrisantes politisches Thema darstellen.

Aus den Unterlagen meines Vorgängers ergab sich weiter, daß er ein Jahr später noch einmal den gleichen Arbeitsantrag formuliert hatte. Doch gesendet wurde wieder nichts. Inzwischen schien so viel Gras über die Geschichte gewachsen zu sein, daß ich getrost das Lotto-Thema aufwärmen konnte, zumal Ende 1983 die Neuerungen im DDR-Glücksspiel anstanden. Gesagt, getan - und siehe da, es gab ein erstes Gespräch mit der Abteilung Journalistische Beziehungen darüber. Mit »positivem« Trend. Das heißt, die »Realisierung des Projektes« wurde ins Auge gefaßt. Nach etwa drei Wochen - die Aktualitätsbegriffe unserer Branche verwischen sich etwas in der DDR - wurde mir signalisiert: Ein Interview werde zwar nicht in der Hauptstadt möglich sein, wo die Vereinigten Wettspielbetriebe ihren Hauptsitz haben und was ja schon um der Arbeitsökonomie willen nahegelegen hätte - aber in Leipzig. Nach weiteren Rückfragen hieß es: Die Sache läuft, nur Termin und Gesprächspartner müßten noch gefunden werden. Schließlich, kurz vor Inkrafttreten der Neuerungen im Lotto- und Toto-Spiel der DDR, die Mitteilung, es gäbe Schwierigkeiten, ich solle zu gegebener Zeit den Antrag neu stellen. Was im Klartext bedeutete: Irgendeinem der Verantwortlichen, ob in Ost-Berlin oder Leipzig, hatte das Thema wieder einmal Bauchschmerzen bereitet.

Unter diesen Bauchschmerzen litt man schon 1953, als der damalige Oberbürgermeister von Ost-Berlin, Friedrich Ebert, die erste Gewinnzahl für die sogenannte Bärenlotterie zog. Gegründet wurde dieser Vorläufer aller heutigen Lottosysteme in der DDR nämlich nur, weil die Ost-Berliner fleißig in West-Berlin Lotto zu spielen pflegten. Die Sektorengrenze konnten sie zu diesem Zeitpunkt noch weitgehend ungehindert passieren. Die als geschäftstüchtig bekannten Sachsen hatten allerdings schon acht Jahre früher - 1945 - ihre eigene Lotterie aufgemacht. Nach der Devise: Wenn's den Leuten gefällt, warum soll der Staat nicht mitverdienen? Später wurden die sächsische und die Berliner Lotterie nebst allen anderen aufblühenden Lottoinitiativen einschließlich der Totobetriebe zu einer einheitlichen Organisation zusammengefaßt.

Doch diesen Pragmatismus der Sachsen mochten und mögen sich die Puritaner in der SED – und die gibt es auf allen Ebenen der Partei – nicht zu eigen machen. So, als ob darüber die sozialistische Welt einstürzte. Im Rückblick auf das damalige Geschehen in Sachen Lotto pflegt der Hauptdirektor der Vereinigten Wettspielbetriebe der DDR, Edgar Azig, stets zu erklären, daß dadurch die Volksbewegung für das sozialistische Aufbauwerk an Spree und Panke durch zusätzliche finanzielle Mittel wirkungsvoll unterstützt werden sollte. Und wörtlich: »Es sollten sich bei uns von der ersten Stunde an auch auf diesem Gebiet persönliche und gesellschaftliche Interessen miteinander verbinden. Die Freude des einzelnen am Spiel, daran, auch einmal den Zufall herauszufordern und sich auf diese Weise auch den einen oder anderen Wunsch vorzeitig erfüllen zu können, stand hierzulande nie im Gegensatz zu dem, was die Gesellschaft von ihm erwartet.«

So oder ähnlich müssen wohl auch die anderen Ostblockstaaten argumentieren, die der DDR im staatlich geförderten Glücksspielbetrieb kaum nachstehen, aber vor ihren eigenen Ideologen sowie dem auf sozialistische Moral getrimmten Bürger ein blumiges, um nicht zu sagen vernebelndes Vokabular benötigen. Dagegen ist ja auch gar nichts einzuwenden. Nur, wer mit dem moralischen Zeigefinger auf den Westen deutet, der, pfui Spinne, das Glücksspiel zuläßt, der sollte auch wissen, daß drei Finger auf ihn selbst zurückzeigen.

In der DDR werden die Einnahmen aus Lotto und Toto nach Abzug der Gewinne und der Selbstkosten für eine Vielzahl sportlicher, kultureller und sozialer Zwecke verwendet. In den vergangenen 33 Jahren sind das über zehn Milliarden Mark gewesen. Edgar Azig, wenn er sich denn vor der DDR-Presse äußert, zählt dann auf: »Dazu gehören das Speedway-Stadion in Meißen und die Boxsporthalle in Lauchhammer, der Marstall in Potsdam, heute Film-Museum der DDR, und das Friedrich-Wolf-Theater in Eisenhüttenstadt. Kindereinrichtungen sind entstanden, zahlreiche Naherholungsgebiete wie der Bernburger Tierpark, das Jugendfreizeitzentrum Wernigerode oder der Rennsteiggarten in Oberhof stehen ebenfalls als Teil für das Ganze.« Was nur belegt, wie sehr sich die staatlichen Auflagen und Vorschriften für Lottogesellschaften in Ost und West ähneln.

Auch in den westlichen Staaten kalkulieren Regierungen schon bei der Haushaltsplanung im stillen mit ein, was an Zuschüssen aus dem Wettspielbetrieb kommen mag. Und das werden Staat und Partei in der DDR auch noch lange tun können. Denn von Leipzig bis Rostock, von Halle bis Frankfurt an der Oder, vor allem aber in Ost-Berlin ist der Spieltrieb ungebrochen. Manchmal auch etwas außerhalb der Lotto-Annahmestellen und der Legalität. Wenn im Hinterzimmer einer verräucherten Kneipe höchst professionell um ansehnliche Geldbeträge gezockt wird. Ab und zu berichten Provinzzeitungen in der DDR – zur Abschreckung, versteht sich – von derart unsozialistischem Lebenswandel. Spielhallen oder, um im DDR-Sprachgebrauch zu bleiben, Spielhöllen sind jedenfalls nicht offiziell zugelassen. Und auch keine Spielbanken. Selbst nicht für devisenstarke Touristen, die unterdessen aber schon im fortschrittlichen Budapest mit Genehmigung der sozialistischen Bruderpartei ihr Glück versuchen dürfen.

Doch was nicht ist, kann ja noch werden in der DDR, die sich bislang nicht durch Ideenmangel ausgezeichnet hat, sofern es um die Erschließung von Einnahmequellen geht. Bis dahin aber werden Lotto und Toto des Bürgers liebstes Kind bleiben. Wenn die Bediensteten des Außenhandelsministeriums in Ost-Berlin zehn vor fünf ihre Büroarbeit beenden, die zivilen und uniformierten Mitarbeiter des Innenministeriums nach Hause streben und die Angestellten des neuerbauten Handelszentrums der UdSSR an der Friedrichstraße Feierabend machen, dann hat die Lotto- und Toto-Annahmestelle in der Glinkastraße Massenandrang zu bewältigen. Sonderlich attraktiv sieht der kleine Laden wahrlich nicht aus, aber das gilt ja auch für die Tippscheine. Deren Zahlen werden sonntags um 19 Uhr im ersten Fernsehprogramm gezogen und mittwochs um 18 Uhr 50 im zweiten. Die Ziehungen des Tele-Lottos haben die höchsten Einschaltquoten in der Republik, auch in Ost-Berlin, wo der Durchschnittsbürger voll Spannung darauf wartet, ob sich seine Gewinnchancen erfüllen. So wie der West-Berliner Nachbar nebenan, der das gleiche jeweils am Sonnabend und am Mittwoch zu tun pflegt. Die Internationale der Lottospieler ist weiterhin vereint.

Krautrouladen am Müggelsee

Es ist Sonnabend und drückend heiß in der Stadt. Doch es liegt nicht an der Hitze, daß wir bereits seit fünf Uhr morgens nicht mehr schlafen können. Erst ist ein Sprengwagen der Stadtreinigung mit nervtötender Bürstenrotation die Leipziger Straße auf und ab gefahren, dann hat uns der zunehmende Autoverkehr am Einnicken gehindert. Und die Fenster zur Straße müssen im Sommer immer weit geöffnet bleiben, weil die 60-Quatratmeter-Wohnung sonst durch die aufgestaute Wärme zu bersten droht. Erstaunlich ist es nur, daß der Straßenlärm bis in den 13. Stock hinaufhallt. Es muß an einer Art Echo-Effekt liegen, den die in der Tat lautstarken Zweitakter-Motoren der Trabants in der Straßenschlucht auslösen.

Unter der Woche habe ich mich ja an ihren Geräuschpegel gewöhnt, aber daß sich die Ost-Berliner auch am Wochenende als Frühaufsteher erweisen, hat mich stets aufs neue verblüfft. Im Westen herrscht um diese Zeit, die angeblich Gold im Munde haben soll, jedenfalls noch wohltuende Stille. Ein Blick aus dem Fenster bestätigt das, was paradox klingen mag, weil nur die wenigsten Menschen in der Lage sind, mit den Augen zu hören. Aber von unserer Wohnung in Ost-Berlin kann ich hinübersehen nach West-Berlin - über die Mauer hinweg nach Kreuzberg.

Aus meinem Blickwinkel steht dort linker Hand das Springer-Hochhaus, absichtsvoll und womöglich auch provokativ in den Schlagschatten der Sektorengrenze gesetzt. Rechter Hand, nur zum Teil einsehbar, befindet sich der Checkpoint Charlie, der Straßenübergang Friedrichstraße zwischen West und Ost. Benutzen dürfen ihn ausschließlich alliiertes Militärpersonal, nichtdeutsche zivile Besucher von Ost-Berlin und die Angehörigen der diplomatischen Vertretungen, die bei der DDR akkreditiert sind, also auch Mitglieder der Bonner Vertretung in Ost-Berlin. Per Auto und zu Fuß darf dieser Personenkreis die Grenze überqueren.

Seinen Namen verdankt der Checkpoint Charlie natürlich den Amerikanern, die die alliierten Kontrollpunkte in alphabetischer Reihenfolge benannt hatten, und diese Reihenfolge bemaß sich an der geographischen Lage. Helmstedt heißt bei ihnen Checkpoint Alpha (A), Dreilinden Checkpoint Beta (B) und für die Friedrichstraße, den letzten der Kontrollpunkte von West nach Ost, blieb der Checkpoint Charlie (C) übrig.

Wenn ich von meinem Fenster im 13. Stock durch die Häuserzeilen nach Westen hinüberspähe, kann ich den Autoverkehr am Halleschen Ufer übersehen. Und jetzt, am Sonnabend morgen um fünf Uhr, ist die ansonsten belebte Verbindung zwischen dem Zentrum West-Berlins und den Südbezirken fast ausgestorben. Die Leute im Westen liegen länger in den Betten. Direkt unter mir, auf der Leipziger, rollt dagegen der Fahrzeugstrom. Am Holzmarkt wird er sich nach rechts verlagern, hinauf auf die breite Ausfallstraße direkt an der Mauer, vorbei am Ostbahnhof, der nach seinem Ausbau Hauptbahnhof werden soll, über Treptow hinaus Richtung Köpenick.

Wer keine Datscha hat oder Freunde, die eine Datscha haben, der will mit Kind und Kegel hinaus ins Grüne: zum Rummelsburger See, an die Regattastrecke von Grünau oder zum Großen Müggelsee. Gut dran ist derjenige, der eine Kühltasche hat. Und eine Kühltasche besitzt, wer Freunde oder Verwandte im Westen hat. Im Kaufhaus gibt es so etwas ganz selten zu kaufen.

Da wir nun ohnehin auf den Beinen sind, beschließt meine Frau, daß wir auch zum Müggelsee fahren, zum Strandbad, das zwar brechend voll sein dürfte, aber Abkühlung verspricht. Wenig später reihen wir uns ein in die Fahrzeugkolonnen, die aus der Stadt donnern, denn erstens darf man kurz nach dem Zentrum schon 70 fahren und zweitens hält sich keiner daran. Bis zur Oberspreestraße auf der Höhe von Adlershof geht auch alles zügig und glatt, sieht man einmal davon ab, daß Kolonnenspringer es darauf anzulegen scheinen, sich mit blitzartigen Manövern immer wieder vor den westlichen Wagen zu setzen, den sie - ätsch, wir können auch schnell fahren - endlich überholt haben. Dem ist nur mit Gelassenheit zu begegnen und mit schnellem Tritt auf die Bremse.

Doch nun, im Stadtkern von Köpenick, nimmt das Unheil seinen Lauf: Es wird gebaut. Die Asphaltdecke reißt ohne Vorwarnung ab, wir stuckern erst über eine Kiesschicht, dann rollen wir auf Sand. Rollen ist noch zuviel gesagt, wir schleichen, denn vor uns stauen sich die Fahrzeuge. Der Slalom über eine Umleitungsstrecke beginnt, deren Erfinder sich offenbar eine Wüstenrallye zum Vorbild genommen hat. Mein Copilot hat Mühe, noch irgendwelche Ähnlichkeiten mit dem Straßenverlauf auf dem Stadtatlas herauszufinden. Das Kartenwerk stammt übrigens aus West-Berlin, das in Ost-Berlin war gerade »aus«.

Am Ende der Umleitung finden wir uns auf dem Müggelheimer Damm wieder, der zwar, wie der Name schon sagt, auch zum Müggelsee führt, nicht aber zum Strandbad. Außerdem hat uns das Unternehmen mehr Zeit gekostet als eingeplant. Einen Liegestuhl werden wir ohnehin kaum noch bekommen. Doch als flexible Westmenschen sind wir in der Lage, kurzfristig den Plan zu ändern. Meine Frau verabschiedet die neue Losung: Auf zum Müggelturm! Erstens, weil sie ihn noch nie bestiegen hat und zweitens, weil er an der Strecke liegen muß. Doch sonderlich originell scheint die soeben beschlossene Zielsetzung der Ausflugsleitung nicht zu sein: Dem Richtungsschild Müggelturm folgt ein Trabbi-Schwarm vor uns. Entweder, weil die Insassen das ohnehin vorhatten, oder weil sie, ähnlich wie wir, notgedrungen umdisponiert haben.

Die Fahrt führt durch ein Stück Mischwald, der sich zu einer Lichtung öffnet, die zum Parkplatz zweckentfremdet worden ist. Die Autos sind kreuz und quer geparkt, zwischen Bäumen und Büschen. Besonders durstige oder hungrige Mitmenschen haben sich gleich vor oder hinter ihrem fahrbaren Untersatz auf Decken und Gummimatratzen niedergelassen, öffnen Thermoskannen, die die Kühltasche ersetzen, und wickeln die mitgebrachten Brote aus. Daß es sich bei diesen Spontanessern um besonders gewitzte Leute handelt, bemerken wir allerdings erst später.

Das Badezeug bleibt angesichts der veränderten Lage im Auto, Waldspaziergang im Schatten ist angesagt. Doch unter den Wipfeln im märkischen Sand trällern keine Vöglein, sondern dröhnen Kofferradios, spielen Jugendliche Fußball, prüft jemand mit Ausdauer das Geknatter seiner MZ im Leerlauf. Walkmen sind noch nicht sehr verbreitet, zu unserem Leidwesen, denn die schädigen nur das Gehör des Benutzers. So machen wir uns denn auf, nun direkt zum Müggelturm zu wandern, von dessen Aussichtsplattform man an klaren Tagen einen herrlichen Rundumblick über den See und seine Umgebung haben kann. Die Wanderung zum Turm gerät freilich, wir hätten es uns denken müssen, auch zum Betriebsausflug.

Zu seinen Füßen liegt das Müggelturm-Restaurant, nicht zu verwechseln mit der Müggelseeperle, die – gemessen an Interieur und Speisen – zu Recht von Ost-Berlinern als Ausflugslokal gerühmt wird. Die Müggelseeperle hat in der Tat einiges zu bieten, was erheblich über dem gastronomischen Durchschnitt der Hauptstadt rangiert: Denn neben der weiten Freiterrasse, direkt am Seeufer, gibt es ein Grillrestaurant, eine Milchbar, einen Jagdkeller und sogar eine Kegelbahn. In den zahlreichen Salons bin ich noch nicht gewesen, sie sind für angemeldete Gesellschaften reserviert. Aber das Berliner Restaurant, mit seinen abgeteilten Sitzecken, den Illustrationen an den Wänden, die größtenteils von den beiden Ost-Berliner Karikaturisten Barbara Henninger und Manfred Bofinger stammen, seiner auf Nostalgie bedachten Einrichtung, ist mir in guter Erinnerung. Hausgebeiztes Havelzanderfilet mit Senf-Dill-Soße, Hühnerfrikassee und traditionelle Berliner Gerichte wie das Eisbein gehören zu seinen Spezialitäten. Das Beste an der Müggelseeperle aber ist, daß man selbst an den schönsten Sommertagen dank der verschiedenen Lokalitäten nicht sonderlich merkt, wieviele Gäste sich dort drängen: nämlich insgesamt bis zu 2000.

Das weitaus kleinere Müggelturm-Restaurant beglückt uns indessen mit dem für die meisten Ost-Berliner Gaststätten unvermeidlichen Warte-Kollektiv. Es hat sich – etwa sechzig bis siebzig Personen stark – unterhalb der Treppe versammelt, die zur Freiterrasse hinaufführt, und die scheint knüppeldick voll zu sein. Es ist ja mittlerweile auch Mittagszeit. So drehen wir denn, des Wartens unlustig, ab wie Wüstenforscher, die eine Oase als Fata Morgana enttarnt haben.

Vor dem Turm, zu dessen Spitze wir hinaufklettern wollen, stehen allerdings ebenso viele Menschen. Nur geht es hier schneller mit dem Vorwärtsrücken. Nach zwanzig Minuten sind wir tatsächlich oben. Doch das verglaste Viereck gestattet uns nur wenig Weitblick. Nicht etwa, weil Wolken oder schlechtes Wetter aufgezogen wären oder der Smog aus der Stadt herübergeweht wäre, sondern weil die Scheiben offenbar nur alle Jubeljahre mal geputzt werden. Um es milde zu formulieren: Sie kleben vor Dreck. Doch den Besuchern scheint das nicht aufzufallen. Entweder handelt es sich um Stammgäste, die sich daran gewöhnt haben, oder um Philosophen, die wissen, daß Beschwerden sowieso nichts ändern. Immerhin kann man erkennen, daß unten ein großes Gewässer liegt und daß darauf sogar zwei Segelboote kreuzen; aber mit der Fernsicht über die Wälder hinweg ist es nichts.

Trotzdem verharren wir, hören ein bißchen zu, was die Ausflügler sagen. Doch viel mehr als »Affenhitze« oder das Gequengel eines Jungen, »warum gehen wir denn nicht baden?«, kommt nicht über. Umso erfreulicher ist es, daß eine Kavalkade von Leuten die Terrasse verläßt, und die Zahl der Nachrücker geschrumpft zu sein scheint. So spurten wir denn die Stufen wieder hinunter und die Treppe zur Terrasse wieder hinauf und finden nicht nur zwei Plätze, sondern sogar einen freien Tisch.

Ich lehne mich entspannt zurück, zünde mir eine Zigarette an und lasse – auf Schilder und Verbotszeichen in der DDR getrimmt – sofort die Hand unter den Tisch fallen. »Nichtraucher-Terrasse« steht groß und deutlich über einer Tür, die in die Restaurant-Räume führt. »Wenn du rauchen willst«, sagt meine Frau, »dann laß uns doch reingehen.« Ich zögere, weil niemand drinnen sitzt, was an der Sonne liegen mag, die jedermann genießen will. Ein Mann am Nebentisch hat das bemerkt oder mitgehört: »Hat keinen Zweck«, sagt er freundlich, »ist für abends reserviert.« Dann beugt er sich auf Tischkantenhöhe vor und zieht an seiner Zigarette. Das machen, wie ich feststelle, auch andere Gäste so, wie Schuljungen, die heimlich unter der Bank rauchen. Schilder wollen schließlich respektiert sein, aber als »anerkannter Bereich für Sauberkeit und Ordnung« wird das Müggelturm-Restaurant kaum firmieren können. Dazu liegen zu viele Kippen auf der Terrasse. Was haben auch Aschbecher im Nichtraucherbereich zu suchen?

Doch dieser Gedankengang eines passionierten Rauchers wird jäh unterbrochen: Der Kellner taucht auf. Was darf's sein? fragt er und wischt sich dabei mit dem Hemdsärmel den Schweiß von der Stirn. »Zwei Weiße mit Schuß«, sage ich fröhlich, aber Frohsinn kommt oft vor dem Fall in Ost-Berlin. »Weiße?« fragt der geplagte Mann entgeistert zurück, »haben könn' Se Himbeerdschus oder Erdbeerdschus.« Na gut, sagt meine Frau, »dann zweimal Himbeerdschus und ...« Doch bevor sie weiter ausgefallene Wünsche an den Mann bringen kann, hat der schon abgedreht, zum nächsten Tisch, an dem sich immerhin sieben ausgetrocknete Kehlen nach Flüssigkeit sehnen.

Ja, mit der Weißen ist das nicht einfach in der Hauptstadt, ganz zu schweigen von anderen Orten in der DDR. Selbst im Hotel Unter den Linden, das zwar nicht zur Spitzenklasse der Ost-Berliner Nobelherbergen zählt, aber als Vier-Sterne-Domizil ausgewiesen ist, ist das Weißbier mit dem Himbeer- oder Waldmeisterschuß nicht zu haben. Verabredet war ich dort zum Mittagessen mit einem der für uns Korrespondenten zuständigen Mitarbeiter der Abteilung Journalistische Beziehungen im Außenministerium der DDR. Na, hatte er gesagt, Weiße werden heute schon viele Gäste bestellt haben, es könnte sein, daß es keine mehr gibt, »wir sollten vielleicht einen Juice bestellen«. Warum das englische Wort Juice in der DDR so verbreitet ist, bleibt mir auch heute noch ein Rätsel; mit frisch gepreßtem Fruchtsaft hat es – das zur Warnung – aber nur sehr wenig zu tun. Der Hotelkellner, der dort schon wie ein Ober aussieht, beschied mich ebenso knapp wie höflich mit dem Satz: Weiße führen wir nicht. Was meinen aufs Weltniveau bedachten Gesprächspartner betreten dreinblicken ließ.

Im neuesten Gaststättenführer der DDR, erschienen im Ost-Berliner Wirtschaftsverlag (1984) wird die Weiße mit Schuß als traditionelles

Berliner Getränk gleich in mehreren Absätzen angepriesen. Gekommen sei es nicht, um einem weitverbreiteten Irrtum vorzubeugen, mit oder von den Hugenotten, sondern Ende des 16. Jahrhunderts aus Hamburg. Und weiter: »Seitdem hat es sich einen festen Platz erobert. Doch erst seine Herstellung mit Berliner Wasser machte Weißbier zum beliebten »Gesöff«.« Beliebt ist es wohl, aber wer es serviert bekommen möchte, muß lange suchen, weshalb der Titel des Buches auch seltsam doppeldeutig »Gastronomische Entdeckungen« lautet.

Unser Kellner am Müggelturm hat unterdessen das mühsame System der Einzelbestellung von Tisch zu Tisch aufgegeben, ist zu einer von der Partei stets geforderten rationelleren Arbeitsweise übergegangen. Er stellt jetzt bis zu 20 Gläser aufs Tablett, die Hälfte mit Erdbeer-, die andere Hälfte mit Himbeerjuice, und kann in Sekundenschnelle Bestellung und Auslieferung vornehmen.

Auch wir bekommen unser Getränk, was ich geistesgegenwärtig nutze und nach der Speisekarte frage. »Kohlrouladen, ja?« fragt er zurück, ohne sich mit dem Wunsch nach der Karte aufzuhalten. Jetzt allerdings sind wir entgeistert. Kohlrouladen, dampfende Krautwickel mit Hackfleisch, bei diesen Temperaturen? »Es ist ja schon halb zwei«, meint er heiter, »alles andere ist aus.« »Dann zwei Eisbecher«, ruft meine Frau, »wenns geht mit Früchten, aber das muß ja nicht sein«, schränkt sie selbst bereits ein. »Na klar, Madame«, sagt er, »mit Früchten und Sahne!« Wir sind zufrieden und nuckeln am Juice. Kindheitserinnerungen steigen auf. Haben wir das nicht vor dreißig Jahren auch gern getrunken? Ein bißchen Himbeersirup ins Glas und dann unter der Wasserleitung aufgefüllt. Und kalt muß es ja nicht sein, das schadet nur dem Magen.

Ein zweiter Kellner hat inzwischen ins Geschehen auf der Terrasse eingegriffen. Auf seinem Tablett balanciert er mindestens sechs Teller mit den von uns verschmähten Krautrouladen. Die Portion kostet 4 Mark 50. »Ich hätte gern ein Kännchen Kaffee und Kuchen«, sagt eine ältere Frau, »haben Sie vielleicht Apfelkuchen?« »Kaffeezeit«, sagt der neue Kellner streng, »ist erst ab 15 Uhr, jetzt ist Mittag!« Ich fürchte, das Müggelturm-Restaurant wird auch noch etwas länger auf den Titel »Anerkannter Bereich für niveauvolle Bedienung« warten müssen. Aber, was soll's, wir haben jetzt unsere Eisbecher. Ob die halbe Erdbeere auf dem Sahnehäubchen die Früchte repräsentieren soll? Nein, weit gefehlt und voreilig gebangt. Unter dem Vanilleeis finden sich die anderen Früchte, nicht die Erdbeeren, aber Rhabarber. Eine mir bislang unbekannte Kreation, die demnächst auch unter die gastronomischen Entdeckungen eingereiht werden dürfte.

Aber beides zusammen, der Juice und der Eisbecher, erfrischen doch so, daß wir den Rückmarsch antreten können. Natürlich, nachdem ich die Rechnung beglichen habe: 3 Mark 40. »Im Westen«, sagt meine Frau, »hätt's das Doppelte gekostet, wenn nicht mehr!«

Brettsegler, Meilenläufer und das Manko der Mango

Mit der ersten frischen Frühjahrsbrise sind sie da: die Brettsegler in Ost-Berlin, die im Westen der Stadt Windsurfer heißen. Ihr bevorzugtes Revier ist der Müggelsee, aber wer das Kunststück fertiggebracht hat, für seinen Trabant oder Wartburg eine Dachhalterung aufzutreiben, fährt am Wochenende schon mal bis zur Mecklenburger Seenplatte oder an die Gewässer bei Neubrandenburg, um dort seinem Hobby zu frönen. Es ist - wie für viele Freizeitbeschäftigungen in Ost-Berlin - allerdings ein mühsames Unterfangen, die richtige Ausrüstung zu erwerben. Denn der staatliche Sportgerätehandel ist von der Nachfrage überfordert. Bei den Brettern, bei den Segeln und erst recht bei den nässe- und kälteabweisenden Neopren-Anzügen, die jedermann aus dem Westfernsehen kennt.

Doch seit Windsurfen olympische Sportart geworden ist - 1984 in Los Angeles -, sind die Wellenartisten guter Hoffnung, daß sich mit der Materialbeschaffung einiges zum Besseren wendet. Zwar hat die DDR bei den Spielen in den Vereinigten Staaten nicht mitgemacht oder auf Druck der Sowjets nicht mitmachen dürfen, aber in Südkorea, so muntern sich die Freizeitsegler inzwischen auf, wird sie wohl dabeisein. Vorläufig müssen sich die meisten Brettsegler noch mit Eigenkonstruktionen begnügen, die mitunter verdächtige Ähnlichkeit mit Mutters Bügelbrett haben, und für die Segel hält auch schon mal eine imprägnierte Zeltplane her. Doch das trübt den Spaß der Aktiven kaum, die sich auch vom Groll der Bootsbesitzer nicht irritieren lassen.

Der hat seinen Grund im Streit um die Winterquartiere. Private Anrainer um den Müggelsee, aber auch anderswo an größeren Gewässern, haben nämlich ein lukratives Nebengeschäft entdeckt. Zu ihnen gehört Arno Bergmann. Der Frührentner, der wegen eines Kriegsleidens nicht mehr arbeiten kann, kommt mit seinen 340 Mark Rente zwar leidlich hin, versucht aber, wie viele Ruheständler in der Republik, noch ein paar Mark nebenbei zu verdienen. Als Einkaufsopa ist er nicht tauglich, weil er nicht so lange stehen kann. Und dafür sind seiner Meinung nach Frauen sowieso besser geeignet. Er kennt ein paar Nachbarinnen, die für berufstätige Ehepaare vormittags durch die Kaufhalle und die Gemüseläden ziehen und auftragsgemäß die Einkäufe erledigen. Sie haben ja Zeit, Schlange zu stehen oder einfach zu sondieren, ob es in der Markthalle wieder einmal Bananen gibt. Und wenn's die nicht gibt, dann bringen sie etwas anderes Interessantes mit.

Die alte Lehmann hat dabei kürzlich allerdings eine ganz schöne Pleite erlebt. Vor der HO stand ein Kasten mit ziemlich großen gelben Früchten auf der Straße. Die kannte keiner, und die Verkäuferin wußte nur, daß sie Mango heißen. Wie man die ißt und wie sie schmecken, vermochte das Personal nicht zu sagen. Folglich wollte keiner sie haben. Aber die alte Lehmann, wie gesagt, traute sich und kaufte zwei von diesen schweren Dingern zum Stückpreis von vier Mark. Und wie sie dann nachmittags ihre Einkäufe bei der Familie Dr. Weiß abliefert, und der Herr des Hauses versucht, diese unbekannte Frucht mit dem Messer in Scheiben zu schneiden, rutscht er dabei ab und schneidet sich in den Finger. In der Mitte war ein riesiger Kern und drumherum alles sehr glitschig. Na, die alte Lehmann hat was zu hören bekommen...

Arno Bergmann hat sich jedenfalls bisher nur mit Sachen abgegeben, die er kennt. Und die haben in der Regel etwas mit dem Wasser zu tun. Er ist ja auch am Müggelsee aufgewachsen, und es war schon verdammtes Glück, daß seine Eltern nach dem Krieg das Grundstück am See behalten durften. Es war wahrscheinlich zu mickrig, und das Häuschen darauf auch nicht mehr in gutem Zustand. Die alten Bekannten links und rechts, ein Mediziner und ein Rechtsanwalt, hatten in den Westen gemacht und ihre schönen Villen einfach leerstehen lassen. Andere, die geblieben waren und sich von ihren Seegrundstücken nicht trennen wollten, waren von der Partei enteignet worden. Dort saßen jetzt Funktionäre in den Häusern. Aber sein Vater, der nur bei der Reichsbahn gewesen war, hatte bleiben dürfen.

Inzwischen waren die Eltern schon lange tot, er selbst auch nicht mehr der Jüngste und nach dem Lungensteckschuß, den er sich in den letzten Kriegstagen noch eingefangen hatte, vorzeitig auf Rente. Wenn er Zeit hatte - und die war bei ihm immer knapp -, dann schwang er sich auf sein Fahrrad, klapperte die anderen Seen um Berlin ab und ging auf Krebsjagd. Vor seiner Haustür am Müggelsee gab's ja kaum noch welche, aber anderswo schon. Und wenn er zwei, drei Körbe oder Pappkartons beisammen hatte, dann verkaufte er die Tierchen, lebend, versteht sich, und für gutes Geld. Das läuft auch heute noch ganz ordentlich, denn die paar privaten Gastronomen, die er kennt, sind mit den Jahren zu festen Abnehmern geworden.

Seine zweite Einnahmequelle ist der Bootssteg vor der Tür. Und der Schuppen, den er mit einem Kumpel zusammen gebaut hat. Die meisten Segler sind zwar beim Deutschen Turn- und Sportbund organisiert und haben in den regulären Vereinen und bei den sogenannten Segelsektionen ihre festen Liegeplätze. Aber zu diesen rund 20 000 offiziell registrierten Seglern in der DDR kommen noch mal soviel Unorganisierte, die sich auf eigene Kappe ein Plätzchen suchen. Drei Jollen und ein selbstgezimmerter Katamaran haben bei ihm Aufnahme gefunden, und die bringen ihm monatlich 160 Mark ein. Im Sommer wie im Winter, denn der Schuppen ist außerhalb der Segel-Saison zu einer Art Trockendock avanciert. Aber exakt darum hat es jetzt den Knatsch gegeben.

Er selbst wäre ja nie auf die Idee gekommen, seine Dauerkunden zu verprellen. Aber eines Sonntags, als er gerade auf der Leiter am Apfelbaum stand, waren diese jungen Leute bei ihm aufgekreuzt und hatten was vom Surfen gefaselt. Langer Rede kurzer Sinn: Sie wollten seinen Schuppen mieten. Anfangs hatte er sie noch abgewiesen, obwohl für so ein Brett sicher noch Platz gewesen wäre. Aber dann hatten sie ihm erklärt, daß sie auf Anhieb noch etwa zwanzig weitere Interessenten an der Hand hätten. Und daß sie nicht nur im Winter bei ihm unterkommen wollten, sondern ganzjährig – wegen der Transportschwierigkeiten. 15 Mark pro Monat hatten sie für ein Brett geboten, und das waren nach Adam Riese mal zwanzig glatte 300 Mark statt der 160, die er bisher eingenommen hatte. Um hitzigen Debatten aus dem Wege zu gehen, kündigte Arno Bergmann seinen alten Pächtern so formlos, wie er die Einstellplätze und den Steg zur Verfügung gestellt hatte. Aber Stunk gab's natürlich trotzdem. Denn wohin sollten die jetzt mit ihren Booten? Aber in der DDR muß man halt sehen, wo man bleibt.

Bereut hat er den Wechsel von den Seglern zu den Brettseglern jedenfalls nicht. Nach dem ersten Sommer, den die Neuen bei ihm verbracht hatten, waren sie auch im Winter zu Stammgästen geworden. Einfälle hatten die! »Arno«, hatte einer der Jungs zu ihm gesagt, »Wir könnten doch, wenn's richtig kalt ist und der See zufriert, bei dir auch mal eissegeln. Da bekommste was extra, und Grog bringen wir auch mit.« Das war nicht nur mehr Geld in der Tasche, das war auch eine prächtige Abwechslung. Im Sommer, ja, da hatte er immer Betrieb um sich, aber im Winter war's doch ziemlich einsam hier draußen. Einer von den Jungs, der ein paar Monate in der SU gearbeitet hatte, auf Montage mit der FDJ oder so, gab die Anweisungen für den Bau des ersten Eisseglers. Und als der Schlitten mit seinem roten Segel, das sie in einer Fahnenfabrik organisiert hatten, fertig war, durfte er sogar mitfahren. Mein Gott, hatten die ein Tempo drauf! Der eisige Fahrtwind biß ins Gesicht, und einmal war ihm beinahe schlecht geworden vor

Anstrengung, was wohl an dem fehlenden Lungenflügel lag. Dennoch: Er war jetzt richtig wütend, wenn der See mal nicht richtig zufrieren wollte. Er hätte es sich übrigens nie träumen lassen, daß er sich für diesen Exoten-Sport einmal so begeistern könnte.

Was in der DDR als exotische Sportart betrachtet wird oder nicht, bemißt sich in erster Linie daran, ob es genügend Möglichkeiten gibt, sie in der Republik auch auszuüben. Golf ist beispielsweise exotisch, weil diesen Sport nur Kapitalisten betreiben. Tennis stand lange in ähnlichem Geruch, aber seitdem andere Ostblockstaaten wie die ČSSR oder Ungarn ihre Tennisspieler zu Turnieren in den Westen entsenden und dabei an deren Preisgeldern kräftig mitverdienen, ist der sogenannte weiße Sport auch in der DDR im Kommen. Noch fehlt es an Plätzen, an Schlägern und Bällen, aber daß rund um die Deutsche Hochschule für Körperkultur in Leipzig, die Medaillenschmiede der DDR, Aschenplätze im Dutzend aus der Erde gestampft wurden, ist ein Signal. Der Reitsport ist längst enttabuisiert, gleich, ob es sich um Galopprennen, Springreiten oder Dressur handelt. Auch dabei hat allerdings die Ökonomie Pate gestanden, denn die Pferdezüchter in der DDR, die bemerkenswert gute Arbeit leisten, helfen durch Verkäufe ins Ausland, die Devisenkasse aufzubessern.

Mitunter wirkt eine Sportart aber auch nur dadurch exotisch, daß sie nach Meinung des Normalbürgers am falschen Platz und in der falschen Weise ausgeübt wird. Wer in den Morgenstunden beispielsweise nach Niederschönhausen fährt, sieht dort Jogger in weiten Baumwollanzügen oder in seidig glänzenden Turnhosen ihre Runden drehen. Der eine oder andere hat auch ein Stirnband umgebunden, um den Schweiß aufzufangen. Ost-Berliner sind das allerdings nicht. Es sind Botschaftsangehörige, die sich fit halten wollen. Die meisten sind Amerikaner oder andere »Westler«. In Niederschönhausen sind viele Residenzen gemietet worden, also die Dienstwohnungen oder Dienstvillen der höherkarätigen Diplomaten. Auch Bonns Ständiger Vertreter, Hans-Otto Bräutigam, hat dort sein Domizil, aber Frühsport treibt er nicht.

Viele Augenzeugen hat diese morgendliche Betätigung im Freien allerdings nicht, denn dort stehen keine Wohnblocks wie in Lichtenberg oder Marzahn – der Ortsteil hat Gartenstadtcharakter. Viel eher zu beobachten sind Jogger deshalb im Stadtzentrum, in der Nähe der US-Botschaft etwa, und von dort ist es nur ein Katzensprung zur Straße Unter den Linden. Wenn dort eine Gestalt im Trainingsanzug und mit Turnschuhen über das Pflaster trabt, vor Anstrengung schon rot im Gesicht, aber tapfer die Kilometer fressend, dann bleiben die ins Büro strebenden Ost-Berliner stehen und staunen. Irgendwie gehört sich das nicht, daß einer die Straße mit der Aschenbahn verwechselt. Aber Ausländer sind eben auch irgendwie exotisch.

In Ost-Berlin joggt ohnehin niemand. Man läuft allenfalls die Meile. Aber im Wald oder im Park oder auf dem Sportplatz, und wenn sie denn auf der Straße gelaufen wird, dann ist das organisiert. Da finden sie sich dann in Scharen ein: Jung und Alt, dick und dünn, groß und klein – die Mitglieder der sogenannten Meilenbewegung in Ost-Berlin. Schon Mitte der sechziger Jahre ist sie ins Leben gerufen worden, als Laufbewegung, die dem Sport und der Gesundheit dienen soll, und damit als Vorläufer der bundesdeutschen Trimm-Dich-Bewegung. Eine Freizeit- und Breitensport-Aktion also, die viele Liebhaber in der gesamten Republik gefunden hat, auch wenn es nach Meinung des DTSB ruhig noch mehr sein könnten.

Wie viele Anhänger des Zockeltrabs es gibt, kann keiner genau sagen, weil sie im weitgefächerten Freizeitsportprogramm nicht eigens statistisch erfaßt werden. Aber dessen Teilnehmerzahl liegt bei vier bis fünf Millionen Menschen. Gut ein Fünftel davon, so schätzt man, läuft in irgendeiner Form. Unorganisiert und nur im Ausnahmefall auf Spitzenleistung ausgerichtet. Rund 100 Veranstaltungen pro Jahr werden angeboten. Und wer nicht nur für sich allein durch die Gegend traben will, sondern im Pulk von eintausend bis zehntausend Gleichgesinnten, hat fünf bis zehn Mark Startgebühr zu entrichten. Am Ende der Strecke, die manchmal auch mitten durch die Stadt führt, winken als Lohn ein Wimpel, ein Abzeichen oder eine Erinnerungsschleife. Wer sich mehr zutraut als das sportliche Gemeinschaftserlebnis, kann's aber auch härter haben: beim Fünf- oder Zehn-Kilometer-Lauf oder gar bei der Marathon-Strecke. Dafür gibt es dann Urkunden und gelegentlich sogar Medaillen.

Daß etliche dieser Laufveranstaltungen unter einer politisch-ideologischen Schlagzeile stehen, wie etwa der alljährlich im September angesetzte Friedenslauf, kümmert nur die wenigsten. Sie machen mit, um ihre Fitness zu überprüfen, die sie beim morgendlichen oder abendlichen Einzeltraining erworben zu haben glauben. Doch ums Häusergeviert führt diese Trainingsstecke kaum. Und wenn einer nicht umhin kann, auf dem Weg zum Park durch ein Stück Straße zu wetzen, dann ist er wenigstens ordentlich angezogen. Im Trainingsanzug, den jetzt immer häufiger die bekannten Längsstreifen einer weltweit bekannten bundesdeutschen Sportartikelfirma zieren. Seit DDR-Leichtathleten darin auftreten, mit Genehmigung ihres Verbandes, der dafür eine schöne Stange Geld kassiert, sind westliche Markenabzeichen mehr und mehr in Mode gekommen. Im Kaufhaus kann man diese begehrten Sachen zwar nicht erhalten. Aber wer sie nicht von der Westverwandtschaft bekommt, sucht im Intershop oder im Exquisit-Geschäft danach, und hat hin und wieder Erfolg.

Für die Freizeit und den Freizeitsport ist dem Ost-Berliner inzwischen auch nichts mehr zu teuer. Gleich, ob fürs Meilenlaufen oder fürs Brettsegeln. Wie sagte doch Arno Bergmann, unser Frührentner vom Müggelsee? »Also, daß die Jungs jetzt zum Brettsegeln neuerdings Sörfen sagen, habe ich ja begriffen. Aber warum sie so wild auf'n Hemd mit 'nem Krokodil drauf sind, will mir nich' in den Kopp. Hier gibt's doch gar keene!«

Martini-Cocktail

Wir hatten es wieder einmal riskiert, als Aperitif einen Martini-Cocktail zu bestellen. Es gehört sicherlich nicht zu den Notwendigkeiten des Lebens, über die Rezeptur eines Cocktails Bescheid zu wissen. Wer sich mit letzter Kraft durch die Wüste schleppt, träumt auch nur von Wasser. Aber wir befanden uns nun einmal nicht in der Wüste, sondern in einer Hauptstadt, und zwar in deren bester Herberge, dem Palast-Hotel, fünf Sterne stark und mit »Weltniveau«, was unseren Martini-Mut bestärkte. Indes, die Hoffnung trog auch hier: Die Drinks waren weder trocken noch kalt, weder geschüttelt noch gerührt, dafür süßlich und warm und auch noch mit einer Kirsche verfeinert, die zum Martini-Cocktail so gut paßt wie die Faust aufs Auge.

Wer sich auf Mix-Getränke in Ost-Berlin einläßt, ist schließlich selbst schuld. Während mein Gesprächspartner schweigend und mißmutig die Speisekarte studierte, näherte sich der Ober und fragte beflissen, ob wir denn mit Besteck oder Stäbchen zu speisen wünschten. Das Restaurant »Jade« im Palast-Hotel ist nämlich ein »asiatisches Restaurant«. Im Westen würde man es eher als China-Lokal bezeichnen, aber bei der Namensgebung stand es vermutlich um die Beziehungen zwischen der DDR und der Volksrepublik China weniger günstig als jetzt, so daß die allgemeinere fernöstliche Kategorisierung gewählt wurde. Japanische oder koreanische Spezialitäten sucht man allerdings vergeblich. Wir entschieden uns jedenfalls für die Stäbchen, was den Ober angesichts unserer mitteleuropäischen Gesichtszüge zu überraschen schien. In diskreter Entfernung blieb er abwartend stehen, bis wir unsere Menüs zusammengestellt hatten.

Wir waren nicht in Zeitdruck, er war nicht in Zeitdruck. Das Restaurant war menschenleer, was für Ost-Berlin zur Mittagszeit atypisch ist. Aber asiatisches Ambiente scheint abschreckend zu wirken. Doch siehe da – ich fahndete gerade nach der Peking-Ente, die wohl wegen des seinerzeit gespannten sowjetisch-chinesischen Polit-Klimas ausgeflogen war –, sechs Menschen betraten die gastronomische Einrichtung. So heißen Restaurants in der DDR, auch wenn sie nur Kneipen sind. Für uns wie für den Ober war zweierlei sofort zu erkennen: Erstens handelte es sich um drei Frauen und drei Männer, und zweitens waren es keine Devisengäste, sondern Bürger der Hauptstadt. Letzteres verschlechterte auf Anhieb ihre Lage.

Das »Jade« ist zwar kein Valuta-Restaurant, wie all jene Etablissements heißen, in denen nur mit harter Währung bezahlt werden kann, aber DDR-Kundschaft wird in den besseren Häusern vom Bedienungspersonal wenig geschätzt. Sie kann nicht einmal das Trinkgeld in West geben. So dachte wohl auch unser Ober, der wie ein Abfangjäger zur Tür vorstieß, wo sich die Eindringlinge brav in Warteposition begeben hatten. »Sie haben bestellt«, sagte er unter Auslassung der Frageform, was jeden in Verlegenheit bringen muß oder soll, der nicht bestellt hat. Doch mit der Demut der Gäste war es nicht weit her. »Muß man das?« fragte einer der Männer keß zurück, was die Offensive des Obers sofort bremste. »Natürlich nicht«, meinte er um eine Spur zu freundlich, um dann mit einem Anflug von Sadismus fortzufahren: »Sie können hier vorn gleich Platz nehmen, aber Sie wissen wohl, daß hier mit Stäbchen gegessen wird.« »Wir werden's eben probieren«, rief eine der Frauen fröhlich, was den Ober zum Rückzug zwang, ihn aber zweifellos nur von der Feldschlacht zum Partisanenkrieg übergehen lassen würde.

Dessen erste Etappe bestand schon darin, sich ebenso ausdauernd wie unnötig um unser Wohlbefinden zu kümmern und die sechs neuen Gäste in ihrer absichtsvoll zugewiesenen zugigen Ecke versauern zu lassen. Ich fühlte den unwiderstehlichen Drang in mir, die so schnöde Behandelten zu rächen. »Frühlingsrolle, Entenfleisch, Gemüse, Reis und Suppe«, diktierte ich auf seinen Bestellzettel und wartete auf seine Frage. Sie kam prompt: »Die Suppe vor der Frühlingsrolle oder danach?« »Weder noch«, sagte ich, »als Ober in einem asiatischen Spezialitätenrestaurant sollten Sie doch wissen, daß die Suppe in Asien zum Schluß serviert wird.« Er brauchte bestimmt zwei Sekunden, bis sein offener Mund wieder zuklappte, schluckte kurz und murmelte nur noch knapp: »Sehr wohl, der Herr!«

Es ist exakt diese Mischung aus Servilität auf der einen und Arroganz auf der anderen Seite, die einen in Ost-Berliner Restaurants immer wieder auf die Palme bringt. Je höher die Preisstufe des Lokals, desto ausgeprägter ist sie. Was schon sagt, daß die gesamte Gastronomie in der DDR, vom Tagescafé über die Ausflugsgaststätte bis hin zur Gourmetstube, in feste Kategorien eingeteilt ist. Die Maßstäbe für diese Einteilung nehmen sich auf dem Papier sinnvoll aus: Unter Berücksichtigung der »Versorgungsaufgabe« wird nach dem Grundsortiment an Speisen, Getränken und weiteren Handelswaren, nach der Angebots- und Bedienungsform, nach Öffnungszeiten und Kapazität und nach den zur Verfügung stehenden Dienstleistungen bewertet.

Und zwar von den Räten der Städte, die für die niedrigen Preisklassen I und II ihr Urteil abgeben, wie von den Räten der Bezirke, die ab Preisstufe III bis Preisstufe S benoten. In der Praxis freilich werden oft Äpfel und Birnen in einen Korb gepackt, bestehen innerhalb einer Preisstufe gravierende Unterschiede.

Alle Versuche, das zu ändern, zu differenzieren, sind in der DDR bislang gescheitert. Selbst offene Kritik in der DDR-Presse, was selten ist, hat wenig geholfen. Daß Dienstleistung in der DDR immer noch ein Fremdwort ist, hat allerdings seinen Grund: Denn ob der Restaurantchef hundert oder dreihundert Mahlzeiten verkauft, der Kneipier fünfzig oder tausend Biere ausschenkt, der Kellner flott oder langsam bedient - im Prinzip kann es dem Personal gleich sein. Auch, ob vor der Tür die Gäste Schlange stehen oder nicht, denn in der Regel ist die Gastronomie staatlich, und niemand von den Angestellten an Umsatz und Gewinn sonderlich interessiert.

1950 hatte es in der DDR noch etwa 40 000 Gaststätten gegeben, aber mit der Umwandlung in die sogenannte sozialistische Eigentumsform setzte ein langanhaltender Schwund ein. 1978 waren es nur noch 34 000, neuere Zahlen sind von den Statistikern der DDR nicht veröffentlicht worden. Die Mehrzahl davon sind HO-Gaststätten, gefolgt von den Kommissionsgaststätten, an denen der Staat ebenfalls beteiligt ist, und nur ein Bruchteil, nämlich knapp über 2000 Lokale, ist in privater Hand. Dabei handelt es sich um kleinere Familienbetriebe. Sie werden seit 1976 in begrenztem Rahmen wieder gefördert, nach einem Ministerratsbeschluß der DDR. Doch wer die von der Ost-Berliner Zentralverwaltung für Statistik veröffentlichten Umsatzzahlen studiert, wird feststellen, daß die »Privaten« nur mit 3 v. H. am Umsatz beteiligt sind. Das allerdings in den letzten Jahren konstant und nicht mehr rückläufig wie vor dem Ministerratsbeschluß. Doch ihre Beliebtheit bei den Gästen ist unvergleichlich größer, als das die nüchternen Zahlen auszusagen vermögen.

Zwei Aushängeschilder des Typs »Privatkneipe« sind in Ost-Berlin die Friedrichshagener Bilderkneipe, die bereits im Westfernsehen vorgestellt wurde, und das Restaurant Stockinger in der Schönhauser Allee, das mittlerweile auch nicht mehr zu den Geheimtips zählt. Es gibt noch andere, die weniger Wert auf Publicity legen, den Jetset aus dem Westen wie den Turbopropset aus dem Osten lieber draußen vor der Tür sehen und sich ihre Stammkundschaft halten. Eine Stammkundschaft, die nicht nach der meist kleinen Karte bestellt, sondern ein paar Tage vorher nachgefragt hat, was der Herr des Hauses in seiner Hauptrolle als Küchenchef für den Geburtstag oder die Silberhochzeit denn wohl zustandebringen könnte. In einem solchen Familienbetrieb bekommt man auch das frische Rinderfilet, das sonst nur die gehobenen Interhotels servieren, weil Papa gute Beziehungen aufgebaut hat. Manchmal reicht er auch Morcheln dazu oder, als Krönung seines eigenen Entzückens, Trüffeln, die ein Gourmetfreund aus West-Berlin organisiert hat.

Und Papa - so wollen wir ihn ruhig weiter nennen - kann für bestimmte Gäste sogar mit einem Martini-Cocktail aufwarten, weil ihm zuvor jemand das Rezept und die notwendigen Zutaten aus dem Intershop mitgebracht hat: auf Wunsch mit der passenden Olive. Wie er an Radeberger Bier oder Wernesgrüner kommt, das zur gleichen Zeit im Metropol nicht zu haben ist, bleibt sein Geheimnis. An Spitzentagen, an denen der Fleischermeister X die seltene Lende aus seinem Betrieb für ihn abgezweigt hat, der Kleingärtner Y mit der versprochenen Kräutermischung, die er nur für Papa angelegt hat, anreist, und die drei Kisten mit knackig frischem Salat aus Grünau geliefert wurden, verblaßt sogar das Ermeler Haus. Dessen Küche gilt in Ost-Berlin bei vielen zwar als die beste, aber ich meine, das Renommier-Restaurant an der Fischerinsel tut zu wenig für die Bequemlichkeit seiner Gäste. An den Zweiertischen sitzt man wie in einem Straßencafé, hat zu wenig Platz, darf zum Essen keine Schüssel mit Salat bestellen, weil andernfalls kaum noch die Flasche Wein auf den Tisch paßt, und sitzt auf Stühlen, die nur Fakire erfreuen. Die Bedienungscrew ist sich des Rufs ihres Hauses so bewußt, daß sie sich in Blasiertheit strapaziert. Auch dort wird man übrigens »eingewiesen«. Was nur bestätigt: Totgesagte leben länger.

Schon 1981 sollte er ja abgeschafft werden: der Plazierungskellner in der DDR. Der Herr also, der seine lieben Mitmenschen an der Tür warten läßt, obwohl viele Tische im Lokal frei sind, der Herr, der wie ein Feldwebel die Kundschaft anschnarrt und damit meilenweit von jenem Kollegen entfernt ist, der beispielsweise in besseren Gaststätten in den Vereinigten Staaten die Besucher zu ihren Tischen geleitet. »Der Gast kann sich hinsetzen, wo er will«, hatte der Abteilungsleiter für Gaststätten im Handelsministerium der DDR vor nunmehr fünf Jahren öffentlich kundgetan. Aber das darf der Gast bis heute nicht. Mag sein, daß der Plazierungskellner nicht mehr Plazierungskellner heißt, abgesehen davon, daß das kein Mann sein muß, sondern auch eine Frau sein darf. Aber wer sich auf eigene Faust vorwagt in ein Lokal, die Kühnheit besitzt, sich zu zweit an einen Vierertisch zu begeben, wird entweder angepfiffen oder ignoriert. Nach dem Motto: Hätten Sie gleich gefragt, wären Sie auch richtig plaziert und bedient worden. Nur eindeutig westlich gekleideten Figuren wird milde Nachsicht zuteil. Einheimische werden geschurigelt.

Auf eines kann man sich in der Regel aber verlassen: Abgerechnet wird korrekt, und wer seine Rechnung überprüft, wird feststellen, daß der Kellner äußerst selten das Datum mit addiert hat. Nur Mitropa-Gaststätten stehen in keinem guten Ruf. Wahrscheinlich liegt das an dem Betrugsskandal, der sich 1981 in Dresden abgespielt hat. Verwickelt waren darin insgesamt elf Personen, nämlich die Mannschaft oder, besser gesagt, Brigade des Motorschiffes »Wilhelm Pieck«, einem jener Elbdampfer, die zur Weißen Flotte gehören und pro Jahr rund eine Million Touristen befördern. Die Mitteleuropäische Schlafwagen- und Speisewagen AG als zentralgeleitete Einrichtung des Ministeriums für Verkehr, kurz Mitropa genannt, bewirtschaftet alles, was auf Bahnhöfen, Häfen, Flughäfen an Lokalitäten in der DDR vorhanden ist. Das Bedienungsteam auf der »Wilhelm Pieck« hatte fünf Jahre lang - das kam vor Gericht heraus - im Trüben gefischt und sich 660 000 Mark in die eigenen Taschen gesteckt. Auf ebenso simple wie schamlose Weise. Eis und Kuchen sowie andere Mahlzeiten wurden in kleinere Portionen als vorgesehen aufgeteilt, dafür aber zu höheren Preisen verkauft. Für Kognak der teuren Marke Grand Reserve wurde der billige »Edel« ausgeschenkt, und wenn Reisegruppen vorausbuchten, kam bei der Kalkulation vor allem die Mannschaft auf ihre Kosten. Allein der Oberkellner machte auf diese Art und Weise 100 000 Mark Gewinn. Doch wo der Kollektivismus zur Staatsdoktrin erhoben ist, herrscht auch Gerechtigkeit. Alle Beträge flossen in die Brigadekasse, die der Gaststättenchef am Ende der Saison aufzuteilen pflegte. Daß die krumme Elbtour nicht früher aufflog, wurde vom Gericht der Mitropa angelastet. Denn die hatte Inventuren oder Stichproben stets angekündigt, so daß die Bücher termingerecht stimmten.

Bemerkenswerter als die Fahrlässigkeit der Mitropa-Verwaltung war und ist aber die Tatsache, daß sich die Gäste so über den Löffel balbieren ließen. Dafür gibt es nur zwei Erklärungsmöglichkeiten: Entweder hatten sie überhaupt nicht gemerkt, wie der Kognak schmeckt oder wie klein die Eisportion ausgefallen war, oder, was wahrscheinlicher ist, sie hatten nicht den Mut, Krach zu schlagen. Denn der Kellner ist König in der DDR. Mit ihm legt man sich nicht an, wenn man einen Platz haben und bedient werden möchte oder gar an Bord eines Schiffes eine Elbfahrt genießen will. Rechte hat der Gast nicht, nur Verpflichtungen. Und dafür sorgt nicht nur das Personal selbst, sondern auch der Staat.

Wer sich beispielsweise mit Familie oder Freunden zu einem festlichen Essen in einem Lokal anmeldet, muß zunächst ein Formular unterschreiben. Auf dieser sogenannten Veranstaltungsmeldung verpflichtet sich die Gaststättenleitung in zwei Punkten: erstens, die gastronomische Versorgung pünktlich und gewissenhaft, wie es da heißt, zu gewährleisten und zweitens, die Qualität und Menge der Speisen und Getränke zu garantieren. Der Gast hat allerdings in gleich fünf Punkten Auflagen zu erfüllen. Indem er a) Änderungen der Teilnehmerzahl mindestens zwei Tage vor der Veranstaltung, also dem Essen, der Gaststättenleitung mitzuteilen hat, b) bestellte Essensportionen und Getränke in voller Höhe abzunehmen und zu bezahlen hat, c) die Einhaltung der Polizeistundenverkürzung und das Gesetz zum Schutz der Jugend beachtet, d) Ruhe und Ordnung innerhalb des Veranstaltungskreises selbst herstellt und e) für entstandene Schäden haftet, die durch Teilnehmer seiner Veranstaltung der Gaststätte zugefügt wurden.

Selbst im Restaurant »Ganymed« am Schiffbauerdamm, dem traditionsreichen Speiselokal, das meines Wissens keine Rock- oder Beatveranstaltungen inszeniert, sondern in gutbürgerlicher Atmosphäre zum Essen einlädt, muß ein solches Papier unterzeichnet werden, kommt man mit Gruppe oder nur Grüppchen dorthin. Das spricht nicht gegen das Restaurant, aber sehr wohl für den Stil, in dem der Staat Gastronomie betreiben läßt. Sie ist für ihn über Jahrzehnte hinweg eben nichts anderes als Massenabfertigung geblieben. Wie im Berliner Haus am Strausberger Platz. Im ersten Stock, über den Arkaden, befindet sich dieses Musterbeispiel eines Ost-Berliner Eßlokals. Es ist, unterteilt in mehrere Räume, sehr groß, sehr voll, sehr laut und sehr ungemütlich. Die Einheitssoße und die Einheitskartoffel sowie die Einheitsbeilage feiern Triumphe. Gewiß, satt wird jeder, und was die Preise betrifft, ist das Essen auch billig. Nur daß die Tischdecken, die es immerhin gibt, eine Wäsche vertragen könnten, das Personal den Gästen die Teller vor die Nase knallt und das Bier abgestanden schmeckt, spricht nicht unbedingt für dieses Etablissement.

Doch fairerweise muß man sagen, daß der Begriff der Gastlichkeit für große Teile des Ost-Berliner Publikums so lange eine untergeordnete Rolle spielt, wie es überhaupt zu wenige Lokale und Kneipen in der Stadt gibt. Sonst wären die Schnellgaststätten mit ihrer Selbstbedienung nicht brechend voll, würde nicht widerspruchslos das stets breite Sortiment an Tiefkühlgerichten akzeptiert, das eine Vielzahl von Restaurants im Kantinenstil anbietet. Sichtbar wird darin das »Versorgungsdenken« von Staat und Partei, die ja unter dem Aspekt der rationellen Essenszubereitung das Hotel- und Gaststättenwesen in der Republik organisiert haben. Das wird auch noch lange so bleiben in der DDR.

In Ost-Berlin allerdings, vieleicht auch noch in Dresden - den beiden Städten mit dem größten internationalen Touristenstrom, unter Einschluß eines erheblichen Teils von devisenstarken Westbesuchern - ist der Staat nunmehr durchaus an einem Wandel interessiert. Essen und Trinken, Bedienung und Ambiente, so haben wohl einige führende Parteimitglieder, die schon etwas in der Welt herumgekommen sind, begriffen, können auch ein Aushängeschild der Hauptstadt und damit der DDR sein. Und gerade von den privaten Gastwirten versprechen sie sich die notwendige Flexibilität und die notwendigen Ideen. Die Ananasscheibe, so rar sie auch in der Republik sein mag, macht aus dem Hühnerfrikassee noch kein »internationales« Gericht. Das wissen sie. Aber wo ein Wille ist, ist in der DDR noch längst kein Weg. Und deshalb wird es in absehbarer Zukunft dabei bleiben, daß Papa seinem Stammgast stolz ins Ohr flüstert: »Ich habe Kalbsleber aufgetrieben.« Was für die Findigkeit des Privatwirts spricht, wandern Innereien doch größtenteils in den Export - vornehmlich in die Bundesrepublik Deutschland einschließlich West-Berlin.

Pullover aus Hundehaar

Wer noch nie eine Futtermittelkarte, also eine Art Lebensmittelkarte für Hunde, gesehen hat - die gab es tatsächlich kurz nach dem Zweiten Weltkrieg - oder wer gern wüßte, wie der Bordhund des Grafen Zeppelin aussah - er ist eigens fotografiert worden -, der sollte ins Ost-Berliner Hundemuseum gehen. Es liegt im Stadtbezirk Pankow, genauer noch im Ortsteil Blankenburg, dort, wo noch keine Trabantensiedlungen aus der Retorte den Blick verstellen, sondern noch ein Stück dörflicher Atmosphäre vorhanden ist: knapp zwanzig Autominuten von der Innenstadt, im Norden Berlins.

Von einem Museum im herkömmlichen Sinn des Wortes kann man freilich nicht sprechen. Es ist eher, so auch der korrekte Begriff, eine ständige Ausstellung unter dem Titel »Rund um den Rassehund«. Sie ist untergebracht im Anbau eines alten Bauernhauses an der Alt-Blankenburger Straße, nahe dem alten Dorfanger, auf dem, wie es sich gehört, eine mächtige Kirche steht. In der Ausstellung bellt allerdings nur ein einziger Hund, ein Chow-Chow namens Cinderella, der der Initiatorin, Leiterin und Museumsführerin gehört. Alle anderen Artgenossen sind stumm - ob sie nun aus Plüsch, Keramik, Holz oder Porzellan sind, ob sie von Bildern, Fotos, Medaillen, Wandteppichen, Briefmarken oder Zigarren-Bauchbinden den Besucher anblicken.

Zwanzigtausendmal ist hier der Hund, ob rasserein oder promenadengemischt, zu besichtigen. Mitunter ist dabei auch die Hand eines Künstlers sichtbar, der entweder der eigenen Tierliebe in Plastik oder Farbe Ausdruck verleihen wollte oder auf Bestellung tätig war. Die meisten Werke sind allerdings schlichteren Stils: eher Kitsch als Kunst. Doch sehenswert ist das Sammelsurium allemal: für den Hundeliebhaber, der sich in Deutschland-West wie in Deutschland-Ost gleichermaßen dem Motto verschrieben hat »Der Hund ist der treueste Freund des Menschen«. Sehenswert ist es aber auch für den, der sich nicht vorzustellen vermag, wie man nur so auf den Hund kommen kann oder, zutreffender in diesem Fall, worauf der Hund so alles kommen kann.

Margarete Laske, eine rüstige Anfangsechzigerin, die Seele des ganzen Unternehmens, ist schon vor über dreißig Jahren aufs Souvenir-Horten verfallen. Zunächst als eine Art Nebenprodukt ihres eigentlichen Hobbys, und das hieß damals wie heute: Hundesport und

Hundezucht. Über 19 000 Menschen gehören inzwischen der Sektion Hundesport in der DDR an, die wiederum dem Verband der Kleingärtner, Siedler und Kleintierzüchter unterstellt ist. Dessen grünes Abzeichen ziert natürlich auch die Ausstellung. Doch daß Margarete Laske auch Pokale, Ehrenurkunden und Medaillen in einem eigens dafür vorgesehenen Raum in so reicher Anzahl präsentieren kann, hängt damit zusammen, daß sie selbst Obmann, pardon Obfrau, und sogar Schiedsrichter und Preisrichter bei internationalen Rassehunde-Ausstellungen ist. Vorwiegend im sozialistischen Ausland natürlich, aber da sie sich um die sozialistische Hundezucht verdient gemacht hat, darf sie beispielsweise auch schon mal nach London reisen, um dort die kapitalistische Konkurrenz zu begutachten. Von der hält sie - erwartungsgemäß - nicht sonderlich viel. Die züchten ihrer Meinung nach kaum noch selbst, sondern kaufen anderswo gute Rassehunde zusammen, um sie dann als eigene Zucht auszugeben. Nicht allein, wie sie im Gespräch meint, aus Bequemlichkeit, sondern auch aufgrund der bedrückenden Umstände im Westen: zu kleine Wohnungen, zu hohe Lebenshaltungskosten etc.

Sie wertet im Brustton der Überzeugung. Zwei Funktionäre vom Hundesport-Verband sitzen dabei und hören zu. Ihr Mann sitzt auch dabei und schweigt. Ich frage mich, ob es überhaupt noch ein Thema in der DDR gibt, bei dem man nicht politischen oder ideologischen Belehrungsversuchen ausgesetzt ist.

Vorgestellt hatte ich mir den Besuch in Blankenburg ohnehin anders, nämlich während der Öffnungszeiten des kleinen Museums, um dann auch ein paar Interviews mit Besuchern machen zu können. So war es formuliert, im Antrag an das Außenministerium der DDR. Der war nach sechs Wochen Bearbeitungszeit denn auch genehmigt worden. Im großen und ganzen jedenfalls, denn angesetzt wurde der Besuch nach der Öffnungszeit, »weil man da mehr Ruhe zum Gespräch hat«. Und statt der Besucher, die ich zu befragen gewünscht hatte, sind nun zwei Offizielle zu Antworten bereit. So, als ob Margarete Laske der Schützenhilfe bedürfe, was sie - wie sich zeigt - ja nun wirklich nicht nötig hat. Dafür spricht auch die Tatsache, daß das Museum in Presse, Rundfunk und Fernsehen der DDR schon mehrfach vorgestellt worden ist - als Privatmuseum und Symbol besonderer Eigeninitiative. In der ökonomie- und statistikbewußten DDR wurde auch akribisch notiert und veröffentlicht, daß das Rentnerehepaar Laske zusammen mit den anderen Züchtern seines Bezirksverbandes insgesamt 9000 Arbeitsstunden aufgewendet habe, um den völlig heruntergekommenen Anbau des Bauerngehöftes für die Museumszwecke einigermaßen wieder herzurichten. Fotos, die Herr Laske in einem Album gesammelt hat, belegen das eindrucksvoll.

Aber so ganz privat, wie das Museum nach außen dargestellt wird, ist es nicht. Unterhalten wird es von der Kreisorganisation Pankow der Rassehundezüchtersparten, was dem Besucher sicherlich gleichgültig sein dürfte, wenn er sich unter den vielfältigen Kuriositäten umschaut. Da gibt es Bierseidel und Lampenschirme, Kissenbezüge und Anstecknadeln, Kerzen und Plakate, Gläser und Teller, Autoschlüsselanhänger, Streichholzschachteln, Kalender und Karikaturen, sogar einige von Heinrich Zille. Und jeder, aber auch wirklich jeder Gegenstand ist mit dem Konterfei eines Hundes versehen. Manchmal auch mit dem einer Katze, was merkwürdig klingt für ein Hundemuseum, aber nur dem Umstand Rechnung trägt, daß in der DDR die Hunde- und Katzenzüchter im gleichen Verband zusammengeschlossen sind. Aber mehr als eine Randerscheinung ist sie hier nicht - die Katze.

Einige Decken und Pullover, auch ein paar Strickjacken, die im Obergeschoß des Hauses zu sehen sind - inmitten anderer Exponate -, fallen allerdings aus dem Rahmen: Sie ziert kein Dackel oder Schäferhund, kein Boxer oder Pudel, und doch hat alles seine Ordnung. Sie sind aus Hundehaar gestrickt. Von Margarete Laske persönlich, die das Geduldspiel mit dem kurzen Hundehaar offensichtlich perfekt beherrscht. Manches dieser besonderen Ausstellungsstücke hat sie selbst getragen, wenn es denn sehr kalt war, wie auch jetzt im Winter. Eine Kälte, die sich durch fast alle Räume des Hundemuseums zieht, weil es nur einen einzigen Bullerofen im Erdgeschoß gibt. Verkaufen wird die Museumschefin freilich keinen einzigen dieser Hundehaar-Sweater, und sollte ein Besucher noch so viel dafür bieten.

Etwa zehntausend pro Jahr finden inzwischen den Weg nach Blankenburg hinaus, was, gemessen an den nur kurzen Öffnungszeiten des Hauses, viel ist. Dienstags, donnerstags und sonnabends von 15 bis 18 Uhr und sonntags von 11 bis 17 Uhr ist die Museumspforte geöffnet, und meist ist Margarete Laske persönlich in dieser Zeit anwesend. Seit der Eröffnung ihres Schmuckstücks am 2. November 1982, so sagt sie, sind überwiegend Schulklassen gekommen. Aber besonders stark ist der Auftrieb nach der alljährlichen Biesdorfer Rassehundeausstellung. Dort trifft sich alles, was unter den Hundezüchtern der DDR Rang und Namen hat oder erst Rang und Namen erreichen will. 3000 Hunde, vom Zwergpinscher bis zum Bernhardiner, streiten dabei um Prädikate, und da die Veranstaltung im Freien stattfindet, ist das Gekläff der lieben Vierbeiner oft bis nach Kaulsdorf zu hören. Nicht wenige dieser Hundesportfreunde samt mitgebrachter Familie lassen es sich nach

Abschluß der Prüfungen dann nicht nehmen, noch einen Abstecher ins Hundemuseum zu machen - hinüber nach Blankenburg.

Westliche Touristen sind hingegen die Ausnahme. Mal waren schon Holländer da, mal Belgier, häufiger aber Russen, Bulgaren und Rumänen, wie Frau Laske berichtet. Bundesdeutsche Gäste erwähnt sie nicht. Was wenig überrascht, denn wer nach Ost-Berlin fährt, wird sich in der Regel auf die klassischen Museen konzentrieren, auf Kunst und Geschichte, und kaum über die Museumsinsel an der Spree hinauskommen. Es sei denn, er ist ein besonderer Hundenarr und hat schon einen Tip bekommen. Im Museum selbst gibt es auch keine Wimpel, Medaillen oder Urkunden aus der anderen deutschen Republik. Es wäre an der Zeit, daß sich das ändert. Aber vorläufig, so scheint es, hat entweder der Kreisverband Pankow oder Margarete Laske in diesem Punkt noch eine beträchtliche Hemmschwelle.

Die ist in anderen Punkten erheblich niedriger, etwa mit Blick auf eine kleine Abnormitäten-Sammlung, die nach der Besichtigung all dieser kleinbürgerlich-gemütlichen Reliquien, der Spitzendeckchen, Kuschelkissen und Nippesfiguren, wie ein Gruselkabinett wirkt: mißgebildete Embryos von Hunden und Katzen, in Spiritus gelegt und in Weckgläsern ausgestellt. Doch in Wirklichkeit beginnt hier die sogenannte Gesundheitsecke, vom Beirat für Tierschutz und Tierhygiene der Hauptstadt der DDR, wie es gewichtig heißt, offiziell abgesegnet. Röntgenaufnahmen von kranken Hunden gehören dazu, auch ein gläserner Wauwau, den man - soweit der Hundeanatomie mächtig - auseinandernehmen und wieder zusammensetzen kann. Und wer es noch genauer wissen will, kann sich in der Bibliothek informieren. Die ist, bei Lichte besehen, zwar eher eine kleine Stube, aber dessen ungeachtet für Leute vom Fach eine Fundgrube. Denn die Zuchtbücher beginnen mit einer Ausgabe aus dem Jahr 1873, was erklärt, warum dies wohl der wertvollste Part des Museums ist.

Unter all den Tausenden von Vierbeinern, die aus Regalen und Vitrinen stumm auf den Besucher blicken, vermisse ich freilich eines der berühmtesten Motive: Snoopie, den Comic-Köter aus den Vereinigten Staaten. Den kann man zwar hin und wieder auf den Straßen Ost-Berlins sehen, aber die T-Shirts, auf die er gedruckt ist, tragen nur Diplomaten-Sprößlinge aus dem Westen. Deren Bedürfnis nach Hundehaltung scheint mir besonders hoch zu sein. Wenn Doggen oder Afghanen, Cockerspaniels oder Bassets auf dem Trottoir auftauchen, dann ist das Herrchen oder Frauchen meist in amtlicher Funktion nach Ost-Berlin entsandt worden. Auffällig viele Hunde gibt es sonst in der

Stadt nicht. Genauer, im Osten der Stadt nicht. Ganz im Gegensatz zum Westen.

Allein 90 000 Hunde sind in West-Berlin gemeldet (hinzu kommen noch die ungemeldeten), was man auch sieht, zumeist an deren Hinterlassenschaft auf dem Pflaster. Und es gibt dafür nach Meinung westlicher Experten auch eine plausible Erklärung. Die Zahl der Alten und Alleinstehenden ist in West-Berlin besonders hoch, die Neigung, sich zur Gesellschaft ein Haustier anzuschaffen, besonders groß. Wie viele Hunde es in Ost-Berlin gibt, ist nicht bekannt. Das Statistische Jahrbuch sagt nichts darüber aus. Fest steht deshalb nur: Es sind erheblich weniger Hunde zu sehen, und das ist nicht allein mit der besseren Altersstruktur zu erklären.

Mangels gesicherter und allgemein verbindlicher Fakten bieten sich deshalb nur Vermutungen an. Die erste liegt darin, daß die Kommunalen Wohnungsverwaltungen die Hundehaltung in der Stadtwohnung nur im Ausnahmefall genehmigen. Die zweite Vermutung: Für den Durchschnittsbürger, erst recht für den Rentner, ist ein Hund zu teuer. Nicht der Steuern wegen, sondern weil sie sich das Fleisch für den treuesten Freund vom Munde absparen müßten. Erfüllt der Hund nicht eine bestimmte nützliche Funktion, ob als Wach-, Blinden-, Such- oder Jagdhund beispielsweise, dann gilt es darüber hinaus vielfach als unschicklich, sich ein solches Tier zu halten. Ansichten, die aus den Zeiten bitterer Not stammen und sich nur langsam zu wandeln beginnen.

Wenn Rassehundezüchter im DDR-Fernsehen stolz aus dem Nähkästchen plaudern und von der täglichen Zwei-Kilo-Fleischration ihres Lieblings berichten, dann ist das Unverständnis über diesen »Luxus« jedenfalls auch heute noch größer als das Einverständnis. Sogenannte Salon- oder Schoßhündchen, die nun wahrlich niemandem die Haare vom Kopf fressen, werden mitleidig oder auch abschätzig betrachtet. Insofern sind Staat und Bürger nicht weit voneinander entfernt, was die Einstufung der Hundehaltung betrifft. Der Nutzen muß deutlich werden, und den dürfen die Rassehundezüchter für sich in Anspruch nehmen. Ihre ständige Ausstellung im Hundemuseum zu Blankenburg ist deshalb auch unumstritten. Nicht nur für Ost-Berlin, sondern auch für die gesamte DDR hat sie Seltenheitswert – so wie der Mops im Paletot.

Disko!

Kurz nach 22 Uhr. Die Französische Straße ist dunkel und menschenleer. Nur schräg gegenüber der Hugenottenkapelle ist Bewegung. Eine Gruppe von jungen Leuten in Jeans tänzelt auf der Straße. Ab und zu klopft einer an die Tür des Hauses mit der Nummer 47. Sie öffnet sich, ein junger Mann steckt seinen Kopf heraus und sagt: »Nee, is immer noch nischt frei, oder habt ihr einen rauskommen sehen?« Dann knallt er die Tür wieder zu.

Wer freitags abends in die Disko 11 will, muß entweder früher kommen oder einen guten Kumpel bei der FDJ haben. Denn die führt Regie in der frisch renovierten Tanzbude, in der einst die Gaststätte »Lukullus« zu Hause war. Drinnen gibt es in der Tat kaum noch Stehplätze, geschweige denn einen Sitzplatz. Und dort, wo eine der gepolsterten Sitzecken frei zu sein scheint, stehen halbgefüllte Biergläser und Cola-Flaschen aus heimischer Produktion auf den Tischen. Mit einem Schuß SU-Kognak im Glas schmeckt das Gebräu ähnlich wie Cuba libre, nur süßer. Die Gäste, die sich für das Mixgetränk mit 2 Mark 60 in Unkosten gestürzt haben, sind allerdings noch nicht gegangen. Sie stehen auf der Tanzfläche und schütteln gerade zum neuesten Hit von Boy George die Gelenke aus.

Die Stereoanlage ist nicht von schlechten Eltern, was die Lautstärke betrifft. Der Diskomoderator, wie er in Ost-Berlin heißt, hat auf volle Pulle gedreht und bedient aus seinem cockpitähnlichen Gehäuse auch die Lichtschalter. Die bunten Mini-Scheinwerfer erzeugen zwar keine Psychodelic-Effekte, wie sie im Westen mittlerweile üblich sind, aber seit der Umgestaltung der Diskothek ist sie zweifellos attraktiver geworden. Das Publikum ist jung, wie sollte es auch anders sein, aber, wenn der Eindruck nicht täuscht, doch im Schnitt eher über zwanzig als darunter. Das mag auch daran liegen, daß die Disko 11 inzwischen zu den etwas nobleren Rock-Schuppen in Ost-Berlin gehört.

Als der Diskomoderator die Puhdys angekündigt, leert sich die Tanzfläche. Nur zwei Pärchen bleiben, die offenbar ohnehin weniger auf die Musik achten. Die Puhdys sind eigentlich ganz beliebt in der DDR, aber deswegen braucht man ja nicht in die Disko zu gehen. Westmusik ist angesagt, und, bitte schön, das neueste vom neuesten. Dem kommt der Junge am Mischpult auch nach, mit ein paar Schwierigkeiten, weil sein Schallplatten-Sortiment dünn ist, und er deshalb aufs Tonband oder die Kassette ausweichen muß. Aber die »sozialistische Musik« darf er natürlich nicht vergessen. Wozu gibt es schließlich Vorschriften? Und die besagen, daß vierzig Prozent der Titel aus dem kapitalistischen Ausland stammen dürfen und sechzig Prozent aus der DDR oder den Bruderländern sein müssen.

Doch so mancher Schallplattenunterhalter, wie er zunächst betitelt wurde, vermag das eine zu erfüllen, ohne mit dem anderen in Konflikt zu geraten: Er sagt eine tschechische Gruppe an und spielt eine britische. Andernfalls bekäme er es auch mit seinen Gästen zu tun, und die kratzt es kaum, ob da die FDJ für die Disko verantwortlich zeichnet oder nicht. In der Praxis heißt das: Über 90 Prozent aller Titel, die in DDR-Diskotheken gespielt werden, sind heutzutage westlicher Herkunft, trotz der regelmäßigen Kontrollen, die durchgeführt werden.

Dafür ist anderes schärfer in den Blickpunkt von Staat und Partei gerutscht, was in den letzten Jahren außer Rand und Band zu geraten begann: die Mißachtung der Jugendschutzgesetze, vor allem beim Alkohol-Ausschank und bei der nächtlichen Ausgangszeit. Gebechert wird in den Diskotheken Ost-Berlins wie in der übrigen Republik zwar immer noch auf Teufel komm raus, aber wer »Blaumacher« an Jungen und Mädchen unter 18 Jahren ausgibt, hat mit erheblichen Konsequenzen zu rechnen. Und wo sich nach 22 Uhr noch 16jährige in der Disko befinden, greifen die Aufsichtsbehörden nunmehr auch härter durch. Für die notwendige rechtliche Handhabe sorgt eine neue Diskothekenverordnung vom September 1983. Sie erweiterte und verschärfte die alten Bestimmungen, die – immer aufs neue modifiziert – seit zehn Jahren galten und im Kern eines zum Ziel hatten: die Jugend der DDR nicht völlig in den Sog westlicher Popmusik zu bringen, mit all den gefährlichen Folgen, die die SED heraufziehen sah.

Denn vergessen darf man beim Stichwort Disko nicht, daß sie bis in die siebziger Jahre hinein als Ausdruck westlicher Dekadenz bewertet worden ist. Ich kann mich noch gut daran erinnern, wie das vor der Diskotheken-Freigabe in der DDR aussah. Die als besonders tanzwütig geltenden Sachsen drängelten sich vor den Tanzlokalen, die der Nachfrage kaum Herr wurden. Aber hinein durfte man nur, wenn man ordentlich angezogen war: die Dame im Kleid oder Rock, der Herr mindestens im Sakko, besser im Anzug, auf jeden Fall aber mit Krawatte. Das westliche Fernsehteam, mit dem ich damals zur Messe in Leipzig war, fiel prompt durch die Gesichtskontrolle, denn, so der Portier, »wir sind doch hier nicht auf dem Bahnhof!« Eines aber war auch schon damals unverkennbar: daß »Westmusik« heißbegehrt war.

Bei einer privaten Tour Anfang der siebziger Jahre ließ ich mir die Attraktion Dresdens nicht entgehen: »Essen und Tanz« im Interhotel »Newa«. Tagelange Vorausbestellung war nötig, um überhaupt einen Tisch zu bekommen, es sei denn, der Oberkellner war für D-Mark empfänglich. Eine Tanzkapelle mühte sich redlich, westlichen Sound zu intonieren, doch richtig voll wurde das Parkett erst, wenn in deren Pausen das Tonband eingeschaltet wurde. Diese Tanzlokale gibt es auch heute noch, und den Fünfer Westgeld nimmt auch der »Einlasser« in den Diskotheken gern an. Aber der Durchbruch zur bislang verpönten Disko erfolgte erst 1976. Staat und Partei hatten – wieder einmal sehr spät – bemerkt, daß der Zug längst abgefahren war, daß die Jugend ihnen andernfalls zu entgleiten drohte. Doch die bescheidene Liberalisierung der Kulturpolitik hat das Manko an Diskotheken, ob in Ost-Berlin oder in Dresden, nicht ausgleichen können.

Die Disko-Veranstaltungen, die in entsprechenden DDR-Statistiken aufgezählt werden, finden zum überwiegenden Teil in den Jugendclubs und Kreiskulturhäusern statt. Das aber heißt zweierlei: Es gibt kein typisches Interieur, es fehlt an Atmosphäre und oft genug auch an der technischen Ausstattung. Denn die rollenden Diskotheken, die über Land fahren und an einem oder zwei Tagen in der Woche Programm machen sollen, haben schon aus praktischen Erwägungen nicht genügend Bordmittel dabei. Vor allem aber: Selbst wenn sie ausreichend bestückt sind mit Boxen, Mischpult und reichhaltigem Tonbandmaterial, erweisen sich die Klubleiter als ausgemachte Stimmungstöter. Die bestehen, so wie es auch von der Kulturbürokratie empfohlen wird, auf Unterhaltung außerhalb des Musikprogramms. Im Klartext: auf Quiz- und Spielrunden, auf »einem Gedankenaustausch zu Fragen der Politik, Wirtschaft und Kultur«. Wird ein solches Programm angekündigt, ist der Laden sowieso nur halbvoll. Kommt die Einlage überraschend für die jungen Besucher, gibt es entweder Protest oder einen zügigen Abgang. Das hat die Klubleiter in eine beträchtliche Zwickmühle gebracht. Sie stehen vor der Wahl: entweder Musik mit Jugend oder Programm ohne Jugend.

Das gilt auch für die Berufsdiskotheker. Anders als im Westen, wo jedermann mit Gespür für Popmusik und Stimmung der Gäste sich als Diskjockey betätigen kann und in den Diskotheken dafür auch bezahlt wird, ist für den Kollegen in der DDR eine Ausbildung vorgeschrieben. Die im Detail auszubreiten, wäre gewiß zuviel des Guten, aber eines ist bei der Ausbildung Pflicht: die rhetorische und ideologische Schulung. Wer das nicht will oder schafft, kann zwar zu Hause für Freunde eine Party gestalten, hat aber in öffentlichen Etablissements nichts zu suchen. Hat er aber erst einmal in dem Beruf Tritt gefaßt, ist er auch am Kanthaken zu nehmen, wenn er gegen die erlernten Auflagen verstößt. Und die muß er stets aufs neue von der Kulturbürokratie überprüfen lassen. Denn deren Gremien in Stadt und Land veranstalten sogenannte Leistungsvergleiche in Form von Werkstatt-Tagen, Disko-Börsen und Disko-Filmmessen, auf denen das Repertoire des einzelnen bewertet wird.

Die Ost-Berliner Fachzeitschrift »Melodie und Rhythmus« brachte es auf den Punkt, der Staat und Partei so am Herzen liegt, als sie schrieb: »Das Gesamtprogramm einer Diskothek soll durch die Verbindung von Unterhaltung, Geselligkeit, aktueller Information und Bildung zur Herausbildung niveauvoller Kultur- und Bildungsbedürfnisse und damit zur Entwicklung sozialistischer Persönlichkeiten beitragen.« Mit anderen Worten: Nachdem die Partei vor zehn Jahren das Ventil »Disko« geöffnet hatte, beschleicht sie seit einiger Zeit die Furcht, auch andere Dämme könnten brechen. Deshalb sind die Zügel wieder angezogen worden. Doch ob das hilft, muß bezweifelt werden. Die Radiosendungen in der DDR, die auf jugendliches Publikum zugeschnitten sind, vor allem das Jugendmagazin DT 64, spielen pausenlos Ohrwürmer aus der Westproduktion, wohl wissend, wie man die Fans bei der Stange halten kann.

Die Zeitungen und Zeitschriften für junge Leute haben es sich unterdessen zur vornehmsten Pflicht gemacht, in der Heftmitte Großfotos von Idolen aus der Popszene zu bringen, und zwar keineswegs nur von DDR-Popgruppen, sondern auch Poster von Shakin Stevens oder Romina Power. Ein publizistisches Umfeld, das der Vorliebe für Rock und Pop in der DDR Rechnung trägt, aber ohne die Disko-Szene kaum vorstellbar wäre. Denn auch das gehört dazu: der Tausch von Postern und Schallplatten aus dem Westen, von Kassettenmitschnitten – vor allem bei den Jüngeren, bei den 14- bis 16jährigen. Und dabei gilt: je neuer das Poster, je frischer die Kassette, je westlicher Bild und Ton sind, desto höher ist der Marktwert.

Als in der Bundesrepublik Deutschland die sogenannte neue deutsche Welle ausbrach, die längst wieder verebbt ist, durfte es sich kein Jugendclub und keine Diskothek erlauben, deren Titel nicht zu spielen. Da, da, da ... Das ist umso bemerkenswerter und für die Kulturfunktionäre um so unverständlicher gewesen, als ja alle DDR-Gruppen von Rang und Namen stets in deutscher Sprache gesungen haben. Nur eben weniger einfallslos, um nicht zu sagen, weniger blödsinnig. Das brachte auch »Melodie und Rhythmus« in Verlegenheit, das den Popmusikanten in der Bundesrepublik einerseits bescheinigte, sie nähmen nun nicht mehr die Abhängigkeit von der US-Szene hin, andererseits aber feststellte, der Begriff neue deutsche Welle signalisiere angesichts der viel früher in der DDR auf deutsch verfaßten Rocktitel »entweder böse Absicht oder eine doppelte Bewußtseinsspaltung«. Und: Es sei nicht sicher, ob die DDR mal wieder ignoriert oder eingemeindet werden solle.

Diese ideologische Unsicherheit im Umgang mit der neuen deutschen Welle, deren Handvoll Titel schließlich doch in der DDR gespielt werden durfte, ist ein Schulbeispiel für den Umgang mit westlicher Musik überhaupt. Anders war es nicht beim Jazz, erst recht beim Free Jazz, dann beim Beat und zuletzt beim Rock. Es ging und geht stets nach der Reihenfolge: erst Ablehnung, dann Verurteilung, schließlich Abwarten, gefolgt von vorsichtiger Genehmigung, dann Freigabe, und wenn's denn allzusehr überschwappt bei den jungen Leuten, wieder der dosierte Rückzieher.

Kein Wunder, daß auch das Umfeld der Musik davon bestimmt ist: die Ausbildung der Popmusiker, die Genehmigungspraxis bei öffentlichen Musikveranstaltungen einschließlich der Genehmigung von Auftritten westlicher Sänger oder Gruppen sowie die Diskothekenverordnung mit ihrem Auf und Ab in der Freigabe und Einschränkung per Paragraph. Unterm Strich heißt das: Die DDR hinkt in der Regel um etwa zwei Jahre hinterher, wenn es um Trends und Entwicklungen in der westlichen Popmusik geht. Und das zeigt sich auch bei den Jungen und Mädchen, die in Ost-Berlin zwar immer noch um einige Nasenlängen vor ihren Altersgenossen in Dresden oder Leipzig rangieren, was die Übernahme westlicher Aktualitäten angeht, aber – Ausnahmen gibt es überall – sorgfältig darauf achten, sich dabei nicht nach außen hin zu exponieren. Es hat beispielsweise sehr lange gedauert, bis es auch Jugendliche in Ost-Berlin wagten, sich mit langen Haaren in der Öffentlichkeit zu zeigen. Ähnlich wie bei uns wurden sie am Arbeitsplatz gehänselt und in der Schule von den Lehrern gerügt. Jetzt, da lange Haare im Westen längst out sind, werden sie in der DDR immer noch getragen. Doch die Gewöhnungszeiten und damit die Intervalle werden kürzer. Punker-Frisuren kamen schneller in Mode als erwartet, und Popper-Köpfe mit Stufenschnitt und ausrasiertem Nacken sind, weil sie weniger anstößig wirken, gewissermaßen im Eiltempo »in« geworden.

In der größten Diskothek Ost-Berlins, im Café Nord in der Schönhauser Allee, allerdings wird unvermindert auf »einwandfreies« Aussehen Wert gelegt. Wer dort in Jeans aufkreuzt, hat kaum eine Chance, eingelassen zu werden, auch nicht, wenn er mit einem Geldschein aus bundesdeutschen Landen den Türöffner bestechen könnte. Im »Posthorn am Alexanderplatz« dagegen, in der Diskoszene kurz »Tute« genannt, haben Langhaarige und Punker keine Probleme. Ob sich die »Tute« dort lange halten kann, ist indes fraglich. Sie ist erst 1985 eröffnet worden, an gleicher Stelle, wo einst das Café Mosaik war, aber Polizei und Staatssicherheit, so fürchte ich, werden es kaum auf Dauer hinnehmen, daß auf dem beliebtesten Touristentreff, dem Alex, »zwielichtige oder dem Ansehen der Republik abträgliche Erscheinungen« ein Domizil gefunden haben. Dahinter steht freilich auch die nicht ganz unbegründete Sorge, daß zu mitternächtlicher Stunde handfeste Keilereien ausbrechen könnten.

Nicht von ungefähr veranstaltete die FDJ-Zeitung »Junge Welt« kurz vor und kurz nach der neugefaßten Diskothekenverordnung eine Leserbriefkampagne, die der jugendlichen Leserschaft die von Staats wegen erlassenen Einschränkungen plausibel machen sollte. »Als FDJ-Funktionärin sehe ich im Jugendtanz«, so schrieb eine Leserin, »eine Veranstaltung, wo sich die Jugendlichen einmal richtig wohlfühlen sollen, und nicht so, wie es in vielen Dörfern, die bei uns in der Nähe liegen, ist, daß sich die jungen Leute betrinken und dann vielleicht eine Schlägerei anfangen.« Und der 16jährige Christian ließ wissen, wie sehr es ihm mißfiele, »wenn Disko-Abende mit dem Herumtorkeln oder Blödeleien von Leuten enden, die tief ins Glas gesehen haben«. An beiden Äußerungen, es gab noch mehr davon, ist sicherlich etwas dran, nur an der Beliebtheit der Diskotheken hat sich deshalb nichts geändert. »Disko« ist nach wie vor das Zauberwort in der DDR und in Ost-Berlin. Und diejenigen, die sich dafür begeistern, werden immer jünger. DDR-Soziologen haben ermittelt, daß nun schon Fünftkläßler nach »Disko« ganz begierig sind. Und weil sie in eine richtige Diskothek noch nicht hinein dürfen, wird das Klassenzimmer nachmittags eben umfunktioniert.

Daß diese Vorliebe für Disko untrennbar mit der Vorliebe für westliche Musik verbunden ist, sagt freilich auch, wie es um die von Staat und Partei jahrzehntelang geförderten Musikdarbietungen steht: um das Volkslied und um die Singebewegung der FDJ. Obwohl beides unverändert auch heute von den Schulen gepflegt wird, ist das eine wie das andere völlig ins Abseits geraten. Gewiß, jeder Junge und jedes Mädchen hat Melodien und Texte noch im Kopf, aber eben nicht mehr, wie sich die Altvordern in Politbüro und Kulturbürokratie das vorstellen, auch im Herzen. Doch zugeben möchte das kein Offizieller in der DDR. Deshalb finden sich im Statistischen Jahrbuch der DDR weder Angaben über die Zahl der Diskotheken noch Aufgliederungen über die Diskoveranstaltungen in den Club- und Kulturhäusern. Nachzulesen ist dort lediglich, daß es über 13 Millionen Tanzveranstaltungen in diesen Einrichtungen gegeben hat, nicht aber, welcher Art sie waren.

Bei einer Dienstreise an die Ostsee durfte ich auch das vor Rostock liegende Traditionsschiff »Frieden« besuchen. Das ist ein zum Jugendhotel umgebautes Urlauberschiff, nunmehr für immer vor Anker gegangen. Es ist heißbegehrt bei den Jugendlichen, die dort über das Jugendtourist-Reisebüro der FDJ Ferien machen können, und fast ganzjährig ausgebucht. »Was gefällt euch denn am besten auf diesem Kahn?« fragte ich die Gäste, und die Antwort hieß unisono: »Disko!« Und diese Antwort - Diskothekenverordnung hin, Diskothekenverordnung her - ertönt von Eisenhüttenstadt bis Ost-Berlin, wenn man Jugendliche nach ihrem Hauptvergnügen befragt. Auch wenn kein weißer Wabernebel von der Tanzfläche aufsteigt, die Wartezeit vor der Tür lang ist oder, wie an jenem Freitagabend in der Französischen Straße, der Einlasser von der FDJ seine ungnädige Haltung erst nach diskreter Zuwendung von einigen West-Mark aufgibt.

Zwischen Weißensee und Leninallee

Wenn sich im August eine Hitzeglocke über die Stadt stülpt, das Softeis so soft ist, daß es gleich unten durch die gewaffelte Tüte läuft und der Motor schon vor dem Anlassen dampft, dann lechzt jedermanns Körper nach einem kühlen Bade. Vernunftbestimmte Menschen bleiben in der schattigen Wohnung und stellen sich alle halbe Stunde unter die Dusche. Wenn die Wohnung aber nicht schattig, sondern stickig heiß ist und die Kommunale Wohnungsverwaltung zwecks Säuberung der Rohre wie in jedem Sommer wieder einmal für zehn Tage das Wasser abgestellt hat, ist guter Rat teuer.

Die bräunliche Flüssigkeit, die ansonsten aus meinem Badezimmerhahn sprudelt, aber nach Auskunft meines Arztes nicht aus einer Thermalquelle, sondern lediglich aus verrosteten Leitungen stammt, hätte mich jedenfalls nicht gehindert, in die Wanne zu steigen. Deren Boden ist zur Hälfte von einem ebenfalls bräunlichen Strich geteilt. Er sieht aus wie die Fahrrinne eines Schiffes mit zu langem Kiel, aber selbst wenn mein Vormieter mit Schiffchen in der Wanne gespielt haben sollte, laufen die nur selten auf Grund. Sie tuten auch nicht so laut wie die Klospülung, deren ständig defektes Ventil etwa 15 Minuten lang Geräusche von sich gibt, die sich von tieferen Tonlagen bis zum Schrillen einer Bootsmannspeife entwickeln. Das macht nicht nur den Hund im 14. Stock nervös, der dann zu kläffen beginnt.

Er bellt aber auch, wenn der Fahrstuhl in einem der drei oberen Stockwerke hält, wahrscheinlich, weil dessen Tür so lautstark auf- und zurumpelt, daß der geplagte Vierbeiner kompaniestarken Besuch wittert. Ansonsten handelt es sich um einen ganz normalen Aufzug, der alle Etagen mühelos durchschwebt, was bei der zweiten wörtlich zu verstehen ist, denn dort hält er nie. Es gibt gar keinen Knopf dafür, was allerdings nicht zu dem Fehlschluß führen sollte, es gäbe gar keine zweite Etage. Wenn der Fahrstuhl nämlich mal nicht funktioniert, und das tut er öfter, muß ich bis zum 13. Stock laufen. Von dieser Hintertreppe kann man in jedes Stockwerk gehen, und es sind tatsächlich 14. Nur ins zweite kommt man nicht. Versorgungseinrichtungen sollten hinter der verschlossenen Stahltür untergebracht sein, was ja stimmen mag. Die Frage ist nur, wer da wen versorgt und womit. Es gibt westliche Diplomaten, die schon länger in diesem Ausländerghetto wohnen und meinen, im zweiten Stock drehe es sich vorwiegend um die Versorgung mit Informationen aus den anderen Stockwerken.

Die technischen Einrichtungen in der Leipziger Straße, jeder sieht das ein, bedürfen jedenfalls der Wartung und Betreuung. Und wenn das Wasser mal abgestellt wird, muß man eben woanders baden. Zum Beispiel im Strandbad Weißensee. Von der Stadtmitte aus, die nach der Ost-Berliner Geographie eigentlich der Stadtwesten ist, kommt man am schnellsten über die Greifswalder Straße dorthin. Normalerweise, also wenn sie nicht gesperrt ist. Im Sommer '85 wurde sie für längere Zeit, wenn auch nur teilweise, dichtgemacht. An jedem dritten Haus standen Gerüste, denn zum Stadtjubiläum sollte frische Farbe auf die Fassaden. Falls die Greifswalder auch jetzt noch gesperrt ist, muß man auf allerlei Umwegen Richtung Weißensee fahren. Bis man auf die Fortsetzung des alten Straßenzuges stößt, der dann Klement-Gottwald-Straße heißt. Von dort ist es ganz nah zum Strandbad, aber für einen Auswärtigen komplizierter als er denkt. Der Stadtplan hilft auch nicht weiter, denn Einbahnstraßen sind darauf nicht zu erkennen. Aber fragen kann ja jeder, notfalls auch einen Polizisten.

»Wie komme ich denn zum Strandbad Weißensee?« »Zum Strandbad Weißensee? ... Ja, da fahren Sie am besten zum Wehrkreiskommando.« »Wo ist denn das?« »Ja, das liegt rechts von der Klement-Gottwald-Straße.« »Auf der sind wir doch.« »Vielleicht ist es besser, wenn Sie zum Kulturhaus »Erich Weinert« fahren...« »Und wo ist das?« »Ja, wenden Sie doch, und dann die Klement-Gottwald-Straße entlang, dort können Sie dann parken.« »Und dann?« »Ja, dann müssen Sie laufen.« »Und wie?« »Da fragen Sie am besten...«

Ich verstehe jetzt besser, warum es in Ost-Berlin so viele Polizisten-Witze gibt. Einer davon geht so: »Weißt du, warum die Volkspolizisten jetzt zu dritt Streife gehen?« »Nein.« »Weil einer von dreien die achte Klasse geschafft hat, und die beiden anderen jetzt den Wissenschaftler bewachen müssen.«

Trotz der guten Ratschläge des Ordnungshüters habe ich das Strandbad dann noch gefunden. Es liegt an einem Natursee, jenem Weißensee, nach dem auch der Stadtteil benannt ist. Er ist von alten Weiden malerisch umgeben, und nimmt man die dicken Karpfen zum Maßstab, dann muß das Wasser recht sauber sein. Die Liegestühle und Campingliegen sind längst vergriffen. 75 Pfennige kostet der Klappsitz, eine Mark der Wendegrill – bei Hinterlegung von zehn Mark Pfand, versteht sich.

2000 Menschen faßt das Bad, und die sind heute allesamt da. 20 Pfennige beträgt der Eintritt in die künstlich aufgeschichteten Sandterrassen, auf denen vorwiegend jugendliches Publikum dicht an dicht in der Sonne schmort - so wie an der Adria. Eine resolute Bademeisterin wacht über die Ordnung innerhalb und außerhalb des Wassers. Wer nicht pariert, darf seinen Badekram zusammenpacken. Doch das geschieht in Kenntnis ihres Durchsetzungsvermögens nur selten. Lange Haare und Tätowierungen sind für sie indes kein Stein des Anstoßes mehr, und die jungen Männer, die sie tragen, wirken auch ganz friedlich. Kunstvolle, abstrakt gehaltene Ornamente auf Rücken, Brust und Armen sind die Ausnahme. Wer sich in der DDR tätowieren läßt, liebt's offenbar naturalistisch: Die nackte Frau mit großem Busen dominiert, der Anker am Arm beweist die Meeresverbundenheit der Landratten, der Adler auf dem Kreuz unterstreicht wohl die Männlichkeit. Volkskunst am Körper.

Daß der Körper Nahrung braucht, scheint den Badegästen aller Altersstufen fest ins Bewußtsein gedrungen zu sein. Es wird pausenlos gegessen. Kartoffelsalat aus Weckgläsern, Buletten aus Plastiktüten, hartgekochte Eier, belegte Brote, Äpfel und Pflaumen werden aus Körben und Einkaufsbeuteln hervorgezaubert. Wer sich nicht von Hause aus versorgt hat, steht Schlange. Vor einem Kiosk, an dem es Bratwurst mit Weißbrot für 85 Pfennige gibt. Auch Limonade und Bier kann man dort kaufen. Aber vierzig bis fünfzig Minuten dauert es schon, bis man in der Schlange zum Verkaufstresen vorgerückt ist. Doch niemand schubst oder drängelt sich vor - die Einkaufsdisziplin des Alltages ist auch in der Freizeit unverkennbar.

Doch ebenso unverkennbar ist es, daß das Essen zu den Haupt- und Lieblingsbeschäftigungen in Ost-Berlin gehört. Auch in den anderen Bezirken der DDR ist das so. Wer sich irgendwo zu Besuch angesagt hat, wird vollgestopft: Mittagessen mit viel Soße und Kartoffeln, Nachtisch natürlich, später Kaffee und Kuchen, und damit der Magen immer schön beschäftigt ist, ein zeitiges Abendbrot. Westler, die auf die Linie achten, haben keine Chance, dieser liebevollen, aber bestimmten Art der »Vollverpflegung« zu entgehen. Die DDR ist auch heute noch von einer »Freßwelle« erfaßt, so wie die Bundesrepublik in den fünfziger Jahren.

Im Unterbewußtsein mag dabei eine erhebliche Rolle spielen, daß es immer wieder einmal zu Versorgungsschwierigkeiten kommt. So wie in den Jahren 1981 und besonders 1982, als in einigen Bezirken der Republik ein eklatanter Fleischmangel herrschte, als Brot, Nudeln, Gewürze, Öl und Butter knapp wurden. Allein die Tatsache, daß selbst offizielle Stellen immer noch den Begriff »Versorgung« verwenden, und dieser Begriff fest in den Köpfen der Leute sitzt, zeigt, daß man sich über all die Jahre hinweg in der DDR um Speis und Trank eben Sorgen macht. Dabei ist - aufs Ganze gesehen - nun wahrlich kein existentieller Notstand gegeben. Aber Einbrüche dieser Art, die im Kern auf Schwächen der Planung und der Verteilungsmechanismen zurückgehen, sind wie Brandmale im Gedächtnis, die offenbar nur durch vermehrte Nahrungszufuhr in vermeintlich sorgenfreien Zeiten kuriert werden können. Da nützt es wenig, wenn die staatlichen Medien mit abschreckenden oder beruhigenden Statistiken aufwarten. Daß es zu viele Dicke gibt in der DDR, daß der Fleisch- und Fettverbrauch in der Republik höher sei als anderswo - mitunter höher als in westlichen Ländern.

Wer sich im Strandbad Weißensee nicht am Kiosk anstellen will, muß einen längeren Fußmarsch in Kauf nehmen. Denn am anderen Ufer gibt es ein allerdings schattiges Plätzchen, an dem weniger Betriebsamkeit herrscht: das Milch-Häuschen - eine Mischung aus Eiscafé und Milchbar -, das die in der DDR hochgeschätzten Mixgetränke führt. Milch mit Erdbeer- oder Himbeergeschmack und, man staune, auch mit Waldmeister. Etwa zwanzig bis dreißig Gartenstühle und ein paar kleine Tische sind vor diesem Pavillon gruppiert, aber angesichts der noch hochstehenden Sonne meist unbesetzt. Richtig voll wird das Milch-Häuschen erst am späten Nachmittag, wenn die Teenies aus Weißensee und Friedrichshain einfallen. Jetzt ziehen nur ein paar betagte Herrschaften an den Strohhalmen. Die Jugend betet noch die Sonne an.

Daß in Ost-Berlin die Westkontakte zu Verwandten und Bekannten noch ganz gut funktionieren müssen, sieht man nicht nur an den T-Shirts und Jeansjacken, die überwiegend mit westlicher Firmenreklame versehen sind, oder an den Plastikbeuteln, deren Aufdruck zum Kaffee- oder Zigarettenkonsum einer in der DDR nicht gerade handelsüblichen Marke auffordert. Man sieht es auch an den Sonnenmilchflaschen und Cremes, die allerdings auch in den Intershopläden angeboten werden. Sie zu benutzen, zeugt offenbar von höherentwickeltem Geschmack.

An den Nachmittagen des Wochenendes dröhnt übers Schwimmbad hinweg Rock-Musik. Sie kommt, wie man in Ost-Berlin sagt, von einem benachbarten Getränkestützpunkt, der jugendliches Publikum magnetisch anzieht. Das Gartenlokal mit Selbstbedienung ist jedenfalls knüppeldick voll, und die Mädchen, die für ihre an den Tischen lümmelnden Begleiter nach härteren Getränken anstehen, wippen mit den Hüften wie in der Disko. Die Jungs vom staatlichen Getränkehandel haben erfaßt, wie man mit Musik den Umsatz steigern kann.

»Wer sein Produkt nicht anständig verkauft«, so schrieb der fürs Ökonomische zuständige Leitartikler der Ost-»Berliner Zeitung«, »realisiert keinen Gewinn.« Und er fügte dieser Binsenweisheit eine weitere hinzu: »Nicht das Warenlager, sondern der Markt führt zu Gewinn.«

Diese Erkenntnis hat auch bei der Einrichtung des Freizeitzentrums an der Leninallee Pate gestanden. Dort, an der Ecke Dimitroffstraße, befindet sich seit dem 27. März 1981 das größte und schönste Hallenbad der gesamten Republik, ausgestattet mit allem erdenklichen Komfort: mit Wasserspielen, Wellengang und Rutsche, mit Saunatrakt und Fitnessräumen, und – besonders ungewohnt für Republik-Verhältnisse – mit einer Vielzahl von Lokalitäten, die vor oder nach dem Bad zur Verlängerung des Aufenthaltes einladen. Der Riesenbau aus Beton, Glas und, was die Innenausstattung betrifft, edlen Hölzern, ist meinem Empfinden nach konkurrenzlos in der DDR. Er gehört in die Reihe der Sonderbauprogramme in Ost-Berlin, die von Staat und Partei entwickelt wurden, um die Hauptstadt attraktiver zu machen. Nach dem Motto: Nicht kleckern, sondern klotzen. Und wie so oft hat dabei der Oberbauleiter Gießke Regie geführt. Wieviel Geld er für dieses Freizeitzentrum ausgeben durfte, hat er bei der Eröffnung des Reputationsbaues natürlich nicht verraten, aber für unter 400 Millionen Mark dürfte der Komplex einschließlich der technischen Einrichtungen kaum zu haben gewesen sein.

Schwedische und bundesdeutsche Firmen haben an dem Projekt mitgebaut, zugeliefert, ausgestattet und waren auch an dem Entwurf für die gesamte Anlage beteiligt. Mit besonderem Stolz wurde bei der Einweihung, zu der auch der Staatsratsvorsitzende Honecker aufkreuzte, die Bowlingbahn vorgeführt: vollautomatisch und US-amerikanischer Herkunft. Ein bißchen peinlich war es den Verantwortlichen damals nur, als bei der Pressekonferenz auch nach den Energiekosten gefragt wurde, lief doch zu jener Zeit gerade eine Kampagne der Partei zur Energie-Einsparung. Doch davon redet heute niemand mehr angesichts der Publikumsresonanz, die das Bad gefunden hat. Verblüffend ist dabei, daß selbst im Hochsommer, wenn jedermann ins Freie strebt, schon in den Morgenstunden Hunderte von Menschen vor den Kassenhäuschen warten. Und diese Menschenkette reißt den ganzen Tag über nicht ab. Das liegt einerseits daran, daß viele auswärtige Besucher Ost-Berlins dort einen Tag mit Badespaß verbringen möchten, andererseits gibt es zu wenige vergleichbare Freizeit- und Badestätten dieser Art. Mit 8000 Besuchern täglich hatten die Planer gerechnet. Jetzt sind es pro Tag 20000.

Das Freizeitzentrum an der Leninallee ist inzwischen auch von außen recht proper aufbereitet. Wo zur Einweihung noch kahle Betonsockel herausragten, sind jetzt Blumenrabatten in allen Farben angelegt. Lila Stiefmütterchen, weiße Geranien, rosa Petunien und grünes Buschwerk findet man in dieser Vielfalt allenfalls auf der IGA in Erfurt. Das alles schätzen die ansonsten nicht gerade komfortverwöhnten DDR-Bürger, aber noch mehr angetan sind sie vom Service. Hostessen in roten, gelben und grünen Uniformen sorgen für die Betreuung des Publikums; je nach Uniformfarbe ist ersichtlich, für welchen Bereich des Freizeitzentrums sie zuständig sind. Hätten die Ost-Berliner entsprechende Vergleichsmöglichkeiten, sie würden an Stewardessen exotischer Fluglinien erinnert.

Ein Manko hat die Beliebtheit des Bades aber doch mit sich gebracht. Die funktionierende Gastronomie der angegliederten Lokale, vom Speiselokal bis zur Eckkneipe, vom Kegel-Restaurant bis zum Café, hat die Betriebe auf den Plan gerufen. Deren an Geselligkeit stets interessierte Kollektive blockieren vor allem in den Abendstunden durch Vorbestellungen viele Plätze. Das aber heißt auch hier: Der spontane Lokalbesuch, die kurzfristige Verabredung scheitert häufig an reservierten Tischen und Räumen. Auch das Bedienungspersonal schien zeitweise überfordert. Daran hat es sogar öffentliche Kritik in der Ost-»Berliner Zeitung« gegeben. Die persönlichen Verpflichtungen der Kellner und Köche, so hieß es, sollten in den Gewerkschaftsversammlungen »ausgewertet« werden.

Ob das Freizeitzentrum bei all dem Andrang auch wirtschaftlich nach unseren westlichen Maßstäben über die Runden kommt, also Gewinn macht, steht freilich dahin. Denn ein Heer von Angestellten – 400 sind im Schichtdienst beschäftigt – treibt trotz niedriger Lohnkosten die finanziellen Aufwendungen in die Höhe. Doch marktwirtschaftliche Betrachtungen führen in einem Staat, der Monopolist in jeder Beziehung ist, nicht viel weiter. Den Durchschnittsbürger kümmert es ohnehin und zum Leidwesen der Partei wenig, woher das Geld kommt und ob mit einem Eintrittspreis von 75 Pfennigen das Personal bezahlt werden kann. Natürlich macht sich auch in anderen Ländern kaum jemand über die betriebswirtschaftlichen Gesichtspunkte Gedanken, wenn er öffentliche Gesundheits- oder Freizeiteinrichtungen besucht. Er sagt sich allenfalls, daß diese aus »seinen« Steuergeldern gebaut und finanziert werden und glaubt sich nicht eigens dafür bedanken zu müssen.

Er meckert allerdings, wenn die Eintrittspreise erhöht werden. Insofern unterscheiden sich Badegäste in Ost und West um keinen Deut.

Aber eben das wurmt den SED-Parteifunktionär an der Spitze wie im Stadtbezirk, der nach seinem Selbstverständnis »für das Wohl des Volkes« plant, baut, die Preise heruntersubventionieren hilft, aber dafür nicht - wie er es erwartet hat - gelobt und umjubelt wird. Wahrscheinlich muß sich die Partei deshalb pausenlos selbst rühmen.

Doch an die Selbstdarstellungsprobleme der Partei denkt in der Augusthitze wohl nur ein westlicher Korrespondent. Die 15jährige auf dem Sprungturm im Freizeitzentrum denkt eher daran, ob sie heil ins Wasser kommt. Das junge Paar, das sich mit eingezogenem Ruder im Boot über den Weißensee treiben läßt, denkt wohl nur an sich selbst. Als der Kahn über die Bojenmarkierung des Strandbades dümpelt, ertönt vom Ufer aus eine blecherne Durchsage »an den Bootsführer«, die ihn wieder an die Riemen nötigt. Die Sonne ist am Spätnachmittag schon kraftlos geworden. Die ersten Badegäste packen ihre Sachen zusammen, nur ein paar Halbwüchsige spielen im seichten Wasser noch Ball. »Nivea« steht auf der Plastikhülle. Der Badetag zwischen Weißensee und Leninallee neigt sich dem Ende zu.

Eine Karte für Udo

»Udo Lindenberg - scha-la-la-la-la!« Eine Hundertschaft Jugendlicher skandiert den Ruf immer wieder. Trotzig und treu, mit hohen Stimmen. Fünfzehn, sechzehn Jahre alt mögen sie sein. Mädchen sind nur vereinzelt dabei, denn die Sache ist riskant. Die Volkspolizisten hinter den Absperrgittern und Absperrseilen halten sich auch nur mühsam im Zaum. Das Westfernsehen ist da. Die flink aufgestellten Scheinwerfer, die Handleuchten, die Mikrofone der Hörfunkreporter, die Kameras halten fest, was sich da am Palast der Republik abspielt. Die sorgfältig ausgetüftelten Kontrollmaßnahmen haben für einen Augenblick nicht funktioniert. Aus organisatorischen Gründen, so hatte die veranstaltende FDJ alle akkreditierten Korrespondenten und aus dem Westen angereisten Journalisten wissen lassen, sei es nicht möglich, mit dem eigenen Pkw zum Friedenskonzert zu fahren, sondern nur in Bussen des Dienstleistungsamtes der DDR. Geschlossen, unter Aufsicht also, und nicht auf eigene Kappe. Interviews und Umfragen vor dem Palast der Republik sind untersagt. Auf Antrag könne man aber im Inneren des Gebäudes Befragungen vornehmen.

Und nun? Sowohl an der Französischen Straße als auch an der Straße Unter den Linden, zu beiden Seiten des völlig verwaisten, weil abgeriegelten Marx-Engels-Platzes, führen Halbwüchsige ein Spektakel auf, ziehen die Westpresse an wie ein Magnet, rufen im Chor: »Wir wollen Udo, wir wollen rein!« Ordnungstrupps der FDJ, sich in Zivilkleidung unauffällig wähnend, teilen erste Schläge aus, versuchen, die Jungs in Jeans und mit blauweißen Schals, wie sie Unionfans tragen, von den Gitterzäunen zu stoßen, die sie zu überklettern drohen. »Hierher!« tönt es aus der Menge, und die Scheinwerfer des Westfernsehens fahren herum, zerschneiden das Dunkel des Oktoberabends. Die FDJ wird prompt zurückgepfiffen. Diese Bilder würden schlecht zum Friedenskonzert passen. Und in wenigen Minuten müssen die Journalisten ja hinein, um die Veranstaltung, um den Auftritt dieses sogenannten Stars aus dem Westen nicht zu verpassen. Seinetwegen sind sie schließlich gekommen.

Denn es ist nicht nur eine Premiere, es ist eine kleine Sensation, daß der Rocksänger Udo Lindenberg in Ost-Berlin auftreten darf. Ist es wirklich eine Sensation? Blättert man in der Vorgeschichte des Pop-

Stars, dann gewiß. Sein Lied vom »Sonderzug nach Pankow« hat die offizielle DDR bis ins Mark getroffen. Wer den Staatsratsvorsitzenden als »Oberindianer« bezeichnet, ihn bezichtigt, auf dem Klo Rockmusik zu hören, der gehört nach den Maßstäben jedes durchschnittlichen Parteifunktionärs nicht in den Palast der Republik, sondern günstigstenfalls hinter schwedische Gardinen. Und daß die Westsender nahezu jeden Tag dieses Lied gedudelt haben, die Moderatoren sich bei der Ansage vor Lachen auszuschütten pflegten, hat nur bewiesen, daß es sich um eine gezielte Provokation, wahrscheinlich um eine Auftragsarbeit der CIA, handelte. Und, schlimmer noch, diese Art von Psychoterror hatte Wirkung: Überall in der DDR ist das Lied mitgeschnitten, mitgesungen, mitgepfiffen worden. Manch strenger Lehrer, der einen pfeifenden Schüler zur Rede stellen wollte, mußte sich dann noch die zweifelsfrei faule, aber kaum zu widerlegende Ausrede anhören, er habe nichts anderes im Sinne gehabt als diesen alten amerikanischen Schlager mit dem Titel »Chattanooga Choo Choo«.

Viele gestandene Genossen sind deshalb ebenso überrascht wie die Presse im Westen, daß der singende Provokateur nun hinein darf in die sozialistische Republik, in die Hauptstadt, in den Palast der Republik, unter dessen Dach auch die Volkskammer ihre jährlichen drei Sitzungen absolviert. Erich Honecker, so haben manche gedacht, wird alt: Erst empfängt er den Strauß, jetzt macht er den Lindenberg salonfähig. Andere freilich, die sich im Dunstkreis des Politbüros bewegen oder vorgeben, das zu tun, haben überlegen gelächelt und hinter vorgehaltener Hand verbreitet: Der Erich weiß schon, was er tut. Erst entschärft er den Strauß, und jetzt führt er den Lindenberg vor.

Der Pop-Star aus dem Westen hat sich bislang von Mutmaßungen und Gerüchten völlig unbeeindruckt gezeigt. Es ist ja auch alles gut angelaufen. Am Grenzübergang Bornholmer Straße hat auf westlicher Seite die Presse gestanden. Sogar ein Groupie mit roter Rose war auf östlicher Seite da, ob zufällig oder nicht, das Küßchen für die Fotografen ist jedenfalls bestens angekommen. Und die Pressekonferenz am Nachmittag im Internationalen Pressezentrum war überfüllt wie sonst nur bei Staatsgästen, ach was, sie war viel voller als bei diesen Politikern. Und da hat er auch wie ein halber Politprofi die FDJ auf das festgenagelt, was ihm wirklich am Herzen liegt: Nämlich eine Tournee durch die ganze DDR machen zu können, im nächsten Jahr, wenn's denn geht, im Fußballstadion oder großen Sälen, Open-air-Konzerte oder so. Ein Riesending, das er da vorhat und bei dem die andere Seite wohl mitspielen wird. Man muß eben nur cool bleiben, eh Honni? Und den Satz mit den Raketen hat er auch losgelassen. Daß er nämlich gegen alle Raketen sei, in West *und* Ost, denn er gehört ja nicht zu denen, die sich irgend etwas vorschreiben lassen.

Der Manager scheint mit dem zufrieden, was sein Schützling sagt. Noch ein paar Fotos für das Heer der Fotografen, ja, der breitkrempige Hut - das Markenzeichen - sitzt lässig-verwegen genug. Nein, keine Fragen mehr, nicht so viel Politik, runter vom allzuglatten Parkett, das Rutschgefahr verheißt. Denn eines haben sie beide instinktiv gespürt, der Manager und sein Star: Hier in Ost-Berlin läuft manches anders als in Bochum oder Wanne-Eickel, hier kommt es weniger auf den richtigen Hüftschwung als vielmehr auf's wohlüberlegte Wort an, und jedes Wort weniger kann am Ende nur ein Plus bedeuten. Denn versammelt sind hier nicht nur die mitgereisten Westjournalisten aus der Show- und Unterhaltungsbranche, die sich mit Udo duzen, ihm auf die Schulter klopfen und nebenbei ein kleines, womöglich pikantes Histörchen ergattern wollen, sondern auch die politischen Profis aus dem Westen und die Staatspropagandisten aus der DDR.

Und die sitzen allesamt am Abend auch im Parkett des Großen Saales im Palast der Republik. Was sie erleben, ist freilich kein Lindenberg-Konzert, wie im Westen mal wieder allzu fix verbreitet wurde, sondern eine politische Manifestation. Sie bildet den Abschluß einer Lieder-Tournee der staatlichen Jugendorganisation FDJ unter dem Motto: »Für den Frieden der Welt - weg mit dem NATO-Raketenbeschluß!« Veranstaltungen dieser Art gehören in Ost-Berlin zum festen Repertoire der politisch-ideologischen Arbeit. Das »Festival des politischen Liedes« hat dabei die älteste Tradition. Zehn Tage lang, jeweils im Februar, treffen sich dazu die FDJ-Singegruppen, die meist zur Gitarre kommunistische Kampflieder vortragen. Gruppen aus dem Ostblock geben sich ein Stelldichein, Gäste aus der Dritten Welt werden eingeladen, sofern sie sich zum Marxismus-Leninismus bekennen, und natürlich auch Gesinnungsfreunde aus der Bundesrepublik, wie etwa die Politbarden Hannes Wader und Franz Josef Degenhart.

Die »Internationalität« dieser Veranstaltungsreihe betrachtet die FDJ als Verpflichtung. So ist denn auch stets ein Amerikaner dabei und/oder ein Kanadier. Es sind freilich immer dieselben, was den Verdacht aufwirft, ob beide nicht schon eine Inventarnummer im Requisiten-Verzeichnis der FDJ haben: der in der DDR lebende Ex-Cowboy-Darsteller Dean Reed, der nun in DDR-eigenen Western auftreten darf und sich damit von US-C-Movies auf DEFA-Streifen verbessert hat, und der Alt-Marxist Perry Friedman, der seit zwanzig Jahren erfolglos Roger Whittaker zu kopieren versucht, aber allenfalls noch in Feierabendheimen freundlich Beifall kassieren kann. Die FDJ hat sich zwar immer noch damit trösten dürfen, daß die Politkonzerte gut besucht werden, aber daß sie zunehmend verstauben, daß weder Machart noch Musik die Jugendlichen vom Stuhl reißen, hat sich inzwischen auch bis zu den Organisatoren herumgesprochen.

So läuft denn, vorerst noch parallel, wenn auch nicht zeitgleich, eine andere, mit mehr technischer Raffinesse versehene, neue Veranstaltungsreihe. »Rock für den Frieden« heißt sie, was schon sagt, daß nicht mehr das Liedgut der Veteranen gefragt ist, sondern Rhythmus, Elektronik und moderner Text. Die Puhdys, Karat, Stern Meißen, City, Pankow und wie sie alle heißen - kurz das, was die DDR-Rockszene ausmacht -, tragen die neue Reihe, die mittlerweile auch schon ins fünfte Jahr geht. Gelegentlich schleicht sich dabei auch mal DDR-Kritisches ein, wird das steinerne Neubauviertel, die fehlende Grünanlage besungen, aber weniger im vorwurfsvollen Ton, sondern eher im staatskonformen Sinne, im »Packen wir's an«- oder »Krempeln wir die Ärmel auf«-Stil. Doch der Kern der Sache hat sich nicht verändert - die Feindbild-Pflege, die Schwarz-Weiß-Malerei, die Masche: Im Westen sind die bösen Imperialisten und im Osten die mildtätigen Humanisten. Dargeboten in einer Multimediashow.

Der Zulauf zum »Rock« ist unvergleichlich größer als zum »Politischen Lied«, das steht fest. Die Begeisterung auf den Rängen und im Parkett auch. Die Frage ist nur, und auch die FDJ wird sie sich im stillen Kämmerlein schon gestellt haben, worüber? Wenn weiße Kunstnebel über die Bühne quellen wie in einer West-Dikothek, die Verstärker der Gruppe »Berloc« unter ihrer eigenen Phonzahl zu bersten drohen, und zum Refrain des Leadsängers »No bomb, Mr. President« die Mädchen und Jungen in den Blauhemden auf den Stühlen tanzen - was bleibt bei ihnen hängen? Die eingeblendeten Dias von einem finsteren Ronald Reagan? Die zum Angriff entschlossenen Bundeswehrsoldaten? Die tapferen Sandinisten? Die sanftmütig lächelnden Sowjets in Uniform? Ist der Riesenapplaus am Schluß eines solchen Politkonzerts nun Zustimmung zur politischen Botschaft oder Zustimmung zum Rock? Oder beides?

An diesem Abend versucht die FDJ, eine Mischform anzubieten aus Elementen des »Rock« und aus Elementen des »Politischen Liedes«. Denn vor den Fernsehgeräten der Republik sollen diesmal ja Jung und Alt sitzen. Übertragen wird aus dem Palast freilich nicht live, sondern um eine Stunde zeitversetzt, was gewiß aus mehreren Gründen sicherer scheint. Zu diesen Sicherheitserwägungen gehört auch die Auslese des Publikums im Saal. Nur Zuverlässige oder wenigstens als harmlos geltende FDJ-Mitglieder haben eine Karte bekommen. Um etwaigen Rabatz von vornherein zu vermeiden, hat der Leiter des Festivalbüros der FDJ vier Tage vor dem Politkonzert in einem Interview des SED-Zentralorgans »Neues Deutschland« erklärt, es gäbe leider keine Karten mehr, »weil die Idee der Manifestation Millionen anzieht«.

Diese Idee der Manifestation muß allerdings, um alle Zweifel im Saal oder später vor der Mattscheibe zu beseitigen, noch einmal formuliert werden. Eine Aufgabe, die der 1. Sekretär des Zentralrates der FDJ, Egon Krenz, übernimmt. Und er macht dies, für DDR-Verhältnisse, mit Bravour: Leichtfüßig und mit der Gestik nur mühsam gebremsten Temperaments springt er auf die Bühne und trägt – ohne Spickzettel oder gar Manuskript in der Hand – vor, was Sache ist. Wörtlich sagt er: »Wenn die Amerikaner um jeden Preis stationieren wollen, wenn sie schon die Vorbereitungen dafür abgeschlossen haben: Die Jugend der Deutschen Demokratischen Republik hält alles für richtig und wird dahinterstehen, was die Sowjetunion, was die Deutsche Demokratische Republik, was die Warschauer Vertragsstaaten für die Sicherung des Friedens für notwendig halten.« Ein Satz, der in seinem Absolutheitsanspruch des Nachdenkens wohl wert ist. Bei uns wie in der DDR, ist er doch kaum anders als ein Blankoscheck zu bewerten.

Der donnernde Beifall im Saal unterstreicht, daß die Kartenverteilung funktioniert hat. Er hallt aber auch nach in den Ohren etlicher Mitglieder des SED-Politbüros, das wenige Monate später jenen Egon Krenz in seine Reihen berufen und zum wichtigsten Mann hinter Erich Honecker machen wird. Mit diesem Auftritt im Palast der Republik, so sagen später in Ost-Berlin nicht wenige Eingeweihte, habe er erst den endgültigen Durchbruch geschafft, auch seinem Förderer Honecker gezeigt, wie sicher er als FDJ-Chef die Jugend im Griff habe. Und: was er als damals 47jähriger »Youngster« den alten Herren im höchsten Parteigremium voraushabe: Präsentationsvermögen, freie Rhetorik, die richtige Umgangssprache und das notwendige taktische Geschick, um einen unbequemen Pop-Star aus dem Westen am ausgestreckten Arm verhungern zu lassen.

Udo Lindenberg muß lange warten, bis er auf die Bühne darf. Vor ihm sind bereits zahlreiche Sänger und Gruppen aus der altbewährten musikalischen Agitationsriege aufgetreten, und keiner von ihnen hat es versäumt, eine politische Erklärung abzugeben. Für die sowjetischen Friedensvorschläge und gegen die Amerikaner. Insgesamt sind es 15 Einzelinterpreten und Gruppen, in die der Gast aus der Bundesrepublik eingebettet ist, eben als einer von vielen.

Als er endlich das Mikrofon in der Hand hat und seinen ersten Titel singt, merkt man ihm an, daß seine Nerven reichlich strapaziert sind. Er ist nicht locker, sondern bemüht locker, er ist nicht lässig, sondern angestrengt lässig, er scheint Blei in den Füßen zu haben, er verkrampft. Natürlich singt er nicht vom Sonderzug nach Pankow und auch nicht vom »Mädchen aus Ost-Berlin« - darauf hat er entweder selbst verzichtet, oder er hat darauf verzichten müssen. Vier Songs sind ihm von der FDJ zugestanden worden, nur der wirkliche Star dieser Veranstaltung darf mehr und länger singen. Der Star, den sich die FDJ gewünscht hat und der nicht Udo Lindenberg heißt. »Wozu sind Kriege da?« singt der Mann mit dem breitkrempigen Hut, doch nichts springt über auf das reserviert lauschende Publikum, kaum Ähnlichkeit mit seinen Konzerten im Westen, und ein Kollege neben mir murmelt nur: »Wie ein Dackel, der den Mond anbellt.«

Dann aber sagt auch Udo etwas Politisches: Er ist gegen amerikanische Pershing wie gegen sowjetische SS 20, er sei für mehr Austausch zwischen Ost und West und gegen eine neue Eiszeit zwischen Bonn und Ost-Berlin. Höflicher Beifall, wie bei seinen Liedern. Mit dem »Rocker-Song« verabschiedet sich der Gast, zu besserer Form auflaufend - womöglich erleichtert? -, und jetzt springen tatsächlich vier oder fünf Mädchen vom Stuhl, Vierzehnjährige, und klatschen und tanzen mit. Die einzigen im Saal, der rund 2000 Besucher faßt, in dem es aber einige leere Reihen gibt. Dort sollten die Jungs vom Ordnungsdienst sitzen, die aber immer noch draußen vor der Tür gebraucht werden. Dort, wo die wahren Udo-Fans stehen und hoffen, daß eines Tages wahr wird, was ihr Idol in freier Auslegung seines eigentlichen Textes singt: »Wir freuen uns sehr - auf die Tournee durch die DDR.« Abgang. Nochmals dezenter Applaus, keine Blumen, keine Mädchen, kein Küßchen.

Ist so etwas in Ost-Berlin nicht üblich? Doch es ist. Aber derjenige, der - als Höhepunkt der Politschau vorgesehen - im Übermaß davon kassiert, ist Harry Belafonte. Er demonstriert beispielhaft, was die Veranstalter von diesem Konzert erwartet haben: Er attackiert gleich einleitend die Vereinigten Staaten, lobt die Sowjetunion, würdigt den Kommunismus als humanistisches System und wandelt - stets auf der Höhe der Zeit - seinen Uralt-Hit »Island in the sun« schnell zum politischen Bekenntnis um, für die Unabhängigkeit Grenadas, in das vor wenigen Tagen US-Truppen eingeflogen sind.

Es gibt rauschenden Beifall für ihn und eine herzliche Umarmung auch durch Egon Krenz. Dem Gast aus Amerika, das steht fest, werden künftig Tür und Tor geöffnet sein, wenn er wieder mal in der DDR auftreten will. Dem Gast aus der Bundesrepublik wird man sie immer wieder kurz vor der Nase zuschlagen. Und die bereits schriftlich von der FDJ zugesicherte Tournee durch die DDR ist ja, wie wir inzwischen längst wissen, prompt wieder abgesagt worden. Die Quittung für den nicht verkniffenen Halbsatz, er habe auch etwas gegen Sowjetraketen.

Dennoch mag sich für viele, sicherlich auch für Udo selbst, die Frage gestellt haben, warum ihn die DDR-Führung an diesem einen Abend in Ost-Berlin hat auftreten lassen, warum sie es auf sich nahm, einen Massenauflauf im Zentrum der Stadt und eine Schlägerei zu riskieren. Schließlich, warum sie das, wenn auch sehr kurze, politische Statement des Barden auch in der zeitversetzten Fernsehaufzeichnung gesendet hat. Ich bin sicher: Es war ein Test. Und zwar in mehrfacher Hinsicht.

Erstens gab es 1983 in der Bundesrepublik Deutschland noch erbitterte innenpolitische Auseinandersetzungen über die Nachrüstung der NATO. Es war die Zeit der Protestveranstaltungen und Demonstrationen, und in drei Wochen sollte der Bundestag noch einmal offiziell über die Raketenstationierung entscheiden. Udo Lindenberg hatte sich an solchen Veranstaltungen in der Bundesrepublik beteiligt, er galt und gilt als Anhänger der Grünen, also der Wortführer gegen die Nachrüstung. Seine Einladung sollte Wirkung haben auf die Szene im Westen - aber auch auf die Szene im Osten. Als Bestätigung der eigenen politischen Überzeugungsarbeit, daß es nämlich tatsächlich und nicht nur vorgeblich richtig sei, die USA der Gefährdung des Friedens in der Welt anzuklagen.

Es war die Zeit, in der die DDR-Führung noch überzeugt davon war, auf die Politik in Bonn Einfluß nehmen, sie verändern zu können. Gleichzeitig aber ging es vor diesem Hintergrund um die Frage, ob und in welchem Maße ein Enfant terrible wie Lindenberg bereit sein würde, um »des höheren Zieles willen« - also der Verhinderung eines Atomkrieges - auf Sottisen gegen die DDR-Führung zu verzichten, sich einzureihen in die »Front der Friedenskämpfer«. Im Vorfeld seines Auftritts zeichnete sich ja ab, daß er Kompromisse schließen würde: Der Verzicht auf seine beiden »anstößigen« Lieder stand fest, und in einem Interview mit der FDJ-Zeitung »Junge Welt« hatte Lindenberg die »Friedensvorschläge« des damaligen sowjetischen KP-Chefs Andropow als die einzigen vernünftigen bezeichnet. Dieses Massenblatt liest die große Mehrheit der Jugendlichen in der DDR. Was will man mehr? Doch zugleich sollte dem Frechling aus dem Westen noch eine Lehre erteilt werden: indem man ihn von seinen Anhängern im Osten kategorisch abzuschirmen versuchte, ihn auf der Bühne einerseits vereinnahmen und andererseits verkümmern lassen wollte.

Und das, so meine ich, ist bis auf den »Ausrutscher« mit den Sowjetraketen dem Cheforganisator des Unternehmens Lindenberg, dem damaligen FDJ-Chef und heutigen ZK-Sekretär für Sicherheitsfragen im Politbüro der SED, Egon Krenz, glänzend gelungen. Ja, mehr noch. Auf die Kurzlebigkeit von Nachrichten spekulierend und auf die Oberflächlichkeit der westlichen Medien setzend, hat Krenz es fertiggebracht, daß der DDR ein Hauch von Liberalität zuwehte. Er hat es aber auch fertiggebracht, daß Udos Popularität unter den DDR-Jugendlichen rapide in den Keller gesunken ist.

Insofern ist die Kölner Rock-Gruppe BAP konsequenter gewesen als der kleine Udo. Als sie drei Monate später bei »Rock für den Frieden« in Ost-Berlin eingeladen war, ließ sie ihren Auftritt in letzter Minute platzen. Denn entgegen allen Zusagen, singen zu können, was sie will, griff die DDR-Obrigkeit ein und legte ihr den Verzicht auf einen Titel nahe: den Verzicht auf ein Lied, in dem es heißt, die kalten Krieger in West und Ost schürten die Angst in Bundeswehr und Volksarmee, belögen die Menschen mit ihrem Schwarz-Weiß-Schema und betrögen sie um jede Gemeinsamkeit. BAP verzichtete angesichts dieser Zensur auf den Auftritt, auch in dem Bewußtsein, daß ihre Freunde in der DDR als Friedenssymbol den Schmied betrachten, der das Schwert zur Pflugschar umbiegt, und daß weniger jene dazugehören, die das FDJ-Emblem mit der weißen Taube auf blauem Grund bevorzugen. Wobei, am Rande bemerkt, die mit der weißen Taube sich nicht scheuen, den anderen mit den Pflugscharen ihr Friedenssymbol abzureißen.

Ob Udo Lindenberg um die Unterschiede in der DDR wußte und weiß? Eines ist ihm in jedem Falle gelungen: beachtliche Publicity in den West-Medien zu bekommen. Das Fernsehen hat ihm sogar eine Dreiviertelstunde Sonder-Sendezeit eingeräumt. Die DDR-Presse, die am Tag nach dem Konzert seitenlang berichtet, erwähnt ihn auch - in einem Absatz. Doch das ahnt Lindenberg noch nicht, als er um Mitternacht zu einem Pressegespräch bitten läßt. Und dabei ist er wieder ganz entspannt und unverkrampft. Ob das wohl die Atmosphäre macht - im Interconti in West-Berlin? Dorthin ist er nach Schluß der Vorstellung in Ost-Berlin wieder zurückgekehrt, dort wohnt er ja auch, für ein paar Monate.

Um Mitternacht sind auch die Sperrgitter am Marx-Engels-Platz wieder abgebaut. Die Lkws der Volkspolizei hinter dem Palast, direkt am Spreeufer, sind abgefahren. Auch Egon Krenz dürfte sich um diese Zeit noch einen genehmigt haben. Hat er doch recht behalten mit seinem Motto: Nur keine Panik auf der Titanic!

Das Lokalderby

»Halleluja, Halleluja...« singen die Fans, erst langgedehnt, wie es Gospelgruppen tun, dann kurz, abgehackt, fast militärisch, und von hartem Händeklatschen begleitet. Und dann wiegen sie sich mit hocherhobenen Händen in den Hüften, die erste Reihe nach links, die zweite Reihe nach rechts, so daß die rot-weißen Schals, die sie zwischen den Fäusten halten, auf der gegenüberliegenden Tribüne Augenbeißen hervorrufen. Doch das ist nur das Vorspiel. Als die Mannschaften auf den Platz laufen, dröhnt es vielstimmig: »Eisern Union, eisern Union!« Ein Ruf wie Donnerhall, der freilich von der Ostkurve beantwortet wird. »Be-Eff-Ce, Be-Eff-Ce!« tönt es von dort, nicht ganz so laut, aber dank der halben Oktave tiefer durchaus kraftvoll. Womit auch dem Fußball-Laien klar ist: An der Alten Försterei wird's heute wieder hoch hergehen, beim zigsten Lokalderby zwischen dem 1. FC Union und dem BFC Dynamo Berlin. Und weil Union hier in Köpenick Heimrecht hat, wird sich der Gast, obwohl Abonnementsmeister der DDR, warm anziehen müssen.

Seine Anhänger müssen das übrigens auch, denn die Unionfans pflegen nach dem Spiel das Match noch fortzusetzen: mit den Fäusten und gelegentlich auch Schlaginstrumenten, innerhalb des Stadions und außerhalb, oft auch noch in den S-Bahnzügen, so lange jedenfalls, bis sie selbst von der Polizei verprügelt werden. Fußball-Alltag in Ost-Berlin? Ja und Nein. Ja, weil es auch schon bei anderen Spielen handgreifliche Auseinandersetzungen gegeben hat, Ja auch deshalb, weil die Fans in Leipzig, in Halle oder in Karl-Marx-Stadt auch mal nach Spielschluß hinlangen, ob ihre Mannschaften nun zu Hause oder auswärts in Ost-Berlin antreten. Nein, weil keine dieser Prügeleien so inbrünstig, so brutal verläuft, so ohne Rücksicht auch auf die eigene Person wie bei den Lokalderbys zwischen Union und Dynamo. Jedermann weiß das in Ost-Berlin, aber niemand spricht gern darüber. Und schon gar nicht zu westlichen Journalisten, die aus den Emotionen der Fans womöglich ein politisches Süppchen zu kochen versuchen.

Die Befürchtung sitzt dem Vereinsvorsitzenden des FC Union bei unserem Gespräch offensichtlich im Nacken. Er ist - zum Zeitpunkt des Interviews - erst frisch im Amte, mit seinen 32 Jahren sehr jung und von Beruf eigentlich Historiker. Genosse Woik, so hat ihn der

Stadionsprecher vorgestellt, war zuvor neun Jahre lang wissenschaftlicher Mitarbeiter bei der Akademie für Gesellschaftswissenschaften in Ost-Berlin. Zum Vereinsvorsitzenden ist er allerdings nicht von den 213 eingeschriebenen Unions-Mitgliedern gewählt worden, er wurde dazu berufen. Vom DTSB, dem Deutschen Turn- und Sportbund der DDR, der ihn ebenso wie die angestellten Trainer auch besoldet. Das ist überall in der DDR so, Union also kein Sonderfall. Staat und Partei lenken das Vereinsleben, und an der Spitze eines Clubs dürfen in der Regel nur SED-Mitglieder stehen.

Bei Dr. Norbert Woik kann ich mir durchaus vorstellen, warum er mit der Vereinsregie beauftragt wurde. Union, die Fahrstuhlmannschaft, ist gerade wieder in die höchste Spielklasse aufgestiegen, die gefürchteten Fans werden also durch die gesamte Republik mitreisen und sie in den Griff zu bekommen - mit einem Schuß Jovialität, Humor und vor allem Gesprächsbereitschaft -, das traut man ihm offenbar zu. In der Vereinsbroschüre, die auf den Rängen des 21000-Mann-Stadions verkauft worden ist, hat er auch gleich ein paar richtungweisende Leserbriefe abdrucken lassen. »Ich finde«, so schreibt Dirk Grabowski, »daß das Abbrennen von Feuerwerkskörpern nicht zum Fußball und auch nicht zur Stimmung gehört. Das gleiche gilt für das Werfen von Papierschlangen. Wir wollen doch siegen und nicht ein abgebrochenes Spiel haben.« Und der Soldat Gerd Schöler läßt die Fans wissen: »Ich bin einer der Fans, die vom Randalieren und von Schlägereien nichts halten. Ich weiß nicht, was man davon hat. Ich würde mir nur eins wünschen, wenn alle Fans so denken würden wie ich, dann haben wir schon viel erreicht!«

Neben dieser Art von Seelenmassage hat der Genosse Woik noch ein anderes Rezept parat, das er im Gespräch zwar nicht erwähnt, das aber auch in der Vereinsbroschüre steht: die FDJ stärker ins Vereinsleben einzuschalten. Schon im Vorjahr ist ein FDJ-Jugendclub bei Union gegründet worden, und dessen Mitglieder sollen ein Gegengewicht zu den nicht im Verein organisierten Fans bilden. Das ist auch bitter nötig. Die Fußballmannschaft ist wegen des rüden Verhaltens ihrer Anhänger bereits mehrfach mit Platzsperren belegt worden. Aber durchgesetzt hat sich das kleine FDJ-Häuflein bislang nicht. Und der Freundschaftsvertrag, der zwischen dem Kombinat VEB Kabelwerk Oberspree »Wilhelm Pieck« und dem Club besteht, hat nach außen auch keine Wirkung gehabt. Eher nach innen, denn in seiner Präambel steht, daß die Betriebsfunktionäre die politisch-ideologischen und ökonomischen Probleme in Beratungen und Schulungen mit den Leistungssportlern besprechen.

Abseits der Politik, die zum DDR-Sport gehört wie das Amen in der Kirche, knüpft dieser Vertrag freilich auch an eine Tradition an, die nirgends besser zum Ausdruck kommt als in dem alten Schlachtruf des Vereins, der heute noch von den Rängen skandiert wird: »Eisern Union« oder, zweite Variation: »Union rostet nicht!« Doch meine Frage, woher der Schlachtruf kommt, scheint dem Historiker Woik vor dem Mikrofon brenzlig zu sein. Er müßte dazu nämlich die Vereinsgeschichte aufblättern, und die beginnt nach offizieller Lesart erst 1966. Damals war Norbert Woik Kapitän der Jugendmannschaft und als Vertreter des Nachwuchsbereiches bei der sogenannten Gründungsveranstaltung dabei. Der Ex-Fußballer, dessen Karriere auf dem grünen Rasen durch eine schwere Sportverletzung jäh beendet wurde, weiß nur allzu gut, daß seine Partei an der Vergangenheit des 1. FC Union nicht rühren möchte. Sie wird allenfalls in Bruchstücken sichtbar, wenn etwa die »BZ« in Ost-Berlin über die Arbeitersportbewegung berichtet und dabei dem Verein Union Oberschöneweide bescheinigt, unter der Nazi-Herrschaft hätten sich dort viele Gegner des Faschismus organisiert.

Angefangen hatte es eigentlich schon im Jahr 1903. Die Schlosserlehrlinge der metallverarbeitenden Industrie von Berlin-Oberschöneweide fingen damals an, Fußball zu spielen. Die meisten stammten aus den Betrieben der AEG. Sie spielten miteinander und gegeneinander, bis 1906 ein richtiger Verein daraus wurde. Union 06 Oberschöneweide. Mit den Farben Weiß und Blau, weil Schlosser halt blaue Kluft trugen. Und dieser Arbeitswelt entlehnt waren auch die Schlachtrufe. Der Club überdauerte die Nazizeit und den Krieg, und schon 1945 wurde in Köpenick wieder Fußball gespielt. Vorwiegend in der Wuhlheide, wo heute - unweit der Alten Försterei - hin und wieder die Kindermanöver der Jungen Pioniere ablaufen. Doch fünf Jahre später - 1950 - setzten sich Vorstand und Mannschaft nach West-Berlin ab - und wenn man so will, nahmen sie auch den Namen mit: Union 06, der Zusatz Oberschöneweide verschwand. Dieser Verein besteht auch heute noch, in West-Berlin, wo seine erste Mannschaft in der Amateurliga spielt.

Mit der Flucht in den Westen gerieten die Zurückbleibenden freilich ins Abseits - sportlich und politisch. Erst 1966, fünf Jahre nach dem Mauerbau, entstand im Rahmen einer fußballerischen Neuordnung in der DDR der neue 1. FC Union. Jetzt mit den Farben Rot und Weiß. Zwei Jahre später wurde der Club Pokalsieger der Republik. Auf lange Zeit der einzige nennenswerte sportliche Erfolg. Seitdem ging's immer rauf und runter, von der Oberliga, der höchsten Spielklasse, in die Liga und umgekehrt. Aber, so unglaublich sich das auch anhören mag, die alten Unionszeiten sind in Ost-Berlin unvergessen – bei der Partei wie bei den Fans, die damals noch gar nicht geboren waren. Daß Vereinsführung, Vereinsfarben und Mannschaften längst andere sind, hat nichts daran zu ändern vermocht, daß die einen ständig an den Makel der Flucht und die anderen an die Großtat der Flucht denken. Und beide Seiten tun ungewollt das ihre dazu, um stets aufs neue Animositäten entstehen zu lassen.

»Nieder mit dem Be-Eff-Ce!« dröhnt es von der Gegentribüne, was angesichts des Spielstandes von 2:0 für den DDR-Meister wenig Realismus verrät. Der Wunsch ist wieder einmal für die Union-Fans der Vater des Gedankens. Und wenn denn mal einer aus der Meistermannschaft über den Ball tritt oder gar hinfällt, wird von den Rängen giftiges Gelächter angestimmt: »BFC – ha, ha, ha.« Das hat freilich wenig zu tun mit der ganz normalen Wut der Kleinen auf die Großen, wie sie in Fußballstadien immer wieder zu spüren ist, ob in West oder in Ost. Nein, die Unbeliebtheit der »Dynamos« hat einen einzigen, ganz anderen Grund. Es ist der Club der Staatssicherheit, und dessen Ehrenvorsitzender heißt Erich Mielke, seines Zeichens Minister und Politbüromitglied.

Die Stasi mit ihrem Heer von Spitzeln, Informanten und Aufpassern, ihren Abhörern und Verfolgern ist für jeden DDR-Bürger ein rotes Tuch. Verspotten, verlachen, auspfeifen darf und kann man sie nur auf dem Fußballplatz, selbst wenn die Spieler nicht allesamt der Staatssicherheit angehören oder gar aktiv für sie arbeiten. Es reicht aus, daß sie in der Normannenstraße oder anderswo einen Schreibtisch haben, den sie wegen ihrer hauptamtlichen Tätigkeit als Fußballer, genauer, als Staatsamateure zwar nie sehen, aber eben vom Stasi für ihre Fähigkeiten auf dem Rasen bezahlt werden. »Jedet Mal, wenn ick pfeife, muß sich der Mielke die Ohren zuhalten«, hat ein Fan mal zu mir gesagt, ein Union-Fan natürlich.

Mit der Gründung des BFC Dynamo, der in Ost-Berlin den Armeesportklub ASK Vorwärts ablöste, war für die Ost-Berliner Fußballexperten klar: Der DDR-Meister soll, wenn es denn geht, aus der Hauptstadt kommen, aus innen- wie außenpolitischen Gründen. Union wird immer nur die zweite Geige spielen, und dahinter steckt Methode. Ein Verdacht, der in der Tat nur schwer zu widerlegen ist, sieht man die stattliche Reihe der Meistertitel wie der Auswahlspieler beim BFC an. Was den Fan auf den Rängen aber noch mehr verbittert, ist ein anderer Verdacht: Immer dann, wenn Union sich dank junger Talente fußballerisch wieder in Szene zu setzen beginnt, werden exakt diese Talente vom Verein wegdelegiert. Entweder gleich zum Großverein Dynamo oder zu anderen Clubs in der Provinz.

Dieses Delegationsprinzip ist üblich im DDR-Fußball. Dem einzelnen Spieler wird nahegelegt, den Verein zu wechseln, und wenn er den Ehrgeiz hat, in die Auswahlmannschaft berufen zu werden, wird er klug genug sein, ein solches Angebot nicht abzulehnen. Sein Vereinsvorsitzender und sein Trainer spielen, manchmal mit knirschenden Zähnen, ohnehin mit, denn der Fachverband Fußball wird schon wissen, was er tut. Dort nämlich fallen derartige Entscheidungen in Absprache mit dem Trainer der Auswahlmannschaft.

Je bescheidener die Ergebnisse der DDR-Nationalelf sind, desto schneller dreht sich das Spielerkarusell auf Vereinsebene, denn sowohl die Fußballfunktionäre als auch der ihnen übergeordnete DTSB wissen, daß sportlicher Erfolg in der DDR zuallererst als politischer Erfolg angesehen wird. Beim jüngsten Versuch, den im internationalen Maßstab schlappen DDR-Fußball umzukrempeln - nach der verpaßten Weltmeisterschaftsteilnahme 1982 -, stand denn auch im Kommuniqué der eigens dafür angesetzten Fußballtagung, daß, entsprechend den Beschlüssen des 10. Parteitages der SED, die auf einen hohen Leistungszuwachs in allen Bereichen der Gesellschaft zielten, nunmehr auch das Niveau des DDR-Fußballsports wesentlich erhöht werden solle. Das war 1983. Führende Leute im DDR-Fußball wurden seinerzeit gefeuert und durch neue ersetzt, die zweite Spielklasse aufgestockt, die Jugend- und Juniorenarbeit neu konzipiert etc. Aber genützt hat es bislang wenig. Der Zug zur Fußballweltmeisterschaft in Mexiko ist bereits abgefahren - wiederum ohne die DDR.

Diese Entscheidungen am grünen Tisch, der bestimmende Einfluß der Politik und die allzu seltenen sportlichen Erfolge haben den Unmut der Fußballanhänger in der DDR insgesamt nur gesteigert. Sie identifizieren sich in ihrer großen Mehrheit mit Vereinen und auch Spielern aus der Bundesrepublik Deutschland. Und wenn, wie beim Lokalderby zwischen Union und Dynamo, der Zwischenstand auf dem Spielfeld mit 0:3 gegen die eigene Mannschaft und zugunsten des Meisters arg deprimierend ausgefallen ist, wehren sich die Union-Fans zumindest akustisch mit einem bissigen »Ha - Ho - He - Hertha BSC!«.

Der Traditionsverein aus West-Berlin, mit dessen Leistungen sich heute kaum noch in der Zweiten Bundesliga Staat machen läßt, ist bis zum Mauerbau ebenfalls ein Sympathieträger in Ost-Berlin gewesen. Unmittelbar an der Sektorengrenze, im West-Berliner Ortsteil Gesundbrunnen, hatte der Verein sein Domizil, und der vereinseigene Sportplatz - wegen seiner damals hochgebauten Ränge »Zauberberg« genannt - wurde von vielen Ost-Berlinern besucht. Ja, es gab sogar Spieler wie den Mittelstürmer Taube, die in Ost-Berlin wohnten und arbeiteten und für Hertha in West-Berlin Tore schossen. Die meisten dieser Ost-West-Gänger, die beileibe keinen Sonderfall darstellten, wechselten kurz vor der Abriegelung der Grenzen in den Westteil der Stadt. Das alles ist Vergangenheit, auch der Zauberberg, der dem in Finanznot geratenen Bundesligisten Hertha von der West-Berliner Stadtverwaltung abgekauft worden ist. Aber daß die Jungen auf den Stehplätzen in der Alten Försterei von der blau-weißen Hertha singen, soll ja nicht die eigene Unionsmannschaft ärgern, sondern die Dynamos.

Zu den erlesenen Bosheiten der Fans zählen aber auch Sprüche, die ausgeprägtes Aktualitätsbewußtsein verraten. Wenn sie beispielsweise im Chor anstimmen: »Willst du in den Westen ziehen, mußt du zu Dynamo gehen!« Gemünzt ist diese Stichelei auf den Absprung zweier Nachwuchstalente des Meisterclubs, Falko Götz und Jörg Schlegel, die jetzt beim Bundesliga-Club Bayer Leverkusen spielen. Beim Europacup-Spiel in Belgrad im November 1983 hatten sich die beiden Fußballer heimlich aus dem Hotel verdrückt und über mancherlei Umwege den Westen erreicht. Eine für den Stasi-Club besonders bittere Pille. Denn wer ins westliche oder neutrale Ausland mitreisen darf, ist zuvor besonders gründlich auf seine gesellschaftspolitische Zuverlässigkeit überprüft worden. Doch die Erfahrung lehrt, daß derartige Überprüfungen längst keine Garantie sind. Norbert Nachtweih, Jürgen Pahl, der bei einem Autounfall ums Leben gekommene Lutz Eigendorf oder der ehemalige DDR-Trainer Jörg Berger sind allesamt DDR-Flüchtlinge und haben sich bei Spielen im Westen dünngemacht.

Wie viele DDR-Fußballer das sonst noch versucht haben und dabei gescheitert sind, ist nicht bekannt. Aufsehen erregte freilich im Westen wie im Osten die Verhaftung der Auswahlspieler Peter Kotte, Gerd Weber und Matthias Müller. Kurz vor dem Abflug zu einer Südamerika-Tournee wurden sie wegen des Verdachtes der Republikflucht, wie das in der DDR heißt, auf dem Flughafen Schönefeld festgenommen. Das war im Februar 1981. Kotte erhielt fünf Jahre Haft, die der hochbegabte Mittelstürmer inzwischen verbüßt haben dürfte. Mittelfeldspieler Weber und Verteidiger Müller kamen wegen Mitwisserschaft glimpflicher davon. Sie flogen aus der Nationalelf und aus ihren Clubs, können aber weiterhin in der Kreisklasse kicken. Alle drei Nationalspieler stammten aus dem Dresdner Club Dynamo, der ebenfalls - wie sein Namensvetter in Ost-Berlin - von Volkspolizei und Staatssicherheit finanziert wird. Doch daß Ähnliches einmal im hauptstädtischen Club, in der Zentrale, passieren könnte, hat sich Erich Mielke gewiß nicht träumen lassen.

Die Träume der Union-Anhänger sind unterdessen einmal mehr wie Seifenblasen zerplatzt. Ihre Lieblinge auf dem Rasen unterliegen den ungeliebten Gegnern mit 0:4. Zum Abschied fliegen zwar noch ein paar leere Limonadenflaschen aufs Spielfeld - Alkohol wird schon lange nicht mehr im Stadion ausgeschenkt -, aber die Fäuste bleiben diesmal, wenn auch sicher geballt, in der Tasche. Etwa dreihundert Polizisten in ihren grünen Uniformen haben die Gegentribüne mit den rot-weißen Fahnen, Mützen und Schals fast lückenlos umstellt. Abmarschieren dürfen diese Zuschauer erst, nachdem das übrige Publikum die Stadiontore passiert hat. Den Fans bleibt heute nichts anderes übrig, als tapfer zu brüllen »Eisern Union!«, aber sie trollen sich in der Gewißheit, es den Dynamos trotz der Niederlage wieder einmal gezeigt zu haben. Legenden halten sich lange in Ost-Berlin, auch die, daß der beste Fußballverein in der Stadt Union sei.

Urlaubstausch

Die See und die Seeleute werden fast jeden Tag besungen in Kühlungsborn, dem größten Ostseebad der DDR. Sei es während des Kurkonzerts auf der neuerbauten Promenade, sei es im Café Baltic, wo vorwiegend die reifere Jugend allabendlich das Tanzbein schwingt. Die Jüngeren zieht's eher ins Hafenbräu Korso, in die ortsbekannte Nahkampfdiele, wo der Beat bis Mitternacht dröhnt. Wer nur sein Bierchen zischen will, sitzt in der HO-Gaststätte »Nasser Sack«, den empfindsamere Naturen am liebsten umgetauft sähen.

Die Familie F. beweist schon durch ihre Anwesenheit, daß für sie Namen Schall und Rauch sind. Das unterscheidet sie von vielen Mitbürgern, aber nicht nur das. Familie F. verbringt ihren Urlaub in Kühlungsborn weder in einem FDGB-Erholungsheim noch auf einem Campingplatz, was vier Fünftel der Menschen hier tun, sie reist und wohnt privat. Das ist für die DDR keineswegs eine Selbstverständlichkeit. Aber das Bedürfnis, endlich etwas nichtorganisiert unternehmen zu können, was beträchtliche Organisationskunst voraussetzt, wächst in der DDR immer mehr. Das ist mir schon im Laufe dieses ersten Abends deutlich geworden, an dem ich die F.s getroffen habe. Sie kommen aus Ost-Berlin, wo wir uns später noch einige Male zum Mittagessen oder zum Kaffee verabredeten. Bis es Siegfried F. für ratsamer hielt, den Kontakt abzubrechen.

Bevor die F.s privat nach Kühlungsborn gereist sind, hatten sie jedenfalls schon zweimal mit dem Gewerkschaftsbund dort Ferien verbracht. Er ist der Hauptorganisator des gesamten Urlaubsbetriebes in der DDR. 13 Tage kann man am Ort bleiben. Verlängerung ist nicht möglich, dann nämlich rückt schon die nächste Einheit an, wie es in der DDR-Fachsprache heißt. Beworben um den Urlaubsplatz hatte sich Herr F. im Betrieb und, wie seine Kollegen auch, mehrere Orte und Zeiträume angegeben, schließlich den Zuschlag erhalten. Unterbringung im Erholungsheim »Ernst Grube«, Preis 143 Mark pro Person bei voller Verpflegung. Für Kinder kosten die 13 Tage nur 30 Mark. Die Anreise muß selbst geplant und finanziell getragen werden, das Taschengeld natürlich auch. Unterm Strich haben die F.s keine 600 Mark für diese Art Ostseeferien ausgegeben, und gefallen hat es ihnen in Kühlungsborn auch.

Der Ort mit seinen 8700 Einwohnern ist zwar im Sommer total überfüllt; 150 000 Gäste kommen pro Jahr. Aber die kurzen Wege zum Strand, die zahlreichen sportlichen Wettbewerbe, vom FDGB und von der Kurverwaltung angeboten, die Meerwasserschwimmhalle, die bei schlechtem Wetter die Ostsee halbwegs ersetzt, das alles finden sie in Ordnung. Deshalb gaben sie ja auch ein zweites Mal Kühlungsborn als Wunschziel an. So etwas klappt zwar nur selten, aber beworben hatte sich diesmal auch nicht Herr F. für den Urlaubsplatz, sondern Frau F. in ihrem Betrieb. Wäre ihnen ein Quartier im Thüringer Wald zugewiesen worden, hätten sie's auch nicht ändern können, aber, wie gesagt, Glück muß der Mensch haben, und F.s hatten Glück.

Doch diesmal gab es mehr Ärger als Freude. Sie hatten die Frühschicht beim Essen erwischt, was in der Praxis heißt: Frühstück um sieben, Mittagessen um 12 und Abendessen um sechs Uhr. Wer sonst schon täglich um sieben zur Arbeit muß, steht nicht gern im Urlaub so früh auf. »Aber irgendwie«, so hatte Siegfried F. einsichtig bemerkt, »müssen die das ja bei sechshundert Feriengästen im Erholungsheim hinbekommen. Das ist bei Ihnen sicherlich kaum anders.«

Daß es bei uns anders ist, von Westerland bis Mallorca, klang den F.s wenig überzeugend. Es müsse ja ein Riesengedränge geben, wenn sechshundert Leute gleichzeitig zum Frühstück wollen! Daß sich so etwas auch von selbst regelt, daß es Frühaufsteher und Langschläfer gibt, daß mancher schnell und mancher langsam frühstückt, daß der eine nach dem Aufstehen vielleicht erst schwimmt oder einen Strandlauf macht, der andere womöglich nach durchsumpfter Nacht gänzlich aufs Frühstücksei verzichtet, und eine Zeitspanne von drei Stunden völlig ausreichen kann, um auch sechshundert Menschen zu beköstigen, ob morgens, mittags oder abends, ist dem Durchschnittsbürger in der DDR meist erst beim dritten Anlauf zu vermitteln. Freilich käme er auch selten auf die Idee, eine Mahlzeit ausfallen zu lassen, schon gar nicht, wenn sie bereits im Reisepreis enthalten und damit bezahlt ist.

Was Hannelore F. mehr noch als die frühe Aufsteherei aufs Gemüt schlug, war der Umstand, daß Jörn mit seinen acht Jahren mit ihnen immer noch im gleichen Zimmer schlief. So reifte denn der Entschluß, es demnächst auf andere Art mit dem Reisen zu versuchen. Beispielsweise mit Camping. Daß die Ferien im Zelt oder Wohnwagen in der DDR immer beliebter werden, spricht auch für eine wachsende Neigung zur Ungezwungen- und Ungebundenheit. Auch in Kühlungsborn ist das möglich. Doch die meisten Zeltplätze, das bekamen die F.s schon bei der ersten Erkundungstour mit, sind in fester Hand. Auch hier haben die Betriebe belegschaftsgebundene Quartiere gemietet, die tatsächlich nur über den jeweiligen Betrieb zu reservieren sind. Wer sich ansonsten um einen Zeltplatz bewirbt, muß lange vorplanen. Bewerbungen sind auf einem EDV-gerechten Vordruck abzuliefern, der zentral in Stralsund bearbeitet wird. Das heißt, dort wird entschieden, wer wann wo hinkommt und ob schon in diesem oder erst im nächsten Jahr. Wenn es klappt, kostet der Aufenthalt auf dem Campingplatz pro Tag und Person eine Mark. Doch es ist nicht der noch günstigere Preis, der die Leute in der DDR ins Grüne strömen läßt, es ist eher der Vorsatz, nach eigener Fasson zu leben - trotz der Hausordnung, die es auf jedem Campingplatz gibt.

Westliche Touristen kann man auf diesen DDR-Zeltplätzen nicht treffen. Für sie gibt es gesonderte, sogenannte Intercampingplätze, der besseren Organisationsmöglichkeiten wegen, wie es heißt, und um Pannen bei der Reservierung zu vermeiden.

Weil Familie F. aber einerseits vom Zelten nicht so recht überzeugt war und andererseits auch wenig Realisierungschancen in Kühlungsborn dafür sah, machte sie sich auf die Suche nach einem Privatquartier. Ein Wort, das in der DDR eine andere Bedeutung hat als in der Bundesrepublik Deutschland. Denn gemeint sind damit nicht die alten Pensionen, die die ersten Badegäste vor einhundert Jahren in Kühlungsborn beherbergt haben, Pensionen, deren verblichene Inschriften noch heute unter dem abgeblätterten Putz zu entziffern sind - wie die Pension Alexandra oder das Haus Sonnenschein. Nein, ein Privatquartier ist eine Schlafstelle, die der FDGB vermittelt. Elf Mark bekommt der Vermieter pro Bett und pro Tag von der Gewerkschaft, und diese zusätzliche Einnahme muß er nicht versteuern. Da stellt die Witwe Blau oder die Rentnerin Müller schon mal ein Bett in die gute Stube, um während der Sommersaison ihre Einkünfte aufzubessern. Zu kochen braucht sie deshalb nicht, denn die Mahlzeiten nimmt der FDGB-Urlauber im Erholungsheim ein, auch wenn er da kein Zimmer mehr bekommen hat.

Ein paar Einheimische, ob sie nun in Kühlungsborn, in Zingst oder in Doberan zu Hause sind, wissen allerdings, daß sie ohne den Großvermittler FDGB besser auf ihre Kosten kommen. Sie vermieten ihr Zimmer oder ihr freies Bett im tatsächlichen Sinne des Wortes privat. Nur, erlaubt ist das nicht. Verführen alle so, dann könnte der Gewerkschaftsbund über seine Heime hinaus keine Zimmer mehr anbieten. Und im übrigen würde es dann nicht lange dauern, bis sich die ersten Privatpensionen etablierten. Das aber soll aus prinzipiellen, also aus ideologischen Gründen, nicht sein.

Die Mehrzahl läßt sich von derartigen Auflagen und Bestimmungen auch schrecken, will keinen Ärger, gibt sich, sofern sie vermietet, mit dem zufrieden, was der FDGB zahlt. Doch eine Minderheit ist keß, umgeht die Vorschriften und arbeitet auf eigene Rechnung. Wohl wissend, wie begehrt ein Urlaubsplatz an der Ostsee für den Durchschnittsbürger in der DDR ist, kassieren diese privaten Vermieter bis zu 25 Mark pro Bett und sorgen, wenn es gewünscht wird, neben dem Logis auch für die Kost, gegen Aufgeld, versteht sich. Wichtig ist für alle Beteiligten dabei allerdings, daß sie die Spielregeln beherrschen. Und die erste Spielregel heißt: Wir haben Verwandtenbesuch/Wir sind auf Verwandtenbesuch. Verwandte zahlen natürlich nichts. Und so lautet die zweite Spielregel: Über Geld wird nicht geredet.

Vermieter und Mieter sind dabei gleichermaßen zufrieden: Der eine, der ohne den FDGB mehr Geld verdient und der andere, der zwar mehr Geld zahlt, aber sonst keinen Ferienplatz an der Ostsee bekommen hätte. So sind denn aus privaten Gästen mit der Zeit private Stammgäste geworden, was dem vermeintlichen Verwandtschaftsgrad nur bekömmlich ist. Zu viele verschiedene Verwandte, die jährlich wechseln, sollte jedenfalls kein Ostsee-Wirt haben.

Das macht es auch der Familie aus Ost-Berlin schwer bei ihrer Fahndung nach einem Privatquartier. Offen fragen kann man danach ohnehin nicht, nur lauthals klagen über die schlechten Aussichten für einen Ferienplatz im kommenden Jahr, da und dort, möglichst im Kreise von Einheimischen, nach dem Motto: Ich gäbe sonstwas dafür, wenn es doch noch klappen sollte.

Und es klappte. Am letzten Urlaubstag dieses zweiten Aufenthaltes in Kühlungsborn. Die F.s waren mit ihrem Lada unterwegs nach Prerow, dem größten Campingplatz an der Ostsee, ein letzter Versuch, um sich vielleicht doch noch für Ferien im Zelt zu erwärmen. Die Straßen dort an der Küste sind nicht vom Feinsten, schlaglöcherübersät. Darauf angesprochen, hatte mir ein Mitglied der ständigen Kommission für das Erholungswesen im Rat des Bezirkes Rostock erklärt, diese Straßen wären noch nicht eingetaktet. Was ins Bundesdeutsche übersetzt heißt: Ihre Reparatur ist im laufenden Fünfjahresplan nicht vorgesehen. Die Straßen von Kühlungsborn haben ihrem Zustand nach noch nie eine Chance in der Plandiskussion gehabt.

In einem jener Schlaglöcher, das nach Meinung von Herrn F. so aussah, als habe die Volksmarine von See aus versehentlich Übungsgranaten auf die Straße geschossen, steckte die Hinterachse eines Trabants. Der ist mit seinem hohen Radstand von pfiffigen Konstrukteuren zwar schon auf die Infrastruktur der Verkehrswege in der DDR maßgeschneidert worden, übersteht Schotter- und Lehmwege, ohne sich dabei den Bauch zu bekratzen, aber selbst der routinierteste Slalomfahrer kann mal Pech haben: Der Wagen saß fest wie anderer Leute Gebiß auf der Haftcreme. Weil die F.s nicht nur tatkräftige Leute sind, wenn es um die Urlaubsplanung geht, packten sie mit an und hoben den Plastikbomber mit vereinten Kräften aus der Fallgrube. Dessen Fahrer und Besitzer entpuppte sich als Herr K., Bürger von Kühlungsborn. Er zeigte sich nicht nur dankbar für die Hilfe, sondern auch ebenso auskunftsfreudig wie aufgeschlossen für das unverzüglich unterbreitete Urlaubsproblem des nächsten Jahres.

Ein Thema, das er am Abend noch weiter mit den F.s diskutieren wollte und, natürlich, mit seiner Frau. Ihr winziges Häuschen am Rande des Ortes hatten die K.s noch nie für eine Urlaubsvermietung in Betracht gezogen - wo hätten sie selbst bleiben sollen? - aber der zündende Funke sprang über beim sechsten Nordhäuser Klaren, Berlin hätten sie auch ganz gern mal abgeklappert. Und zwar ohne Gruppe, auf eigene Faust.

So wurde denn perfekt, was zwischen den Familien F. und K. nun schon seit ein paar Jahren läuft: der Urlaubstausch. Wohnung gegen Wohnung, ohne Entgelt und ohne den FDGB. Ein Verfahren, das inzwischen gang und gäbe geworden ist in der DDR. Es gibt sogar Zeitungsanzeigen, in denen entsprechende Wünsche geäußert werden, vermutlich von Menschen, die nicht ständig an den gleichen Ort reisen wollen. Perfektionisten haben es auch ohne Inserat schon zum Dreier- und Vierertausch gebracht, einen Wechsel zwischen Badeort und Wintersport eingeschlossen. Und weder der Staat noch der FDGB haben dagegen etwas einzuwenden, wird ihr Kontingent für organisierte Urlaubsreisen doch davon nicht geschmälert, im Gegenteil.

Familie F. aus Ost-Berlin ist Kühlungsborn bislang allerdings treu geblieben, was auch an der Treue der Familie K. zu Berlin liegen mag. Doch eines drückt beide Familien gemeinsam: die Schwierigkeit, ins Ausland fahren zu können. Daß Italien oder Spanien für sie unerreichbare Ziele bleiben werden, das wissen sie, und dieses Wissen schmerzt. Aber daß sie auch fast chancenlos sind, wenn es um eine Reise ins sozialistische Ausland geht, macht sie wütend. Gewiß, die ČSSR ist für sie offen. Es gibt keinen Visazwang, mit DDR-Mark läßt sich etwas anfangen, aber der Abstecher nach Ungarn wird schon problematisch. Siegfried F. hätte vermutlich keine Sorgen, ein Visum zu bekommen, weil er seiner eigenen Einschätzung nach in der DDR bislang politisch nicht auffällig geworden ist. Andere sind da schlechter dran. Wer irgendwann einmal eine Resolution zum Umweltschutz oder ein

Papier zu den Menschenrechten oder ein Flugblatt mit pazifistischem Inhalt unterschrieben hat, darf überhaupt nicht ins Ausland, auch nicht in die Bruderländer.

Was Siegfried F. allerdings mehr bekümmert als die Visafrage, das ist die Geldbeschränkung, die es für ihn als DDR-Bürger gibt. Denn ob er in der Gruppe reist - das ist die Regel - oder etwa beim Campingaufenthalt auf eigene Kappe fährt, mehr als 200 Mark darf er nicht dabeihaben. Und damit kommt man nicht weit in einem Land, das sich an harter Währung orientiert und den sozialistischen Gast kaltschnäuzig als Menschen zweiter Klasse einstuft. Da ist es fast notwendig, West-Verwandtschaft zu haben, die mit ein paar Scheinen die Reisekasse aufbessert und die Reise so erst zum Erlebnis werden läßt.

Mit Bulgarien ist das nicht anders oder auch mit Rumänien, das allerdings keinen DDR-Bürger mehr anlockt. Denn die Versorgungsmängel in Ceausescus Gefilden sind inzwischen so gravierend, daß selbst die Bewirtung der bevorzugten Touristen aus dem Westen lückenhaft geworden ist. In die Sowjetunion wollen die F.s aus prinzipiellen Gründen nicht. Nach Kuba und nach Jugoslawien dürfen nur die zuverlässigsten Parteigenossen oder erfolgreiche Sportler, wenn auch nur selten mit Kind und Kegel, was nur den Einhundertfünfzigprozentigen gestattet ist. Und nach Polen? Das ist ein besonderes Kapitel für DDR-Bürger. Offiziell gibt es ihn ja wieder, den Jugendaustausch und den Tourismus zwischen Polen und der DDR. 65 000 DDR-Bürger, so meldete im Juli '85 das SED-Zentralorgan »Neues Deutschland«, hätten im laufenden Jahr Ferien in Polen verlebt. Was ja den Eindruck vermittelt, es laufe fast alles so wie früher - vor der Solidarność-Zeit, vor 1980. Doch dieses aus politischen Gründen in den DDR-Medien gepflegte Bild ist trügerisch. Wer eine Gruppenreise nach Polen mitmachen will - und anders als in derGruppe kann man nicht reisen, es sei denn auf Einladung - muß einen sechsseitigen Fragebogen ausfüllen. Auch jedes Kind, das in eines der Pionierlager fährt. Erforscht werden soll mit diesem Wust von Papier nichts anderes als die gesellschaftspolitische Zuverlässigkeit. Schon eine schlechte Betragensnote - dies ist zu ernst, um Witze zu machen - reicht aus, ein Kind abzulehnen.

Besonders gesiebt wird von den zuständigen DDR-Behörden bei den Betreuern dieser Gruppenreisen und Zeltlager. Wer von ihnen ausgewählt wird für die Fahrt und die Aufgaben im Bruderland, bekommt die strikte Anweisung mit auf den Weg, keinerlei Kontakte mit der polnischen Bevölkerung zuzulassen, geschweige denn aufzunehmen. Auflagen, die vergleichbar jenen Reisen im Rahmen des »Jugendaustausches« mit der Bundesrepublik Deutschland sind, nur noch etwas schärfer. Auch die Zahl der Betreuer ist höher als früher, um unerwünschten Einfluß von den jungen DDR-Bürgern abzuwehren.

Bei den 65 000 Reisenden dürften angesichts dieser Sachlage auch alle Gewerkschafts-, Partei- und Regierungsdelegationen mitgezählt worden sein. Was zweifellos auch für die vom *ND* angegebene Gesamtzahl der Auslandsreisen von DDR-Bürgern im Jahr 1985 gilt: 230 000 sollen es gewesen sein. Wobei von der Zahl der Reisen und nicht von der Zahl der Reisenden geredet wurde. Wer als zuverlässiger Genosse unterwegs war, einmal dienstlich nach Bulgarien, einmal für die Partei in Jugoslawien und einmal als privilegierter Urlauber auf Kuba, hat schon drei von diesen 230 000 Reisen gemacht. Und diese Reisekader, wie sie ja offiziell heißen, haben sicherlich auch keine Beschwernisse, wenn sie in Lokalitäten wollen, die die Gastgeber für West-Besucher reserviert haben.

Die Familie K. hat es jedenfalls bei ihrem ersten und einzigen Bulgarien-Urlaub schon erlebt, wie ihnen der Türsteher vor dem Tanzlokal in Nessebar nach kurzem Blick von unten nach oben den Weg versperrte und auf deutsch verächtlich sagte: »Du Ostmark.« Und wie er die Mütze vom Kopf riß, als nach ihnen eine schwäbelnde Familie durch die weitaufgerissene Tür marschierte. Mit den Ungarn, so haben die K.s gehört, wolle die DDR-Führung ja reden – über mehr Hotels und mehr Plätze für DDR-Touristen. »Aber solange wir selbst um die Westmark tanzen wie um die heilige Kuh«, meinte dazu Herr F., »solange können wir den anderen gar nicht in den Hintern treten.«

Besonders verbittert hat ihn ein Prospekt, den er per Zufall in die Hände bekam, ein Prospekt der Vereinigung Interhotel. »The easy way to reserve hotel rooms worldwide« steht auf dem Deckblatt. Ein kostenloser Hotelreservierungs-Service für Gäste und Geschäftspartner in deutscher, englischer, italienischer und französischer Sprache, mit einer Liste von Hotels, die der »Central Service« in der Friedrichstraße im Hotel Metropol vermittelt. Von Australien über die Südsee bis in die Vereinigten Staaten von Amerika. Und nahezu ohne jede politische Pingeligkeit, denn auch Hotels in weniger wohlgelittenen Staaten, wie etwa in Israel oder Südkorea, sind darin aufgeführt. Auch bundesdeutsche Herbergen von Bonn bis Heidelberg kann der Gast buchen sowie ein zwischen Belgien und Brasilien eingeordnetes Hotel in Berlin (West). Gewiß könnte auch ein DDR-Bürger um Reservierung eines solchen Hotels nachsuchen, beispielsweise im Tahiti Beachcomber in Papeete, nur mit dem Hinfahren dürfte es dann weniger easy werden.

Doch daran wollen sie am liebsten nicht denken, die F.s in Ost-Berlin und die K.s in Kühlungsborn, wenn sie wieder einmal ihre Koffer packen, um die Wohnungen für den Urlaub zu tauschen.

Die Oper von Damaskus

Die sechs Mädchen sind schlank und langbeinig. Sie tanzen auf einer in rot und gold glitzernden Rundbühne und sind in ihren Bewegungen sehr exakt. Als sie im Spagat aufs Podium fliegen, die Arme über den Kopf hochreißen und mit hervorgestrecktem Kinn herausfordernd in den abgedunkelten Saal blicken, läßt der Applaus nicht auf sich warten. Besonders kräftig rühren sich die männlichen Hände, so etwas sieht man schließlich nicht alle Tage. Denn außer hochhackigen Pumps und drei Handschuhen, die die strategisch wichtigsten Stellen abdecken, tragen die Damen auf der Bühne nichts am Körper. Zumindest scheint es so für diejenigen, die weiter weg von der Bühne sitzen. Wer dagegen ganz vorn plaziert ist, den Kopf gewissermaßen auf Fußhöhe hat, weil die versenkbare Bühne ausgefahren ist, erkennt die durchsichtigen, fleischfarbenen Trikots, auf denen mal Silberlamé, mal ein roter Pompon, mal besagte Handschuhe aufgesprüht, aufgesteckt oder aufgenäht sind. Schließlich soll sich niemand im Sozialismus den Vorwurf einhandeln, seine nackte Haut zu Markte zu tragen. Aber wer weiß, vielleicht kommt das noch im Laufe dieses Abends?

Denn die Vorstellung in der Kleinen Revue ist erst 30 Minuten alt. Begonnen hat sie pünktlich um 22 Uhr 30, und sie ist, wie immer, ausverkauft. Für Ost-Berliner Verhältnisse eine nachtschlafende Zeit. Anderswo in der Stadt haben die Theater gerade zugemacht, sammelt das Personal in den Gaststätten bereits die Gläser unauffällig ein, sind die Straßen wie ausgestorben. Ist das der Grund, warum die Kleine Revue in der Friedrichstraße stets gerammelt voll ist oder liegt's am Hauch von Frivolität, den die Plakate an den Litfaßsäulen versprechen? Schon eine halbe Stunde vor dem offiziellen Einlaß drängen sich die Glückspilze, die Karten erwischt haben, drinnen im Foyer und draußen auf der Straße. Nur ein Drittel der Billetts geht ja, wie bei anderen »kulturellen Veranstaltungen« auch, in den freien Handel. Das zweite Drittel wird über die Betriebe und die Gewerkschaften abgegeben, und das dritte bleibt reserviert für West-Touristen, Diplomaten und DDR-Prominenz.

So ist es denn auch eine schon vom äußeren Erscheinungsbild recht gemischte Gesellschaft, die in die Kleine Revue strömt. Ältere Frauen in geblümten Kleidern, jüngere Frauen im Cocktailkleid mit Dekolleté und noch jüngere in Jeans und Turnschuhen, mittelalterliche Männer im hellgrauen Anzug und mit beigen Schuhen, junge Männer im Dunkelblauen, viele mit Krawatte, wenige im offenen Hemd, ein paar Geschäftsleute oder Diplomaten mit asiatischen Gesichtszügen und ein paar Jungs zwischen achtzehn und zwanzig, schlaksig, mit extrem weiten Hosen und dem kurzen Kantenhaarschnitt, wie ihn Popper im Westen tragen. Ob sie aus dem Westen sind? Ich habe meine Zweifel, weil sie der Ober vertraulich begrüßt. Die Herren kennen sich. Ich habe aber auch deshalb meine Zweifel, weil Popperfrisuren in Ost-Berlin keine Seltenheit sind.

Wenn sie pulkweise auftauchen, Passanten sich nach den jungen Leuten mit so ungewöhnlicher Frisur umdrehen, dann ist meist auch die Polizei nicht weit. So wie am 8. Mai 1985, als der Tag der Befreiung in der DDR gefeiert wurde, nicht nur mit offiziellen Reden, sondern auch mit einem Volksfest auf dem Alexanderplatz. Da dröhnten plötzlich in die Serenaden- und Schlagerdarbietungen dumpfe Rockrhythmen hinein, stampften schweigend, ja fast verbissen etwa sechzig, siebzig Jungen und Mädchen mit weiten Hosen und weiten Pullis vor einer improvisierten Diskothek im Takt. Keine Punks, wie es sie ja auch in Ost-Berlin gibt, und das nicht zu knapp, sondern eben auffällig, aber akkurat frisierte Popper. Volkspolizisten haben in solchen Situationen erst einmal eine Schrecksekunde, denn auch für sie stellt sich die Frage, von deren Beantwortung die Art ihres Eingreifens abhängig ist: Sind die von uns oder sind die von drüben, aus dem Westen? Erst nach der höflichen Ausweiskontrolle, die sie als Einheimische erkennen läßt, wird der Ton barsch, die Aufforderung, diese ungenehmigte Veranstaltung abzubrechen, unmißverständlich. Schließlich laufen Aufzug und Tanz auf der Straße dem sozialistischen Lebensgefühl, so wie es die Partei definiert, völlig zuwider.

Hier in der Kleinen Revue ernten die Popper nur neugierige Blicke. Der Ober hat sich inzwischen auch zu uns durchgearbeitet. Wir sitzen an einem Zweier-Tisch, der höchstes technisches Niveau hat: In die Tischplatte sind zwei tiefe Löcher eingelassen, in die man die Sekt- oder Weinflaschen stellen kann. Eiswürfel für die Kühlung passen aber nicht hinein. Die Weinkarte läßt uns die Wahl unter neun Wein- und fünf Sektsorten. Der billigste Wein, aus der VR Ungarn, kostet 18 Mark, der teuerste, ebenfalls von den Magyaren, 45 Mark. Wie nahezu alle angebotenen Weine in Ost-Berlin sind auch diese Sorten samt und sonders »süße«. Aber das Radeberger Bier zum Preis von neun Mark die Flasche oder eine der offerierten Spirituosen, vom Whisky

»Reliance« über den »SU-Brandy« bis zum Kaffeelikör »Orient«, schlage ich als Autofahrer wegen der »Fahne« aus. Wir ordern - salomonische Lösung - einen spanischen Rotwein der mir bislang unbekannten Marke »Las Lomas« für 36 Mark und ein Margon-Wasser ohne Geschmack, was wörtlich zu nehmen ist, zum Preis von 60 Pfennig. Zusammen mit den Eintrittskarten à 25 Mark 10 kann sich diese Zeche sehen lassen.

Inzwischen haben ein nicht mehr ganz taufrisch wirkender Conférencier und eine schon etwas betagte Soubrette das Programm singend eröffnet. »Na so ein Zufall« ist es betitelt, und der Zufall hat wohl auch die beiden Stars des benachbarten Metropol-Theaters als Gäste oder besser zur Aushilfe in die Kleine Revue gebracht. »Aufgrund einer konzeptionell bedingten Umbesetzung«, wie es im Programmzettel heißt, was immer das bedeuten mag.

Als der Ober mit den Getränken anmarschiert, auch zwischen den anderen Zweier- und Vierer-Tischen huscht Bedienungspersonal hin und her, verpassen wir den Höhepunkt einer »Exzentrik«-Vorführung. Die große blonde und dicke Frau im Flitterkostüm mit dem exotischen Namen Delila hat ihren kleinen, um nicht zu sagen mickrigen Partner mit der Halbglatze und dem deshalb Komik verheißenden Namen Samson auf die Bretter gestreckt. Wir hören nur den dumpfen Aufschlag und tosendes Gelächter im Publikum. Im Westen hätten diese beiden Künstler Mühe, ein Engagement auf dem Rummelplatz zu bekommen. Auch der Zauberer aus Dänemark, der mit seinen »Exzentrik«-Kollegen aus Ungarn für die internationale Note im Programm sorgt, bietet eher Hausmannskost.

Detlef Kruber, der künstlerische Leiter dieses ersten und einzigen Nachtkabaretts in Ost-Berlin, wird wissen, wie weit die Kleine Revue noch entfernt ist vom erstrebten internationalen Niveau, hat er sich doch vor Eröffnung seines Hauses in Paris umsehen dürfen - in einschlägigen Etablissements wie dem Alcazar, dem Moulin Rouge und bei den Folies-Bergère. Es ist ja auch ein Kreuz, wenn einer beauftragt wird, das Nachtleben zu planen, wo es sich eigentlich von selbst entwickeln sollte. »Eine DDR-Delegation«, sagt die Soubrette auf der Bühne, die ihre starken Momente hat, wenn sie nicht singt, »eine DDR-Delegation ist jetzt nach Rio gefahren.« Das Publikum fängt an zu glucksen. »Sie will dort den Karneval straff organisieren.« Das Publikum brüllt. »Im Casino von Monte Carlo«, sagt die Soubrette weiter, und sie schwenkt dabei Postkarten mit den neuesten Mitteilungen aus den Hochburgen für Nachtschwärmer, »im Casino von Monte Carlo sind gefälschte Forum-Schecks aufgetaucht.« Das Publikum wiehert vor Vergnügen. Mit Forum-Schecks darf der DDR-Bürger im Intershop einkaufen, nachdem er zuvor harte D-Mark auf den Banktresen geblättert hat. »Diese Art von Spielgeld«, fährt die Soubrette fort, »wird laut Mitteilung der Casinoleitung nicht angenommen.« Das Publikum ist aus dem Häuschen. Doch es steigert sich noch einmal, als die Soubrette vorliest: »In Paris ist jetzt der Versuch unternommen worden, das Berliner Nachtleben zu kopieren. Zunächst in den Vororten der Metropole. Seitdem herrscht dort Ruhe.«

Die besten Pointen in der DDR schreibt immer noch das Leben. Wer als Durchschnittsbürger stets nur hört, wie es zu sein hat, klatscht sich auf die Schenkel, wenn einer sagt, wie es ist. Und das Nachtleben in der Hauptstadt lockt nun wirklich keinen Hund hinter dem Ofen hervor. Das aber will sich die Parteiführung nicht mehr länger nachsagen lassen. Die Zahl der Besucher aus aller Welt steigt ständig, die Hotels in Ost-Berlin platzen aus allen Nähten und wiederkommen sollen die Gäste ja auch, vor allem, wenn sie harte Devisen zurücklassen.

Was den Umsatz bei Tage angeht, so haben sich die staatlichen Hotelmanager schon etliches einfallen lassen: den Limousinen-Abholdienst vom Flughafen Tegel in West-Berlin beispielsweise, mit dem westliche Geschäftsleute ohne die üblichen Formalitäten bei der Grenzkontrolle schnell nach Ost-Berlin gelangen. Oder den Kundendienst für Besucher, die ursprünglich nur einen Tagesaufenthalt gebucht hatten, nun aber zu später Stunde ein Hotelzimmer mieten. Alle Behördengänge und Stempel für diese unvorhergesehene Verlängerung des Aufenthaltes erledigt die Rezeption. D-Mark und Dollar könnten gar nicht besser rollen in Ost-Berlin. Aber wenn auswärtige Besucher und ausländische Diplomaten sich dann abends vorübergehend verabschieden, wird die Marktlücke schmerzlich bewußt.

Doch der Anfang, sie zu schließen, ist gemacht: mit dem neuen Friedrichstadtpalast, zu dem auch die Kleine Revue gehört. Nach 39 Monaten Bauzeit ist er am 27. April 1984 eröffnet worden. Ein riesiges Varietétheater fürs DDR-Publikum wie für die erwarteten Touristen aus westlichen Gefilden. Aus Stahlbeton und Glas, mit vielen dunkelgrünen Ornamenten auf den Fertigbauteilen die – wie jetzt auch beim Ausbau der Französischen Straße – im pseudoklassizistischen Stil gehalten sind. Die Architekturkritiker im Westen haben sich über den gedrungenen Koloß in der Friedrichstraße nach der Eröffnung des Hauses lang und breit und meist kritisch ausgelassen. Während sich die einen noch fragten, welchen Stil er wohl habe, stellten die anderen apodiktisch fest, er habe gar keinen. Eine typisch westliche Fachdebatte, die es im Osten natürlich nicht gab, denn an Prestige-Objekten wird nicht gekratzt, höchstens hinter vorgehaltener Hand darüber gemunkelt. Ins Schwarze getroffen hat auch in diesem Fall mal wieder die Berliner Schnauze. »Det Ding sieht ja aus wie die Oper von Damaskus«, sagte einer, als die letzten Bauzäune gefallen waren, und so heißt er nun auch im Volksmund – der Friedrichstadtpalast.

So umstritten auch sein Äußeres sein mag, seine »inneren Werte« haben einhellige Zustimmung gefunden. Drehbühnen, versenkbare Plattformen, die mal zur Manege, mal zur Eisfläche umgerüstet werden können, Becken fürs Wasserballett, Lichtorgeln und Lautsprecherbatterien zeugen vom technischen Aufwand. Und jeder Besucher, der im 2000-Mann-Saal sitzt, sitzt auf den weinroten Polstern außerordentlich bequem. Die Staatsführung, das ist jedermann bewußt, hat hier nicht gekleckert, sie hat geklotzt. Offiziell sind nie Summen genannt, Ausgaben von 350 Millionen Mark dementiert worden, aber der Endpreis dürfte nicht weit weg davon liegen.

Zur großen Unterhaltungs-Gala ist die gesammelte politische Prominenz angerückt, mit Erich Honecker an der Spitze. Das Fernsehen überträgt die Einweihungsfeier live, und die Show ist ein Riesenerfolg. Die 34 Ballett-Girls, mit doppelt soviel Stoff bedeckt wie in der Kleinen Revue, aber für DDR-Geschmack immer noch textilarm bekleidet, tanzen wie einst Marika Rökk. Seehunde balancieren Bälle und Tabletts mit Gläsern über die Bühne. Artisten fliegen am Trapez durch die Lüfte. Und der populärste Conférencier der DDR, Otto F. Weidling aus Dresden, versucht sich, beifallumrauscht, an erotischen Eindeutigkeiten und politischen Zweideutigkeiten. Was nur wenige im Saal zu diesem Zeitpunkt ahnen: Otto F. Weidling ist während dieser Gala schwer angeschlagen. Wenige Wochen zuvor ist er operiert worden. Und wenige Wochen danach wird er an einer unheilbaren Krankheit sterben. Und, was schon ein paar mehr Leute seit der Generalprobe wissen, seine Conférence ist ihm zusammengestrichen worden, um ein halbes Dutzend politischer Anspielungen. Trotzdem bringt er noch einiges an den Mann: den Milliardenkredit für die DDR, eingefädelt von Franz Josef Strauß, und die Frage an den in der ersten Reihe sitzenden SED-Wirtschaftexperten Günter Mittag, wann er denn die nächste Milliarde besorge oder ob man weiterhin darauf angewiesen bleibe, auf den Transitstrecken kräftig von den Westlern zu kassieren. Für eine Gala mit der Staats- und Parteiführung im Saal ist das immer noch starker Tobak. Doch die älteren Herren aus dem Politbüro lassen sich ihre gute Laune kaum verderben, sind von der Premiere, vom neuen Friedrichstadtpalast begeistert. Es ist halt so wie in alten UFA-Zeiten. Und die Dritte von links sieht ja wirklich proper aus.

Die Stadt- und Staatsväter, das ist unverkennbar, möchten an die alten Glanzzeiten des Friedrichstadtpalastes anknüpfen. An die Zeiten um die Jahrhundertwende, als berühmte Zirkusunternehmen wie Salominski, Renz und Schumann das Publikum im damaligen Berlin faszinierten. In einer überdachten Arena, die in den sechziger Jahren des vergangenen Jahrhunderts zunächst als Markthalle, als erste Berliner Markthalle überhaupt, gebaut worden war. Baugeschichte wurde mit dem Friedrichstadtpalast freilich erst später geschrieben: Als Hans Poelzig für Max Reinhardt im Jahr 1919 den Umbau besorgte. Das Große Schauspielhaus wurde daraus, wegen seiner expressionistischen Architektur im Volksmund Tropfsteinhöhle genannt. Erst Mitte der zwanziger Jahre wurde der Palast zum Revuetheater, allerdings hart bedrängt von starker Konkurrenz in der Nachbarschaft, vom Admiralspalast und vom Metropol. Doch die Revue- und Kabarettprogramme sorgten für ein volles Haus.

Unter den Nazis wurde dann Volkstheater gespielt, die glorreichen Zeiten der Artisten und Kabarettisten waren vorbei. Gänzlich vorbei schien es mit dem Friedrichstadtpalast wie mit der Friedrichstraße zu sein, als am 3. Februar 1945 ein Bombenhagel auf Berlin niederging. Die Geschäfte und Vergnügungsstätten, die Flanier-Arkaden und Passagen, die Konditoreien, Bierkeller und Hotels sowie zahlreiche Etablissements, die den Ruf und den Reiz dieses größten Berliner Vergnügungsviertels begründet und geprägt hatten, fielen in Schutt und Asche. Der Friedrichstadtpalast selbst wurde schwer beschädigt.

Nach dem Wiederaufbau gaben sich DDR-Künstler bis 1980 dort ein Stelldichein, kam – selten genug – auch mal internationale Prominenz vorbei wie Louis Armstrong, Josephine Baker oder Juliette Gréco. Bis der Schwemmsand der Spree die Schließung des wackligen alten Hauses verursachte. Die Stützfundamente trugen nicht mehr, die Fassade hatte schwere Risse.

Und so ließ denn der Abrißbeschluß des Ost-Berliner Stadtparlaments nicht mehr lange auf sich warten. Kritische Stimmen von Künstlern wie von Denkmalschützern, das für die Geschichte Berlins so bedeutsame Gebäude zu erhalten und anderweitig zu nutzen, wurden geflissentlich überhört. Denn im Hinterkopf hatten die Verantwortlichen längst einen anderen Plan: Nämlich neu zu bauen, schöner zu bauen und trotzdem an die Tradition anzuknüpfen. Nur zweihundert Meter Luftlinie entfernt, auf der anderen Seite der mit Sorgfalt restaurierten Weidendammbrücke. So geschah es dann auch. »Mit der Wiedereröffnung des Varietétheaters an neuer Stelle«, so kommentierte die »Wochenpost«, »beginnt nicht nur ein neues Kapitel in der Geschichte des Friedrichstadtpalastes, sondern auch ein neues Kapitel in der Geschichte großstädtischer Unterhaltungskunst.«

Wie diese Unterhaltungskunst auszusehen hat, definiert allerdings die Partei. Sie verlangt »sozialistische Unterhaltungskunst«. Aber was ist das? Wo liegt der Unterschied, wenn beispielsweise im Westen eine zu olympischen Ehren gelangte Eiskunstläuferin wie Marika Kilius oder im Friedrichsstadtpalast eine zu olympischen Ehren gelangte Eiskunstläuferin wie Gaby Seifert eine Show auf Kufen vorführen? Allenfalls doch in der Höhe des Honorars. Was unterscheidet einen Trapez-Artisten aus Ungarn von einem Trapez-Artisten aus Italien, wenn beide beim zahlenden Publikum Nervenkitzel auslösen? Gibt es einen kapitalistischen und einen sozialistischen Salto mortale? Und wenn denn, wie geschehen, ein etwas verblaßter Show-Star aus dem Westen namens Caterina Valente im Friedrichstadtpalast rauschenden Beifall für ihre Hits aus den fünfziger Jahren kassiert, dann stellt sich für den Laien zumindest die Frage, inwieweit denn der Itsy-Bitsy-Teenie-Weenie-Honolulu-Strand-Bikini sozialistische Eigenschaften haben soll.

Auch Wolfgang Struck, Intendant des Friedrichstadtpalastes, wußte bei der Pressekonferenz zur Programmplanung des Hauses nicht so recht zu sagen, was die Partei wohl unter sozialistischer Unterhaltungskunst verstehe. Nur in einem Punkt war er sicher: Striptease gehört nicht dazu. Weder im Großen Saal noch in der Kleinen Revue.

Auf deren Rundbühne swingen und steppen jetzt, kurz vor Mitternacht, zwei sehr große und um die Hüften verdächtig schlanke Damen. Ein Hauch von Hollywood-Glamour. Wie weit westliche Popmusik in der DDR Fuß gefaßt hat und auch die Interpreten mit all ihren Eigenheiten den DDR-Bürgern vertraut sind, beweist das anerkennende Gemurmel im Publikum, als sich - täuschend ähnlich - Boy George mit Schlapphut und Zöpfchen und die ledergewandete Tina Turner anschicken, den Saal in einen Hexenkessel zu verwandeln. Auch Mireille Matthieu und Nana Mouskouri werden von den beiden Damen parodistisch nicht geschont. Zum Schluß ihres Auftritts dann der synchrone Griff ins Haar, die Perücken fliegen in die Kulissen. Wer es bis dahin nicht begriffen hat, weiß es jetzt: Die Damen sind Herren.

Das Publikum im Saal, ohnehin nicht mit Beifall geizend, ist hingerissen, ruft im Chor bravo, drängt sich an der Balustrade im Rang, ist von den Stühlen aufgesprungen. Kein Zweifel, die kleine Travestie-Show ist der Höhepunkt des Programms, auch wenn von Travestie nirgendwo gesprochen wird. Peter Kohn und Klaus-Dieter Siegel werden im gedruckten Ablaufplan als „Phonomimiker" vorgestellt. Den beiden umjubelten Künstlern, die auch auf jeder westlichen Bühne eine gute Figur abgäben, mag das ebenso schnurz sein wie dem Publikum. Dem Kultussekretär der Partei, der ein solches Programm zuvor üblicherweise abzunehmen, genauer, abzusegnen hat, ist das offenbar weniger schnurz. Denn Travestie ist ebenso anrüchig wie Striptease, und wenn es einen Anhaltspunkt dafür geben kann, was sozialistische Unterhaltungskunst ist, dann den: Sie ist sauber und keinesfalls unmoralisch.

Wer mit dem Sozialismus auch die Moral gepachtet hat, muß schon den Anfängen wehren. Es sei denn, es ist Messezeit in Leipzig. Da sind in den Interhotels ganze Brigaden von Damen des einschlägigen Gewerbes im harten Deviseneinsatz, mal freischaffend, mal mit staatlichem Segen. Eine Art Kundendienst, der freilich ein bißchen gelitten hat, seit der Nachwuchs aus Polen vor verschlossenen DDR-Grenzen steht. Deren Dumpingpreise hatten sowieso den Umsatz gedrückt. Manche Lücke ist unterdessen durch Fachkräfte aus Ost-Berlin geschlossen worden, die freilich weniger am Geld der jeweiligen Herren aus dem Westen oder aus einem Entwicklungsland interessiert sind, sondern mehr an dem, was er beruflich tut. Kenner der Szene behaupten jedenfalls steif und fest, daß manche liebevolle Studentin ihr festes Einkommen als Unterleutnant im Stasi habe. Eine Behauptung, die freilich nicht nur das Vorstellungsvermögen welterfahrener Geschäftsleute aus dem Westen übersteigt. Auch das eine oder andere Mitglied der Ständigen Vertretung Bonns in Ost-Berlin hat den vielgepriesenen Dialog auf diese Weise in Leipzig fortgesetzt.

Doch warum in die Ferne schweifen? Auch die Ost-Berliner Nobelhotels können Dienste aller Art vermitteln. Und in der Bar Moskau hat mancher Stipendiat aus Afrika oder dem Nahen Osten seine Marxismus-Studien mit Erotik-Lektionen praxisbewußt kombiniert. Alles inoffiziell, versteht sich. Denn offiziell gibt es die Unmoral nicht – weder in Leipzig noch in Ost-Berlin. Allenfalls einen Hauch davon in der Kleinen Revue in der Friedrichstraße, die zwar nur anderthalb Stunden Kabarett bietet, aber bis morgens um vier geöffnet hat. Denn danach wird geschwoft, ob mit oder ohne Parteiabzeichen, ob mit der eigenen oder einer anderen Frau, und wenn's denn sein muß, noch eine Flasche Rotkäppchen-Sekt bestellt. Denn wo sonst in der ganzen Republik kann man eine Nacht hindurch mal richtig auf die Pauke hauen? Die Kleine Revue, so scheint es, ist wohl der bessere Teil der Oper von Damaskus.

Hosen nach Cordart

Es ist Sonnabend, kurz vor Ladenschluß. Noch etwa zwanzig Menschen stehen vor dem Obstgeschäft im Bezirk Friedrichshain, um endlich die langvermißten Erdbeeren mit nach Hause zu bringen. Einige Frauen halten auch die Spankörbchen bereit, die sie - aus Erfahrung gewitzt - noch vom letzten Jahr aufbewahrt haben. Mit deren Herstellung scheint es alle Jahre wieder Schwierigkeiten zu geben. Denn so sicher wie das Amen in der Kirche rufen die Ost-Berliner Zeitungen ihre Leser dazu auf, die Körbchen beim Obsteinkauf mitzubringen.

Gerade der aber droht jetzt zu scheitern, denn die Verkäuferin räumt schon die ersten Kisten von draußen nach drinnen. Unruhe macht sich unter den Wartenden breit. »Die freßt ihr jetzt wohl alleene...« ruft einer, der weiter hinten steht. Doch bevor den giftigen Blicken noch weitere giftige Worte folgen, schaltet sich der Verkaufsstellenleiter ein: »Jetzt, Leute«, sagt er, »müssen wir zwar dichtmachen, weil wir auch mal nach Hause wollen. Aber damit die Erdbeeren nicht vergammeln, mach' ich morgen früh um zehn noch für 'ne Stunde auf - dann sehen wir uns wieder.«

Beifälliges Murmeln von allen Seiten, die Lage ist gerettet. Auf Kosten des Ladenschlußgesetzes zwar und um den Preis der sonntäglichen Ruhe, aber so stellt sie ihn sich gewiß vor, die Partei, den selbständig handelnden, schnell reagierenden, auf das Wohl des Volkes bedachten Werktätigen. Er nämlich muß und soll ausbügeln, was an Versorgungsmängeln allzusehr ins Auge fällt. Vorwiegend muß er es freilich ausbaden.

Im Prinzip gibt es alles in Ost-Berlin. Man muß nur wissen, wann und wo, und wenn man es weiß, dann muß man Zeit haben, Zeit zum Anstehen. Vor dem Agrarzentrum in der Karl-Liebknecht-Straße beispielsweise, wo die Menschenschlange an manchen Tagen mehrere hundert Köpfe zählt. Leberwurst in Dosen und ganze Salamiwürste gibt es dort neben anderen Produkten der Landwirtschaft - allem Anschein nach Attraktionen für den Verbraucher.

Dabei gilt Ost-Berlin als gut versorgt - als Hauptstadt und auch der Touristen wegen. Daß es gleichwohl auch hier gelegentlich eng wird, hat viele Gründe. Ebenso wie die Tatsache, daß die Versorgungslage von Bezirk zu Bezirk in der DDR sehr unterschiedlich ist. Wenn in

Dresden Bürger über ausbleibendes Rindfleisch klagen, können sich in Jena andere Bürger gleich dreifach mit Rouladen eindecken, um die dann einzufrieren oder, wie man in der DDR sagt, einzufrosten. Vorausgesetzt, man hat eine Kühltruhe. Denn so genau weiß man auch nicht, wie das Angebot am nächsten Tag aussehen mag.

»Mein Gott, Max, ist bei euch einer gestorben?« ruft ein Mann seinem Freund über die Straße zu. »Wieso?« fragt der zurück. »Na, du hast doch einen Trauerkranz über dem Arm...« »Ach, weißt du, es gab grad welche.«

Der Witz ist alt und doch stets aufs neue aktuell in der DDR. Vor allem aber ist er gut, weil er einen tiefausgeprägten Wesenszug des Normalbürgers in der DDR trifft: die Eichhörnchenmentalität. Wenn irgendwo vor einem Geschäft eine Schlange steht, stellt man sich an, auch ohne zu wissen, was es da eigentlich gibt. Allein die Tatsache, daß andere das Produkt für kaufenswert halten, beweist schon, daß es entweder etwas taugen muß oder demnächst nicht mehr zu haben sein könnte.

Auf diese Weise verschärft sich zum Kummer der Partei sofort wieder der Versorgungsmangel, der ja in erster Linie ein Verteilungsmangel ist. Und wenn an irgendeiner Stelle in der Republik das Gerücht kursiert, in Dingsda gäbe es keinen Zucker mehr, wird es binnen weniger Tage tatsächlich keinen mehr geben, weil jedermann sich blitzschnell und reichlich eingedeckt hat. Mit der oft abenteuerlichen Folge, daß die Partei umgehend die Zuckerproduktion erhöhen läßt, und niemand mehr diesen Zucker haben will. Mit der weiteren Folge, daß die Zuckerproduktion wieder gedrosselt wird, sich herumspricht, daß es demnächst weniger Zucker geben soll, jedermann sich noch schnell mit Zucker eindeckt... Ein selbstgebauter Teufelskreislauf der sozialistischen Planwirtschaft.

Das macht es für einen West-Korrespondenten in Ost-Berlin oft schwierig, zu unterscheiden zwischen tatsächlichen und vermeintlichen Versorgungslücken, zwischen einer vorübergehenden oder grundsätzlichen Versorgungskrise. Wobei er in der Regel eher abwiegeln als aufbauschen wird, auch weil er selbst einem Gewöhnungsprozeß unterliegt. Der morgenliche Blick aus dem Studiofenster, hinüber zum Gemüseladen an der Ecke Mittelstraße, wird zur Routine. Steht dort niemand vor dem Geschäft, sagt die Sekretärin: »Aha, außer Weißkohl und Kartoffeln gibt's heute nichts.« Drängen sich die Menschen hingegen bis vor die Tür der benachbarten Bank, sagt man: Wahrscheinlich haben sie heute Tomaten (im Winter) oder Kirschen (im Sommer).

Zu den Lieblingsexkursionen, die das Internationale Pressezentrum in Ost-Berlin (IPZ) namens des Außenministeriums der DDR für akkreditierte Korrespondenten organisiert, gehört die in regelmäßigen Abständen durchgeführte Fahrt zur Apfelernte in der DDR. Mal geht's ins Havelobst, mal in die »Apfelplantagen« um Eisleben, aber stets rücken die Landwirtschaftsexperten der Republik in Bataillonsstärke an. Und meist ist einer der stellvertretenden Minister dabei, der das Hohelied von der DDR-Apfelkultur anstimmt.

So geschehen auch vor einigen Jahren, als die Wirkung von Solidarność in Polen sogar auf die polnischen Korrespondenten in der DDR abgefärbt hatte. Der DDR-Minister, der dreißig Minuten lang einen Apfelmonolog absolviert hatte, gab nun die Fragen für die Journalisten frei. Die aus Ost-Berlin mitgereisten Staatsjournalisten der DDR lieferten zunächst die üblichen Stichworte zur weiteren Selbstdarstellung des sozialistischen Apfelplans. Die Westkorrespondenten, nur mäßig interessiert, fragten höflich nach ein paar Zahlen und den Exportaussichten für Äpfel. Dann kam der polnische Kollege an die Reihe. Herr Minister, sagte er, es ist ja schön und gut, daß es so viele Äpfel in der DDR gibt, aber warum gibt es in Berlin keine Kirschen?

Es entstand eine bedrohlich lange Pause. Die Experten der DDR schwiegen verlegen, ließen ihren Minister hängen, bis der sich faßte und schneidend sagte: »Mir ist nicht bekannt, daß es in Berlin keine Kirschen geben soll.« Erst nach diesem Satz plapperten die Adlaten nach, es gebe überall Kirschen, wo er, der Pole, denn wohl seine Augen habe etc. Hätte ein West-Korrespondent dieselbe Frage gestellt, die Aufregung wäre ungleich geringer gewesen. Der polnische Kollege ist schon lange nicht mehr in Ost-Berlin.

Diese Geschichte von den vorhandenen Äpfeln und den nicht vorhandenen Kirschen (es gab sie tatsächlich nicht) ähnelt der Geschichte vom Kabeljau und der Seezunge. Natürlich kann man in Ost-Berlin Fisch kaufen, nur eben nicht zu jeder Zeit, nicht jede Sorte. Und besonders rar ist geräucherter Fisch. Wenn freilich ein Restaurant den vielversprechenden Namen »Gastmahl des Meeres« führt, und der Ober Schnitzel empfiehlt, dann fragt sich der einheimische wie auswärtige Gast verwundert, in welchem der Weltmeere das wohl geangelt worden ist.

Ins beste Restaurant Ost-Berlins kommt man allerdings nur mit einer persönlichen Einladungskarte. Es liegt in Niederschönhausen und hat den Namen: Botschaft der Volksrepublik China. Wer den Vorzug hat, dorthin zum Abendessen eingeladen zu werden, schwärmt von jedem der meist zehn oder fünfzehn Gänge. Einmal gab es besonders delikaten Fisch, was im Kreis der Gäste spontan die Frage auslöste, wo der Gastgeber denn dieses stattliche Exemplar aufgetrieben habe. Im KaDeWe, lautete seine etwas erstaunte Antwort.

Was das Kaufhaus des Westens für West-Berlin ist, will das Warenhaus Centrum für Ost-Berlin sein. Vergleichen sollte man beide nicht, es liegen Welten dazwischen. Aber hüben wie drüben ist jedes für sich ein Anziehungspunkt für Leute aus der Provinz. Und für beide Warenhäuser gilt: Was es dort nicht gibt, gibt es auch anderswo in der Stadt kaum. »Ich bin extra nach Berlin gekommen«, so sagt mir eine Bekannte, »um einen Schnellkochtopf zu besorgen. Wenn es den im Centrum auch nicht gibt, habe ich die Fahrt umsonst gemacht.«

So wie sie denken viele im Hinterland Ost-Berlins, die mit großen Taschen und leeren Koffern anreisen. Eine Gepäckaufbewahrung im Erdgeschoß des Warenhauses trägt diesem Umstand Rechnung. Was die Leute suchen, und das unterscheidet sie nicht von den Ost-Berlinern, sind »höherwertige Konsumgüter«. Ein Begriff aus dem Partei- und Planungschinesisch der DDR, der alles abdeckt, was mit Qualität gemeint ist. Vom Haarfön bis zum Fernseher, vom Anzug bis zum Pelz, vom Kinderspielzeug bis zur Bettwäsche.

Die Bekleidungsabteilung des Warenhauses Centrum hat wahrlich keinen exquisiten Charakter, aber ein Anzug aus Polyester kostet dort auch 425 Mark, einer aus »Wolle«, ausgeschildert als I. Wahl, 585 Mark. Für manchen ein Monatseinkommen, für manchen zumindest mehr als ein halbes. Ein Oberhemd, 65 Prozent Polyester, 35 Prozent Baumwolle, kostet 75 Mark, ein Parka mit Teddyfutter 325 Mark. Ledermäntel aus schwarzem Glanzleder, die so schwer sind, daß sie von allein auf dem Boden stehen können, kosten 850 Mark, Pullover aus Kunststoff zwischen 124 und 161 Mark. Und Jeans aus der DDR, wenig begehrt, weil ohne westliches Markenzeichen, sind für 127 Mark zu haben. Trotzdem herrscht großes Gedränge und Geschiebe, quer durch alle vier Stockwerke und auf allen Rolltreppen, von denen meist eine Spur repariert wird.

Ein Hinweisschild in Pfeilform erregt offenbar Aufmerksamkeit: »Hosen nach Cordart« steht darauf. Aber die ersten Männer bremsen ihren urplötzlich eingeschlagenen Geschwindschritt wieder ab, als sie, der Pfeilrichtung folgend, in der Damenabteilung landen. Und dort steht dann, etwas exakter, ein weiteres großes Schild: »Damenhosen nach Cordart, Preis 99 Mark«. Das ist natürlich für jene Mädchen und Frauen ein Knüller, die schon lange nach Stretchcordhosen fahnden. Und richtig, zwischen Blusen und Röcken drängt sich um einen Rundständer schon eine große Traube Ost-Berliner Weiblichkeit, befühlen

Dutzende von Händen die dort aufgereihten moosgrünen Beinkleider, lassen sie zurückschlappen, wenden sich ab.

»Bauernfängerei«, sagt eine junge Frau enttäuscht. »Irgendein Ramsch aus Jugoslawien.« Und in der Tat: von Cord keine Spur. Ein Kunststoffgemisch mit aufgedruckten etwas helleren grünen Streifen täuscht Cordrippen vor, begünstigt von Ferne den Eindruck, es könne sich um Cordhosen handeln. Aber das gewachsene Qualitätsbewußtsein des Ost-Berliners, besser der Ost-Berlinerin, läßt sich nur noch schwer auf den Leim führen.

Deshalb ist es im Geschoß mit den elektrischen und elektronischen Sachen auch ziemlich leer. Das hat nichts oder nur wenig mit dem Angebot zu tun, sondern mehr mit den Preisen und Lieferfristen. Ein Waschvollautomat 806 kostet dort 2750 Mark - über zweieinhalb Monatsgehälter bei einem Durchschnittsverdienst von 1090 Mark in der DDR. Der Waschvollautomat unterscheidet sich von anderen gebräuchlichen Waschmaschinen deshalb, weil er alles auf einmal kann: Wasser einfüllen, Wasser abpumpen und schleudern. Die meisten Geräte in der DDR, die in den Haushalten stehen und im Handel preiswerter zu haben sind, funktionieren nur als Halbautomaten: Das Wasser ist per Kanne oder Eimer vor dem Waschgang selbst einzufüllen.

Bei den Fernsehgeräten dominiert der Schwarz-Weiß-Apparat; Bildschirmgröße 50 gleich 1150 Mark. Aber es gibt auch Farbfernseher. Der Typ Colotron, das neueste vom neuen, Bildschirm 61, kostet 6250 Mark. Das ältere Gerät Novotron, gleiche Größe, kostet hingegen 4400 Mark und ist - wie andere Elektrogeräte auch - per Teilzahlung erwerbbar. Anzahlung 30 Prozent und sofort lieferbar.

Bei den neueren Produkten gibt es Wartezeiten. Die schwanken zwischen 12 und 15 Monaten, bei Kühl- bzw. Gefriertruhen werden es auch schon mal drei Jahre, die man bis zur Lieferung eines Gerätes ausharren muß.

Weihnachten 1984 waren Sanyo-Walkmen der große Renner, ausgeschildert im Warenhaus Centrum als »Spitzenerzeugnis der japanischen Industrie«, was über Ost-Berlin hinaus in der DDR großen Eindruck machte. Das Stereo-Kassettengerät mit Kopfhörern für 660 Mark plus vier Batterien à 10 Mark und Ladegerät zu 48 Mark ging weg wie warme Semmeln. Was zweierlei beweist: Erstens, daß in Ost-Berlin und in der DDR nicht ein Mangel an Geld herrscht, sondern ein Mangel an vernünftigen Qualitätsgütern. Daß es daran hapert, liegt an der Devisenpolitik des Staates, der alles, was gut ist, exportiert, um an westliche Währung heranzukommen. Zweitens, daß Staat und Partei aus ihrer Sicht durchaus richtig liegen, wenn sie die vorhandenen Geldmengen in der DDR abschöpfen wollen.

Die staatliche Förderung und Vermehrung der Exquisit- und Delikat-Läden ist ein Mittel der Geldabschöpfung, soll zugleich all jene Gemüter beruhigen, die über die Lücken im Warenangebot meckern, und entlastet den Staat obendrein von jenen Subventionen, in die früher sogar Oberhemden und Bettwäsche einbezogen waren. Nur gibt es, wie auch anderswo in der Welt, Leute, die über dem Durchschnittsverdienst liegen, und Leute, die darunter rangieren. Folglich bewegen sich jetzt in Ost-Berlin zwei durchaus verschiedene Käuferströme durch verschiedene Geschäfte.

Wer beispielsweise in die Menü-Feinkost, ein Delikatessengeschäft in der Karl-Liebknecht-Straße, geht, zahlt für ein halbes Glas Schattenmorellen elf Mark, für ein Gläschen Hühnerbouillon 9 Mark 50, für ein winziges Fläschchen Chinagewürz 12 Mark 50 und für einen Liter Orangensaft 7 Mark 80. Das sind Preise, die weit höher liegen als im Westen, woher die Produkte teilweise stammen. Den anderen Teil der Waren, die in Exquisit- und Delikat-Läden angeboten werden, ist ursprünglich in der DDR für die Lieferung an Westfirmen hergestellt worden.

Gewiß, auch in der HO (Handelsorganisation), dem normalen Konsum, werden für Genußmittel inzwischen gepfefferte Preise verlangt. Eine Tafel Schokolade der Marke »Elbflorenz feinherb« kostet 4 Mark 30, ein Nordhäuser Klarer 24 Mark 50, ein kubanischer Ananaslikör 26 Mark, der ungarische Rotwein namens Bärenblut, der auch so schmeckt, kostet 11 Mark 50 und der einheimische Rotkäppchen-Sekt 22 Mark. Aber die Delikat-Läden, die Nahrungs- und Genußmittel anbieten, übertreffen die HO in Preis und Auswahl bei weitem.

Ähnlich ist das bei den Exquisit-Läden, die nur durch ein unauffälliges »e« an der Eingangstür für den Außenstehenden, den Westbesucher, zu erkennen sind. In den Auslagen findet man keinen Preis. Aber drinnen wird dann kräftig zur Kasse gebeten. 800 bis 1000 Mark für einen Anzug, 1200 bis 1500 Mark für einen schicken Ledermantel, 80 bis 100 Mark für einen Ledergürtel – das sind die Standards.

Die von den Ost-Berliner Stadtplanern neu konzipierte Friedrichstraße soll Boutiquen und Geschäfte en masse erhalten. Aber die Spatzen pfeifen es von den Ost-Berliner Dächern, daß diese Ladenzeilen vorwiegend aus Delikat- und Exquisit-Geschäften bestehen werden. Eine schlimme Folge für den Normalbürger in der DDR zeichnet sich dabei schon jetzt ab: Im gleichen Umfang, in dem diese Spezialläden zunehmen, sinkt die Qualität des Angebots im Normalgeschäft. Denn alles, was nur halbwegs passabel ist, wird nunmehr umdirigiert, weil ja die Gesamtpalette der Waren - ob Nahrungsmittel, Genußmittel, Konsumgüter, technische Artikel - nicht verbreitert worden ist.

Ein Kaufhaus wie das Centrum präsentiert sich bereits mit ausgedünntem Angebot. Sowohl in der Bekleidungsetage als auch in der Lebensmittelabteilung. »Bald ist es hier soweit wie bei uns«, sagt ein Bekannter aus der DDR-Provinz. »Edelfleisch und Edelwurst sind nur noch im »Delikat« zu haben.« Und er meint damit Schweinefilet und Geflügelwurst. Es ist keineswegs nur ein speziell berlinischer Humor, wenn in Ost-Berlin davon gesprochen wird, daß der Alexanderplatz demnächst in Neu-Deli-Platz umgetauft werden soll. Was wenig mit Indien und sehr viel mit diesen Deli-kat-Läden zu tun hat.

»Einen Vorteil hat die Sache freilich«, sagt ein Ost-Berliner Gesprächspartner zu mir, »wir können immerhin noch mit unserem Geld dort einkaufen und brauchen keine Westmark wie im Intershop.«

Über dieses Kapitel der Intershop-Läden ist schon vieles geschrieben und gesagt worden. In Ost-Berlin sind sie an alle großen Hotels angegliedert, offiziell, um den auswärtigen Gästen eine Einkaufsmöglichkeit in ihrer Währung zu geben. Überfüllt sind sie mit Einheimischen, die ihr Westgeld zuvor in sogenannte Forumschecks bei der Bank eingetauscht haben. Dieses Westgeld ist, jedermann weiß es in der DDR, zur heimlichen Währung geworden. Geschickt oder mitgebracht von Verwandten und Bekannten aus der Bundesrepublik, wird es selbst von den Empfängern ausgegeben oder unter der Hand weitergereicht - für den Handwerker, die Autowerkstatt, auch mal für den Arzt im Krankenhaus, die allesamt fürs Westgeld springen.

Aber landen tut es am Ende im Intershop, der Devisenabschöpfungsquelle des Staates. Und der kassiert gleich doppelt, denn viele Produkte - vom Seifenartikel über den Kaffee bis hin zur Pralinenschachtel - kosten dort mehr als für sie im Westen verlangt wird. Zigaretten und Alkoholika ausgenommen. Die Vielfalt der Waren ist von Jahr zu Jahr gewachsen. Für 2000 Mark West kann man dort mittlerweile kleine tragbare Fernsehgeräte der Firma Sony kaufen.

Alle, die kein Westgeld haben, sind darüber freilich verbittert. Besonders gestraft sind die Parteigenossen, die möglichst keinen Westkontakt unterhalten sollen. In den siebziger Jahren hat es deshalb heftige Diskussionen hinter den Kulissen gegeben, aus ideologischen Gründen, wie es heißt, aber wohl auch aus Neid. Sie flammen immer wieder auf, aus unterschiedlichen Gründen und Anlässen. Und wenn man dann Gedichte wie das folgende liest, die in Ost-Berlin auftauchen, dann fällt es schwer, die politische Ecke auszumachen, aus der sie stammen könnten:

Es stinkt nun langsam schon zum Himmel,
der sogenannte »Interfimmel«.
»Intershop« und »Intertank«,
die »Interflug« gibt's Gott sei Dank.
In allen Städten gibt es heuer
»Interhotels« - groß, protzig und teuer.
Selbst die Toilette - der Beschiß
nennt sich dort schon »Interpiß«.
Der größte Knüller oder Wahn
selbst an der Leipziger Autobahn.
Parkplatz nur für Westtouristen,
und für den Fall, daß sie mal müßten,
gibt's ein blaugefliestes »Interklo«,
das stimmt sie heiter und auch froh,
denn in diesen stillen Winkeln,
kann man nur für Westgeld pinkeln.
Legt sich bei uns zwar auch der Darm in Falten,
wir dürfen da noch nicht mal halten!
So hocken und stehen wir in den Büschen,
müssen den Hintern gar mit Laub noch wischen.
Und pfeift über kahle Backen noch der Wind,
dann spürt man richtig,
daß wir in der DDR und nicht »Inter« sind!

Die SED kennt diese Vorwürfe, Anklagen und Proteste, aber sie weiß auch, daß die D-Mark ein Antriebsmittel, ein ökonomischer Faktor unterhalb der offiziellen Ebene geworden ist. Und sie selbst hat die Deviseneinnahme und deren Vermehrung längst zum festen Eckpfeiler ihrer Wirtschafts- und Finanzplanung gemacht. Auch aus diesem Grunde ist sie mit der Einrichtung von Delikat- und Exquisit-Läden in die Marktlücke zwischen HO und Intershop gestoßen. Der Genosse mit gut gefülltem Portemonnaie kann für die eigene Währung dort ohne ideologische Bauchschmerzen gehobene Ware aus dem Westen erwerben. Gewiß auch zur Freude seiner besseren Hälfte, die Hosen nach Cordart nicht tragen würde.

Gemüse für den Plan

Die Luft in der Markthalle ist dumpf. Das ist in den meisten Markthallen so, die völlig umbaut sind und in denen sich die Gerüche mischen. In der einen Ecke wird Fisch verkauft, in der anderen werden Lederwaren angeboten, das Aroma vom Bockwurststand vermengt sich mit den Düften der Käseabteilung. Die Menschen drängeln sich pulkweise durch die schmalen Gänge, schleppen, schwitzen, essen, und wenn es, wie hier, keine Klimaanlage oder sonstige gesteuerte Frischluftzufuhr gibt, dann wird der Sauerstoff buchstäblich sauer. Doch das hindert die Ost-Berliner nicht, täglich scharenweise in diese Markthalle in der Nähe des Alex einzufallen, gilt sie doch als gut sortiert. Gleich rechts vom Haupteingang stauen sich wieder einmal Kunden. Wer weiter hinten steht, weiß gar nicht, was vorne eigentlich feilgeboten wird. Bestickte Hausschuhe aus Bulgarien, stellt sich bald heraus, aber als sich die Kunde herumgesprochen hat, weichen nur wenige. Selbst wer keinen persönlichen Bedarf an den Leisetretern hat, will wenigstens prüfen, ob sie sich als Geschenk für Freunde und Bekannte eignen. Wer weiß, wann man mal wieder solch hübsche Hausschuhe bekommt.

Der große Obst- und Gemüsestand, der sich, dem jüngsten DDR-Modetrend entsprechend, per Aufschrift als Vitamin-Basar bezeichnet, findet dagegen nur mäßiges Interesse. Dabei ist er gar nicht einmal schlecht bestückt: Es gibt Orangen aus Kuba zum Kilopreis von vier Mark, Pampelmusen für vier Mark vierzig, Rosenkohl für eine Mark dreißig, Äpfel für eine Mark neunzig und Weißkohl für 30 Pfennig. In einer großen Holzschütte liegen in Plastikbeuteln abgepackte Kartoffeln, fünf Kilo für 85 Pfennig. Seit fünfzehn Jahren ist dieser Kartoffelpreis unverändert geblieben, was sich Staat und Partei als Errungenschaft anrechnen.

Bestimmte Grundnahrungsmittel werden in der DDR seit Jahr und Tag subventioniert. Welche das sind, bestimmt die Regierung. Sie hat im Laufe der Zeit auch einige Lebensmittel von dieser Subventionsliste gestrichen. Bei anderen Produkten, wie bei der Milch, gelten zwar noch die alten Preise, aber dafür ist der Fettgehalt gesenkt worden, was als verkappte Preiserhöhung ausgelegt werden kann, aber in den Ost-Berliner Medien als gesundheitspolitische Maßnahme verkauft wurde.

Wo Preise mit Steuergeldern gestützt werden, müssen sie freilich auch überall die gleiche Höhe haben. In West-Berlin läuft die Hausfrau, die mit dem Pfennig rechnet, von Geschäft zu Geschäft, um vor dem Einkauf die Preise zu vergleichen. Oder sie reagiert auf Sonderangebote, die in den Tageszeitungen per Inserat angepriesen werden. In Ost-Berlin ist das nicht nötig: Ob in der HO oder im Warenhaus, ob in der Markthalle oder im Konsum - überall kostet es das gleiche.

Was der Staat in seine Preiskalkulation allerdings nicht einbezogen hat, das ist die Qualität der Produkte, Und das schafft beim Verbraucher Verdruß. Wer auf dem Lande wohnt und ein paar Beziehungen hat, kommt beispielsweise an neue Kartoffeln. Wer in der Stadt lebt, muß nehmen, was der staatliche Obst- und Gemüsehandel offeriert. Und der hat eben keine nach Güte ausgesuchte Exportware, sondern nur diese kleinen, schrumpeligen und in der Regel schwärzlichen Kartoffeln, die kein westlicher Kunde kaufen würde und über die sich der Verbraucher in Ost-Berlin schwarz ärgert. Ähnlich ist das mit Orangen aus Kuba. Als die ersten auf den Markt kamen, war das eine Sensation, und niemand stieß sich an ihrem Aussehen: an der meist grünlichen Schale mit bräunlichen Flecken, an der Winzigkeit der einzelnen Exemplare. Seitdem die DDR aber zur Versüßung eines Weihnachtsfestes und zur Freude ihrer Bürger einmal Apfelsinen aus Spanien importiert hatte, werden die Früchte aus dem Lande Fidel Castros nur noch mit geringschätzigen Blicken bedacht. Und wenn die Westverwandschaft mit faustgroßen Orangen und makellos gelben Bananen anreist, vor allem im Winter, dann trägt das nur vermehrt dazu bei, das Qualitätsbewußtsein zu schärfen.

Die inzwischen im Westen heißdiskutierte Frage, ob dieses Obst gespritzt oder anderweitig chemisch behandelt worden ist und damit womöglich gesundheitliche Risiken bergen könnte, ist für den DDR-Bürger solange unerheblich oder sogar arrogant, bis er selbst Mängel verspürt. Faltige Äpfel oder zermatschte Birnen hält er jedenfalls für keinen überzeugenden Beweis der Bekömmlichkeit, sondern schlichtweg für Murks. Am liebsten kauft er dehalb beim Nachbarn ein, der einen Garten sein eigen nennt. Doch das wird doppelt so teuer wie im Laden. Denn die meisten Kleingärtner wissen inzwischen, was sie, besser, ihre Erzeugnisse wert sind . Hat doch Erich Honecker in den vergangenen Jahren gleich mehrmals erklärt: Die Kleingärtner leisten einen wichtigen Beitrag zur Ernährung des Volkes! Und das tun sie tatsächlich.

Allein in Ost-Berlin gibt es über 30 000 Parzellen in über 300 Kleingartenanlagen, auf denen sie säen, graben, züchten und ernten. So wie in den 1200 Kolonien der gesamten Republik. Gefragt sind bei ihnen nicht der Zierteich, nicht der gepflegte Rasen oder die Hollywoodschaukel auf einer möglichst breiten Terrasse, sondern der Obstbaum, der Beerenstrauch, das Gemüsebeet. Und wer hinter seiner Laube noch Platz hat, hält sich ein paar Karnickel oder Hühner, und wenn Sachverstand vorhanden ist, sogar einen Bienenstock. Denn damit läßt sich eine gute Mark machen.

Als der Verband der Kleingärtner, Siedler und Kleintierzüchter, so heißt er etwas umständlich, im November 1984 sein 25jähriges Jubiläum in Ost-Berlin beging, würdigte die Lokalpresse, was er im laufenden Jahr alles zuwege gebracht habe: eine Lieferung von 750 Tonnen Gemüse, 5600 Tonnen Obst, 107 Tonnen Schlachtkaninchen, 81 Tonnen Schlachtgeflügel und 120 Tonnen Honig für die Hauptstadt. Es sei, so vermeldeten die Blätter, das erfolgreichste Jahr in der Geschichte der Berliner Sektion gewesen. Rechnet man einmal aus, was alle Laubenpieper in der DDR zusammen produzieren, in ihrer Freizeit wohlgemerkt, dann erwirtschaften sie knapp ein Drittel des gesamten Gemüseaufkommens, die Hälfte des Obstes und die Hälfte der Eierproduktion der DDR. Sie besorgen neun Zehntel des Honigs und fast 100 Prozent des Kaninchenfleischs.

Durchforstet man die Wirtschaftsstatistiken der Ost-Berliner Zentralverwaltung noch weiter, kommt heraus, daß sie auch noch 20 Millionen Felle und Häute abliefern. Kein Wunder, daß die Staatsplaner vor Begeisterung in die Hände klatschen, denn ohne diese Aktivitäten der rund 1,2 Millionen Kleingärtner stünde es um die Versorgung der Republik mehr als dürftig. Das müßte auf der anderen Seite eigentlich bei den Verantwortlichen die Frage aufwerfen, was die Landwirtschaftlichen Produktionsgesellschaften tun. Zum Vergleich: Die Kleingärtner beackern nach Feierabend rund 50 000 Hektar, den hauptamtlichen Genossenschaftsbauern stehen über sechs Millionen Hektar Anbaufläche zur Verfügung. Darauf betreiben die Landwirtschaftskollektive zwar überwiegend Getreideanbau und Viehzucht, aber wer etwa an die Obstplantagen an der Havel oder den Gemüseanbau in Mecklenburg denkt, wundert sich über ihr mäßiges Abschneiden im Vergleich zu den Kleinsiedlern.

Freilich hat die Landwirtschaft in den vergangenen Jahrzehnten stets zu den Sorgenkindern der Planer in Ost-Berlin gehört. Die mitunter martialische Berichterstattung der DDR-Presse über die Ernteschlachten und die Ernteergebnisse entsprachen nur im Ausnahmefall den Leistungen. Und das hatte viele Gründe. Es fing in den fünfziger Jahren an mit der Enteignung der privaten Bauern und der Zwangskollektivierung. Wer nicht mehr für sich arbeiten durfte, strengte sich auch nicht mehr sonderlich an. Es ging weiter mit der Übernahme des sowjetischen Vorbildes in der Agrarpolitik. Die Felder wurden zu Großflächen zusammengelegt und begradigt, Monokulturen entstanden, in zentralen Stützpunkten wurden die Gerätschaften für Aussaat und Ernte konzentriert. Geplant und bewirtschaftet wurde nicht mehr vom Landwirt, der seine Böden und ihre Belastbarkeit genau kennt, sondern vom grünen Tisch aus und fernab vom Ort des Geschehens.

Die Erträge waren entsprechend gering. Als sie sich nicht besserten, wurde das Prinzip der industrialisierten Landwirtschaft verfeinert: Die Kollektive wurden aufgeteilt in die sogenannten Pflanzen- und Tierzüchter. Mit zum Teil niederschmetternden Folgen. Wo einst Mist und Dung, die Gülle, vom Bauern als natürlicher Dünger auf die Felder gebracht worden waren, wurde dieser »Unrat« nun von den Tierspezialisten aus den Ställen gewaschen und gespült. Die blitzten dann zwar wie der Operationssaal in einem Krankenhaus, aber den Pflanzenzüchtern fehlte das Zeug an allen Ecken und Enden. Um das auszugleichen, wurde Kunstdünger eingekauft, der nicht nur zusätzliches Geld verschlang, sondern auch teure Devisen, kam doch der größte Teil des Kunstdüngers aus westlichen Landen frisch aufs Feld. Mit anderen Worten: Die Landwirtschaft in der DDR verursachte immer höhere Ausgaben und wurde deshalb immer weniger rentabel. Die Erträge stiegen zwar langsam, aber sie blieben trotz allen Aufwands oft noch unter den Vorkriegsergebnissen.

Mit der weltweiten Energiekrise, die das Öl damals in den siebziger Jahren erheblich verteuerte - und der Hauptlieferant Sowjetunion machte bei seinen Lieferungen an die DDR jede Preiserhöhung mit, - stiegen die Kosten weiter an. Zu diesem Zeitpunkt muß ein kluger Mensch im Politbüro, der weniger ideologischen Ballast im Hinterkopf hatte, über Sinn oder Unsinn dieses Agrarsystems nachgedacht haben. Nicht nur über die kraftstoffressenden weiten Anmarschwege aus den zentralen Fuhr- und Ernteparks, auch über die zunehmende Verkarstung der Böden und die möglichen Ursachen. Aber weil in der sozialistischen Planwirtschaft die Mühlen langsam mahlen, wurde erst auf dem Bauernkongreß in Ost-Berlin 1982 Tacheles geredet. Der damalige Landwirtschaftsminister Heinz Kuhrig glänzte dabei mit einer Reihe alter Bauernweisheiten. »Wer den Acker pflegt, den pflegt der Acker«, sagte er beispielsweise, und die Delegierten beklatschen diese Feststellung, als wollten sie zurück zu Opas Bauernhof.

Doch der Schein trog. Es gab, dann später von allen Polit-Instanzen abgesegnet, nur eine Änderung des LPG-Gesetzes, und die muß ebenso halbherzig wie erfolglos gewesen sein, sonst wäre der Minister nicht schon zum Ende des Jahres aus dem Amt gefeuert worden. Auch im ZK-Sekretariat für Landwirtschaft rollten die Köpfe. Und dann, mit neuer Crew in Ministerium und Zentralkomitee, wurde sie langsam angepackt: die Abkehr vom sowjetischen Vorbild, das mit seinen Erntepleiten und Getreideeinkäufen im Westen ohnehin in der DDR-Führung an Glanz verloren hat. Unter dem Schlagwort Agrarreform vollzog sich der neue Trend, der da auch heute noch heißt: weg von den Großflächen, weg von den zentralen Fuhrparks, zurück zur kleineren Einheit bei Feldern, Menschen und Maschinen. Vor allem aber: weniger zentrale Lenkung, mehr Eigenverantwortung am Ort. Und zu dieser Eigenverantwortung gehört auch, über die Verwendung der Finanzmittel selbständig und nicht nach Schema F entscheiden zu können. Also: das Geld für die Anschaffung eines neuen Treckers nicht nur auszugeben, weil das im Plan so vorgesehen ist, sondern, wenn er es nach einer Reparatur noch tut, dafür lieber eine neue Scheune zu bauen. Oder die Pflanzenschutzmittel nicht nur deshalb zu versprühen, weil am nächsten Montag die Lagerbestände überprüft werden, sondern lieber zu begründen, warum deren Verwendung jetzt sinnlos gewesen wäre.

Auf dem Weg von Potsdam nach Frankfurt an der Oder fiel mir auf, daß die Bäume an der Landstraße bis zu einer bestimmten Stelle in vollem Blätterschmuck standen, dann aber kahl waren wie nach einer amerikanischen Entlaubungsaktion in Vietnam. »Na ja«, sagte ein Spaziergänger, den ich befragte, »das ist genau die Bezirksgrenze zwischen dem Kreis Potsdam und dem Kreis Frankfurt. Und gestern haben die Agrarflieger aus Frankfurt auf Teufel komm raus gesprüht. War wohl die Revision im Anzug.«

Ob sich mit der Agrarreform nun tatsächlich einiges bessert, wird sich erst in den kommenden Jahren herausstellen, denn bevor Anordnungen von oben nach unten durchdringen, braucht das seine Zeit. Vorerst gilt noch: Auf vielen Feldern, vor allem dort, wo Kartoffeln, Zuckerrüben und Gemüse angebaut werden, tritt man mit den Erträgen noch auf der Stelle. Und solange die DDR-Planer am Spezialistentum festhalten, am Facharbeiter für Klauenbeschneidung, der nichts anderes kann als das, oder am Tierpfleger, dessen fachlicher Horizont an den Brettern des Schweinestalls endet, wird die Ost-Berliner Führung in der Summe ihrer Reformbestrebungen unter westlichen Standards in der Landwirtschaft bleiben.

Festzuhalten ist, daß ohne die Kleingärtner manche Versorgungslücke in der DDR weitaus größer wäre, als sie das jetzt schon ist. Doch diese Emsigkeit der Hobby-Gärtner und Hobby-Züchter ist ja nicht allein damit zu erklären, daß sie in einem staatlichen Verband zusammengeschlossen und auf diesem Wege angespornt worden sind. Schließlich wird ja keiner par ordre du mufti gezwungen, sich ein Tomatenbeet oder eine Johannisbeerhecke anzulegen. Und in der Hängematte wird der Rücken gewiß weniger krumm als beim Spargelziehen. Nein, hier gilt die leichtabgewandelte Lebensweisheit: kein Fleiß ohne Preis. Und diesen Preis entrichten die staatlichen Ankaufstellen. Ein dichtes Netz davon - rund 15 000 gibt es in der DDR - nimmt vornehmlich nach Feierabend und sogar an den Wochenenden den privaten Erzeugern die Ware ab.

Da rücken sie dann an, mit Karren, Körben und Säcken und liefern die soeben geernteten Tomaten, Gurken, Möhren ab, die Pflaumen, Birnen und Kirschen. Was die Lieferanten auf die Hand bekommen, ist im Schnitt doppelt soviel, wie der Verbraucher später bezahlen muß. Fürs Kilo Tomaten erhält der Kleingärtner je nach Saison zwischen acht und zwölf Mark, fürs frische Hühnerei 50 Pfennig. In der Kaufhalle ist das Kilo Tomaten dann mit vier bis sechs Mark ausgepreist, das Ei mit 34 Pfennig. Doch nur mit diesem teuren Kunstgriff, dem Erzeuger mehr zu zahlen als dem Verbraucher abzunehmen, hält der Staat die Freizeitproduzenten bei der Stange und auf diese Weise die Versorgung bei Obst und Gemüse halbwegs aufrecht. Damit die Kleingärtner auch nicht allzuviel auf eigene Rechnung und unterderhand verkaufen, winken noch ein paar Vergünstigungen mehr: Wer Jahr für Jahr prompt liefert, erhält bevorzugt wiederum Gemüsepflanzen, Obstgehölze, Junghühner und Entenküken für die Zucht, darf aber auch von der Bäuerlichen Handelsgenossenschaft das ansonsten rare Kraftfutter, Gerätschaften zur Futteraufbereitung und sogar Baumaterial beziehen. Deshalb treffen sich auch Vertreter der Genossenschaft und der Kleingärtner zu regelmäßigen Gesprächen, um die neue Planung abzusprechen.

Einige Großbetriebe, wie Krankenhäuser, Pflegeheime, Betriebsküchen und Großbäckereien, sind inzwischen sogar auf den Trichter gekommen, sich direkt an die örtliche Kleingartenorganisation zu wenden und all das zu beziehen, was die HO in dieser Güte, Frische und Vielfalt nicht liefern kann. Sie zahlen dann zwar genausoviel wie die anderen staatlichen Abnahmestellen, lassen sich die Differenz aber später aus der Staatskasse zurückerstatten.

Was den meisten Kolonisten allerdings auf die Nerven geht, ist die Schlepperei ihres Gemüses oder Obstes zur Ankaufstelle. In Ost-Berlin sind die Wege noch vergleichsweise kurz, und wenn jemand ein

Auto hat, stellt sich das Transportproblem nicht. Aber wer Richtung Potsdam oder Richtung Eberswalde fährt, vor die Tore der Stadt also, wird erleben, daß das Geschäft mit dem Obst und Gemüse auch am Straßenrand läuft. Das Mütterchen mit den zwei Körben Stachelbeeren oder das junge Mädchen mit der Kiepe Buschbohnen ist den Fußmarsch oder die wackelige Fahrradtour oft leid und tätigt dann lieber den Kleinstverkauf auf halber Strecke. Seitdem es sich bis zur obersten Staatsführung herumgesprochen hat, daß der Verkauf unter freiem Himmel beim Kunden besser ankommt als der Einkauf in der HO, bahnt sich Erleichterung beim Transport an. In Dörfern, Kleinstädten und auch in der Hauptstadt sind Wochenmärkte der große Renner. Zu ihnen ziehen nun auch die Kleingärtner mit ihrer Ware, sei es, um sie dort als Zwischenhändler oder Lieferanten an den Mann zu bringen, sei es, um selbst einen Stand aufzubauen oder direkt aus dem Korb zu verkaufen.

Doch sie stehen nicht nur bei Staat und Verbrauchern in hohem Ansehen, weil sie Gemüse und Obst für den Plan liefern, sondern auch, weil ihre Parzellen in den Stadtbezirken für grüne Tupfer im Häusermeer sorgen. Viele Kleingartenkolonien haben deshalb die staatliche Auszeichnung erhalten: anerkanntes Naherholungsgebiet. Wenn Smog über der Stadt liegt, den offenbar nur die Behörden im Westen Berlins für gefährlich halten, vermögen diese grünen Lungen zwar noch keine Erleichterung zu verschaffen, aber ohne sie sähe es vermutlich schlimmer aus. Doch das wird kaum erwähnt, wenn die staatlichen Medien den Ost-Berliner Kohlrabifarmern wieder einmal zu einem Jubiläum gratulieren.

Am Parsteiner See ist das Wasser noch klar

Nordöstlich von Berlin, zwischen der Schorfheide und den Ausläufern des Oderbruchs, liegt der Parsteiner See. Eines von etwa 750 Natur- und Landschaftsschutzgebieten, die es in der DDR noch gibt. Verglichen mit jenen in der sächsischen Schweiz, in Thüringen, Mecklenburg oder im Harz, zählt es zweifellos zu den weitgehend unbekannten, was freilich eher ein Vorteil als ein Nachteil ist. Selbst die meisten Ost-Berliner zucken nur mit den Achseln, wenn vom Parsteiner See die Rede ist. Den Werbellinsee dagegen, auf der anderen Seite der Autobahn nach Stettin, nur wenige Kilometer Luftlinie entfernt, kennt jedermann. Zumindest seit dem Treffen zwischen Erich Honecker und Helmut Schmidt.

Zugegeben, wer die Autobahn bei Finowfurt verläßt, wird auch ein wenig Mühe haben, sich erst bis Eberswalde und dann bis Oderberg durchzufinden, doch diese Mühe lohnt sich. denn umrahmt von Eichen, Weiden, Kiefern und Buchen, präsentiert sich das rund zehn Quadratkilometer große Gewässer nahezu spiegelklar und sauber. Hechte, Aale und Karpfen fürchten hier eher einen der Fischadler als einen der seltenen Angler. Wer mit dem Boot auf den See hinaus will, braucht eine Ausnahmegenehmigung. Dieser Mangel an Betriebsamkeit ist es wohl, der zeitweise auch Seeadler-Pärchen dort nisten läßt, im Buchenwäldchen am nördlichen Seeufer.

Die höchste Erhebung in der nördlichen Hügelkette rund ums Wasser ist der Schiefe Berg bei Brodowin. Eine Idylle, die schon den Zisterziensermönchen ins Auge stach und deshalb im Bau des Klosters Mariensee besitzergreifenden Ausdruck finden sollte. Indes, mehr als die Grundfesten kam nicht zustande. 1272 wurde das Vorhaben aufgegeben, dafür wurde später das Kloster Chorin erbaut. Warum die Mönche von dannen zogen, blieb ungeklärt. Mag sein, daß die Endmoräne noch wanderte oder der ohnehin sumpfige Untergrund keine ausreichende Stabilität versprach. Wie auch immer, als Fontane den See umrundete, fand er noch eine unzerstörte Landschaft vor.

Das gilt, mit ein paar Einschränkungen, auch heute. Wozu die maroden Straßen in diesem Fall ihren positiven Beitrag leisten. Wer auf grobgepflasterten, teilweise buckligen Dämmen, die hier die Fahrbahn ersetzen, mit dem Wagen vorankommen will, muß sehr langsam fahren. Bei tiefem Radstand und oft allzu weicher Federung, wie sie westliche Autofabrikate haben, ist andernfalls schnell ein Schaden zu verbuchen. Ich kann ein bitteres Lied davon singen. Ein vom Reifen hochgewirbelter spitzer Stein schlug ein Loch in die Ölwanne, was mitten im Walde und fern von der nächsten Landstraße gewisse Probleme aufwirft. Einen Menschen trifft man dort seltener als einen Hasen. Und wer sich dann auf Schusters Rappen begibt, um sich und dem Fahrzeug einen Kolbenfresser zu ersparen, braucht lange, bis er das erste Häuschen entdeckt. Dort gibt es natürlich kein Telefon, um Hilfe herbeizurufen. Nicht etwa, weil diese Investition für die Bewohner zu teuer wäre, sondern weil das Fernmeldewesen in der Republik dem Zustand der Dämme um den Parsteiner See entspricht: Es ist mittelalterlich. Folglich ist das System der reitenden Boten noch sehr ausgeprägt, die jedoch im Zuge des unaufhaltsamen Fortschritts nicht mehr ein Pferd, sondern das Fahrrad benutzen.

Auf diese Weise gelangte die Kunde vom gestrandeten Westjournalisten zum Revierförster. Der war und ist von Amts wegen im Besitz eines Trabants. Ein Fahrzeug, dem die Witze vorauseilen wie Trunkenbolden die Schnapsfahne. Es sei, so erzählen sich die Ost-Berliner, das leiseste Auto der Welt, weil man beim Fahren die Knie fest auf den Ohren habe. Aber der so gescholtene Trabbi hat Vorzüge, die erst am Parsteiner See so recht ins Auge fallen: Er ist hochbeinig und kann über besagte Buckelpisten rollen, ohne sich den Unterleib aufzuschlitzen. Was den hilfsbereiten Revierförster in die Lage versetzte, den Besucher aus dem Westen erst an sein Diensttelefon zu bugsieren, um von dort die ARD-Kollegen in Ost-Berlin zu alarmieren, und dann auch noch den Schleppdienst bis zur acht Kilometer entfernten Landstraße zu übernehmen.

Normalerweise hat der Förster natürlich anderes zu tun. Seit 15 Jahren ist Kurt Russow am Parsteiner See zu Hause. Und er ist offensichtlich zufrieden, daß es auf seinem Areal neben den Hasen auch noch Rehe, Hirsche, Füchse, Dachse und Marder gibt, ganz abgesehen von den zahlreichen Vogelarten, die jeden Ornithologen in Verzückung bringen. Hin und wieder stöbert er sogar noch einen Waschbären auf, der wohl zu den Nachkömmlingen jener Zuchttiere gehört, die in den letzten Kriegstagen von einer Farm in der Umgebung entwischen konnten. Aber zu achten hat der Förster auch auf den Schutz seltener Pflanzen, vor allem einiger Orchideenarten, zu denen beispielsweise das Knabenkraut gehört. Unterstützt wird er bei diesen Bemühungen vom Rat des Kreises Eberswalde, der die Mitglieder des örtlichen Kulturbundes für diese Zwecke eingespannt hat.

Der Kulturbund ist eine der sogenannten Massenorganisationen in der DDR. Er hat 258 000 Mitglieder, stellt eine eigene Fraktion in der Volkskammer, die 22 Köpfe umfaßt, und ist in den Bezirks- und Kreistagen mit weiteren 2800 Abgeordneten vertreten. Er kümmert sich um alles, was nach Kultur riecht, allerdings nicht aus eigenen Stücken und mit eigener Verantwortung, sondern – wie die anderen Massenorganisationen in der DDR auch – im Auftrag der SED. Die führenden Mitglieder sind sowieso in der Partei. Aber es gibt nicht wenige Leute in der DDR, die lieber im Kulturbund gesellschaftspolitische Aktivität demonstrieren, als direkt in der SED dabeizusein. Was die Frage aufwirft, warum sich nun Kulturbündler mit dem Pflanzen- und Naturschutz abgeben.

Ende der siebziger Jahre begann sich in der DDR abzuzeichnen, daß sich immer mehr junge Leute für ihre Umwelt interessierten. Der Blick nach Westen verhieß der Staats- und Parteiführung in diesem Zusammenhang allerdings wenig Gutes: Bürgerinitiativen, Demonstrationen, Proteste gegen die Kernkraft, gegen den Bau von Autobahnen, gegen neue Industrieanlagen waren dort gang und gäbe. Das galt es von Anfang an in geordnete Bahnen zu lenken. So wurde 1980 die Gesellschaft für Natur und Umwelt in der DDR gegründet, unter dem Dach des Kulturbundes. Wer in der DDR eine ökologische Bewegung oder gar eine grüne Partei vermißt, muß sich nunmehr vorhalten lassen, er könne sich doch in der Sektion Naturschutz des Kulturbundes engagieren. Was angesichts steigender Mitgliederzahlen in den letzten fünf Jahren offenbar auch der Fall ist.

Echte Kompetenzen hat diese Gesellschaft jedoch nicht. Sie laviert vielmehr um die Konflikte herum, und selbst auf den Landschaftstagen, auf denen ihre Delegierten mit Vertretern der Partei, des Kreises und der Industrie die Planungsprioritäten festlegen, ist kaum fraglich, zu wessen Gunsten sie ausfallen: zugunsten der Volkswirtschaft und zuungunsten des Natur- und Umweltschutzes. Selbst in Kleinigkeiten sind die Durchsetzungschancen, wenn sie denn genutzt werden sollen, gering. Daß beispielsweise einige Ost-Berliner Betriebe während der Ferienzeit am Parsteiner See Zelte und Campingwagen aufstellen, war offenbar nicht zu verhindern. Jeder Kenner des Reviers wird verstehen, wie schön das ist, ungestört von Motorbooten und Seglern ein Badeplätzchen zwischen Büschen und hohen Farnen anzulegen und beim Schwimmen allenfalls auf die Enten achten zu müssen. Aber, und diese Sorge treibt den Revierförster um, wo den Anfängen nicht gewehrt wird, kommt das dicke Ende oft nach. Die ersten Orchideenfrevler hat er schon erwischt, und wenn das Gott sei Dank nur halbe

Dutzend Campingwagen wieder davonrollt, haben seine Waldarbeiter erst einmal den Müllmann zu spielen.

Mit Argusaugen überwacht der Förster auch die Entwicklung des Sees. Registriert hat er dabei, daß mehr und mehr Algen wachsen, was dem ungeschulten Beobachter nicht auffällt, aber ein erstes Anzeichen für den sinkenden Sauerstoffgehalt im Wasser zu sein scheint. Nicht auszuschließen ist auch, daß einiges vom Wind herübergeweht wird. Schadstoffe, die von der Schwedter Industrie aus Norden kommen oder, wenn es aus Südosten bläst, aus den Berliner Fabrikschloten ausgestoßen werden. Beides wäre dem Parsteiner See auf Dauer kaum bekömmlich. Aber nachzuweisen, was woher in welcher Menge durch die Lüfte weht, ist außerordentlich schwierig. Sonst gäbe es schon eine Handhabe, theoretisch zumindest. Denn seit dem 1. Oktober 1982 existiert in der DDR ein Bußkatalog, der an die Betriebe und Kombinate adressiert ist. Dieser Bußkatalog ergänzt das Wassergesetz vom gleichen Jahr, das besagt: Wer Wasser verschmutzt, muß Strafe zahlen. Für jedes Kilogramm Salz im Wasser drei Pfennig, für jedes Kilogramm Schwermetall 13 Mark 60 und für jedes Kilogramm Gift bis zu 150 Mark. Darüber hinaus können die Betriebe zu Zwangsgeld bis zu einer Höhe von 50 000 Mark verdonnert werden. Und wer als Otto Normalbürger Wasser verschmutzt, darf bis zu 5000 Mark zur Kasse gebeten werden.

Doch das hört sich drakonischer an als es ist. Gerührt haben sich Staat und Partei nämlich erst, als das Kind bereits in den Brunnen gefallen war, korrekter, als es schon mehr Dreck als Wasser in der DDR gab. Nur 17 Prozent des Wassers können heute - sieben- bis achtfach genutzt werden. 83 Prozent gelten als Kloake. Das darf freilich niemand in der DDR so schreiben oder sagen, weil alle Daten, die mit dem Umweltschutz zusammenhängen, als geheim eingestuft worden sind. Ich entsinne mich eines Falles, über den die DDR-Presse natürlich nicht berichtet hat, in dem zwei junge Leute bei einer staatlich anerkannten Untersuchungsbehörde Wasserproben abgeliefert hatten. Es sei aus einem Tümpel, so hatten sie gesagt, und sie wollten wissen, ob das Wasser trinkbar sei.

Nach ein paar Tagen wurde ihnen mitgeteilt, sie sollten die Finger davon lassen, die Probe sei völlig ungenießbar und mit vielen Schadstoffen durchsetzt. Was die beiden jungen Leute verschwiegen hatten, aber dummerweise nun in ihrer Stadt herumerzählten, war die Tatsache, daß sie Leitungswasser eingeschickt hatten. Wegen Irreführung der Behörden wurden beide zu einer längeren Freiheitsstrafe verurteilt.

Zu diesem Zeitpunkt war das Wasserschutzgesetz übrigens schon in Kraft. Was, wohlwollend betrachtet, nur heißen kann: Selbst die führenden Leute in Staat und Partei ahnen nur wenig vom Ausmaß der Umweltschäden in der DDR. Weniger wohlwollend betrachtet, würde das heißen, sie wissen allerhand darüber, aber sie gaukeln nach außen und nach innen einen Zustand vor, der nichts mit der Wirklichkeit zu tun hat. Wer behauptet, so ähnlich verhielten sich westliche Politiker auch, verkennt nicht nur den erheblich höheren Grad an Umweltverschmutzung in der DDR, sondern auch die praktischen Möglichkeiten der SED, diese zu vertuschen. Und er verkennt die technische Rückständigkeit, etwas gegen Umweltsünden tun zu können.

Gewiß, die DDR gehört zu jenen 19 Staaten, die 1985 ein Protokoll über die Verringerung der Luftverschmutzung unterzeichnet haben. Alle Beteiligten, so hieß es darin, wollen bis 1993 die Schwefelabgase ihrer Kraftwerke um mindestens 30 Prozent unter die Werte von 1980 senken. Um das dann auch überprüfen zu können, wäre es aber wohl erste Voraussetzung, auch die derzeitige Menge des Schadstoffausstoßes bekanntzugeben. Das jedoch unterläßt die DDR-Führung. Und der im Westen so agile DDR-Umweltminister Reichel, auf der Umweltkonferenz von München wegen seiner Kampfentschlossenheit bestaunt, bringt keinen einzigen Einwand dagegen vor, wenn die parteitheoretische Zeitschrift »Einheit« nach dieser Konferenz dreist behauptet, Umweltschäden gäbe es nur in der kapitalistischen Gesellschaft, nicht aber im Sozialismus.

Diese Ausgabe des Monatsblattes vom November 1984, das ja nicht irgendeine Zeitschrift in der DDR ist, sondern die politisch richtungsweisende für Funktionäre, sollten sich bundesdeutsche Polit-Reisende vor Umwelttrips in die DDR als Pflichtlektüre verordnen. Darüber hinaus sollten sie die Volkswirtschaftspläne der DDR studieren. Dort ist nachzulesen, daß nicht weniger, sondern immer mehr Braunkohle gefördert werden soll. Sie ist der einzige heimische Energieträger, und weil das so ist, ist die DDR auch bei der Kohleförderung Europameister. Nur: Wer sie verfeuert, weiß oder ahnt zumindest, wie hoch der Schwefel- und Salzgehalt darin sein muß. Er ist jedenfalls inzwischen höher als der Heizwert.

Wenn aus dem Schornstein vis-à-vis unserem ARD-Studio in Ost-Berlin im Winter die gelben Schwaden aufsteigen und sich bei steifem Wind die gelbe Soße auf die Fenster preßt, ist klar, woher das Brennmaterial kommt: aus dem Leipziger Revier, das zu den verschmutztesten in Europa gehört. Im Ausstoß von Schwefeldioxyd ist die DDR unterdessen sogar Weltmeister. In Halle wissen die Mediziner, in welchem Maße die Gesundheitsschädigungen bei den Menschen zugenommen haben. Aber wer die rauchenden Schlote von Magdeburg und Cottbus sieht, begreift, daß das Leipziger Revier keine Ausnahme ist.

Seit dem 1. September 1985 sind nun die staatlichen Umweltinspektoren tätig, die nach dem neuesten Willen des Gesetzgebers in Ost-Berlin den Umweltsündern schärfer auf die Finger sehen sollen. Sie sind zuständig für die Einhaltung der Vorschriften zur Minderung der Luftbelastung, für die schadlose Beseitigung nicht nutzbarer Abfälle und kontrollieren die Nutzung der natürlichen Ressourcen. Auch in diesem Fall, also nicht nur beim Wasser, können sie Bußgelder verhängen, wiederum 50 000 Mark gegen Betriebe und bis zu 10 000 Mark gegen deren Leiter. Doch auch hier gilt: Diese Verordnung nimmt sich nur auf den ersten Blick eindrucksvoll aus. Wer das umfängliche Paragraphenwerk eingehender durchleuchtet, kann nachlesen, daß zunächst einmal »differenzierte Maßnahmen zur Minderung der Luftbelastung ausgearbeitet werden müssen«, daß »eine Festlegung von Grenzwerten für die Emission von Luftschadstoffen zu treffen« sei, was heißt, daß es diese Grenzwerte noch gar nicht gibt, und daß die Inspektion »bei der Entwicklung von Meßgeräten mitwirken soll«.

Mit anderen Worten: Die Umweltpolitik der DDR steckt noch in den Kinderschuhen. Und aus denen wird sie auch nur im Schneckentempo herauswachsen, weil die ökonomischen Zwänge für den Staat ein ungleich größeres Gewicht haben als die ökologischen Bedürfnisse. So richtig erschrocken ist in der Parteiführung auch niemand über das Waldsterben im Lande. Die bedenklichen Mienen, die es in der obersten Etage auslöste, galten eher den absehbaren Verlusten in der Holzwirtschaft. Bei einer Reportagereise ins Erzgebirge versicherte mir die zuständige Stadträtin von Annaberg-Buchholz ebenso tapfer wie unglaubwürdig ins Mikrofon, es gäbe dort weder sauren Regen noch ein Absterben der Bäume durch Schadstoffeinflüsse. Was da auf den Kämmen der Berge an Stümpfen und verdorrten Stämmen zu sehen sei, gehe vielmehr auf die Spätfolgen des Krieges zurück. Diese Unverfrorenheit hat mich damals sprachlos gemacht, weil sie beispielhaft belegte, wie plattfüßig Parteifunktionäre auch in ihren Versammlungen zu argumentieren pflegen und wie sehr sie dabei an Autorität einbüßen.

Dieser Mangel an Glaubwürdigkeit herrscht auf vielen Feldern der Politik in der DDR, aber beim Umweltschutz ist er von besonders grobkörnigem Kaliber. Deshalb haben Eingeständnisse, wie sie im Laufe des Jahres 1985 erfolgten, den Anstrich des Sensationellen. Eingeständnisse etwa, daß »Waldschäden« in der DDR vorhanden seien. Aber selbst dort, wo die Offiziellen mal einen Schritt nach vorn tun, gehen sie anschließend - aus Angst vor der eigenen Courage - gleich einen halben Schritt wieder zurück. Der Direktor des Forstwirtschaftsbetriebes Ost-Berlin, Dr. Gerhard Ihlenfeld, bezeichnete noch im Juli 1985 in einem Interview mit ADN den Gesundheitszustand der Wälder um die Hauptstadt als »recht zufriedenstellend«. Seit 13 Jahren, so erklärte er, würden sie systematisch mit Stickstoff gedüngt, was die Vitalität der Bäume, insbesondere der Kiefern, eindeutig verbessert habe. Wenn dieses System tatsächlich so erfolgreich wäre, wie der Forstdirektor meint, hätte die DDR freilich einen Exportschlager für den Westen in der Hand, der sich auch in klingende Devisen ummünzen ließe. Doch davon ist nichts bekannt. Zu vermuten ist deshalb, daß auch dieses Interview nur die Funktion einer Beruhigungspille haben sollte, weil die Verantwortlichen wissen, daß mehr und mehr Menschen in der DDR über den Zustand ihrer Umwelt beunruhigt sind.

Am Parsteiner See, wo die Wildgänse Station machen, ist die Umwelt noch halbwegs intakt. Wenn die 3000 bis 6000 Vögel auf dem Weg nach Süden über die benachbarten Felder herfallen, freut sich allerdings nur der Förster. Die Genossenschaftsbauern sehen bekümmert der Plünderung ihres Saatgutes zu. Treiben es die Wildgänse zu toll, wird zur Jagd geblasen, was ansonsten nur einigen Privilegierten vorbehalten ist. Die haben es auch fertiggebracht, die eine oder andere Datsche in die Gegend zu setzen - mitten ins Naturschutzgebiet, was die Grenzen der Amtsbefugnisse des Försters und den Langmut des Kulturbundes aufzeigt. Aber zersiedelt ist die Landschaft zum Glück noch nicht. Fontane hätte auch heute noch seinen Spaß an einer Wanderung. Durch Gräser und Farne, vorbei an Orchideen - und nicht auf verbundstein-gepflasterten Wegen, die bundesdeutsche Gartenbauämter häufig als sichtbaren Nachweis besonders aktiver Landschaftspflege betrachten.

Post aus dem Ferienlager

Einmal pro Woche sollte er schreiben, hatten die Eltern gesagt. Zwar war ihr Peter schon mehrfach mit den Jungen Pionieren im Zeltlager gewesen, aber diesmal würden es drei Wochen im Stück werden - mitten in den großen Ferien. Weit weg war er ja nicht. In knapp vierzig Minuten hätten sie es mit dem Wagen mühelos bis nach Oranienburg geschafft, das nördlich von Berlin liegt und von Opa immer noch unter die Vororte gezählt wird. Aber als sie merkten, daß Peter von diesen in Aussicht genommenen Stippvisiten am Wochenende wenig begeistert schien, hatten sie darauf verzichtet. Mit seinen fünfzehn Jahren war es ihm vor den mitgereisten Klassenkameraden wohl peinlich, wenn die Eltern aufkreuzten, so, als ob er Mamas Liebling wäre. Dafür versprach er zweierlei hoch und heilig: erstens den regelmäßigen Kartengruß nicht zu vergessen und zweitens vom Ferienlager aus nicht an Onkel Paul zu schreiben. Den mochte er nämlich besonders wegen des mitgebrachten Walkman, aber Onkel Paul wohnte nun einmal in Stuttgart. Daß die Post vom FDJ-Sekretär eingesammelt, frankiert und gelesen wurde, wußten sie aus eigener Erfahrung. Und der Junge sollte sich doch nicht mit ein paar unbedachten Zeilen an den Onkel im Westen das nächste Zeugnis versauen.

Soeben war Peter in die zehnte Klasse versetzt worden - mit lauter Einsen und Zweien. Er war sogar - wie es in einem Vermerk hieß - »Für gutes Lernen in der sozialistischen Schule« ausgezeichnet worden und hatte erfolgreich am FDJ-Studienjahr teilgenommen, bei dem er das Abzeichen »Für gutes Wissen« errang. Zwar nur in Bronze, aber immerhin. Und in der obligatorischen Gesamteinschätzung des Schülers schrieb der Lehrer: »Peter hat durch sein kameradschaftliches Auftreten und seine Aktivität bei der Realisierung gesellschaftlicher Aufgaben der FDJ-Gruppe seine Stellung im Klassenkollektiv gefestigt. Weltanschaulichen und politischen Problemen steht er aufgeschlossen gegenüber und vertritt in Diskussionen einen klaren politischen Standpunkt«.

Es hatte sich doch ausgezahlt, daß sie das »Neue Deutschland« abonnierten und Vater mindestens zweimal in der Woche mit ihm die wichtigsten Artikel durchsprach. Das heißt, er ließ den Sohnemann einige Passagen aus Reden des Staatratsvorsitzenden auswendig lernen oder von Eugen Krenz, dessen Aussagen nach Vaters Meinung immer bedeutsamer wurden, weil er Honeckers Nachfolger werden sollte. Jedenfalls war das im Westradio behauptet worden. Peter maulte zwar über das Auswendiglernen, aber im vergangenen Jahr ging es schließlich um die Wurst nach ein paar dummen Bemerkungen im Unterricht. Wie sie erst später erfuhren, hatte der Lehrer über das sozialistische Gesundheitswesen gesprochen, über die Krankenversicherung, die mit Gründung der DDR zum Wohle all ihrer Bürger eingeführt worden sei. Und statt einfach den Mund zu halten, war Peter die Bemerkung rausgerutscht: »Das gab's doch schon früher, das hat doch der alte Bismarck erfunden.« Aufgeschnappt hatte er das natürlich von Onkel Paul, der ein paar Tage vorher zu Besuch bei ihnen gewesen war. Ein Besuch, über den der Junge in der Schule nicht reden sollte.

Mit dem nächsten Aufsatz riß Peter dann freilich alles wieder raus. Sie sollten damals in der Schule über die Freunde und die Feinde schreiben, was geradezu ein Glückstreffer war. Nach Arbeitsschluß hatte Vater mit ihm nämlich die Ansprache des Generals Hoffmann durchgeackert, die im Neuen Deutschland abgedruckt war. Und so konnte Peter im Aufsatz wörtlich nachbeten: »Der Freund – das ist das werktätige Volk unserer Republik, das sind die Völker der Sowjetunion. Das sind die sozialistischen Staaten, das sind all jene Menschen, die gegen die Ausbeuterherrschaft des Imperialismus und seine Kriegspolitik kämpfen. Der Feind – das ist der Imperialismus, das sind die Kräfte, die ihm dienen. Dem Freund gehört all unsere Liebe und unser ganz persönlicher Einsatz. Gegen den Feind richtet sich unser aller Abscheu und Verachtung.« Und so weiter. Der Lehrer, der ja auch das »Neue Deutschland« lesen mußte, bemerkte sicherlich die Textgleichheiten, gab ihm aber ohne jeden Kommentar eine Eins. Sie freuten sich alle drei darüber, bis Peter dann plötzlich sagte: »Aber Onkel Paul ist doch auch unser Freund, oder?« Ja, es war schon eine verdammt schwierige Kiste mit der Schule, aber da mußte er erst mal ungeschoren durch. Hauptsache er macht jetzt im Ferienlager keinen Mist.

Peter hielt Wort. »Es ist sehr schön hier«, schrieb er, »wir haben jeden Tag bei der Ernte geholfen und sind voll im Plan. Die Kombines stinken zwar mächtig, aber ich muß zum Glück nicht hinterherlaufen und die stehengebliebenen Halme nachschlagen, sondern führe die Kartei. Morgen machen wir ein Manöver. Mir geht es gut. Wie geht es Euch? Euer Peter.«

Es konnte ja nicht schaden, wenn der Junge mal ein paar Stunden am Tag mit zupacken mußte, da würde er schon merken, daß die Arbeit kein Zuckerschlecken ist, Schließlich hießen sie auch Lager für Arbeit und Erholung - und über dreißig Mark pauschal für Unterkunft und volle Verpflegung konnte man nicht meckern. Gewiß, jeder hatte dafür auch seine Pflichten - Küchendienst, Tischdecken, Abräumen und Spülen. Da waren sie alle gleich, ob Mädchen oder Junge, und den Ernteeinsatz bekamen sie nun, als Schüler der zehnten Klasse, sogar bezahlt. Zeit zum Baden, zu Sport und Spiel waren nach den sechs Stunden Arbeitseinsatz immer noch genug. Er würde schon sein Vergnügen in Oranienburg haben.

Obwohl sie es lieber gesehen hätten, wenn er ins Spezialistenlager gekommen wäre. Aber das hätte er schon früher schaffen müssen, mit acht oder neun. Beim Sport hatten sie sich eigentlich etwas ausgerechnet, denn Peter war ein guter Sprinter, und Handball spielte er auch sehr ordentlich. Aber am liebsten ging er beim Fußball zur Sache, und da war er, wie der Lehrer sagte, leider nur Durchschnitt. Für die Spezialistenlager nehmen sie aber immer nur die Besten. Nicht nur im Sport, auch in Mathematik oder in Kunst. Die Irene aus der Parallelklasse war schon seit fünf Jahren dabei. Sie wohnt zwei Häuser weiter in der Prenzlauer Allee und wird sicherlich auf die Uni kommen. Aber als sie mal erzählte, wie es bei den Spezialisten zuging, war Peter sowieso nicht begeistert. »Wettbewerb in Mathe«, moserte er, »wenn ich das schon höre, und dann noch pauken wie in der Schule, die alte Brillenschlange kann sich doch ihre Urkunden an den Hut stecken.« Das sagte er natürlich, als sie schon weg war. Aber vorher hatte er das nette Mädchen doch noch frech gefragt: »Na, habt ihr abends auch richtig Rambazamba gemacht?« Die Kleine war ganz verlegen geworden.

Was Peter mit Rambazamba meinte, wußten sie auch nicht. aber wie er es sagte, ließ sie doch ins Grübeln kommen, ob er mit seinen fünfzehn Jahren nicht schon nach den Mädchen schielte. Na, die FDJ-Lagerleitung würde sicher aufpassen, daß sich da in den Zelten nichts abspielte. Zu ihrer Zeit waren am abendlichen Lagerfeuer jedenfalls nur die üblichen Lieder gesungen worden. Zur Gitarre, versteht sich, und manchmal auch Arm in Arm, aber gedacht hatte sich dabei niemand etwas. Aber heutzutage? Die Mädchen setzten ja immer früher Kinder in die Welt, mit sechzehn oder siebzehn, selbst noch halbe Kinder. Na ja, die Zeiten wandelten sich eben. Nicht unbedingt zum Besseren, wie Vater manchmal meinte. Zwar spielten sie jetzt bei der FDJ dauernd diese Beat- oder Rockmusik und mußten nicht mehr wie früher die Fernsehantennen runterreisen, die nach Westen ausgerichtet waren, aber das Ganze war doch viel politischer, vor allem viel militärischer geworden.

Davon ahnten sie damals nichts, als sie Peter zu den Jungen Pionieren anmeldeten. An den zehn Geboten, die er ablegen mußte, hatte sich gegenüber früheren Zeiten freilich nichts geändert. Wozu mußte er sich beim Eintritt noch verpflichten? Zu Fleiß, Disziplin, Ordnung und Sauberkeit, Liebe zu den Eltern und zur Beteiligung am Sport, zur Freundschaft mit der Sowjetunion und zum Bekenntnis zur DDR. Aber als Peter dann mit Beginn der vierten Klasse zu den Thälmann-Pionieren kam, wurde er nicht nur aufs Bekenntnis zum Sozialismus, zur Arbeit für die Allgemeinheit und auf den Schutz des Volkseigentums eingeschworen, sondern auch auf den Haß gegen die Kriegstreiber. Das mußten sie zu ihrer Zeit noch nicht. Auch in den Lehrplänen der Schule hatte sich einiges verändert. Zum Beispiel, daß die Schüler der zweiten Klasse, die Siebenjährigen also, im Unterricht »der an der Staatsgrenze ermordeten Angehörigen der NVA« gedachten. Nun gut, zur Zeit des Mauerbaus machten sie ja schon ihren Abschluß.

Andererseits konnten sie Peter nicht wieder aus der Massenorganisation herausholen. Das wäre als Antihaltung, womöglich als Provokation ausgelegt worden. Und im übrigen war er doch ziemlich stolz auf seine Uniform, auf die blauen Hosen, das weiße Hemd und das rote Halstuch. Wenn er beim Fahnenappell in der Schule die Hand ans blaue Schiffchen legte und grüßte, sah er mit seinem blonden Haar unter der Kappe auch recht adrett aus. Und vom achten Pioniertreffen in Dresden war er richtig aufgekratzt zurückgekommen. Da wurde der 38. Jahrestag der Ermordung Ernst Thälmanns begangen, und nur die Besten durften dort hinfahren. Daß Peter einer der Besten sein sollte, verblüffte sie zwar, aber er selbst sagte, das sei wegen der Handballmeisterschaft gewesen. Bei der vorangegeangenen Spartakiade zählte er zum Sieger-Kollektiv und warf viele Tore. Drei Tage war er in Dresden gewesen. Besonders imponierte ihm die erste Elbfahrt seines Lebens und das Herumfahren mit der Mini-Eisenbahn. Nicht zu vergessen, daß er beim Quiz im »Pioniergastronom Dresdener Ausspanne« den zweiten Platz belegte. Da mußten sie, wie Peter erklärte, anhand von Schattenrissen Panzer- und Flugzeugtypen erraten und die richtigen militärischen Ränge bei der NVA und den Bruderarmeen herausbekommen. Beim Hindernisrennen mit einem vollen Tablett schied er dann aber früh aus und bekleckerte sich die ganze Uniform. Daß Peter so gut übers Militär Bescheid wußte, gefiel Vater allerdings nicht so sehr. »Lern lieber einen ordentlichen Beruf«, sagte er ihm immer wieder. »Ist doch keine Kunst«, hatte der Sohn bloß geantwortet, »das kenn' ich doch alles aus dem Pionierlager und aus der

›*Trommel*.‹ Die Pionierzeitschrift mit ihren bunten Bildern und abgedruckten Soldatenliedern schleppte er immer aus der Schule an. Doch seit er in der FDJ war, las er den ›Kinderkram‹ nicht mehr.

In der zweiten Woche kam keine Karte aus Oranienburg. Ihnen fielen fast die Augen aus dem Kopf, denn Peter hatte sich zu einem Brief aufgerafft. War das nun ein gutes oder ein schlechtes Zeichen? Die Frage stellten sie sich auch nach der Lektüre. Peter brachte, offenbar Feuer und Flamme, nichts anderes wortreich zu Papier als den Ablauf des Geländespiels vom Wochenende. Acht Kilometer waren sie marschiert, eingeteilt in Züge zu zwölf Mann, wozu leider auch Mädchen gehörten. Die hätten sie nämlich »mit durchziehen« müssen, um im Wettbewerb mit den anderen Zügen nicht auf die Nase zu fallen.

Zuerst sei »Schießen« drangewesen, was er in An- und Abführung schrieb und Vater zu dem gequälten Seufzer veranlaßte: »Also wohl nicht mit richtigen Gewehren.« Drei aus der Gruppe, so Peter weiter, hätten mit je zwei Schuß, das schrieb er jetzt ohne Gänsefüßchen, 46 Ringe erzielt. Danach wär's im Eiltempo weitergegangen, zu einer Baumgruppe. Zwischen den Bäumen waren offenbar Seile gespannt, an denen sie entlanghangeln mußten, und - »typisch« - zwei der Mädchen hätten schlappgemacht und wären runtergefallen. Dann sei auf der nächsten Station der Wissenstest fällig gewesen, den sie prima bestanden. Anschließend stand Zielweitwurf mit dem F2 auf dem Programm. Mit dem Stahl-Ei, wie Peter sich ausdrückte, und was Vater mit Handgranate übersetzte. Die Mädchen mußten aus 25 Metern Entfernung in ein Ziel werfen, die Jungs aus 30 Metern. Und: »Stellt Euch vor, die dicke Karin hat überhaupt nicht getroffen und uns damit eine Menge Miese eingebracht.« Dann war wieder ein Wissenstest dran, ohne daß der Junge mitteilte, was man wissen mußte.

Bei diesem Wissenstest - und darauf kam es ihm in seiner Schilderung wohl mehr an - bemerkten sie, daß die anderen Züge schon vor ihnen rangierten. Über deren Punktzahl wäre zwar nichts zu erfahren gewesen, aber daß die schneller marschierten, »konnte auch ein Blinder sehen, denn die hatten weniger Mädchen dabei«. Und da sei dem Alex eine tolle Idee gekommen. »Wir haben die nächste Station, das Schätzen, einfach ausgelassen und uns quer durch eine Schonung geschlagen. Die FDJ-Beobachter waren zwar platt, daß wir beim Schätzen keinen einzigen Punkt gemacht haben, aber wir lagen jetzt vor allen anderen und konnten die Liegestütze machen.« Beim Schätzen, sagte Vater, müsse es wohl um Entfernungen gegangen sein, zum nächsten Baum oder zum nächsten Hügel oder bis zum nächsten

Haus, das auszumachen sei - eben so, wie man das bei der Artillerie oder bei der Flak einmal brauche. Für 15 Liegestütze hätte jeder einen Punkt bekommen, die Mädchen für je zwei weitere wieder einen Punkt und die Jungs für je fünf weitere einen Punkt. »Ich habe als einziger 30 geschafft!« Nach einem neuerlichen Wissenstest machten sie vor den Augen der Beobachter noch alle eine Erste-Hilfe-Übung, und kurz vor dem Ziel, »wo die Manöverleitung schon zuschaut«, bauten sie die mitgeschleppten Zelte auf. Schon da sei klar gewesen: »Wir haben gesiegt!«

Über die unverkennbare Begeisterung des Jungen diskutierten sie noch bis in die Nacht hinein. Vom Wehrunterricht in der neunten Klasse hatte er nie viel gesprochen, was ein sicheres Zeichen dafür war, daß er sich dabei langweilte. Jetzt, in der zehnten Klasse, die am 1. September begann, würde er vermutlich den zweiwöchigen Lehrgang in der Zivilverteidigung mitmachen. Freiwillig gemeldet für die zweiwöchigen militärischen Lager hatte er sich bislang nicht. Aber mit dem Ferienaufenthalt wollte man offenbar jetzt schon Interesse bei den Schülern dafür wecken. Sollte er, was noch dahinstand, auf die *EOS* kommen, wäre Peter sowieso dran. Denn seit September '81 war die vormilitärische Ausbildung für die Abiturstufe Pflicht. Sie ist zwei Jahre lang fester Bestandteil des Unterrichts und auch bei der Ausbildung der Lehrlinge. Das Deutsche Rote Kreuz führt die Sanitätsausbildung durch, die die Schüler für Leistungen der Ersten Hilfe nach Waffenwirkung und bei Katastrophen befähigen soll. Die hanebüchenen Atomschutzübungen wurden nach massiven Protesten aus den Kirchen und auch aus der Elternschaft dagegen abgeblasen. Der rein militärische Teil, der an diese vorgeschriebene Sanitätsausbildung gekoppelt ist, aber nur für die Jungen gilt, soll die Vermittlung von Kenntnissen, Fähigkeiten und Fertigkeiten für die Laufbahn motorisierter Schützen der NVA garantieren. Das ganze Unternehmen spielt sich dann auch in den Schulferien ab, während eines zwölftägigen Lehrgangs. Die Sanitätsausbildung umfaßt insgesamt 60 Stunden, die vormilitärische Ausbildung insgesamt 74 Stunden, wobei die Gelände- und die Schießausbildung darin enthalten sind.

Diese wird von der Gesellschaft für Sport und Technik geleitet. Auch die GST ist eine Massenorganisation in der DDR. Sie hat rund 500 000 Mitglieder, in der Hauptsache Armee-Reservisten, und kann binnen Stunden mobilisiert werden. Allerdings taucht sie in keiner militärischen Statistik auf. Bei den meisten Jugendlichen ist die GST beliebt, denn neben der Grundausbildung im Schießen und in der Pioniertechnik bietet sie vieles, was auf Jugendliche Eindruck macht: Kurse im

Fallschirmspringen und Fliegen, Funk- und Fernsprechdienst, Motorsport, Tauchen und Navigation. Was in welcher Schule oder in welchem Betrieb angeboten wird, kann man sich allerdings nicht aussuchen. Das bestimmt die Armee. Besonders wichtig aber ist es für Jugendliche, daß sie bei der GST schon vor dem 18. Lebensjahr und ohne die sonst üblichen Wartezeiten in den wenigen Fahrschulen kostenlos ihren Führerschein machen können.

In den wehrsportlichen Arbeitsgemeinschaften der Schulen kreuzen die GST-Ausbilder auch auf, wobei sie sich zunehmend nun schon an die Jüngeren, an die 14- und 15jährigen, wenden, um sie freiwillig zur Teilnahme zu bewegen. Bei den von ihr organisierten Bezirks- und Kreis-Wehrspartakiaden, nicht zu verwechseln mit den rein auf sportliche Ergebnisse ausgerichteten Kinderspartakiaden in der DDR, regnet es Urkunden und Medaillen. Sportliches Ambiente steht auch hier hoch im Kurs.

Ob Peter, der so wenig für die Theorie und so sehr für die Praxis war, demnächst wohl in die GST eintreten wollte? Vorzeitig und freiwillig? Und was sollten sie ihm sagen, wenn er das anstrebte? Denn mitmachen und durchhalten hieß für sie beide nur: nicht auffallen und keineswegs vorwegmarschieren.

In der dritten Woche traf wieder ein Brief ein. An den Kuverträndern dick verkleistert, was oft notwendig ist, taugt doch die Gummierung nur selten etwas. Aber schon im ersten Absatz aus dem kleinkarierten Papier, das aus einem Schulheft zu stammen schien, machte die dicke Versiegelung einen ganz anderen Sinn. »Ich habe diesen Brief extra zugeklebt, damit der FDJ-Sekretär ihn nicht aufmachen kann«, schrieb Peter, »und ich habe ihn auf den Knien in der Feldküche geschrieben. Denn unser Zug ist zum Strafdienst eingeteilt. Sie haben uns die Siegerurkunde vom Geländespiel aberkannt und die ganze Woche zum Abwaschen und Abräumen eingeteilt. Wir haben vor dem versammelten Lager antreten müssen, und der FDJ-Sekretär hat behauptet, wir hätten uns unehrenhaft verhalten. Er hat gemeint, wir hätten die anderen beim Geländespiel beschissen und uns den Sieg erschlichen. Das ist eine große Gemeinheit, denn wir sind nur schlauer gewesen. Ich glaube, Papa hat recht: Beim Militär sind alle nur Kommißköppe. Ich freue mich schon auf zu Hause. Euer Peter.« Sie fanden, es sei die bisher schönste Post aus dem Ferienlager gewesen.

Ein Nachwort

Manchmal scheint es mir, ich hätte nicht fünf Jahre als Korrespondent in Ost-Berlin und in der DDR zugebracht, sondern zehn Jahre. Und das trotz der Hektik des journalistischen Alltags, trotz des sich ständig wiederholenden Papierkriegs, den auch die Kollegen in anderen Ostblockstaaten kennen, trotz der Fülle politischer Ereignisse, die sich von 1980 bis 1985 in der DDR zugetragen haben oder in sie hineinschwappten. Am Anfang stand die Erhöhung des Mindestumtauschsatzes durch die Regierung in Ost-Berlin, am Schluß der Wechsel des bundesdeutschen Verfassungsschützers Tiedge in die DDR. Ein herber Auftakt und ein herber Abschluß. Dazwischen lagen die Geschehnisse in Polen, der Regierungswechsel in Bonn, der Nachrüstungsbeschluß des Bundestages und die Aufstellung neuer sowjetischer Raketen in der DDR. Drei sowjetische Generalsekretäre sind in dieser Zeit gestorben: Breschnew, Andropow und Tschernenko. Der vierte, Gorbatschow, hat sein Amt angetreten. Helmut Schmidt war am Werbellinsee, Erich Honecker sagte seinen Besuch in der Bundesrepublik ab. Es gäbe noch vieles mehr aufzuzählen. Und dennoch: Die Zeit in Ost-Berlin scheint langsamer zu vergehen. Ich habe mich oft gefragt, woran das liegen mag.

Vielleicht an der Voraussehbarkeit der Ereignisse: den sich übers ganze Jahr hinweg verteilenden festen Daten für Anlässe zu politischen Erklärungen und Reden, dem Jahrestag der NVA, dem Jahrestag der GST, dem Jahrestag der Staatsgründung, dem Festival des politischen Liedes, dem Pfingsttreffen der FDJ usw. Vielleicht liegt es auch an der Gleichförmigkeit, in der der Sozialismus abläuft und in der die Medien der DDR über ihn berichten. Was einschließt: den Mangel an Sensationen, an Überraschungen, an Buntheit, an Vielfalt. Darüber täuschen auch nicht die bunter werdenden Fassaden in Ost-Berlin hinweg.

Hinter sie zu schauen, war der spannendste Teil meiner Arbeit, aber wohl auch der schwierigste. Weitaus schwieriger jedenfalls, als eine Rede Erich Honeckers zu interpretieren, vom Deutschen ins Deutsche zu übersetzen und damit den Hörern im Westen, für die wir ja berichten, verständlich zu machen. Häufig genug freilich auch für die Hörer im Osten, die ebenfalls dieser Übersetzungshilfe bedürfen. Dieser

Blick hinter die Kulissen gilt dem Durchschnittsbürger und seinen Lebensumständen, seinen Freuden und Sorgen, seinen Rechten und Pflichten. Aber er wird oft verstellt durch die Gesetze und Bestimmungen der DDR, die ein Korrespondent nach der Journalistenverordnung einzuhalten hat. Mit dem Mikrofon in der Hand oder gar vor der laufenden Kamera sind allenfalls Bruchstücke aus diesem Alltag zu vermitteln. Umfragefetzen, wenn sie denn gestattet sind, oder bestenfalls ein Interview (im Fernsehen in der Regel eine Minute und dreißig Sekunden, im Hörfunk dürfen es schon mal vier Minuten sein) gewähren nur im Ausnahmefall den tieferen Einblick, das bessere Verständnis. Das Gespräch kommt auf andere Art zustande. Und wer sich in Ost-Berlin oder anderswo in der DDR darauf beschränkt, es überwiegend mit Offiziellen zu suchen - und dazu zähle ich den Bezirksfunktionär der Partei ebenso wie den Landesbischof, auch wenn beide unterschiedlicher Meinung sein sollten -, mag einiges über Politik erfahren, was wichtig ist, aber nur wenig über die Erziehung der Kinder, die Texte im Lehrbuch oder die letzte Diskussion in der Betriebsversammlung, was ich für ebenso wichtig halte.

Ich hoffe, daß dieses Buch einiges davon vermitteln kann. Es erhebt nicht den Anspruch, Grundsätzliches über die »Nischengesellschaft« in Ost-Berlin zu verbreiten, es beschränkt sich auf einige Erfahrungen und Erlebnisse in diesen Nischen. Und die weisen, so meine ich, aus, daß weder die alten noch die neuen Klischees stimmen, in die wir im Westen das Leben in der DDR hineinzupressen suchen. Das alte Klischee, das vom darbenden und unterdrückten Bruder im Osten zehrt, der, wenn ihm denn nicht die Russen ständig das Panzerrohr zeigten, gegen das Unrechtsregime in Ost-Berlin aufstünde. Und das neue Klischee, das ihn als sensiblen, menschliche Wärme spendenden guten Menschen von Sezuan skizziert, der, der kapitalistischen Hektik und dem Eigennutz entronnen, nur noch an die Zutaten für Omas Apfelkuchen denkt und darüber sowohl den schnöden Mammon als auch den Gebrauch der Ellenbogen vergessen hat.

Beides ist in dem Absolutheitsanspruch, den wir Deutsche wohl immer noch haben, hanebüchener Unsinn. Nach meinen Erfahrungen ist es viel eher zutreffend, daß der Durchschnittsbürger in der DDR weder aufbegehrt noch überprononcierten Gemeinsinn ausströmt, sondern sich darauf konzentriert, möglichst unbeschadet über die Runden zu kommen: am Arbeitsplatz, im sogenannten gesellschaftspolitischen Umfeld, mit seinen Nachbarn und mit den Behörden. Und wenn es denn für manchen Westbesucher so aussieht, als pflege er engere Freundschaften oder sei hilfsbereiter als der Durchschnittsbürger im Westen, dann resultiert dieses Verhalten weder aus der sozialistischen Erziehung noch ist es ihm angeboren. Es ist vielmehr Ausdruck seiner täglichen Erfahrung mit dem System, in dem er lebt. Daß man mit der Wahl seiner Freunde vorsichtig sein muß, und wenn man sie gewählt hat, umso enger zusammenrückt. Daß nichts oder nur wenig läuft, wenn nicht eine Hand die andere wäscht. Daß die Nachbarin, die wieder Bananen aus der Kaufhalle mitgebracht hat, abends zum Punsch eingeladen wird. Entfielen diese Bedürfnisse und Zwänge, die auf Außenstehende so anheimelnd wirken, unsere Nachbarn in der DDR verhielten sich kaum anders als wir.

Der Erwerbssinn in der DDR ist ebenso stark ausgeprägt wie bei uns im Westen. Er schlägt nur nicht am Arbeitsplatz durch. Aber was nebenbei geackert, gehandelt, getauscht und angeschafft wird, kann sich sehen lassen. Diese Emsigkeit und Betriebsamkeit gerät dabei allerdings nicht zum Selbstzweck – was in der Tat einen Unterschied zu mancher Spezies von Bundesbürgern markiert. Sie zerschlägt in der Regel auch nicht das Privatleben: Es bleibt allemal Zeit fürs Täßchen Kaffee, für den Heckenschnitt im Garten, fürs gesellige Beisammensein im engeren Kreise. Und dabei sieht man womöglich weniger auf die Uhr als bei uns. Doch keine Bange, auch in der DDR hat der Tag nur 24 Stunden. Der Zeitgewinn fürs Private resultiert indes aus der Zeitersparnis und sorgfältigen Einteilung im offiziellen Erwerbsleben.

Vielleicht hat auch dieses Gefühl des Zeithabens im privaten Kreis mein Empfinden bestärkt, daß der Uhrzeiger langsamer läuft im Osten, daß die Stunden, die Tage, die Jahre gemächlicher vergehen als im Westen. Anfangs beschleicht den Westler darüber Ungeduld, wie sich die Gesprächspartner auf gut sächsisch »ausmären«, in welchem Schneckentempo der Kunde bei der Staatsbank bedient wird, der Kellner die Bestellung der Gäste entgegennimmt. Aber erstens gewöhnt sich der Mensch an fast alles, und zweitens nimmt er nach einiger Zeit die langsamere Gangart gar nicht mehr wahr. Und die ist überall gleich, ob in der Provinz oder in der Hauptstadt. Sie ist systemimmanent.

Das hat Rückwirkungen, auch auf den westlichen Korrespondenten. Auch aus der politischen Perspektive. Die schnellen Reaktionen in Bonn, die eiligen Statements und Interviews bundesdeutscher Politiker auf Äußerungen aus Ost-Berlin nehmen sich immer mehr als tagespolitische Aufgeregtheiten, als Hüftschüsse, aus. Ich habe mich in diesen Jahren zunehmend gefragt, ob es am Ende nicht vorteilhafter ist, weniger schnell, weniger aufgeregt zu sein, mehr auf die langfristigen Aussichten und politischen Ziele zu achten, auf den Kern unserer Prinzipien und Werte. Damit kein Mißverständnis aufkommt: Ich empfehle keineswegs, den Trott und die Langatmigkeit östlicher Politik nachzuahmen, sondern lediglich, nicht auf jede Schippe zu springen, die Ost-Berlin Bonn hinhält, mehr Gelassenheit im Umgang mit der anderen Seite und auch mehr Standfestigkeit, wenn es ums Eingemachte geht. Das freilich ist leichter gesagt als getan, wenn Regierung und Opposition in Bonn um innenpolitische Pluspunkte streiten, um Wahlerfolge rangeln müssen und dabei der permanenten publizistischen Selbstdarstellung als unverzichtbares Mittel der Politik bedürfen.

Wenn man jedoch ein paar Jahre in Ost-Berlin gesessen hat - bei aller Nähe zu West-Berlin, bei all den täglichen Kontakten, die man zu den Heimatredaktionen über Telefon und Fernschreiber hat -, wird einem die Fremdheit der unterschiedlichen gesellschaftspolitischen Systeme immer mehr bewußt. Das klingt nicht gerade optimistisch, was die deutsch-deutschen Zukunftsaussichten betrifft. Aber es gibt dazu ein Korrektiv, das wiederum Mut macht: die Menschen in Ost und West. Denn das ist wohl die wichtigste Erfahrung, die ich aus meiner Tätigkeit in Ost-Berlin gewonnen habe: Wir mögen uns mitunter schon anders ausdrücken, andere Abläufe im täglichen Leben haben, aber fremd geworden sind wir uns nicht.

Allerdings müssen wir im Westen noch etwas mehr dazu tun, damit es so bleibt, ja, wenn möglich, besser wird. Daß die Anteilnahme der DDR-Bürger am Geschehen im Westen merklich größer ist als die Anteilnahme der Westler am Geschehen im Osten, zählt zu den Binsenweisheiten. Aber es reicht nicht aus, an dieser Interesselosigkeit Kritik zu üben. Denn meist versäumen es die Kritiker, das Wort Interesselosigkeit auf seinen Ursprung abzuklopfen. Der Durchschnittsbürger in der DDR hat nämlich gegenüber dem Durchschnittsbürger in der Bundesrepublik Deutschland ganz handfeste und verständliche Interessen. Er erwartet von der Bundesrepublik etwas, er hofft immer wieder, daß ihre Repräsentanten zur Verbesserung seiner Lage beitragen. Und er empfindet das keineswegs - wie die DDR-Führung uns glauben machen will - als Einmischung in die inneren Angelegenheiten seines Staates. Umgekehrt gibt es diese Interessen beim Durchschnittsbürger im Westen nicht. Er hat nichts von der DDR zu erwarten, was zur Verbesserung seiner Lage beitragen würde oder könnte. Nicht einmal beim Umweltschutz und der grenzüberschreitenden Luftverschmutzung, denn wenn sie eines Tages gemildert oder gar beseitigt würde, dann mit Hilfe Bonns und letztendlich bundesdeutscher Steuergelder.

Die kritisierte Interesselosigkeit im Westen am Geschehen in der DDR ist also durchaus plausibel. Aber Interesselosigkeit entsteht auch aus Unkenntnis oder hat Unkenntnis zur Folge. Und die läßt sich nicht von heute auf morgen beheben. Gelungen ist in letzter Zeit immerhin eines: wieder ein Stück Neugier auf die DDR bei uns zu wecken. Doch den jungen Leuten, die reisen oder reisen wollen, fehlt häufig jenes Mindestmaß an Information, das ihnen helfen könnte, die Reiseerlebnisse einzuordnen und in den notwendigen Zusammenhängen zu sehen, und den Älteren, die darum wissen, fehlt oft der Antrieb zum Reisen. Doch in der Begegnung liegt die einzige Chance, mehr voneinander zu erfahren, deutsch-deutsche Verständigungsschwierigkeiten zu überwinden und Entfremdung auf Dauer auszuschließen. Eine Entfremdung, die die DDR-Führung anstrebt und irgendwann verwirklicht sehen möchte. Sie tut viel dafür, im Großen wie im Kleinen: ob mit der Forderung nach Anerkennung einer eigenen DDR-Staatsbürgerschaft oder beim Aufstellen von Plakaten.

Wer als Bundesdeutscher den Grenzübergang Heinrich-Heine-Straße/Prinzenstraße passiert, sollte ein paar Sekunden vor dem Schild auf östlicher Seite verweilen, auf dem in großen Lettern geschrieben steht: »Willkommen in Berlin.« Denn eben von dort kommt er ja, wenn auch aus dem Westen der Stadt, und nicht aus dem Niemandsland. Wenn es das wäre, gäbe es wohl kaum jenen Konkurrenzdruck, unter den sich Ost-Berlin gesetzt hat – als Hauptstadt der DDR.